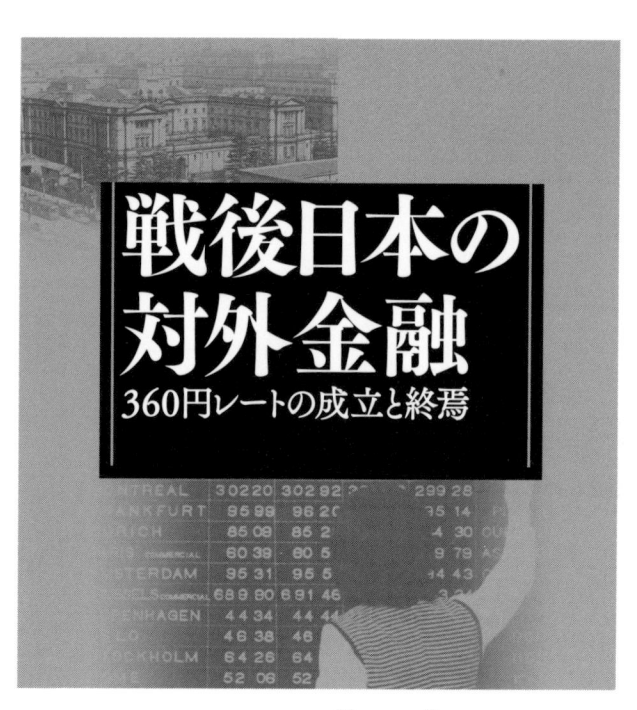

# 戦後日本の対外金融
## 360円レートの成立と終焉

Masanao Ito
伊藤正直 ── 【著】

名古屋大学出版会

戦後日本の対外金融　◆目　次

序　課題と方法 ………………………………………………………… 1

# 第1章　360円レートの成立

## 第 1 節　対外取引の全面禁止 ………………………………………… 16

### 1. 対外取引の全面管理と「貿易資金」の設置　16

1）対外取引の全面的停止　16
2）貿易の再開と「貿易資金」の設置　18

### 2. 管理貿易発足後の為替相場再開論　22

1）「進駐軍レート」の設定と1946年中の為替相場再開論　22
2）1947年前半の為替相場再開論　25
3）GHQ/SCAPの為替問題認識　29
4）「貿易資金」の赤字とSCAP勘定　37

## 第 2 節　複数レートの時代 …………………………………………… 42

### 1. 制限付民間貿易の再開と為替対策　42

1）GHQ/SCAP ESS「円為替委員会」の設置と日本側の対応　42
2）中間安定計画と実質複数レート　54

### 2. ヤング報告とGHQ/SCAPの反発　64

1）ヤング報告　64
2）「貿易資金」赤字の累増　69

## 第 3 節　単一為替レートの設定 ……………………………………… 75

### 1. 単一レート設定への旋回　75

1）GHQ/SCAP・日本側の複数レート作業と単一レート問題認識　75
2）NSC-13/2と「中間指令」　83

### 2. ドッジの来日と360円レートの決定　86

1）「9原則」の波紋　86

2）360円レートの決定　100

　3．外国為替管理委員会の設置と外貨資金の日本移管　103

　　　1）外国為替管理委員会の設置　103
　　　2）外貨管理の日本側移管　109

第4節　ドッジ改革後の占領政策と日米経済協力 …………119

　1．ドッジ・ライン以後の対日援助問題　119

　　　1）ドッジの対日援助観　119
　　　2）アメリカ本国における対日援助政策をめぐる対立　121

　2．経済復興計画審議会の設置からエオス作業まで　124

　　　1）経済復興計画審議会の設置　124
　　　2）エオス作業　127

　3．朝鮮特需・日米経済協力・経済自立　129

　　　1）朝鮮特需とドッジ　129
　　　2）アメリカのアジア戦略と日米経済協力　132

# 第2章　360円レートの時代

第1節　外為・外貨規制と外貨管理 ………………142

　1．外貨管理の対日移管とオープン勘定の保持運営　142

　2．外貨予算制度と外貨収支の推移　146

　　　1）外国為替統計と外国為替予算制度　146
　　　2）外貨収支の推移　149

　3．1950年代の外貨危機　153

　　　1）1953年の外貨危機と外貨予算　153
　　　2）1957年の外貨危機と外貨予算　157
　　　3）1950年代の輸出入の動向　161

第2節　IMFコンサルテーションとOECD加盟 ……………………169

　1. IMFコンサルテーション　169

　　1）IMF加盟と14条国コンサルテーション　169
　　2）1953-58年度の対日コンサルテーション　171
　　3）1959-61年度の対日コンサルテーション　175
　　4）1962-63年度の対日コンサルテーション　180
　　5）8条国コンサルテーション　184

　2. OECD加盟　185

第3節　国際収支の黒字転換と資本自由化 ………………………190

　1. 1960年代の国際収支と輸出入の推移　190

　　1）1960年代前半の国際収支と外貨準備　190
　　2）1960年代後半の国際収支　199
　　3）1960年代の輸出入の推移　202

　2. 漸進的資本自由化　210

　　1）OECD加盟後の資本自由化問題　210
　　2）漸進的自由化と日米経済問題の発生　212

# 第3章　360円レートの終焉

第1節　外貨準備の急増と円切上げ回避政策 ……………………216

　1. 国際通貨体制の動揺と外貨準備の急増　216

　　1）ブレトン・ウッズ体制の動揺　216
　　2）マルクの暫定フロート移行とアメリカの政策転換　220
　　3）国際収支の黒字基調と外貨準備の急増　221

　2. 外貨準備増加抑制・短資流入規制政策の展開　223

　　1）外貨準備増加抑制政策の開始と強化　223
　　2）貿易金融と短資流入　227
　　3）短資流入規制　230

3．円切上げ回避政策の固守　243

　　　　1）ドル・シフトと証券投資　243
　　　　2）為替管理の緩和と欧州為替投機の勃発　251
　　　　3）円対策8項目と円切上げ論議　253

第2節　ニクソン・ショックと国際調整の難航……………………259

　　1．ニクソン「新経済政策」とそのインパクト　259

　　　　1）ニクソン「新経済政策」の発表と為替投機　259
　　　　2）ショック直後のドル売りと為替管理の法制化　265

　　2．国際通貨調整の難航　274

　　　　1）国際通貨調整の開始と円切上げ論の台頭　274
　　　　2）調整の難航──ワシントンG10会議からパリG10代理会議へ　280
　　　　3）調整への突破口──ローマG10　292

第3節　スミソニアン合意……………………………………………295

　　1．フロート制への一時的移行と為替管理の強化　295

　　2．スミソニアン合意に向けて　306

　　　　1）スミソニアンに向けての日本の方針　306
　　　　2）スミソニアン合意の発表　308
　　　　3）外国為替資金特別会計と日本銀行の為替差損問題　312

第4節　フロート制への本格的移行…………………………………315

　　1．円再切上げの回避　315

　　　　1）進まなかったドルの還流と為替管理の再強化　315
　　　　2）外貨準備の累増と諸外国からの対日批判　322
　　　　3）第2次円対策7項目　323

　　2．続く通貨調整後の不安定　330

　　　　1）ポンドのフロート移行　330
　　　　2）IMFC20の発足とIMF総会　332
　　　　3）外貨貸し制度の発足と第3次円対策5項目　336

　　3．フロート制への全面的移行　344

1）ヨーロッパ通貨危機の再燃　344
2）円フロートへの決断とEC共同フロートへの移行　348

## 第5節　第1次石油危機と管理フロートへの移行……………358

### *1.* フロート制への対応と「265円レート」の為替政策　358
1）国際通貨制度改革論議とIMFC20の活動　358
2）「265円レート」の市場介入　365

### *2.* 第1次石油危機の勃発と為替政策の転換　370
1）第1次石油危機の勃発と国際通貨面での対応　370
2）石油危機前後の国内為替市場と介入方針　376
3）石油危機からの脱出と円レートの安定　384

## 結　ブレトン・ウッズ体制とは何であったのか？……………387

あとがき　395
参考文献　399
図表一覧　407
人名索引　409
事項索引　412

# 序　課題と方法

1971（昭和46）年8月のニクソン声明を契機として，アジャスタブル・ペッグ・システム（「調整可能な固定相場制」）としてのブレトン・ウッズ体制は崩壊し，以後，現在に至るまで30年以上にわたってフロート（変動相場）制の時代が続いている。40年近いフロート制の運用のなかで，フロート制の制度的特徴，フロート制をめぐる各国利害とその調整，他の経済政策との関係などが，さまざまに検討され，国際通貨システムとしてのフロート制そのものも，フロート制の運営のされ方，フロート制の機能，基軸通貨システムとの関係，実態としての為替相場形成メカニズムなどの問題から検討されてきた。

　だが，そうした検討を経た現在でも，フロート制についての共通の理解は，なお形成されていないように見える。このことは，「調整可能な固定相場制」としてのブレトン・ウッズ体制についての再検討を，改めて要請しているといえる。日本は，52年8月にIMFに加盟し，翌53年5月，IMF理事会において，1ドル360円（1円＝純金0.246853mg）の円平価が認められた。1ドル360円の円ドルレートは，49年4月にドッジ・ラインの下で採用されたものであったが，IMFによる平価決定は，この為替レートを国際的に確認するという意味をもった。日本のブレトン・ウッズ体制への公式の参入はこのときといえる。以後，71年8月15日（日本時間16日）のニクソン・ショックまで，この円平価は維持された。

　日本は，戦後国際金融システムをどのように認識し，そして，そこにどのように参入しようとしたのか。参入後，実際に機能している国際金融システムに対していかなる位置にあったのか，60年代後半からの国際金融システムの動揺，ニクソン・ショック後の国際通貨体制の再編過程において，日本はどのような立場をとったのか。

　本書は，これらの課題を，360円レートの成立と終焉という2つの時期に焦

点を当てて，明らかにしようとする試みである。1945年8月15日の敗戦以降，日本は，GHQ/SCAP（以下，SCAPと略称）による外貨管理の下で，いっさいの対外関係を遮断された状況にあった。この状況は，政府間貿易の再開，BSコントラクトによる制限つき民間貿易の再開，軍用レート，FPS（Floor Price System），PCS（Price Computing System）などの複数為替レートの設定といった形で徐々に緩和され，1949年4月25日には，ドッジ・ラインの下で，1ドル360円固定レートが採用された。

本書第1章は，この360円レートという形での国際金融システムへの参入のプロセスを，1次資料に基づいて実証的に明らかにする。その際，まず第1に，戦後単一為替レートの設定は，SCAPの占領下に実施されたものであったから，その過程は，アメリカ本国，SCAP，日本側の政策担当機関3者の交錯の過程として検討する必要がある。

単一為替レート設定過程に関して，長く研究史の基準となってきたのは，鈴木武雄［1952, 1956, 1960］であった[1]。そこでは，当時の新聞，雑誌，政策担当者の回顧等が縦横に駆使され，戦後改革・経済復興の方向をめぐる日本側の諸政策主体の対立・抗争・妥協の過程が，一挙安定論と中間安定論の対抗という観点から見事に整理されている。しかし，なおこの段階では，アメリカ側の行政文書が公開されておらず，アメリカ本国およびSCAPの占領政策の具体的内実についてはほとんど明らかでなかった。そのため，日本側の諸政策構想が占領政策の展開とどのように関係していたのか，いいかえれば占領政策の展開が日本側の政策の転換をどう規定していたのかという点についてはまったく未解明のままに残された。

この問題の解明は1970年代以降になって開始された。1972年，吉野俊彦［1972a, 1972b］は，ヤング使節団の特別報告（1948年6月）を全文邦訳という形で発表し，ヤング報告の占領政策のなかでの位置づけを明らかにした[2]。これにより，1948年の半ば頃，SCAPとワシントンの間で，単一為替レート設

---

1）鈴木武雄［1952, 1956, 1960］。
2）吉野俊彦［1972a］，吉野俊彦［1972b］，吉野俊彦［1975］。

定に向けてどのような動きがあったのか，またFRBの職員であったヤングがなぜ団長として来日したのかという事情等が初めて明らかにされた。

また，1976年には大蔵省財政史室編［1976a］が刊行された[3]。同書は，SCAP文書や陸軍省文書等のアメリカ行政文書，DODGE文書等の一連の文書を解析して，占領政策全般にわたってSCAPとワシントンの間にかなりの意見の対立があったこと，また政策遂行のプロセスでさまざまな妥協があったことを初めて解明した。為替レート設定問題についても，単にSCAPが占領政策の一環として実現させたというより，アメリカ本国とSCAPとの間にかなりの意見の相違があり，加えてワシントンでも陸軍省と財務省・FRB，国務省と商務省との間でさまざまな対立があって，それらの「闘争[4]」（コーエン［1983a］）の過程で単一為替レート設定が実現されたことを明らかにした。

その後，日本銀行の正史『日本銀行百年史』（全6巻）が刊行された。このうち，第5巻は第2次世界大戦後を扱っており，アメリカの対日金融政策のうちの金融制度改革に関しては大蔵省『昭和財政史』の水準を超える成果を達成したが，対外金融関係や為替レート設定過程に関しては従来の水準を超えるものとはならなかった[5]。

本書では，以上のような研究成果をベースにしつつ，当時の経済安定本部，大蔵省，日本銀行，貿易庁等日本側における為替レート設定に関するいくつかの意見のバイアスの存在を新たに検出し，それとアメリカ本国およびSCAP内部での為替レート設定についての動きを噛み合わせることによって，単一為替レートがどのような推移を経て決定されていったのかという問題を解明することにする。

第2に，単一レートによる国際社会への復帰は，同時に戦後IMFシステムへの参入の過程に他ならなかったが，この戦後IMFシステムについても，1970年代以降さまざまな形で国際的な再検討が進められてきている。戦後創

---

3) 大蔵省財政史室編［1976a］。
4) T. コーエン［1983a］。なお，原著の英語版は，日本語版から数年後の1987年になって刊行された。
5) 日本銀行［1985］。

設された IMF システムについて長く基準となってきたのは,ハロッド＝ガードナー／Harrod [1951] = Gardner [1956] の見方であった[6]。すなわち,「優れたケインズ案 vs. 劣ったホワイト案」があり,にもかかわらず,銀行原理に基づき信用創造機能と多角的決済機構を持つケインズ案が,拠出原理に基づき信用創造機能も決済機構もともに持たないホワイト案に敗北したのは,アメリカの圧倒的経済力と戦時英米金融関係（債務国,財政破綻,経常収支赤字＝累積ポンド）によるものであったという評価である。

しかし,1970年代に入ると,このようなケインズ「神話」の相対化が始まった。口火を切ったのは,T. バロー／T. Balogh [1976] であり[7],批判は,ケインズ案の歴史的制約性への着目とアメリカ案の再検討の両面から進行した。ケインズ全集の刊行進展,英米両国での1次資料公開という資料面での前進と,先進諸国に共通して発生したスタグフレーションとその原因がケインズ政策にあるとするマネタリズムや合理的期待説からのケインズ経済学批判がその背景にあった。

前者の,ケインズ案の歴史的制約性への着目については,A. バンドミール／A. van Dormael [1978] が,ケインズ案とナチス「双務的清算協定」との連続性を強調し[8],R. F. ミクセル／R. F. Mikesell [1994] は,為替集中制を前提とする多角的決済構想の過渡性を主張した[9]。また,国際金本位制時代との詳細な比較検討を行った D. E. モグリッジ／D. E. Moggridge [1986] は,ルールによる規制論者（国際金融面と国内経済政策面の不整合）としてのケインズ,弾力性ペシミストとしてのケインズ,総じて,イギリスの権益擁護者としてのケインズ像を抽出した[10]。最近では,米倉茂 [2006] のように,ケインズのIMF協定理解の欠如という見方も登場している[11]。

また,後者の,アメリカ案の見直しについては,R. F. ハロッド／R. F. Har-

---

6) Harrod, R. F. [1951], Gardner, R. N. [1956].
7) Balogh, T. [1976].
8) van Dormael, A. [1978].
9) Mikesell, R. F. [1994].
10) Moggridge, D. E. [1986].
11) 米倉茂 [2006]。

rod［1951］による，ケインズ理論の信奉者としてのホワイトという「神話像」から，R. W. オリバー／R. W. Oliver［1975］による，ホワイト案は米州銀行案の派生物にすぎないという見方[12]，W. B. スタンレー／W. B. Stanley［1991］による，モーゲンソー財務長官，バーンスタイン財務省主席エコノミスト（IMF初代研究局長）と深く対立するホワイト像の検出などが行われた[13]。さらに，近年では，J. E. ヘインズ，H. クラー／J. E. Haynes and H. Klehr［1999］による，ホワイトがソ連のスパイであったという見方まで登場している[14]。

IMF 成立過程の再検討自体は本書の課題ではないが，日本が，戦後再建された国際金融システムをどのようなものとして把握し，それにどのように参入していったのかは，上述の研究との関連からも，必要な論点となる。

こうした課題の設定により，第1章では，1945年9月から制限付民間貿易が再開される47年8月までの段階，制限付民間貿易の再開から SCAP/ESS で実質的な複数レートの設定作業が進み，さらに制限付民間貿易が緩和される48年8月までの段階，1948年8月から49年4月の360円レート設定までの段階，1949年末の外為管理委員会の設置から後期占領政策が終了する1952年初めまでの段階，という4つの時期に区分して，単一為替レートの設定とその定着に至る過程を検討することにする。そこでの主要な論点をあらかじめ要約すると以下の通りである。

1) 終戦後，日本政府は為替相場および貿易の再開についてどのように考えていたのか。また，それに対し，SCAP はいかなる措置をとったのか。
2) 1946年夏頃からの早期講和論の盛り上がりは，国際経済への復帰問題，為替レート設定問題に対してどのような影響を与えたか。
3) 1947年夏以降の，経済安定本部「都留グループ」の一挙安定計画の内容はどのようなものであったか。また，「都留グループ」と SCAP の関係はどうか。さらに，この計画が正式決定前に挫折した理由はどこにあったのか。

---

12) Oliver, R. W.［1975］.
13) Stanley, W. B.［1991］.
14) Haynes J. E. and H. Klehr［1999］.

4）1948年の芦田新政権の下で,「中間安定」論が主流になり,単一為替レート設定の問題が先送りされることになったのはなぜか。にもかかわらず,「一挙安定」論に近い300円プラス・マイナス10%（270-330円）の単一為替レート設定案がヤング使節団によって提示されたのはいかなる理由によるのか。

5）1948年12月「経済安定9原則」により1ドル330円単一為替レート設定の指示が出され, SCAP, ドッジ使節団もこれを了承したにもかかわらず, それが360円に変更されたのはなぜか。

6）単一為替レート設定後, 日本政府によってどのような為替管理政策, 為替レート政策が遂行されたのか。また, SCAP, アメリカ政府との関係に変化は生じたのか。

続く第2章は, 360円円ドル固定相場の時代が対象となる。日本は, 360円レート採用3年4カ月後の1952年8月14日に, 第51番目の加盟国としてIMFに加盟した。1ドル360円という円ドルレートは, 冒頭に述べたようにIMFによって承認され, その後, 71年8月のニクソン・ショック時まで続いた。この間, イギリスが2回, 西ドイツが3回, フランスが5回の為替切下げないし切上げを余儀なくされたことを考えるならば, 日本の固定レート維持の期間はきわめて長かったということができる。ただし, 本章ではこの時期の対外金融そのものの本格的分析は行わない。360円レートの成立期である第1章と, 360円レートの終焉期である第3章のつなぎ, これが本書第2章に与えられた位置づけとなる。

この時期の日本は, 60年代前半に貿易・為替自由化が進展するまでは, 基本的には, 外貨・外国為替の国家管理による封鎖経済体制であった。いいかえれば, 1950年代には, 外貨準備10億ドル, 60年代にも外貨準備20億ドルという「国際収支の天井」に枠付けられ, 1964年のIMF8条国, GATT11条国移行, OECD加盟までは, IMF, GATTの過渡的条項が適用される管理国家, 規制国家体制であったともいえる。本章では, この管理と規制の枠組みを, 外為・外資規制と外貨管理の実態のクロノロジカルな分析, 資本自由化へ

の転換点となる1964年のIMF8条国移行に至る内外情勢の推移などを通じて検討する。

外為・外資規制と外貨管理，およびIMF加盟については，これまで，日本銀行［1986］，通商産業省［1991］，大蔵省［1999］など[15]で概観的にふれられたのみで，詳細な実証分析は行われてこなかったが，近年，浅井良夫［2005a］によって，その実態が具体的に明らかにされた[16]。また，IMF8条国移行に至る1950年代のIMFコンサルテーションについても，浅井良夫［2005b］［2007］によって，ほぼその全貌が明らかにされた[17]。

さらに，360円レートが円の過大評価（＝円高）であったか円の過小評価（＝円安）であったかについては，360円レート設定当初から論争があり，篠原［1959］は，1950年代半ばに購買力平価で見て円安となり，輸出促進要因となったと主張した[18]。しかし，現在では，篠原説を支持する見解はなく，360円レート設定当時は明らかに円高であったという見解がほぼ合意をえている。問題は，いつ円高から円安に転換したかであるが，60年代後半のいざなぎ景気の時期には実効レートとしては明らかに円の過小評価となっていた。

最後の第3章は，360円レートの終焉，フロート制への移行を検討する。1971年8月のニクソン・ショックから，73年2月の全面フロート移行までは，第2次世界大戦後最大の国際通貨危機の時期であった。しかも，この危機は，ブレトン・ウッズ体制の終焉，IMF体制の崩壊といわれたように，従来の通貨危機とはその性格を大きく異にしていた。すなわち，このニクソン・ショックは，60年代後半から弱体化していたとはいえなお命脈を保っていた基軸通貨としてのドルがついに国際通貨危機の起因となり，それゆえ戦後通貨体制の一大転換点となったことに最大の特徴があった。また，この危機は日本にとっては，戦後長期にわたった360円固定レートが最終的に終焉したというだけではなく，円が初めて通貨不安に巻き込まれ，しかも一方の主役となったという

---

15) 日本銀行［1986］，通商産業省他編［1991］，大蔵省財政史室編［1999］。
16) 浅井良夫［2005a］。
17) 浅井良夫［2005b，2007］。
18) 小島清・篠原三代平・建元正弘［1959］。なお，篠原三代平［1973］も参照。

点で重要な意義をもっていた。

　しかし，アジャスタブル・ペッグ・システムとしてのブレトン・ウッズ体制の崩壊後30年以上を経た現時点でも，なぜブレトン・ウッズ体制が崩壊したのかについての一致した見解は，なお形成されていない。例えば，1993年にNBERの主催で開催されたコンファレンスの総括で，編者の1人であるB. アイケングリーン／B. Eichengreen は，「何がブレトン・ウッズの終焉を引き起こしたか」については「現在でも，合意は存在しない」，「なぜペッグレートシステムが破綻したかは，ブレトン・ウッズ研究のなかで，最大の論争の主題であり，混乱した議論となっている」と述べ，コンファレンスにおいても見解の一致が見られなかったとしている[19]。同書には，対立的見解が包括的に収録されており，例えば，マネタリストの見方に立てば，①アメリカの通貨増は，ラグをもって同国のインフレを引き起こす，②アメリカの通貨増は，国際的な準備の増減とは独立している，③アメリカの通貨増は，かなり長期間のラグをもつものの，強力かつ有意に，他の主要7カ国の通貨増を引き起こす，④主要7カ国の通貨増は，ラグをもちつつ，それら諸国のインフレを引き起こす，というプロセスをたどり，アメリカの拡張的通貨政策のラグ効果によってブレトン・ウッズ崩壊は説明できるとされている。この他にも，アメリカと他の諸国の為替レートの不適合および生産性上昇率の差によるという見方があり，これについても，ドイツや日本といった黒字先進国の急激な生産性上昇を強調する見解（黒字国責任論）と，60年代後半アメリカのドルの過大評価をもたらすような通貨金融政策を強調する見解（赤字国責任論）とに分かれている。さらに，ブレトン・ウッズ体制そのものに内包する制度的欠陥に根本原因を求める見解もある。

　もう1人の編者であるW. D. ボルド／W. D. Bordo は，これらの見解を検討しつつ，①金為替本位制（アメリカの兌換危機）とアジャスタブル・ペッグ（資本移動の激化に伴い，個別の平価調整コストが高くなったこと）という2つの制度的欠陥，②基軸通貨国にふさわしくないアメリカの通貨政策，とくに

---

19) Bordo, M. D. and B. Eichengreen [1993].

1968年の事実上のドル本位制移行後のニクソンのインフレ政策，③他の主要工業国とくに黒字国のレート調整への抵抗，の3点を，ブレトン・ウッズ体制崩壊の主要因として強調している。

　いずれにせよ，ブレトン・ウッズ体制崩壊に関する理論的・実証的分析は今後の課題として残されているが，より長いスパンからの視点として，B. J. コーエン／B. J. Cohen［1977］，R. N. クーパー／R. N. Cooper［1987］，S. ストレンジ／S. Strange［1986］，J. M. ボートン，K. S. ラティフ／J. M. Boughton and K. S. Lateef［1995］，B. アイケングリーン／B. Eichengreen［1996］，A. M. エンドレス／A. M. Endres［2005］，D. アンドリュー／D. Andrews［2008］などをあげることができる[20]。このなかでは，B. アイケングリーン／B. Eichengreen［1996］は，19世紀金本位制時代から150年間の国際通貨システムの変遷を資本移動の視点から一貫して説明し，そのなかにブレトン・ウッズ崩壊を位置づけており，D. アンドリュー／D. Andrews［2008］は，ブレトン・ウッズ秩序／Bretton Woods Order という概念から，国際政策協調の実態とそうした「秩序」の動揺を捉えている。

　ブレトン・ウッズ体制崩壊過程での国際通貨調整は，国際通貨外交という言葉があるように，国際経済の問題であると同時に，何よりも国際政治の問題でもあった。この政治過程に関しては，長くニューヨーク連銀外為担当副総裁の職にあった C. A. クームズ／C. A. Coombs［1976］が，1960年代からの流れを概観している[21]。また，アメリカの国内政治との関連を重視して論じたものとしては，J. ゴーワ／J. Gowa［1983］，J. S. オデール／J. S. Odell［1982］などがある[22]。ヨーロッパにおいては，この時期に限定した分析はないが，R. ドーンブッシュ／R. Dornbusch［1986］，P. デグラウエ／P. De Grauwe［1989］，N. クラフツ，G. トニオロ／N. Crafts and G. Toniolo［1995］などの研究[23]や，

---

20) Cohen, B. J. [1977], Cooper, R. N. [1987], Strange, S. [1986], Boughton, J. M. and K. S. Lateef [1995], Eichengreen, B. [1996], Endres, A. M. [2005]. Andrews, D. M. [2008].
21) Coombs, C. A. [1976].
22) Gowa, J. [1983], Odell, J. S. [1982].
23) Dornbusch, R. [1986], De Grauwe, P. [1989], Crafts, N. and G. Toniolo [1995].

IMF，BIS，ECB などのアニュアル・レポートやワーキング・ペーパーなどから，フランス，ドイツ，イギリスなど主要国の当時の立場や主張を把握することができる。

　日本における 360 円レートの崩壊，フロート制への移行は，まさに，このブレトン・ウッズ体制崩壊の一環であった。それゆえ，この過程に関しては，これまで相当数の研究があるが，公的な記録としては，政府内部文書を全面的に使った大蔵省財政史室編［1992］，および日本銀行内部資料に依拠した日本銀行［1986］がある[24]。当時の政策担当者，当事者の回顧については，大蔵省サイドでは，柏木雄介［1972］，本田敬吉・秦忠夫［1998］，細見卓［1982］，藤岡真佐夫［1975］，林大造［1977］など[25]が，日銀サイドでは，佐々木直［1978］，速水優［1982］，緒方四十郎［1996］，太田赳［1991］，中川幸次［1981］など[26]がある。さらに，P. ボルカー・行天豊雄［1992］は，日米通貨当局者による 40 年間の国際通貨外交史のなかで，当該期を「戦後体制の崩壊」として位置づけている[27]。

　種々のバイアスはあるものの，これらの政策担当者の回顧が，いずれも国際環境の激変による不可避のものとしてこの過程を捉えているのに対し，ニクソン・ショック以前からクローリング・ペッグ方式での円切上げを主張してきた小宮隆太郎・須田美矢子［1983］は，「国際金融政策史上類例のない錯誤」「為替当局の無能」と，政策当局に対して強い批判を行った[28]。また，牧野裕［1999］も，アメリカ側政策文書などを使いながら，国際関係論的手法により，同様の批判を行っている[29]。さらに，塩田潮［1994］に代表されるジャーナリストの取材，宮崎義一［1986］［1988］他研究者サイドからの分析等[30]，この

---

24) 大蔵省財政史室編［1992］，日本銀行［1986］。
25) 柏木雄介［1972］，本田敬吉・秦忠夫［1998］，細見卓［1982］，藤岡真佐夫［1975］，林大造［1977］。
26) 佐々木直［1978］，速水優［1982］，緒方四十郎［1996］，太田赳［1991］，中川幸次［1981］。
27) P. ボルカー・行天豊雄［1992］。
28) 小宮隆太郎・須田美矢子［1983］。
29) 牧野裕［1999］。
30) 塩田潮［1994］，宮崎義一［1986］，宮崎義一［1988］。

時期を対象とした著書は，枚挙にいとまがない。

しかし，これらの研究や回顧によって，このプロセスの全貌が解明されたのかといえば，決してそうではない。現在の世界経済，日本経済の枠組みを直接規定するものであり，今日の政策決定に直結するものであるために，なお秘匿されている部分，不明瞭なままに残されている問題が数多くある。その意味では，解明すべき課題はなおきわめて多いといわなくてはならない。いま，その課題を挙げてみればおおよそ以下のようになる。

1）1971年8月以前の段階で円切上げ問題が，通貨当局内部・外部でどの程度検討され，準備されていたのか。米国側の日本対策はどのようなものであったか。また，1967年のイギリス・ポンド切下げに始まり，68年のアメリカ金二重価格制への移行，69年フランス・フラン再度切下げ，西ドイツ・マルク再度切上げ，71年マルク・ギルダーのフロート移行とスイス・フラン，オーストリア・シリングの切上げと続く国際通貨不安を，日本の通貨当局はどのように捉えていたのか。
2）ニクソン・ショックを通貨当局はどのように受けとめたか。為替市場はなぜ閉鎖されなかったか。大量のドル売りはいかにして生じ，それに通貨当局はいかに対処したか。
3）ショックからスミソニアン合意に至る過程の国際的な通貨不安への各国の対策，通貨調整のための国際会議のなかで，日本はどのようなポジションを占め，いかなる対応をしたか。
4）スミソニアン合意の崩壊過程，すなわち72年中の日本の為替対策はどのようなもので，全面フロートへの対応はどのようになされたか。
5）ショックから全面フロートまでの円レートの変動は，わが国の対外経済関係にどのような影響を与えたか。
6）通貨危機を経て，わが国の対外金融構造はどのように変化したか。
7）73-74年の狂乱インフレとの関連はどうか。

しかし，これらの課題に全面的に応えるには，いまだなお資料の公開性の面で制約がある。従って，ここでは下で述べる時期区分に沿いつつ，いくつかの

個別問題をとりあげ，ここで設定した課題を解明するための手がかりをえることにしたい。

ここでは，検討の対象を以下の4つの時期に区分して，課題の限定を行っておくこととする。第1の時期は，1969年11月から71年8月15日までである。この時期は，60年代前半の貿易自由化に次いで，67年より資本自由化が始まり，国際的に円の相対的低評価に対する批判が登場してきた時期である。これに対応すべく，大蔵省では69年11月から12月にかけて，「大蔵省アルファ作業」と呼ばれる円切上げの極秘作業が開始され，日銀でも，70年2月に，総務部・外国局・調査局中堅幹部によって「円切上げ問題」検討が行われるようになった。また，70年4月から6月にかけて，大蔵省・日本銀行幹部の極秘会合がもたれ，通貨当局内部では，円切上げ問題が，かなり切迫した課題として認識されるようになっていた。しかし，当時の国内世論の圧倒的部分は，資本自由化＝「第2の黒船」論であり，これとの関連で，円切上げなどはとんでもないという雰囲気が支配的であった。また，円切上げについての切迫感も当時はほとんどなかった。

この雰囲気が大きく変化したのは，1971年5月のドイツ・マルク暫定フロート移行であった。これ以降，円切上げ問題は社会的にも緊迫化し，同年6月，日銀は「円問題についての総裁の見解」（未公開）を作成し，また，7月10日には近代経済学者を中心とする為替政策研究会が，「円レートの小刻み調整についての提言」を出して，小刻みクローリングという形でのフロート移行を主張した。しかし，これに対し，政府・通貨当局は，公式には360円レート死守の立場に立ち，内閣は「円対策8項目」の彌縫策を発表して，国際批判をかわそうとした。

第2の時期は，71年8月16日から71年12月18日までで，ニクソン声明からスミソニアン合意の成立までの時期である。ここでの問題は，国際的な動きに反して日本のみがなぜ為替市場をオープンのままにしておいたのか，その後の為替規制措置はどのような意図と方法で行われたのか，一連の国際会議で日本はどのような立場に立ち，何が日本に要求されたのか，にある。

第3の時期は，71年12月19日から73年2月14日までで，いったん安定

したかに見えた国際通貨体制が，72年6月のポンドフロート移行によって再度動揺をきたし，73年1月のイタリア二重為替市場制導入，スイス・フランのフロート移行によって欧州金融危機が再燃，2月10日から13日にかけて東京市場閉鎖，14日に完全フロート移行に至る時期である。この時期は，国内的には72年1月に大蔵省に国際金融問題懇談会が設置され，政策当局と国内有力為替銀行との間で，中期的な為替政策が検討されるなかで，72年春から夏にかけて第2外為構想，外貨貸し制度発足といったように，新しい為替管理システムが試行錯誤的に模索されていた時期でもあった。結局こうした対策は，国際金融危機の嵐のなかで充分な効果をもちえなかった。2月14日，わが国はフロート移行を決定し，翌月のEC共同フロート移行とともに，国際通貨体制を変動相場制へと転換させる役割を担ったのであった。

　第4の時期は，73年2月のフロート移行後，同年10月の第1次石油危機までの時期である。フロート制に移行したとはいえ，この時期，実際にとられた政策は，265円レートの安定的維持を図る管理フロートであった。265円レートは，石油危機の勃発によって変更を余儀なくされるが，翌74年2月のアメリカ主導による石油消費国会議，9月のG5，IMF総会を経て，75年4月には「OECD金融支援基金協定」が発足した。

　こうして，国内的には74年の秋以降，国際的には翌75年の年初以降，ようやく危機からの脱出が一応実現された。第2次大戦後四半世紀にわたって存続したブレトン・ウッズ体制の崩壊，すなわちニクソン・ショックと石油危機の勃発による国際通貨体制の激震は一段落し，日本の為替管理政策と対外金融政策，国際金融協調の模索は，これ以降，新たな局面に移行することになるのである。

# 第1章　360円レートの成立

## 第 1 節　対外取引の全面禁止

### 1. 対外取引の全面管理と「貿易資金」の設置

**1）対外取引の全面的停止**

　1945（昭和20）年9月22日の「降伏後における米国の初期の対日方針」は，その第4部第6項において，日本政府はいっさいの商品の輸出入，外国為替および金融取引に対して統制を維持するとともに，この統制実施のためにとる政策および実際の運営はいずれも連合国最高指令官の承認および監督に服さなくてはならないことを規定した[1]。これに基づいて同日，SCAPは「指令3号」第7項によって，SCAPの事前の承認なしには日本はいっさいの輸出入をなしえないとしたうえで[2]，「金銀有価証券および金融証書等の輸出入統制に関する覚書」(SCAPIN-44)，「金融取引の統制に関する覚書」(SCAPIN-45) を発して，わが国の対外取引をほぼ全面的に禁止する措置をとった。さらに，翌10月6日には「外国為替資産および関係事項の報告に関する覚書」(SCAPIN-96) によって，国内の金融機関の保有するいっさいの貴金属，外国通貨，外国為替証書等を日本政府が集中保管し，これを漸次米ドルに換価することによって占領目的に使用するという方針を明示した[3]。貿易も対外金融取引も，日本側には当面はいっさい行わせない，外貨，為替相場，外為銀行等は存在を許さないという方針が覚書によって宣言されたのである。

　しかし，当時日本政府は，こうした厳しい措置がとられるとは必ずしも予想

---

　1）外務省特別資料部編［1949］第1巻，pp. 105-6。
　2）同上，pp. 83-4。
　3）外務省特別資料部編［1949］第3巻，pp. 41-7。この9月22日付覚書に基づいて，同月27日，大蔵省外資局長通牒「外国為替取引停止方に関する件」が発せられ，すべての外為銀行の外国為替取引が停止された。

していなかった。このことは，敗戦直後の 8 月 23 日に大蔵省外資局が作成した「為替換算率に関する考え方[4]」，8 月 28 日の閣議了承によって大蔵省に設置された「戦後通貨物価対策委員会」での議論[5]，10 月 1 日の政府次官会議決定[6] などから知ることができる。つまり，占領下にあっても，貿易はある程度継続しうる，国内の貿易業者が貿易主体となりうる，貿易決済資金の管理も日本側の外為銀行が行いうるという想定がなされていたのである。

しかし，SCAP の一連の覚書は，日本側のこうした甘い期待をはっきりと打ち砕いた。さきの 9 月 22 日付覚書に続いて，9 月 30 日には「植民地および外地銀行ならびに戦時特別機関の閉鎖に関する覚書」(SCAPIN-74) が出され，わが国の在外金融機関，戦時金融機関，海外開発および拓殖機関はすべて閉鎖され，SCAP の管理の下に置かれることになった。また，10 月 12 日の「金，銀，有価証券および金融上の諸証書の輸出入統制方に対する追加指令に関する覚書」(SCAPIN-127) によって，引揚者の国内に持ち込みうる通貨は円貨のみとし，その最高限度を将校 500 円，下士官 200 円，一般国民 1,000 円とし，それ以上の円貨，外貨はすべて上陸港において没収することとされた[7]。日本経済を国際経済から遮断し，国内に封じ込めるという方針を，覚書は明瞭に提示したのである。

---

4) 大蔵省外資局「為替換算率ニ関スル考方」昭和 20 年 8 月 23 日，大蔵省資料 Z511-350。そして，こうした観点から，大蔵省省内の研究機関として「海外財政金融調査協議会」が組織され，生糸，米，小麦，塩，砂糖，茶，ゴム，皮革，石炭，鉄等の価格比較，価格上昇比較，賃金比較等による暫定為替相場の推算がなされている。なお，「進駐軍レート一弗十五円決定の経緯」大蔵省『調査月報』第 36 巻特別 6 号，昭和 22 年 12 月，も参照。

5) 大蔵省財政史室編 [1985]。戦後通貨物価対策委員会は「インフレ防止其ノ他戦後新段階ニ対処スベキ重要ナル通貨対策ニ関シ，意見ヲ具申シ又ハ参画立案セシムル」ことを目的に設置されて以降，20 年 9 月から 21 年 2 月までの 6 カ月間に，総会 12 回，理事会 19 回，部会通算 47 回，部会小委員会 6 回，専門委員会 1 回と，精力的な活動を行った。

6) 1945 年 10 月 1 日次官会議決定「当面ノ貿易決済方法ニ関スル件」。「一，貿易価格の建値は原則として米貨建とする　二，貿易価格は原則として相手国価格を基準とする　三，輸出入の当事者はそれぞれ日本政府，総司令部指定の業者が行う　四，決済実務は横浜正金銀行が代行する」との方針で総司令部と折衝するという内容。

7) 外務省特別資料部編 [1949] 第 3 巻，pp. 47-8, 63-6。

このSCAP覚書を実施するため，政府は10月15日，「金，銀，白金等の取引並びに対外関係取引取締りに関する勅令」(勅令578号) および大蔵省令88号を公布即日施行した。この省令により，わが国のいっさいの対外取引は大蔵大臣の事前許可（実態はSCAPの事前承認）の下に置かれることになった。この省令は，対外関係取引のすべてを包含するものであって，以後本省令が本邦対外関係取引取締りの基本法規となり，その後の対外取引の緩和措置は本省令の制限免除の形で行われた[8]。この結果，日本の外国為替資産，対外取引は一元的にSCAPの管理統制下に入り，従来の外国為替管理法を中心とする管理法体系は，このとき以降事実上その機能を停止したのであった。

## 2) 貿易の再開と「貿易資金」の設置

こうして占領開始間もない期間に，外貨，外国為替，外為銀行だけではなく，対外取引一般が原則としては存在しないという状態が出現した。しかし，占領政策を遂行していくためには，ただ対外関係の遮断のみを追求すればよいという訳にはいかなかった。戦後の混乱と疲弊の下にある日本経済に対して，最低限の国民生活を維持すること，そのための必需品輸入は不可欠だったからである。このため，SCAPは一方で前項の一連の措置をとるとともに，1945 (昭和20) 年10月9日「必需物資の輸入に関する覚書」(SCAPIN-110) を発し，最低限の国民生活維持のための輸入とその支払い保証としての輸出をSCAP管理の下に許可し，日本政府がその輸入物資の受領および分配のための機関を設置することを指示した[9]。

この指示に基づいて，45年12月14日，対外取引を一元的に行う機関としての「貿易庁官制」が，同月21日，この決済のための「貿易資金設置に関する法律」(法律53号) が公布施行され，翌46年3月25日，貿易資金特別勘定が設置された。46年4月3日付の「貿易庁に関する覚書」(SCAPIN-854) によって，貿易庁はSCAPより本邦貿易の一元的運営機関として正式に認めら

---

8) 大蔵省財政史室編 [1976c] pp. 7-9。
9) 外務省特別資料部編 [1949] 第4巻, pp. 1-2。

れ，以後，貿易庁以外のものはSCAPがとくに認めた場合のほかは，いっさい輸出入関係取引の当事者となることができないこととなった[10]。SCAP管理下の政府間貿易はこうして開始され，その後46年6月19日の「貿易等臨時措置令」の制定，同年11月23日の「貿易資金特別会計法」の施行，翌47年4月17日の「貿易公団法」の施行等によって徐々に整備されていった。

政府間貿易は，輸出については，SCAPが外国政府と交渉して輸出先と輸出内容を決定し，これに基づいて貿易庁が輸出業者となってSCAPに輸出品を売り渡す形式が，輸入については，アメリカ陸軍省が買いつけた食糧・肥料等を，SCAPを通して貿易庁が受け取るという形式がとられた。また，貿易庁の国内における輸出品買上げ価格と輸入品売渡し価格は，海外での売値または買値とは無関係に国内公定価格に準拠して決められ，その円決済は貿易庁特別会計で処理された。

他方，海外での日本商品の売却，支払い，受取の決済は，SCAPの特別勘定（＝ワシントンの陸軍省日本貿易勘定）においてドル建てで処理され，その内容はまったく日本側には告知されなかった。つまり，政府間貿易における円勘定とドル勘定は相互に関連をもたない別個のものとされたのである。それゆえ，さきに貿易関係資金の受払い機関として設けられた貿易資金特別勘定は，純粋に円貨の受払いを行うにとどまった。

貿易資金は当初，為替交易調整特別会計1944（昭和19）年度剰余金5,000万円を繰入れることで発足し，46年度の当初輸出計画5-6億円（貿易庁推計）をまかなうために，同年度末までにさらに1億5,000万円を大蔵省預金部より借入れて運営されることになっていた[11]。だが，当時の貿易は，輸出の範囲内に輸入が限定されていたうえ，インフレの進行，輸出入のタイムラグ，国内価格と海外価格の切断もあって，円建て輸出入の均衡を維持することは，最初から困難であった。貿易資金受払い担当機関となった日銀は，取扱開始からわずか数カ月後の46年7月31日には貿易資金の問題点を指摘していた[12]。

---

10) 同前，pp. 6-9。
11) 大蔵省資料 Z511-332。

また，貿易庁の輸出入計画案（貿易入超案）も，年度末までには24億円以上の貿易資金支払超過が生ずることになっているが，「今年度の貿易は本計画とは逆に相当の輸出超過を覚悟せねばなるまい。果して然りとせば実際支払超過額は之より遥かに巨額となるであらう。且又輸出入品の売買は国内公定価格によるを原則とするが輸出の方は司令部より之が実行を急がされる関係上，或程度闇価格に依らざるを得ざるを以つて闇価格の先行昂騰を認める限り，本計画に依る支払超過額は益々拡大して行く可能性がある」と，貿易資金赤字額が大幅に増大する危険性を指摘した。

実際，46年6月には輸入食糧代金が遅滞しているところに，錫，アンチモン，鉛等約2億円の輸出指令が発せられ，大蔵省は6月25日単独でSCAPに5億円以内の日銀借入れを申請した。その後も9月末までに絹織物類約13億円の輸出が指令され，10月末日の日銀借入残高は9億円に達した[13]。同年11月の「貿易資金特別会計法」の施行後も事態は改善されなかった。

いま，表1-1によって，46年度末（47年3月31日）の貿易資金収支を見ると，受入は輸入品払下代が26億4,000万円であるのに対し，支払は輸出品買入が29億5,300万円，紡績加工賃が6億6,200万円，輸入諸掛が4億7,400万円，計40億8,900万円と，差引14億4,900万円の支払超過になっており，この不足分を日銀よりの借入金14億円で補塡している。貿易収支だけで見た場合は，輸出29億5,300万円，輸入50億6,100万円（輸入品手持，同未収金を加えた額），差引21億800万円の入超で，貿易資金は巨額の受取超過となるはずであったが，輸入原棉が政府所有のまま加工輸出されるため貿易資金の受入にならないことと，相当額の未収金の残存のために，貿易資金の輸出入品収支はほぼ均衡した形となっている。また，仮設的に推計された外貨受払について見

---

12) 日本銀行調査局「貿易資金の動向に就て」昭和21年7月31日，日本銀行金融研究所編『日本金融史資料 昭和続編』第13巻。「輸出は連合軍当局の絶対的命令により多大の犠牲を払っても強行せざるをえないのに反し，輸入は対日管理政策の動向，世界市場の情勢，輸送力の状況等によって規制されるため，貿易バランスは相当の輸出超過になる。このことは現在においては，外貨の獲得とならないだけではなく，国内資金の関係では貿易資金の支払超過となる」。

13) 大蔵省財政史室編［1976c］pp. 228-9。

表 1-1 1946 年度貿易資金収支計算書（1947 年 3 月 31 日）

[円収支] (単位：千円)

| 受　入 | | 支　払 | |
|---|---|---|---|
| 貿易資金 | 50,000 | 現　金 | 1,563 |
| 借入金 | 1,400,000 | 輸出品買上 | 2,952,617 |
| 輸入品払下 | 2,639,541 | 紡績加工賃 | 661,539 |
| 輸出品価格差戻入 | 234 | 輸入諸掛 | 474,085 |
| 貿易外受入 | 41 | 貿易外支払 | 11 |
| 計 | 4,089,815 | 計 | 4,089,815 |
| 輸入品手持 | 737,839 | | |
| 輸入品未収金 | 1,685,285 | | |

[外貨収支] (単位：千ドル)

| 受　入 | | 支　払 | |
|---|---|---|---|
| 輸入品外貨 | 384,000 | 輸出品外貨 | 159,000 |
| 原価（輸入品払下他換算） | −130,000 | | @17.621 |
| 差　引 | 254,000 | | |
| 差引外貨負債 | 95,000 | | |
| ＠￥50 のとき | ￥4,750,000 の欠損 | | |
| ＠￥100 のとき | ￥9,500,000 の欠損 | | |

出所）大蔵省理財局「貿易資金収支計算書」昭和 22 年 4 月。

ると，輸出品代外貨受取が 1 億 5,900 万ドルであるのに対し，輸入品外貨支払が 3 億 8,400 万ドルで，こちらも差引 2 億 2,500 万ドルの支払超過となっている[14]。本来であれば，円資金の黒字は外貨資金の赤字と，逆に円資金の赤字は外貨資金の黒字と見合うべきはずである。にもかかわらず両者がともに巨額の赤字を見せているのは，さきに述べたように，円勘定と外貨勘定が完全に遮断され，外貨の受払は外国市場における成行き価格でなされながら，円の受払は国内統制価格によってなされていること，流通諸経費が政府負担となっていることによるものである。

　こうして生じた貿易資金の支払超過に対処するために，政府は 47 年 4 月の第 91 議会において，貿易資金の基本金を 10 億円に増額することを決定し，商工省所管一般会計より 9 億 5,000 万円の繰入れを実行した。しかし，以上のような貿易資金会計上の根本的問題点はその後も解決されず，国内インフレの進

---

[14] 大蔵省「貿易資金年度末決算」昭和 22 年 3 月 31 日，大蔵省資料 Z511-332。

行と貿易の拡大も加わって貿易資金の赤字は以後も急激に増大した[15]。

## 2. 管理貿易発足後の為替相場再開論

### 1)「進駐軍レート」の設定と1946年中の為替相場再開論

　SCAP管理下の政府間貿易の開始，その下での貿易資金支払超過の顕在化を背景に，1946（昭和21）年夏頃から，日本政府内部で為替相場再開についての検討が始められるようになった。45年9月22日のSCAP覚書による為替取引禁止指令以降，円の対外為替相場は存在しなくなり，軍用換算率すなわちいわゆる「進駐軍レート」のみが円の対外レートとなっていたのに対し，貿易を早期に正常化するためにも，また直接には貿易資金の赤字を克服するためにも，円と外貨＝ドルとのなんらかの連関がつくられる必要があるという判断がなされたためであった。

　軍用換算率とは，占領軍内部における便宜的交換比率であって，いうまでもなく円の対外価値を示す為替相場ではなかった。軍用換算率は，45年9月10日，アイケルバーガー／R. L. Eichelberger中将の，「進駐米兵の本国への送金比率を1ドル15円とする」という一方的声明によって設定され，この声明以降米軍将兵へのB号軍票支給は，ドル建給与をこの率で換算して行われた[16]。このB号軍票については，SCAPと日本政府の交渉の末，原則として占領地通貨としては日本銀行券を使用するという合意が成り立ったため，逐次日銀によって回収され[17]，日本側にとっての円の対外為替相場はこの面でも存在しなくなった。

　45年末から46年初めにかけての時期は，預金払戻しと貸出の増大，臨時軍

---

15) 大蔵省理財局外資課「貿易資金のアンバランスについて」昭和22年7月22日，大蔵省資料 Z511-332。
16) 1ドル15円の換算率算定の根拠については必ずしも明らかではないが，「戦前の一弗四円二十五銭を，戦時中の物価の動き，通貨流通量等から総合判断して」決められたとされている。大蔵省「進駐軍レート一弗十五円決定の経緯」による。

事費の大量散布によって悪性のインフレーションが急激に進展していた時期であった。この事態に対処するため，政府は翌46年2月16日「経済危機緊急対策」を発表し，これに基づいて金融緊急措置令，日本銀行券預入令，臨時財産調査令，食糧緊急措置令，隠匿物資等緊急措置令，食糧管理法施行令改正ノ件を公布施行し，3月3日には物価統制令を公布して，インフレの防止と経済再建への手掛かりをえようとした。

　貿易の再開もこの当面の「経済危機」を打開する有力な手段として位置づけられた。だが，そもそも政府間貿易が完全にSCAPの管理下にあってドル勘定と円勘定が完全に分離されていたこと，しかも貿易資金の赤字が次第に明確となってくるという事態の下では，貿易にこうした役割を期待することはきわめて困難であった。この状況に対応するために，日本側は一方で食糧など緊急物資を輸入＝見返り輸出の確保を維持する手段としての日銀貿易手形制度を発足（46年9月1日）させるとともに，他方将来の為替再開への模索を開始した[18]。もちろん当時はまだ為替再開の条件はまったくといってよいほどなく，この問題が政策的に位置づけられたのは，46年末に経済安定本部に「国際通

---

17) 占領軍は，当初占領地通貨として軍票を使用する予定で，占領開始時点ですでにB号軍票3億円を兵士給与として各部隊に配布していた。これに対し，日本側は敗戦直後から日本銀行券使用の要望を出しており，9月4日の重光外相＝サザーランド参謀長，久保大蔵省外資局長＝クリスト准将会談で，「すでに配分した軍票はできるだけ回収し，今後の必要資金は日本政府が日銀券を提供する」という合意が成り立ち，さらに交渉を重ねた末，月末までに一応の解決をみた。B号軍票は逐次日銀に回収され，その後46年7月，米軍は交換不能のA号軍票を交付する経過措置をとった後，9月からドル軍票を導入し，個人によるドル軍票と現地通貨との交換を禁止した。また，47年5月以降英占領軍使用通貨として，ポンド軍票および豪州銅貨幣が発行，使用されたが，これはドル軍票とは異なって，日本政府に対する料金は一括して日銀所在進駐軍名義預金で決済されることになっていたので，ドル軍票の場合のように日本政府がその収受をするという問題は起こらなかった。なお，米軍B号軍票の流通は48年7月正式に禁止された。以上の経緯につき，詳しくは，日本銀行「本邦における進駐軍使用通貨及進駐軍名義預金に付て」昭和22年9月30日（日本銀行『日本金融史資料 昭和続編』第8巻），大蔵省財政史室編 [1976a]，pp. 131-40 を参照。
18) 9月1日から開始されたこの貿易手形制度については，さしあたり日本銀行「終戦後に於ける貿易とその金融」昭和23年1月（日本銀行『日本金融史資料 昭和続編』第13巻），を参照。

表 1-2 日銀による為替相場の推計（1946 年 8 月 28 日）
(単位：円)

| 品　目 | 公定価格 | 闇価格 |
|---|---|---|
| 生　糸 | 13.58 | 49.03[1] |
| 綿　糸 | 11.00 | 25.79[2] |
| 小　麦 | 18.02 | 409.66 |
| 金 | 15.05 | 70.79 |
| 銅 | 50.40 | 34.89 |
| 銀 | 14.09 | 30.00 |
| 鉛 | 27.91 | 188.41 |
| 亜　鉛 | 27.47 | 49.45 |
| 鉄　鋼 | 72.22 | 222.22 |
| 銑　鉄 | 52.31 | 160.96 |
| 石　炭 | 46.15 | 184.61 |
| 石　油 | 54.72 | 539.49 |
| 鉄鉱石 | 32.39 | 28.07 |
| 平　均 | 39.26 | 150.88 |

注 1）繭価 1,800 掛，加工賃 1.5 倍に引上げの場合。
　 2）綿糸加工賃を比較した場合。
出所）日本銀行「我国為替相場に就て」。

貨問題研究会」が設置されてからのことであったが，それ以前にもそれぞれの担当機関で内部的に為替相場の推定，為替再開条件の検討が始められていた。

例えば，46 年 8 月日銀は，「為替相場の決定は，我国正常貿易再開の前提条件なるを以て之が基準の決定並に其の時期如何は日本経済再建の見地より我々の至大なる関心事である」という観点から，表 1-2 のような為替相場の推計を行い，「今後一年後乃至其以上」は為替再開は困難という見通しを提示した[19]。また，ほぼ同時期，貿易庁でも 46 年 5 月までの輸出入実績をもとに，表 1-3 のように為替換算率を計算していた[20]。大蔵省でも，46 年 9 月理財局外資課に企画係を設置し，あくまで内部的な検討の素材としてという限定つきで「為替問題の基本的研究」が始められ[21]，「軍貿易下での実質複数相場」については，「わが国経済の価格体系が国際価格体系と著しく均衡を失している」現状のもとでは，直ちに単一為替相場への復帰が得策であるとはいえないが，現行の逆算複数為替相場制が継続されれば，① 市場価格の算定を国家が行うことになり貿易の円滑を阻害する，② 財政支出の不断の累増が予想される，③ 第 3 国商社，個人の包含が困難である，等の欠陥があり，さらに ④ 貿易外収支の問題を考えるならば，「目標はあくまで貿易及び貿易外を含めての単一為替相場の樹立にあり，……わが国価格体系の変更が単一為替相場を前提として意識的に行われるようにすることがどうしても必要だ」という目標が提示されていた[22]。

---

19) 日本銀行「我国為替相場に就て」昭和 21 年 8 月 28 日（同上）。
20) 大蔵省「輸出入額推定資料に関する件」大蔵省資料 Z526-30-7。
21)「現行対米為替の変更について」昭和 21 年 9 月 23 日，大蔵省前掲『調査月報』第 36 巻特別 6 号。

表 1-3　終戦後 1946 年 5 月までの輸出入実績概算

(単位：千ドル，千円)

| 国別 | 輸出 | | | 輸入 | | |
|---|---|---|---|---|---|---|
| | SCAPドル建 | 貿易庁円建 | 1ドル当換算額 | SCAPドル建 | 貿易庁円建 | 1ドル当換算額 |
| 英連邦 | 1,026 | 28,371 | 27.65 | 55 | 418 | 7.60 |
| 中　国 | 766 | 33,547 | 43.79 | 1,642 | 39,770 | 24.22 |
| 朝　鮮 | 7,802 | 148,518 | 19.03 | 36 | 880 | 24.44 |
| ソ　連 | 33 | 353 | 15.34 | — | — | — |
| 米　国 | 41,858 | 144,716 | 3.45 | 26,110 | 280,703 | 10.75 |
| 合　計 | 51,485 | 355,503 | 6.90 | 27,844 | 321,771 | 11.55 |

注）ドル建については，1946 年 6 月 26 日対日理事会での，GHQ/SCAP ESS 輸入課長フレミングの報告。円建は，貿易庁の推計。輸出は f. o. b. 概算，輸入は物資別貿易資金よりの売却価格を基準に算出。輸出中，英連邦は石炭のみ，ソ連は蚕種のみ，米国は生糸のみ。輸入中，中国，朝鮮は塩のみ。貿易庁設置以前，貿易資金勘定開設以前も含む。
出所）財政調査室「輸出入額推定資料に関する件」昭和 21 年 8 月 30 日。

　これらから明らかなように，この時期の一連の為替問題の検討は，当面の為替再開は困難という認識に立ちつつも，直面する貿易問題や物価問題と為替再開の基礎条件の整備とをどのように整合的に追求するかを課題としていた。

## 2）1947 年前半の為替相場再開論

　1946（昭和 21）年 12 月，経済安定本部に「国際通貨問題研究会」が組織された。46 年 8 月 12 日に設立された経済安定本部は，設立過程そのものも難産だったうえに，その後産で 46 年中は機構も十分には整備されず，なお本格的な軌道には乗っていなかったが[23]，それでもこの研究会は，経済安定本部内部のメンバーだけではなく，大蔵省理財局，外務省総務局，物価庁第一部，貿易庁総務局，終戦連絡中央事務局，日本銀行外事局，さらには民間企業代表，大学関係者等までも含めた，初めての為替問題に関する本格的研究会となった[24]。研究会は，46 年 12 月から 47 年 7 月まで週 1 回のペースで開催され，

---

22)「為替相場決定についての若干の考察」昭和 21 年 10 月 27 日，「複数為替制に対する一批判」昭和 21 年 11 月 25 日（同前）。
23) この経緯について詳しくは，経済企画庁編［1988］を参照。
24) 経済安定本部「国際通貨問題研究会資料」昭和 22 年 1 月 20 日。NIRA・戦後経済政策資料研究会編『経済安定本部 戦後経済政策資料』（以下，『戦後経済政策資料』と略記）第 24 巻，日本経済評論社，1944 年に収録。

最初に「為替再開の基礎条件」と「再開為替相場」（47年2月まで），次いで「クレジット」（47年4月まで），最後に「貿易・為替における価格関係事項」（47年7月まで）の検討を行い，半年の間に4冊の報告書を作成した。

　46年の末にこうした研究会が組織された理由は必ずしも明らかではない。しかし，民間貿易再開への動き，より根本的には早期に講和条約が締結される見通しであるという示唆がSCAPよりなされ，これへの対応として研究会が組織されたと考えておそらくは間違いないであろう。というのは，47年2月7日付の同研究会の為替相場問題検討メモ[25]の最初に，「為替再開は，具体的には専ら世界の政治的要因（例えば対日講和会議）によって決定される」とし，講和条約の締結を「本年秋から話がはじまって来年四，五月頃条約締結と予想」しているからである。事実，マッカーサー／D. MacArthurは，占領開始の直後から早期講和論を一貫して唱えており，46年秋にはマッカーサーの要請によって米国務省内に講和条約起草チームが編成された。この起草チームによる講和第1次案が作成されたのは47年3月のことで，同月19日，マッカーサーがこれを前提に記者会見を行って以降，この問題は表面化したが，それ以前の段階で早期講和の動きを日本側が部分的にではあれ察知していたと思われるのである。早期講和の動きそのものは，同年8月の第2次案に対するソ連・中国の反対，同年夏以降アメリカ内部での「非軍事型」から「冷戦型」への対日政策の転換を主張するグループの台頭（＝講和棚上げ論）によって，結局は立消えとなってしまう[26]。それゆえ，47年後半に入ると制限付民間貿易の再開とともに為替問題は新たな局面を迎えるが，前半の為替再開論は基本的には早期講和との関連から問題が立てられていた。以下，ここでの議論をもう少し立ち入って見ていくことにする。

　まず為替再開の基礎的条件，再開為替相場の問題については，47年1月末から課題として設定され[27]，2月末日には一応の結論が出された[28]。そこでは，「(1)貿易の再開，為替の再開は，いうまでもなく，日本の経済安定のため

---

[25] 経済安定本部国際通貨問題研究会「再開為替相場について」昭和22年2月7日。
[26] 早期講和論の流産のプロセスについて詳しくは，大蔵省財政史室編 [1976a], pp. 336-42 参照。

には不可欠の要因である。(2)と同時に再開と安定との間には，再開の時までに日本経済が概ね自力によって安定に近づいて居れば居る程再開が安定要因としての効力をより多く発揮することが出来るという相関々係が存在する。(3)今回の再開は，日本が自律的に時を選びうるものではなく，他律的に外側の力によって決定せられることではあるが，なほそれまでに若干の時間がある。(4)従ってこの与えられた時間のなかに自力再建の努力をつくして，再開が最もよくその効果をあげうるような場を用意することが，我々にとっての一般的課題である」と課題設定をしたうえで，次のように論点を提示した。

まず，理想的・希望的条件下での相場再開を考える。理想的・希望的条件とは，食糧事情の好転，工業生産の上昇（石炭3,000万トン計画の整備），財政均衡の見通しの確立，物価の安定（公定と闇との近接），通貨の安定，物価体系・産業構造の国際水準への適合準備の完了によって，日本経済の安定見通しが立ったときである。再開相場は総合均衡相場とし，均衡点を，指数変動，商品物価比較，能率賃金比較，終戦後対米貿易実績の4つの方法から算定する。こうして算定されたのが，表1-4である。しかし，実際には「講和条約によって他律的に全面再開となるに拘らず日本経済は依然不安定状態にある……或いは今年秋から民間貿易が部分的に再開されそのために為替をつけなければならなくなる」等，「上述の想定条件が揃わない場合が多いと思われる」。その場合は，為替投機などによる通貨・物価面での混乱，物価調整にともなう混乱，物資・生産面での攪乱が生ずる危険がある。これへの対応としては，「再開を安定のための好契機として捉え強力な手術を行っても安定をもちこすようにする積極策」が必要で，講和とともに「外力を借り，強行策を用いて，安定の一線を画する」というのが結論であった。

この外力の鍵と考えられたのが，アメリカよりのクレジット供与であったため，続いてクレジットについての検討が行われ，4月に報告書がまとめられ

---

27) 国際通貨問題研究会「設問」昭和22年1月29日，同「再開為替相場について」昭和22年2月7日，同「再開為替相場について（第二）」昭和22年2月19日。
28) 国際通貨問題研究会「報告書（第一分冊）　日本の再開為替相場（未定稿）」昭和22年2月26日。

**表 1-4** 再開為替相場の推定

(単位：円)

| | |
|---|---:|
| 1. 指数変動（大蔵省外資課試算） | |
| ① 賃金指数によるもの（1946年10月） | 11.75 |
| ② 公定卸売物価指数によるもの（同） | 4.99 |
| ③ 闇込小売物価指数によるもの（同） | 114.41 |
| ④ 生計費指数によるもの（46年6月） | 106.69 |
| 2. 商品物価比較（東京銀行調査部試算） | |
| ① 公定価格比較によるもの（46年12月） | 51 |
| ② 闇価格比較によるもの（同） | 250 |
| ③ 公定・闇総合比較によるもの（同） | 110 |
| 3. 能率賃金比較（物価庁調査課試算） | |
| ① 国民所得比率によるもの（46年8月） | 84.97 |
| ② 単位あたり賃金比率によるもの（同） | 97 |
| ③ 能率賃金変動によるもの（同） | 90 |
| 4. 終戦後対米貿易実績（貿易庁調査課試算） | |
| ① 輸 出 | 19.47 |
| ② 輸 入 | 21.57 |
| 総 合 | |
| 　公定価格基準 | 35–50 |
| 　公定・闇総合価格基準 | 90–100 |
| 　貿易実績基準 | 20 |

出所）国際通貨問題研究会「日本の再開為替相場」昭和22年2月。

た[29]。そこでは，「緊急援助費に限度があり，輸出の売行きによって輸入を確保する原則が維持されている限り，我国は経済の再建はおろか，国民生活の最低限度の維持すら危ぶまれる」という現状認識の下に，「クレヂットの懇請が緊急課題」とされ，クレヂット獲得のために次のような前提条件の整備が必要と強調された。すなわち，「経済的条件としては，統制を過渡的措置として飽くまで強化し，クレヂットが最も有効適切に使用されることを保障すること」が必要で，そのために，①1950年に1930–34年生活水準に到達することを目標とする産業貿易再建計画の策定，②民間貿易再開に関する準備，③輸出産業振興策の樹立，④為替政策の確立，⑤海運政策の緩和の懇請等の諸事項が直ちに実行されねばならない，と。

　47年7月に入ると，同月の4貿易公団の業務開始，8月15日の制限付民間貿易の再開を前提として，為替再開，為替相場樹立についてさらに検討は具体化し，仮設相場による試算が行われるまでになった[30]。試算は，「一米ドルを

---

29) 国際通貨問題研究会「報告書（第二分冊）　クレヂットに関する基本問題」昭和22年4月，『戦後経済政策資料』第24巻に収録。

30) 国際通貨問題研究会「報告書（第四分冊）　一，日本の再開為替相場研究　二，国際収支統計研究資料」昭和22年7月。

五十円，百円，百五十円，二百円とした場合の日本の現在の物価・産業との関連，そこから生ずる問題」を明らかにするという観点からなされており，その後49年4月の360円レートの制定に至るまで繰り返しなされた日本側の為替算定作業の出発点ともいうべきものとなった。その概要は，表1-5の通りである。「結論を出すのは慎むべきであるが」という限定をつけたうえで，「(1)食糧価格が突出して高いこと（日本側資料が消費者価格であることを考慮にいれても）(2)その他は化学製品に凸凹がある外，一般の予想よりも低いところに納まり，特に繊維及金属，原資料は低いこと (3)かえって新公定価格の方が高いところになるのではないかと考えられる」と大略の傾向を指摘した。そしてその上で，1ドル50円および100円の場合のわが国繊維産業，化学工業，金属および機械工業の各部門に及ぼす影響を具体的に検討し，生糸の場合は1ドル75円ないし100円が適当，綿糸布関係では100円程度が望ましい，化学工業では「原料輸入が可能でありさえすればレートがいくらになるかということにはあまり敏感ではない，鉄鋼では100円程度が落ちつくところ，非鉄金属では100円くらいが望ましい，機械工業では100円ないし120円が適当」という検討結果を示した[31]。また，同時に「再開為替相場を高評価とすべきか，低評価とすべきか」という設問がなされ，「現在の日本のようにいまだだらだらと下り坂を行き，安定も見透されない」局面では，公定価格，物価騰貴抑制等反インフレーションの策とともに，為替を日本経済全体の安定再建の一手段とする必要があり，そのためには「一応の均衡基準と考えられる水準」よりも「円の高評価をもって出発することを妥当とする」という提案がなされた。47年2月の「外力を借り，強行策を用いて，安定の一線を画する」という方針はここでもなお維持されたのである。

### 3）GHQ/SCAP の為替問題認識

1946（昭和21）年後半から47年前半にかけての，以上のような日本側の為替再開論に対して，SCAPの側では47年5月までは為替問題はまったく議論の対象となっていなかった。SCAPが外国為替再開についての検討を開始したのは，早期講和案が具体化し，制限付民間貿易再開の動きが明瞭になって以降

表 1-5 商品別価格比較による為替相場の推定

| 品名 | 単位 | ドル価格 | 円換算価格 (単位：円) | | | | | | 備考 |
|---|---|---|---|---|---|---|---|---|---|
| | | | 50 | 100 | 150 | 200 | 300 | 400 | 500 | |
| [食糧] | | | | | | | | | | |
| 小麦 | ブッシェル | 2.67 | | **205.2** | | | 802.87 | 903.6 | | (公) は，50円換算と100円換算の間 |
| 豚肉 | 百ポンド | 53.0 | | | | | 15,600 | 12,520 | | (公) は，100円換算と150円換算の間 |
| 大麦 | ブッシェル | 1.75 | | **178.8** | | | 1,174 | 1,255 | | |
| [繊維] | | | | | | | | | | |
| 綿糸 | ポンド | 0.71 | 33.2 | 35.5 | | | | | | |
| 金巾 | ヤード | 0.21 | 10.6 | 14.04 | | | | | | |
| 生糸 | ポンド | 4.15 | 207.5 | 367.2 | | | | | | |
| 人絹糸 | ポンド | 0.67 | | 67.0 | 69.05 | | 84.26 | 90.00 | | |
| 大麻 | ポンド | 0.22 | | | | | | | | |
| [金属] | | | | | | | | | | |
| 銑鉄 | トン | 33.5 | | 1,675 | | 6,370 | | | | (公) は，150円換算と200円換算の間 |
| 鋼材 | 百ポンド | 2.50 | | 125 | 210 | | 645 | | | (公) は，250円換算と300円換算の間 |
| [化学] | | | | | | | | | | |
| ソーダ灰 | 百ポンド | 1.20 | | | | 214 | 240 | | | |
| 硫安 | トン | 30 | | | 3,000 | 3,376 | | | | |
| セメント | バレル | 2.61 | | 130.5 | 253.4 | | | | | |
| [燃料] | | | | | | | | | | |
| 石炭 | トン | 9.75 | | 487.5 | **564.3** | | | | | (公) は，50円換算と100円換算の間 |
| ガソリン | ガロン | 0.098 | | 4.9 | 6.5 | | | | | |

注：太字は公定価格，アンダーラインは闇価格。
出所：国際通貨問題研究会「報告書 (第四分冊)」昭和22年7月より，部分抽出して作成。

のことであった。貿易統制緩和の動きは，47年3月のアメリカ政府の財務省許可制の撤廃，同年4月のSCAP商業勘定の開設等によって徐々にはっきりとしてきていたが，同年5月のアメリカ貿易使節団の日本派遣決定発表とともに，SCAP内部で一挙に活性化した。

SCAP/ESS（経済科学局）は，5月7日，それまでの内部討議およびSCAPトップ（参謀長／Chief of Staff）との往復のうえにたって，制限付民間貿易再開に関するESSプランを作成した[32]。このプランのなかで為替レートへの言及

---

31) 検討は，各産業毎に即して行われたが，相当量にのぼるのでここでは綿糸布の検討プロセスのみを紹介しておく（同前による）。

　まず，綿糸については，①二〇番手400封度一梱のものをつくるのに必要な原棉は471封度，原棉1封度の原価は，紐育定期36セント，現物との差額5セント，格下げ減価3.35セント，差引原価37.65セント，そこで綿糸1梱分原棉代は177.33ドルとなる。②一方加工賃諸掛は，糸加工賃1梱分1,800円，紐代211円，輸出用荷造代386円，輸出諸掛705円，保険料76円，組合（または公団）手数料80円，合計3,258円となる。③これを為替レート1ドル100円，75円，50円の場合にあてはめると次のようになる。④米国における綿糸1封度相場は1月中旬70セント，3月頃73セント，これはやや高すぎ65セント位が適当であるが，1ドル50円でも利益がある。

| | 原棉代 | 加工賃諸掛 | 綿糸1梱原価 | 1封度当 | 同上米価換算 |
|---|---|---|---|---|---|
| 100円のとき | 17,733 (円) | 3,258 (円) | 20,991 (円) | 52.48 (円) | 52.48 (セント) |
| 75円のとき | 13,300 | 3,258 | 16,558 | 41.46 | 55.20 |
| 50円のとき | 8,866 | 3,258 | 12,124 | 30.31 | 60.62 |

　また，綿布については，①天竺二A1俵1,385ヤードをつくるのに必要な反当原糸量9.36封度で，原棉代は綿糸と同様177.33ドル。②加工賃諸掛は，紡績代1,800円，織布代2,512円（公定価格），荷造代190円，輸出諸掛900円，保険料116円，輸出組合手数料139円，合計5,657円となる。③これを為替レート1ドル100円，75円，50円の場合にあてはめると次のようになる。④輸入原棉による綿製品はUS.CCが一手に販売しており，その売却値段は大体1平方ヤール当20ないし25セントとみられるので1ドル50円でも引きあう。

| | 原棉代 | 加工賃諸掛 | 綿布原価 | 1ヤール当 | 同上米価換算 |
|---|---|---|---|---|---|
| 100円のとき | 17,733 (円) | 5,657 (円) | 23,390 (円) | 16.89 (円) | 16.89 (セント) |
| 75円のとき | 13,300 | 5,657 | 18,957 | 13.68 | 18.24 |
| 50円のとき | 8,866 | 5,657 | 14,523 | 10.48 | 20.96 |

　ただし，綿糸，綿布とも現実の加工賃は赤字であり，今後の賃金上昇を考えると1ドル100円程度が望ましい。

32) 通商産業省他編［1990］pp. 140-53。

がなされ,生産および価格が安定した状態になり,十分な輸入取引がなされるまでは為替レートを設けないという素案が提起されたのである。5月12日の貿易使節団の来日とともに,このプランはSCAPと使節団との討議の俎上に乗せられ,外国為替に関してもさらにESSで検討が進められることとなった。検討作業は5月22日にほぼまとまり,「外国為替レートの設定」という表題のドラフトが,マーカット／W. F. Marquat ESS局長より参謀長に提出された。ドラフトは,「I 現在の問題　II 関連する事項　III 論点　IV 結論　V 進言」の5章立てで,おおよそ次のような内容からなっていた[33]。

まず,Iで「公定為替相場はいつ設定されるべきか」と設問し,次いでIIで為替相場設定に関連する問題として,①政府間貿易という現状,②円勘定とドル勘定への決済勘定の分離,③限定的民間貿易再開計画,④直接取引者の価格決定権非保持,⑤日本の対外クレジット低水準,⑥国内経済不安定,物価の持続的上昇,円価値の持続的下落,⑦物価体系設定の試み,等を指摘した。そして,こうした関連事項の指摘に基づいて,IIIで4つの論点を提示した。

第1に,為替レート設定の利点 (Advantage of a foreign exchange rate) については,日本商品の価格が世界市場での需給実勢に鞘寄せされること,貿易商品の価格設定に関するSCAP・日本両行政機関の負担や失敗の可能性が緩和されること,貿易取引が拡大すること,等をあげることができる。しかし,第2に,現在の不安定な状態の下で為替レートが設定されたならば,日本経済は深刻な打撃を被る。レート設定の前提条件としての安定 (Stabilization as a prerequisite to establishment of a foreign exchange rate) が必要である。さもないと,インフレの進行によってドルと結びつけられた輸出品の輸出価格が上昇し輸出が減退する。……さらに,投機が一挙に拡大する。インフレ下での現在の投機は円の保有者に限られているが,他の通貨が円と結びつけられれば,投機への参入者は世界中にひろがる。結局日本経済の不安定と物価体系の破壊によって日本の輸出品は著しく非合理な高コストを強制され,世界市場への参入は不可能

---

33) Marquat to Chief of Staff, Establishment of a Foreign Exchange Rate, 22 May 1947.

となる。では，第3に即時安定の見通し（Prospects for immediate stabilization）はどうかといえば，為替レートの設定を可能にするような水準での安定を近い将来に期待することは不可能である。短期的には，円価値の安定のための外国クレジットの供与があれば，円の減価は食いとめうる。しかしこの可能性も——世銀借款・民間外資のどちらを考えても——少ない。第4に，現在のところ政府機関による外国貿易のコントロールが一応有効に機能している。それゆえ，公定為替相場が設定されたときには，これにかわる輸出入許可とか外国為替管理のような他の管理体制が必要となる。

以上の検討から，為替レート設定の前提条件として円の安定が必要であり，円の安定は日本経済の安定＝物価安定が実現されたときにのみ可能となる。経済安定の達成は，輸入，生産の増大やより効果的な国内経済管理を可能にする外国クレジットの実現如何にかかっている。現時点では，重点は，必要な改善を加えながらも現在の価格設定や決済の方法を円滑に操作することに置かれるべきであり，将来の公定為替相場の設定のための外国貿易や外国為替の管理方法の検討が進められるべきであるという結論（IV），および「現時点では公定為替相場設定のためになんらの行動もとられるべきではない」（No action should be taken at this time to establish a foreign exchange rate.）という勧告が導き出されている。

さらに，6月8日には，マーカット局長よりESS内の経済計画グループ[34]／Economic Planning Groupに対して，民間貿易業者の来日に先立って，公定為替レート設定に関するESSの立場をさらに統一する作業を進めるよう指示がなされた[35]。5月22日付ドラフトの線にそって公式声明を出せるように検討を進めること，遅くとも6月の25日までに作業を完了することが，指示の内容であった。

6月10日，SCAPは，同年8月15日をもって対日経済封鎖を緩和し，制限

---

34) メンバー全員の構成は明らかではないが，責任者は調査統計課長アーネスト・ロス／E. Rossと労働課長から経済顧問に転じたセオドア・コーエン／T. Cohenであった。

35) Marquat to Economic Planning Group, Draft; ESS Position on Establishment of Foreign Exchange Rate for Japan, 8 Jun 47.

付民間貿易を再開する，そのため 400 名規模の民間貿易団が来日する旨の特別発表を行った。発表は為替相場の設定についても関説し，「為替相場の設定は情況が許すに従いできるだけ速やかに行うが，当初は行わない。最初から恣意的なレートを立てることは現実に遊離しておろうし，日本国内の物価が相当広く開いているから，ある種の取引には不都合であろうし，従ってまた貿易の総量を制限することになろう[36]」というコメントを加えた。このコメントはほぼ 5 月 22 日付 ESS ドラフトの線に沿っており，制限付民間貿易の再開時に公定為替相場の設定は行わないという方針が，この時点で公表された。とはいえ，8 月 15 日以降来日予定の民間貿易団にとっては，「為替はいつ再開されるのか，その場合のレートはどうなるのか」は最大の関心事であり，予定されている貿易方式，とくに直接価格交渉ができないという点への不満が大きくなることは当然予想された。さきの ESS 経済計画グループへの指示はこれへの対応であって，この作業は引き続き進められた。

他方，6 月 17 日には ESS 調査統計課／Research and Statistics Division のローゼンフェルト／M. Rosenfelt より，「外国為替管理の為替平衡方式の説明」が提出され，非公式に日銀，経済安定本部，貿易庁等に提示された。この方式は標準レートと実際レートという 2 つのレートを設け，その差額を貿易庁が平衡資金として運用することによって，輸出と外貨獲得を最大化（maximize）しようというものであった[37]。また，ほぼ同時期 ESS 外国貿易課／Foreign Trade Division より，ドイツの例に倣った為替要因／Exchange Factor あるいは換算要

---

[36] 大蔵省理財局外資課「私的貿易再開に関する司令部発表について」昭和 22 年 6 月 17 日，大蔵省前掲『調査月報』第 136 巻特別 6 号。

[37] M. Rosenfelt, Explanation of "Equalization Fund" Method of Foreign Exchange Control, June 17 1947. 具体的には次のような方式が考えられていた。すなわち，① 輸出可能品のドル価格に対する円価格比率の加重平均による標準レート（例えば 60 対 1）と，各商品別の交換レートのうち最低のものによる実際貿易レート（例えば 40 対 1）の 2 つの円レートを設定する。② そこで，外国貿易業者は，貿易庁より 40 対 1 で購入することを知り，直接交渉もこのレートを基準に行われる。③ 一方貿易庁は，60 対 1 の標準レートで日銀から円を買う。④ この差額 20 円は平衡資金として貿易庁に保有され，標準レート＝円価格対ドル価格の推定比率と実際貿易レートの差に応じて日本の製造業者に割り当てられる。⑤ 標準レートおよび貿易レートとも経験，生産量，生産原価，外国市場価格に関する情報の改善並びに情勢の変化によって変更しうる。

因／Conversion Factor による商品群別換算率のプランが，貿易庁長官宛に提示された。これらは，いずれも「為替レートの設定は司令部内の小数意見として葬られたが現在の仕組に私的貿易代表が満足する訳はない。その際直に代案として出し得るものを用意しておく必要がある[38]」という立場からなされたものであった。

　こうした作業を経て，当初の予定通り 6 月 25 日に外為レートに関する ESS 見解「日本の為替レート」が，民間貿易業者向けの声明案文を付け加えてとりまとめられた[39]。この見解は，5 月 22 日付 ESS ドラフトを踏襲しつつ，問題点をより広い視野から捉え直していた。すなわち，5 月 22 日付ドラフトでは，公定為替相場設定の問題は主として輸出入品価格と国内インフレとの関連で捉えられていたのに対し，6 月 25 日付ドラフトでは，①輸出入貿易との関連だけではなく，②物価上昇に対するレート設定の影響，③歪んだ国内価格構造から見たレート設定の影響，④著しく不健全な国際収支に対するレート設定の影響，⑤経済安定への見通し，⑥国内価格の世界市場価格への鞘寄せの見通し，⑦国際収支均衡の見通し等，より広い問題点の摘出がなされた。そして，レート設定の前提条件としての安定が今後 6 カ月以内で達成される見通しは暗く，安定を実現するためには SCAP による経済安定計画の実施，日本側行政官の動員，高コスト輸出品への特別補助金のような臨時的な価格設定方式の考案，原材料輸入に充当される相当額の対日クレジットの供給等の措置が必要であると結論づけ，当面レートの設定は行わず，これらの諸措置をとることを進言した。

　SCAP が，為替レート設定に関して以上のような方針を決定した背景には，インフレと経済危機が再燃し，価格安定が緊急の課題として登場していたことがあった。第 1 次吉田内閣にかわって登場した片山内閣は，6 月 11 日，食糧

---

38) 大蔵省理財局「私的貿易再開に関する質疑応答要領」昭和 22 年 6 月 27 日，大蔵省資料 Z526-30-7。ESS 金融課ビープラット通貨銀行係長と大蔵省理財局石田外資課長との会談。

39) Marquat to Chief of Staff, A Foreign Exchange Rate for Japan, 25 June 1947. なお，このドラフトは，大蔵省財政史室編［1982b］pp. 584-7 に全文収録されている。

確保，流通秩序の確立，物価賃金体系の全面改訂，財政金融健全化，重点的生産増強，生活と雇用確保，輸出振興の 8 項目を課題とする緊急経済対策を発表した[40]。この対策は，経済安定本部の主導下に，ESS のマーカット，ロス／E. Ross，ファイン／S. M. Fine (Economic Adviser)，コーエン／T. Cohen 等との協議を経て立案されたもので，従来の吉田内閣の政策に強い不満をもっていた ESS は，これ以降経済安定本部との接触を急速に深め，緊急対策の具体化を強く要求していった。

緊急経済対策は，対外面に関しては，貿易再開に備えて「(1) 多角清算制の即時採用を懇請する (2) 輸入金融のクレディットを懇請する (3) 為替再開，為替管理につき充分な準備をする」ことを課題として提示していた。SCAP もこれを受けて，原材料前貸しクレジットに道を拓く輸出入回転基金設置を計画し，ワシントンに提起していた。6 月 23 日，ワシントンの三省調整委員会 (SWNCC) は回転基金設置を承認し，この具体的プランを作成するように SCAP に指示した。この経緯のなかで，為替レート設定の問題は，経済安定のための従属的課題として位置づけられるようになったのである。また，ESS 内部に，「為替率ハアマリ早クキメナイ方ガヨイ。陸軍省予算デイクラカデモ金ヲトル可能性ガアル間ハ，率ヲキメルコトガ却ッテ邪マニナル[41]」という見解が存在していたことも，「レート設定は当面行わない」という結論を導き出す方向に作用した。

こうして 7 月 16 日には，三省調整委員会極東小委員会 (SFE) が，「日本の民間貿易再開に関する米国の政策決定」(SFE194/2) を発表[42]，次いで 7 月 24 日には極東委員会 (FEC) が「対日貿易 16 原則」(FEC-032/26) を決定し[43]，8 月 15 日の制限付民間貿易再開の準備が整った。

---

40) 緊急経済対策については，さしあたり鈴木武雄 [1956]，および大蔵省財政史室編 [1976b] を参照。
41) 「都留重人日誌」昭和 22 年 6 月 28 日（経済企画庁編 [1988]）p. 245。
42) 大蔵省財政史室編 [1982b] pp. 587-8。
43) 外務省特別資料部編 [1949] 第 4 巻，pp. 25-8。

**表 1-6　貿易資金現金収支表（1947 年 7 月末）**

(単位：千円)

| 受　入 | | 払　出 | |
|---|---:|---|---:|
| 現金前年度繰越 | 1,563 | 輸出物資買上 | 2,041,596 |
| 借入金 | 4,000,000 | 輸入諸掛 | 746,927 |
| 輸入物資売却代金 | 2,451,480 | 貿易外支出 | 30,432 |
| 貿易資金特別会計資金 | 950,000 | 繊維製品加工賃諸掛 | 825,968 |
| 雑収入 | 1,087 | 公団に対する貸付金 | 2,070,584 |
| | | 借入金償還 | 400,000 |
| | | 現金翌月繰越 | 1,288,622 |
| 計 | 7,404,130 | 計 | 7,404,130 |

出所）大蔵省「昭和 22 年度貿易資金現金収支表」昭和 22 年 7 月。

## 4）「貿易資金」の赤字と SCAP 勘定

　以上のように，1947（昭和 22）年に入ると徐々に貿易制限緩和の方向が明らかになり，3 月以降は輸出も増大してきたが，決済面では貿易資金の円資金不足は緩和されるどころか逆に急速に拡大していた。47 年 3 月末の貿易資金支払超過は 14 億円強であったが，これが制限付民間貿易再開直前の 47 年 7 月末になると，表 1-6 のように，輸入物資の売却 24 億 5,100 万円に対して，輸出物資買上 20 億 4,200 万円，輸入諸掛 7 億 4,700 万円，繊維製品加工賃他 8 億 2,600 万円，公団貸付金 20 億 7,100 万円，計 56 億 8,600 万円，差引 32 億 3,500 万円の支払超過となった。このように支払超過が急増した理由は，(1) 輸出入物資間の価格差（輸入品価格の方が輸出品価格より安い），(2) 他の会計に属すべきものの貿易資金による負担（本来食糧管理特別会計の負担である輸入食糧の二重価格），(3) 収支上のタイムラグ（輸入物資代金決済の遅れ），(4) 貿易公団制度（公団貸付金の急増），(5) 巨額かつ長期の物資保有にあった。とりわけ，同月の貿易公団発足によって，同公団が従来の輸出入代行機関に代わって輸出品の発注買取り，保管，輸送，輸入品の引取，輸送，保管などを行うことになり，その運営資金を貿易資金に依存することになったため，貿易資金の支払超過は一挙に増大した。それゆえ，この支払超過は制限付民間貿易の再開以降も解消される見通しはなく，47 年度には，一般会計からの既定繰入 9 億 5,000 万円を繰り込んでも，165 億円から 180 億円の円資金不足が生ずると予想されてい

た[44]。

　では、これに対応する外貨資金の方はどうかといえば、前項で見たように、この時期対外決済における円勘定と外貨勘定は完全に分離され、相互に関連をもたず、外貨勘定についてはSCAPの管理下にあって、日本側にはいっさい告知されなかった。従って、日本側からいえば、円・外貨の総合ポジションをたてる必要がさしあたりはなかったといいうるが、正常な決済機構を展望するうえで、外貨ポジションがどうなっているのかという点は重要な関心事であった。制限付民間貿易再開以前の外貨勘定には、おおよそ次のようなものがあった[45]。

　まず、米国政府予算の直接歳出によるものとして、①占領地救済政府勘定（GARIOA）と、②余剰物資払下勘定が存在した。このうち、前者は「占領目的達成に緊急必要な疾病及び社会不安を防止するための物資、食糧、食糧生産用資材、原料、医薬品」等を供給することを目的としたもので、実質的な政府クレジットである。使途立案はSCAPが行ったが、会計管理は陸軍省に属していた。また、後者は、米国政府および米軍の余剰物資の払下げ勘定であった。なお、これらはいずれもSCAP勘定には記載されなかった。民間貿易再開以前にSCAPの基幹勘定となっていたのは、③信託基金（SCAP Trust Fund）であった。この勘定は、日本輸出品の米国向け売却代金およびその他の米ドル手取金を、SCAPが米国陸軍省経由で財務省に信託し、SCAPが陸軍省経由で買いつける対日輸入品の代金支払およびその他の支払にあてるという目的で設けられたものであった。また、次に見る政府間交互計算勘定の決済尻も、民間貿易再開以前は期末にこの勘定で清算された。④政府間交互計算勘定（Government to Government Open Account）は、米国以外の各国に対する貸借を帳簿決済により整理する勘定で、各国別にドル建の勘定が設けられ毎半期

---

44) 貿易庁資金課「貿易資金の円資金不足の原因とその対策（未定稿）」昭和22年8月25日、大蔵省理財局外資課前掲「貿易資金のアンバランスについて」昭和22年7月22日、日本銀行「貿易資金の収支状況について」昭和23年12月8日（日本銀行『日本金融史資料 昭和続編』第13巻）等による。

45) SCAP/ESS, Analysis of SCAP Funds, ESS (D) 11112, 経済安定本部外国為替事務準備調査会「我国の対外決済勘定概観」昭和23年12月13日、等による。

(6月と12月)毎に，その帳尻をドル貨で信託基金に振り替えて決済を行った。

以上の2つが民間貿易再開以前のSCAP勘定であったが，民間貿易再開の見通しが明確化するなかで，いくつかの勘定が新たに設けられるようになった。そのひとつは，⑤ SCAP 商業勘定（SCAP Commercial Account）である。この勘定が本格的に発足し，SCAPの基幹勘定となるのは民間貿易再開以後のことであるが，それに先立って47年4月，日本の第3国貿易による為替決済を円滑にすることを目的として，ナショナル・シティ銀行にまずこの類似勘定が設置された。また，民間貿易再開の直接対策として，2つの特殊勘定が設置された。ひとつは，⑥ 輸出入回転基金（Occupied Japan Export-Import Revolving Fund, OJEIRF）で，他のひとつは，⑦ 貿易代表食糧回転基金（Special Account-Provision Revolving Fund）である。

このうち前者は，さきに見た緊急経済対策の具体化の過程でSCAPにより立案されたもので，7月24日のFEC「対日貿易16原則」の第16項に基づいて，「占領の諸目的および諸政策達成のためならびに連合国および日本の相互の利益のために必要な商品およびサービスの対日輸出入を金融するための借款ならびに手段を供与する」目的で設置された。SCAP内でのこの基金の運用計画は，8月上旬にはほぼ固まっていたようで，8月6日には，経済安定本部都留重人に対して，ESS外国貿易課ジェノー／S. J. Janowより概要の説明が次のようになされた[46]。

Revolving credit ノ件
(1) キワメテ近イ，オソラク一週間以内位デハナイカ，ソノ一部分ヲナス原棉買付 credit $60M ハ今日ニモ final decision ニ到達スル。
(2) gold ハ $137M 位，ソノホカノモノヲ入レテ $200M＋トナリ，30% reserve トイウ取リキメデアルカラ 600M 位ノモノガ使エル事ニナル。直チニハ 200M 位デアラウ。
(3) アト陸軍省ノ承認ヲウレバヨイダケ。

---

46)「都留重人日誌」昭和22年8月6日（経済企画庁編［1988］）p. 265。運用細則は，8月15日，SCAP Circular No. 9, Establishment of Occupied Japan Export-Import Revolving Fund（大蔵省財政史室編［1982b］pp. 588-9 に収録）で決定された。

(4)　使イ方ハ self-liquidating デナケレバナラヌ。輸入品ガ到着シテカラ一年間ノ間ニソノ額ダケドルトナツテ還ラネバナラヌ。
　(5)　15%迄（$200Mノウチ）ハ equipment, food 等 retained import ノ為ニ使ウコトガデキル。
　(6)　利用シウル period ハ二年間位デアロウカ。
　(7)　米国以外ノ地域カラノ purchase ニ利用シテヨイ。
　(8)　administration ハ国際的ニ信用ノアル又経験ノアル日本人ニヤッテモライタイト思ッテイルガ，コノ点ニツキ，今ノ所，反対ガアル。

　8月14日SCAPは同基金の設置を発表し[47]，これに対応して日本側でも22日「輸出入回転基金設置に伴う当面の措置事項」を決定して，「経済安定本部に閣議諒解による臨時の委員会」を設置し，「合理的な輸出入計画及びこれに関連する産業別生産計画，原材料資材配分計画等を昭和二三年末までについて作成する」ことになった[48]。この基金の原資としては，①日本が所有し，賠償物件として連合国に管理されている金および貴金属約1億3,700万ドル，②輸入原材料による輸出代金，③従来までの綿製品輸出による輸出利潤7,000-8,000万ドル，④基金の運営によってえられる利益，⑤輸入の原材料が一部輸入でまかなわれる場合，その割合に応じた輸出額，⑥その他SCAPが指定した財産，があてられることになり，このうち，①および③が，直ちに回転基金のベースに繰り入れられた。このベースを担保とするクレジットは，さきのジェノーの発言にもあるように基金30%リザーブであったから計算上は6億ドル以上，14日付声明でも5億ドルのクレジットを受けることが可能なはずであった。「回転基金は我が国貿易制度上画期的なもの[49]」と日本側が評価し，これに多大の期待をかけたのはこの故であった。経済安定本部長期計画化委員会でも，この前提にたって3億4,300万ドルのクレジット利用可能額を算出していた[50]。しかし，以後実際の利用高は1億ドルに充たず，この基金は日本側

---

47) SCAP, Statement by Public Information Office, Far East Command concerning the Export and Import Revolving Fund, August 14, 1947, 外務省特別資料部編［1949］第3巻，pp. 106-7．
48)「輸出入回転基金設置に伴う当面の措置事項」昭和22年8月22日，閣議諒解．
49) 経済安定本部官房調査課「貿易とインフレーション」昭和22年10月23日．

表 1-7　SCAP 勘定残高（1947 年 8 月末現在）

| 科　目 | 金額（千ドル） | |
|---|---|---|
| 信託基金（Trust Fund） | 18,300 | |
| 商業勘定（Commercial Account） | (800) | 本勘定未開設，豪州向け生糸資金保管分，および Trust Fund より 1,000 万ドルを当初資金として要求の予定 |
| 政府間交互計算勘定（Open Account） | 2,700 | |
| 輸出入回転基金（OJEIRF） | 13,700 | CCC の利益，7,300 万ドル入金予定 |
| 司令部回転基金（SCAP Revolving Fund） | −9 | Trust Fund より 10 万ドルを当初資金として繰入れ予定 |

出所）ESS, Analysis of SCAP Funds, Aug. 1947, Brief of Haskins & Sells Audit Report, Sep. 21, 1951.

の期待ほどには機能しなかった。後者の食糧回転基金は，民間貿易代表の滞日中の食糧およびサービスのために設けられた勘定で，代表の払う資金でもってその食糧を輸入することにより自動清算，回転する仕組みが取られていた。以上の SCAP 勘定を概括すれば，表 1-7 の通りであった。

---

50）日本銀行「輸出入回転基金設定に伴う今後一か年の国際収支計画」昭和 22 年 8 月 18 日（日本銀行『日本金融史資料 昭和続編』第 13 巻）。

## 第2節　複数レートの時代

### 1. 制限付民間貿易の再開と為替対策

**1) GHQ/SCAP ESS「円為替委員会」の設置と日本側の対応**

　1947（昭和22）年8月15日の制限付民間貿易の再開によって，外人バイヤーと日本側業者の直接商談が認められたが，そこではなお両者の直接交渉による価格決定は許されず，SCAPがドル建輸出価格を決定していた。しかし，輸出を拡大するためには，直接の価格交渉は本来不可欠であり，この前提条件として為替問題が解決されなくてはならなかった。このため，8月26日ESSは，部内メモランダムを発し，①価格に関する手許資料に基づいた商品別ないしは商品群別実際為替レートの算定，②商業為替レートの実現可能な最も早い設定時期，③単一レート，複数レートのいずれが望ましいか，④単一レート，複数レートの相場平均はどうあるべきか，⑤商業レート設定までの暫定措置およびその施行時期，について諮問を行う「円為替委員会[1]」（Yen Exchange Committee）を設置した。

---

1) この委員会は，当初「外為レート委員会」（Foreign Exchange Rate Committee）と名づけられ，のち「円為替委員会」（Yen Exchange Committee）と改称された。当時の日本側文書では，「円再評価委員会」と呼ばれていたが，本項では「円為替委員会」を用いることにする。構成メンバーは，正式には，金融課のビープラットを座長／Chairmanとし，外国貿易課のジェノー，ライト／C. Wright，価格統制配給課／Price Control and Rationing Division のリッチー／F. Ritchie，調査統計課のローゼンフェルトの5名で，これに金融課マックスウィニー，価格統制配給課アルバー／H. F. Alber が臨時に加わった。ここから，本委員会は「五人委員会」，「円ドル委員会」，「為替委員会」とも称された。大蔵省理財局「司令部内に於ける為替処理対策に関する推移」昭和22年11月20日（大蔵省『調査月報』第37巻特別6号，昭和23年10月）。なお，本文書作成日時は，表題には昭和22年11月20日とあるが，本文中の記述に1948年以降も含まれ，「ドレーパー使節団来朝の現在」ともあるので，本文書後半部分は48年3月ないしは4月に執筆されたと考えられる。

同委員会は，これらの諸問事項に対する提言／Recommendation を，当面9月末日までにとりまとめワシントンに発送することを目途に作業を開始したが，実際には同委員会の中間報告が出されたのは10月下旬，最終報告がまとめられたのは翌年1月に入ってからのことであった。日本側でもこれに対応して，9月17日，さきに経済安定本部に設置された輸出入回転基金利用対策委員会内に為替部会を設け，本部会で「対外為替に関する諸問題を審議」したうえで，その「基本的方針に関しては経済安定本部が連合国軍総司令部との連絡に当る」ことになった[2]。部会長には経済安定本部総合調整委員会委員長都留重人が就任し，経済安定本部各局長，大蔵省，外務省，貿易庁，物価庁の局長クラスが部会員となった。

「円為替委員会」は，日本側の協力者を直接確保するとともに，為替部会ほか日本側諸行政機関とも密接な連絡をとって作業を進めることとし，とりわけESS マーカット，ローゼンフェルト，ファイン等と為替部会部会長都留重人との間には，同年9月頃から翌年年初にかけて頻繁な打合せが繰り返された。

まず9月10日および16日，円為替委員会は「第一次為替処理対策試案」を経済安定本部（以下，安本と略記するときがある）の新井参与を通じて為替部会に内示し，意見を求めた。この試案の概要は，おおよそ次のようであった[3]。すなわち，試案は「現在はなお正常為替取引復活の時期ではない」としつつ，しかし，OJEIRF の設定，民間貿易再開という現実に即応するため「緊急対策として当面の必要を充足し得べきものは，価格計算道具としての何等かの為替要因 Exchange Factor」であるとして，商品レート，特殊レート，一般レートの3つの為替要因＝為替換算率を設定した[4]。そして，為替分野として，「(a) 輸出分野　(b) 輸入分野　(c) 貿易外収支分野」の3つの分野を想定し，この「それぞれの分野に於ける素因を網羅しこれに適用すべき特殊比率を指定した

---

2) 経済安定本部「輸出入回転基金利用対策委員会為替部会設置の件」昭和22年9月13日。なお，部会員の構成は次の通りである。経済安定本部貿易局長，同財政金融局長，同官房長，同物価局長，同参与，大蔵省理財局長，外務省総務局長，貿易庁次長，物価庁第一部長。
3) 大蔵省理財局前掲「司令部内に於ける為替処理対策に関する推移」による。

ときは商品レート若しくは特殊レートとなりその他の場合は一般レートに支配される」という提案を行った。つまり，一言でいえば，当面実質的には複数レートで出発しつつ，これを統括しコントロールする基準レート（＝一般レート）を設定し，それへの鞘寄せを図っていこうという内容であった。47年6月25日のESS見解「日本の為替レート」が，当面のレート設定一般に否定的であったのに対し，為替レートではなく為替要因／Exchange Factorである，という限定をつけながらも，商品レート，基準レートの設定という方向への転換が，ここでなされたのである。

　この試案については，日本側の「口頭又は文書をもってする批判が許容」され，とくに「(a) 相場抑制の方法について，(b) 一般レート算定の基礎となるべき指数の選択について」の意見が求められた[5]。さらに，9月26日には「(1) 一本建カ複数制カニツイテハ Scap 内 wide open ダカラ, without prejudice デ日本側ノ意見ヲ出シテホシイ．(2) general rate ノ問題モ急イデ審議シテホシイ[6]」との要望が重ねて伝えられた。これに応えて，日本側為替部会で討議のうえ「中間的意見書」が作成され，9月29日都留部会長，新井参与よりローゼンフェルトに手渡された。「意見書」の内容は，① 商品レートについては，さしあたり多数建制度をとり，刻みを5円程度とする，最初から特殊レートが存在するような印象を外部に与えないようにする，② 一般レートについては，せっかく設けても頻繁にそれを変更するようになれば，日本財政経済の不健全性を広告する道具にしかならないから，いま直ちにそれを設定することは避けたい，円為替委員会の算出の基礎に疑問がある，輸入品にこれを適用するのは

---

4) 商品レートは「差当り輸出商品を対象とするが一本建調整料制度を排し数本建制度を想定する。輸出商品関係円ドル比率系列の上限は300円とし，刻みは20円を予定する。従って，第一相場20円，最終相場300円として相場数は15となる」というもの，特殊レートは，「商品レートに関する採択範囲外若しくは特に指定された対象に適用する例外的相場」，一般レートは，「商品レート若しくは特殊レートを適用しない他のすべてに適用する標準的相場」。

5) 経済安定本部「五人委員会の為替対策試案要領報告及之に関する諸問題」昭和22年9月19日，『戦後経済政策資料』第24巻に収録。

6) ローゼンフェルトより都留宛電話，前掲「都留重人日誌」昭和22年9月26日（経済企画庁編［1988］）p. 296．

無理である，というものであった[7]。

　これに基づいて，9月29，30日の両日両者の意見交換が行われたが，ローゼンフェルトは，「一般レートは早く決めて利用したい。輸入レートについては延期してもよいが，一般レートは商品レートを決めたときには決めなくてはならない。それは，商品レートをコントロールするためにも，外資導入，貿易外取引，軍用レートとの関連でも必要である。商品レートの刻みが，5円か20円かは大した問題ではないが，売り手が買い手と契約する前に，貿易庁が売り手と価格調整することが必要，さもないと，貿易庁は理論的円価格をSCAPに報告し，後で売り手に追加額を払う可能性がある。商品レートを設定したとき，それが統制力をもつような機構をつくることが肝要である[8]」等と主張し，一般レートの設定をゆずらなかった。

　このため為替部会は，10月1日再度内部討議を行って，4日に「一般レートの構想は原則的に同意できるけれども一般レートとして単一のレートを設定しこれを公表することは将来に於ける日本の為替相場決定に対し正に一つのメドを指向するようなものである。日本の現段階に於てはかかる措置はどうしても時期尚早である。従って，差当り(I)理論的な円弗比率を計算する一つの公式を打建てる，(II) 右の理論レートとは別にわが方に於ては外資輸入，貿易外収支及び輸入についてそれぞれ別個のレートの算定を行うとともに司令部側に於いては軍レートの改訂を考慮してもらう，(III) 右(I)及び(II)のレートが殆んど接近するような段階がきた場合に……全般に適用する単一の一般レートを設定してもよい。但しこのレートは本来の為替相場ではなくコンバージョン・ファクターと称すべきものである[9]」という見解を表明した。「レート設定時期尚早論」を再度申し入れたのである。

　同日，ローゼンフェルトより，「a）4-6ヶ月間ハ general rate ハ決メヌ．b）6ヶ月タッタラ，ツマリ来年三月頃ニハ general rate ヲ決メルモノトスル．c）

---

7) 経済安定本部「『暫定措置としての為替処理方策』に関して GHQ ESS 五人委員会に対する中間的意見書（案）」昭和22年9月25日。
8) 前掲「都留重人日誌」昭和22年9月29日，9月30日，pp. 296-9。
9) 大蔵省理財局前掲「司令部内に於ける為替処理対策に関する推移」pp. 245-6。

commodity rate ハソノ前ニキメル．ソノ際，com group 毎ノ average ヲモッテ controlling factor トシ，ソノ group デ特ニ高イモノガ Boekicho ノ申請デデキレバ，ソレヲ offset スルモノヲソノ group デ出スコト．d）military rate ハ general rate ガ発足スル前ニ大体 150～200 対 1 ノ所デキメル．ソレハ臨機応変ニ，ソノ application ノ scope ヲヒロゲル．e）￥・＄committee ノ権限ヲヒロゲル[10]」という委員会の当面の結論が伝えられた。

　だが，注目すべきはこの前日の 3 日，都留重人よりローゼンフェルトに対し「general rate ノ問題ニツイテハ，先ヅ military rate ノ revision ヲオコナイ，（ソノ為ニハ general rate 用ノ indexes ヲ tentative ニ利用スルモ可）ソレヲ必要ニ応ジテ invisible 等ニモ apply シ，来年三月ノ措置ノ時ニ coordinate action トシテ general rate ヲ発足サセルトイウ案[11]」が，提起されていることである。ここでいわれている「三月ノ措置」とは，当時経済安定本部内で内々に検討されていた新円の再封鎖を含む新通貨措置によるインフレの一挙収束計画のことである。この計画は，同年 10 月から 11 月にかけて「二三年四月一日をめざし，為替率一本化とデノミネーションを同時に行な」い，日本経済の一挙安定を達成する計画として具体化されていくが[12]，この素案は 10 月 3 日の時点で，ESS に提示されていたのである。

　以後，都留はこの線に沿った SCAP への説得工作を精力的に開始する。10 月 4 日には，ローゼンフェルト，ESS 調査統計課ターネジ／W. V. Turnage から，「三月措置ノ問題 (1) 原則的ニハ agree．(2) ESS 内ヲトオスノハ相当difficult．現状ノママデハ 95％ opposed．(3) 先ヅ，彼等ノ他，Fine, Alber, Cohen, 更ニ出来レバ Welsh 等ヲ味方ニ入レルコト．(4) tactics トシテ balance the budget ニヒッカケルコト……」いう支持をとりつけ，7 日にはファイン，ESS 副局長ライダー／W. T. Ryder より，「(1) 三月措置ノ件ハ原則的ニ agree．(2) 具体案ヲ早ク出スコト．(3) 三月措置ヲヤルトイウコトデアレバ追加予算ノ

---

10) 前掲「都留重人日誌」昭和 22 年 10 月 4 日，p. 302。
11) 同上，昭和 22 年 10 月 3 日，p. 301。
12) 都留重人「安本時代の思い出」大蔵省資料 Z106-12。なお，大蔵省財政史室編 [1976b]，p. 284 以下も参照。

問題モ再考シタイト思フ．(Fine) (4)三月措置ノ presentation ニオイテハ reve-nue rasing デアルコトト exchange rate 決定ト同時トイフコトト，ソノアトガ安定ノ見込トイフコトトヲ強ク表ニ出スコト……」という示唆を，さらに9日にはファインより，「三月措置ノ件：原則的ニハ賛成．denomination ヲ考慮シテミタカ．denomination ニ progressive tax ヲ combine スル方法ニテハ？……Presentation ニアタッテハ，措置以后 stabilize スルノダトイフ証明ト，今度ハコノ前ノ mistake ヲクリカエサナイトイフ見トオシガ明ラカニサレネバナラヌ．Marquat ニハ明后週ニハナス．ソノ上デ動キ出ソウ」という支持と助言を受け取った[13]。デノミネーションの話題は，ここで初めて登場しており，為替率一本化とデノミネーションを結びつけて経済の一挙安定を達成しよう，という経済安定本部の経済安定化初期構想は，このあたりから具体化したと考えられる。

都留と ESS 円為替委員会とのこうした頻繁な折衝のなかで，10月15日第43回対日理事会において，議長でアメリカ代表のシーボルト／W. Seabold が，日本の為替相場問題について「イ　外国為替相場が決定されない限り日本の外国貿易の発展は阻害される。ロ　然し現在相場を決定するには重大な障害がある。従って，もしこれを無視して早計な非現実的な相場を導入すればその影響は恐るべきものとなろう。ハ　現状は右の如くであるが最高司令官は出来る限り早期に何等かの形式の為替相場を設定する確固たる意志を有している[14]」という趣旨の報告を行った。この報告のために，事前に ESS よりマッカーサー宛に円為替委員会の提言が出されており，シーボルトの報告はそれをふまえたものであった。

その直後の10月22日，円為替委員会は「為替相場研究に関する中間報告[15]」をマーカット宛に提出した。この中間報告は，さきの8月26日付の5

---

13) 前掲「都留重人日誌」昭和22年10月4日，10月7日，10月9日，pp. 302-4。
14) 経済安定本部連絡部「第四十三回対日理事会経緯」昭和22. 10. 16，「為替相場決定をめぐる対日理事会の動向」昭和22年11月20日，大蔵省前掲『調査月報』第37巻特別6号。
15) Foreign Exchange Rate Committee to Chief, ESS, Memorandum, Progress Report on Study of Foreign Exchange Rate, 22 October 1947.

つの諮問事項に対する委員会の暫定的結論を提出するという形をとっており，その主張点の要旨は，「(1)事情の許す限りできるだけ早く為替相場を設定することがきわめて必要であり，かつ望ましい。しかし，現在の国際的諸条件，国内的諸条件のもとでは，正常な商業為替制度 a normal commercial exchange system, an open exchange system は，少なくとも数年間は考慮の余地がない。(2)さしあたり考慮されるべきは為替要因 exchange factor であり，委員会としては事情の許す限り速やかに正式かつ明確な商業的要因ないしは要因群 a formal and explicit commercial factor or factors を設定すべきことを進言する。(3)その場合，単一為替要因をとるか複数為替要因をとるかについては，現在の事実上の円ドル比率の大幅な分散の存在やドイツの経験に照らして，そのいずれを設定しても非常な危険と困難をともなう。この危険を最小限にとどめ，かつ実効的為替レートに必要な条件を満たすものとして，単一の一般為替要因 a single general exchange factor を設定すべきである。(以下略)」というものであった。

ここから見る限り，この中間報告は，従来いわれているように，日本側の「相場設定時期尚早論」をとりいれたというより，むしろ基本的には，従来の一般レート設定を先行させるという方針を堅持し，経済安定本部都留重人らの提起した一挙安定計画に対応するものであったといえよう。

この中間報告は日本側にも告知され，11月下旬にはジェノー，ローゼンフェルトよりそれぞれ別個に，ESS見解にとらわれない日本側の意見および輸入為替要因に関する報告の提出が要請され，これに対応して日本側為替部会は構成メンバーそれぞれの意見を提出することになった。経済安定本部では，11月末から12月下旬にかけて第2次経済総合対策の検討が進められ[16]，もっとも強硬な相場設定時期尚早論をとっていた大蔵省でも，「今や諸般の情勢……特にアメリカ本国の空気から何等かの為替要因制度の設定は不可避」という判断に転じ，省議決定により貿易外収支，輸入，輸出のそれぞれについての為替要因導入の見解をまとめた[17]。また，日銀は，価格調整料方式による単数

---

16) 吉野俊彦 [1975] pp. 133-4。

仮レートの設定を引き続き主張した[18]。これらの意見を聴取の上，12月6日，ローゼンフェルトは，次のような為替問題に関する ESS 最終案骨子を為替部会に提示し，日本側の統一された意見を早急に示すよう求めた[19]。

Ⅰ　一般原則
　1）例外は認めるが，全ての取引を単一レートとする。
　2）円基金とドル基金を設けるが，前者は後者を忠実に反映すべきである。
　3）一般レートは，日米両国物価指数を基礎として決め，一旦決めたら3ヶ月は動かさない。物価指数は実効価格指数を用いる。
Ⅱ　外貨管理
　1）何人といえども外貨を所持しえない。
　2）外国人に対しては，必要以上の外貨を所持せしめない。
Ⅲ　輸入レート
　1）一般レートを適用するが，例外を認める。
　2）例外は次のもの
　　a）食糧を主とした基礎的生活用物資で，生計費構成要素として重要なもの
　　b）Ⅰの2）の原則維持のため必要な限りで指定される特殊商品
　註：経常的に外貨を払わなくてもよい輸入については，この適用を除外する。
Ⅳ　輸出レート
　1）いかなる商品といえども一般レート以下での輸出を認めない。
　2）政府当局は特定の商品について特別輸出税を課すことができる。
　3）例外についてカット・オフ・ポイントを設ける。このポイントは，一般レート180円の場合なら，300円とする。これによってカットされる輸出量は約8％と見込まれる。

---

17)「当面の為替対策」。この省議決定の全文は，大蔵省財政史室編［1976c］pp. 374-5。
18) 大蔵省理財局前掲「司令部内に於ける為替処理対策に関する推移」p. 285。なお，この時期の日銀の主張につき詳しくは，日本銀行外事局「当面の為替政策と暫定的為替措置について」昭和22年10月6日（日本銀行『日本金融史資料 昭和続編』第13巻）を参照。
19) 経済安定本部「為替問題に関する ESS 案について」昭和22年12月6日『戦後経済政策資料』第24巻に収録。なお，前掲「都留重人日誌」昭和22年11月17日，11月19日，11月26日，11月28日，12月6日，pp. 329, 331, 335-7, 338-40, も参照。

V　貿易外収支

原則として一般レートによる。ただし，特殊のものについては特別レートを認める。

VI　機関

1）（経済安定本部内に）委員会を置き，ESS 調査統計課でデータを集める。

2）ESS に委員会を置く。

VII　実施時期

昭和 23 年 3 月頃とする。

47 年 12 月 16 日，これに答える日本政府の非公式意見が，経済関係閣僚懇談会の了解を経て ESS に提出された。その内容の概要は次のようであった[20]。

(1) 現在の国民経済的要請を充たしかつこれを改善することを主眼とし，国内的および対外的諸施策の一環として為替措置を位置づけ，とくに国際的好条件導入，温室経済脱却の契機とすることを考慮する。

(2) 当面とられるべき為替措置の内容として

a）一般比率／general rate については，できるだけ早く算定するが，公表の時期についてはその他の措置との関係で決める。算定の方式は，公定価格指数とアメリカ物価指数との比較によってえられる比率に若干の政策的考慮を加えて決定することとし，その後改訂の必要あるときは，一定の公式によって行う。

b）貿易外収支（資本移動を含む）については，原則的に一般比率を適用し，できるだけ早く実施する。

c）商品輸入については，原則的に一般比率を適用し，できるだけ早く実施するが，当初は大部分の商品につき単に会計整理上の目的のためにのみ適用するものとする。

d）商品輸出については，商品群別換算率方式による複数為替換算率制度をできるだけ早く実施する。また，カット・オフ・ポイント制を採用する

---

20)「為替問題」。この全文は，大蔵省財政史室編 [1976c] pp. 377-9。なお，この原案は，12 月 4 日経済安定本部で作成された。

が，厳格な審査により例外を認める。

e) 一般比率よりも円安で取引される輸出と一般比率よりも円高で取引される輸入とは，ともに一種の補助金を意味し，逆の場合は一種の課税を意味する。この両者が完全に相殺される場合を上下相償とよぶが，この上下相償方式はさしあたりそれに厳重な規制力を与えないようにする。

つまり，輸出レートについて複数換算率制を強調しつつも，基準レートとしての一般レートをすべてに適用するという ESS 最終案——経緯からいえば，都留＝ローゼンフェルト合作案——が，ほぼそのまま貫徹されたのであった。SCAP 内部でも，円為替委員会のこの方針は，「昨夜 Marquat ハ Mac ニ会ヒ exchange ノ問題ニツキハナシタ。大体 120 円ノ rate ハ急速ニキマルモノト考エテヨイ」(48 年 1 月 5 日，ローゼンフェルトの発言)，「Mac モ Marquat モ一本建の exchange rate ヲ早ク推進スル事ヲ強ク希望シテイル」(48 年 1 月 7 日，ジェノーの発言)，「exchange rate ニツイテハ Mac ガ reversed his position デ single rate ヲハヤクヤリタイトイフ事……」(48 年 1 月 12 日，ジェノーの発言)と[21]，この時点ではほぼトップの合意をえていた。こうして 48 年 1 月 14 日，円為替委員会の最終報告が，「円為替レートに関する ESS 報告[22]」として提出された。

報告は，「第 I 部 進言の要約と説明　第 II 部 修正単一レート制度案　第 III 部 統計的補遺」の III 部からなっており，そのポイントは次の点にあった。

(1) 1 ドル 150 円の単一為替レートを設定する。
(2) ただし，直ちに完全な単一為替レート制度を採用することは困難なので，150 円を基準レート／central rate とし，例外レート／exceptional rate の設定を認める次のような修正単一レート制度／Modified Single Rate Exchange System

---

[21] 前掲「都留重人日誌」昭和 23 年 1 月 5 日，1 月 7 日，1 月 12 日，pp. 356, 357, 363。
[22] SCAP/ESS, *REPORT ON YEN EXCHANGE RATE*, Submitted by Yen Exchange Committee, 10 January 1948. この報告の第 I 部は，大蔵省財政史室編 [1982b]，pp. 590-5，に収録されている。以下の説明は，主として，「第 II 部 修正単一レート制度案」による。

を実施する。

- a）貿易外取引にはすべて，貿易品についても可能な限り多く基準レートを適用し，貿易外取引への基準レート適用は，48 年 2 月 1 日から実施する。
- b）基準レートでは輸出入が不可能な商品についてのみ，経済的に健全で行政的にも実施可能な範囲内で，例外レートの設定を認める。ただし，すべての貿易の平均レートは，基準レートに資するものでなくてはならない。

(3) 基準レートは，いったん決めたら 3 ヶ月は動かさない。

(4) この制度を維持するために，新たにドル基金と円基金を設置する。ドル基金は，現在 SCAP の直接管理下にある数種の基金を基礎に設置され，占領が継続される限り SCAP の管理下に置かれる。円基金は，貿易資金特別会計のもとに，100 億円の基金で設置され，日本政府の管理下に置かれる。この両基金の収支バランスは，基準レートで円換算された上で，円勘定で図られる。収支バランスが確保されない場合は，日本政府が，補助金，基金の積増し，レート調整等の手段によって調整する。

(5) 輸入については，例外レートが認められたもの以外は，基準レートが適用される。ドル基金からの支払いの必要のない輸入品等（例えば，ガリオア輸入）の売却は，基準レートによって換算された円価格で行い，この収益は円基金には組み込まず，別会計で処理する。

(6) 輸出も，例外レートを認めるが，300 円をカット・オフ・ポイントとする。

(7) 日本人の外貨保有は認めず，外国人の円保有も通常の必要額以上は認めない。

以上が，円為替委員会の最終報告の概要である。150 円の基準レートは，47 年 1-9 月の政府間貿易実績，同年 9-11 月の民間貿易実績，SCAP・経済安定本部それぞれの 48 年貿易計画，日米両国の消費者物価指数・卸売物価指数，等から円ドルレートの試算を行い，さらに表 1-8 のような集計を行ったうえで，「120 円から 150 円を単一レートの適切な範囲 feasible range」とし，その上限を採用する[23]という政策的判断によって決定された。こうして，48 年 2

月1日をもって1ドル150円の単一為替レートをまず貿易外取引から実施するという方針が，円為替委員会によって提示されたのである。

しかし，この方針は，SCAP，日本側両者の状況変化によって，SCAPの最終決定に至る前に立消えとなった。SCAP側の状況変化とは，48年年初までは単一レート設定を強く主張していたマッカーサー，マーカットが，時期尚早論に

表1-8 輸出商品交換比率の分布

| 円ドル比率 | A (±20円) | B (±40円) |
|---|---|---|
| 80 (円) | 25.32 (％) | 45.04 (％) |
| 100 | 37.76 | 59.72 |
| 120 | 34.14 | 62.92 |
| 140 | 25.14 | 45.25 |
| 160 | 12.04 | 28.34 |
| 180 | 5.51 | 30.59 |

注) A (B) は左欄の円ドル比率±20円 (±40円) の範囲の交換比率である商品が輸出総額に占める割合。
出所) SCAP/ESS: *REPORT ON YEN EXCHANGE RATE* Submitted by Yen Exchange Committee, 10 Jan 1948.

転じたことである。最終報告が出されて1週間後の1月20日になっても，「exchange rate memo ハマダ Marquat ノ手中ニアリ[24]」，マーカットはマッカーサーないしはワシントンにこの最終報告を提出していなかった。なぜこうした転換がマーカットに生じたかについては明らかでないが，2月3日ジェノーは，都留に対して，「Exchange rate ニツイテハ Marquat ノ手ニ渡ッテカラ三週間ニモナル．忖度スルニ influential man ガ Mac ニ進言シ，exchange rate ハマダ早スギルト言ッタノダト思フ．何レニシロ financial rate ダケハ早クキメネバナルマイト思フ[25]」と述べており，マッカーサー自身の尚早論への転換が，円為替委員会最終報告の握りつぶしを引き起こしたと考えられる。

日本側の状況変化とは，片山内閣の総辞職と，それに伴う和田安本の崩壊，都留の辞任である。48年2月10日，社会・民主・国民協同3党の寄り合い所帯であった片山内閣は，47年度追加予算案の予算委員会での否決を直接の契機として総辞職した。内閣内での各党間の対立，社会党の内部対立，官庁間の対立が，その背景にあったとされている。そして，この総辞職に伴い，和田安本の主要メンバー「永野，堀越，都留，山本，イナバ，野田，岡部，佐多[26]」

---

23) 同前第I部，上掲書，pp. 591-2。
24) 前掲「都留重人日誌」昭和23年1月20日，p. 371。
25) 同上，昭和23年2月3日，pp. 380-1。
26) 同上，昭和23年3月10日，p. 391。

等が，漸次辞表を提出，経済安定本部の人事は大幅に入れ替わることになった。日本側でも，単一レート設定の推進主体が事実上消滅したのである。こうして，48年初頭までの単一レート設定＝一挙安定案は立消えとなった。

これに替わって登場したのが，外資導入によりまず輸入物資を増大させ，それにより国民生活の安定を図ったうえで「安定」を実現しようという「中間安定」論であった。48年1月6日のロイヤル声明，同21日の極東委員会でのマッコイ声明，3月9日の第2次ストライク報告公表等による占領政策の転換＝復興・自立援助方針の公然たる表明が，この「中間安定」論の登場を後押しした。3月10日に成立した芦田内閣は，この路線，すなわち外資導入による中間安定の実現を経済政策の中軸に置いた。かくて，単一為替レートの設定は後景に退き，商品別の実質複数レートが以後急速に拡大することになったのである。

**2）中間安定計画と実質複数レート**

1948（昭和23）年に入ってからの引き続くインフレのもとで，インフレ収束策としての「一挙安定論」と「中間安定論」の論争，すなわち，「復興」と「安定」のいずれを優先させるべきか，またその両者のバランスをどうとるか等をめぐる論争が，活発に展開されるようになったが[27]，経済政策としての「中間安定計画」がはじめてまとまった形で提示されたのは，48年3月2日付の経済安定本部『中間安定計画と経済情勢』においてであった。この文書は，現状の下では，米ソ対立は緩和せず本格的講和条約は見込みがない，従ってアメリカの管理下に事実上の講和条約が締結されたのと同様の状態に入る，その下で国際経済への参加を許され，賠償条件は緩和され，アメリカの対日援助は強化される，しかし，管理方式は現状が維持され管理の内容は強化されるであろう，という現状認識の下で，当面実現すべきは中間安定であるとして，以下のような対策を提示した[28]。

---

27) この論争の経緯については，さしあたり鈴木［1956］第2巻，pp. 153-227 を参照。
28) 大蔵省財政史室編［1976b］pp. 287-92。

(1) 綜合政策の確立

　　昭和二一年三月の金融緊急措置をめぐる一連の対策及び昭和二二年六月の物価安定帯設定をめぐる一連の対策は何れも施策の綜合性特に米国の援助の時期的，量的，質的なバックとの綜合性を欠いたために失敗に帰した。今回は政府の中心的な根本方策として各省事務当局は互に歩調を合せて綜合的な施策の実行に努めねばならない。

(2) 中間安定の時期

　　中間安定の時期は之を本年九月乃至一〇月以降半歳乃至一年間とする。本年四，五月の物価改訂，米国の援助の遅延等の関係上本年上半期に安定を実現することは困難であり，その間インフレは一段階進まざるを得まい。外資の援助は一九四九年度（七月乃至六月）分は本年末近くには実現の可能性があり，之が発表の好影響は八月以降頃より現れるであろう。

(3) 外資援助の要請

　　我国経済の安定のためには，外資の援助がなければ絶対不可能であることは明かであるが，之が実現のためには外資援助の時期的，量的，質的な考慮が必要である。従来の外資援助が大局的に我国経済の安定に寄与して来たことは事実であるが，之に対して時期的，量的，質的な考慮が我国の綜合対策の一環として払われていたならば更に有効なものであったに違いない。従って中間安定実現のために

　(イ) 時期的には八月頃より実現し得るよう懇請する必要があり

　(ロ) 量的には，現在最少緊急援助費三億五千万弗，復興援助費一億五千万弗合計約五億弗以上の援助が提案されている由であり，又輸出入回転基金も担保価値の一億二千万弗を最高限度として近く設定される模様であるが，之等の援助については出来得る限りの増額が行われるよう懇請する必要があり

　(ハ) 質的には中間安定えの実現に速効あるもの，即ち緊急援助費については差し当り国民の消費欲求が集中的に向けられている食糧，衣料に重点が置かるべきであり，復興援助費については石炭，電力，輸送の補修用その他生産に速効ある性質の物資の輸入が必要である。（以下略）

(4) 生産向上のための措置（略）

(5) 財政，金融上の措置（略）

(6) 物価その他の措置

　　中間安定期に為替レートが設定せられ，我国経済の国際経済えの参加が実現するとの想定の下に，民間外資の導入に関する対策，過去の外国の投資の復活等の重要問題については今日より充分なる準備，研究をなしおくと共に，物価統制についても右の事態に即応し得るようその体制を切り換えて行く必要がある。

　見られるように，対日政府援助を軸とする外資導入によって「中間安定」を図り，その過程で為替レートの回復を実現しようというのが，この構想であった。

　すでに，前項で見たように，クレジット＝外資導入の問題は，47年前半から政府部内，日銀等で検討されていたが，同年12月には，政府援助だけではなく，民間外資導入についても，「日本政府の意向を取纏め，之を各方面に反映させると共に，日本側に於ける民間外資導入の企画及び関係各省各庁の綜合調整に当たるべ[29]」しとして，輸出入回転基金委員会内に民間外資部会が設置された。

　同部会は設立直後，安本長官を委員長とする貿易外資委員会に改組され，48年1月2日に「外国為替管理に関する非公式且暫定的意見書[30]」をまとめ，ESSコーエン宛に提出した。「意見書」は，「講和条約締結前の外資導入に関しては，我国経済の不安定な現状の回復は，……政府対政府若しくはその斡旋に懸る外資の導入に依存せざるを得ない」「日本経済の回復速度を早め且国際的協調の線に沿い得る為には外国よりの民間外資導入も亦最も望ましきところ」と，政府外資・民間外資の両者の導入の必要性を強調した。これに対し，1月6日コーエンより「exchange control ノ問題ニツキ日本政府案ヲミタガ主トシテ platitudes デ not specific enough．モット organization ノ問題ヤ policy ノ問題モ具体的ニ言ッテホシカッタ[31]」という批判がなされ，同月9日大蔵省

---

29) 経済安定本部「輸出入回転基金利用対策委員会民間外資部会設置の件」昭和22年12月9日，『戦後経済政策資料』第24巻に収録．
30) 経済安定本部「外国為替管理に関する非公式且暫定的意見書」昭和23年1月2日，『戦後経済政策資料』第24巻に収録．

と貿易庁の所管事項分担が決められた[32]うえで，11日為替レートおよび為替管理機構についての補追案が提出された。

こうして外資導入による安定の実現，経済復興の促進は，SCAP，日本政府共通の政策となった。芦田内閣成立直後，48年3月20日のドレーパー／W. H. Draper＝ジョンストン／P. H. Johnston使節団の来日[33]は，賠償のいっそうの緩和を強調することで，この方向を確定することとなった。かつてドイツ占領政策の転換を手がけ，また敏腕な投資銀行家でもあった陸軍次官ドレーパーを事実上の団長とするこの使節団は，4月2日離日，26日には「日本と朝鮮の経済的地位と見通しに関する報告」(Report on the Economic Position and Prospects of Japan and Korea: Measures related to improve them) を提出した。

報告は，「概要，日本情勢の一般分析，原料と外国貿易，賠償，外国投資の地位と見通し，予算と外国貿易政策，結論，朝鮮経済情勢の簡単な覚書」の8項からなり，日本の経済復興を中心とするアメリカのアジア政策の方向を提示しようとするところに主眼があった[34]。報告は，賠償問題だけではなく，日本経済の安定と復興，自立の問題を正面から取り上げた。また，報告は，均衡財政の確立，終戦処理費の削減，公定価格の修正，徴税の強化，為替レートの速やかな設定，民間貿易の拡大，軍用レートの改訂，集排政策の緩和，等の具体的勧告も行い，さらにこれらの措置を，アメリカ政府の中間指令をもって実行に移すように示唆していた[35]。ただし，為替レートの設定に関しては，報告はその早期設定の必要は認めつつも，その前提が未だ達成されていないと，次のように課題を先送りにした。

---

31) 前掲「都留重人日誌」昭和23年1月6日，p. 356。
32) 大蔵省「外資取引に関する大蔵省と貿易庁との所管事項分担に関する件」昭和23年1月9日。
33) ドレーパー＝ジョンストン使節団，およびこれに先立つ第2次ストライク調査団，ケナン／G. F. Kennan使節団の内容と，その過程でのアメリカ対日賠償政策・産業政策の転換については，大蔵省財政史室編 [1976a]，五十嵐武士 [1979a] [1979b]，三和良一 [1982] 等を参照。
34) 大蔵省財政史室編 [1976a] pp. 360-2。
35) 同上。

使節団は現在の外国為替事情が不満足なものであり，為替相場の確定が極めて必要であることを認めるが，この問題が如何にすれば適当に解決されるかの判断を下すことは難しい。すなわち，これは為替問題自体のもつ性格に加えて，日本における外国為替政策は一般的な米国の政策と関連して考えることが望ましいということも，はいってくるからである。米国政府及び総司令部当局がこの問題に目下検討を加えていると解する。したがって本使節団としては，次のような一般的な勧告を行うにとどめる。

(1) 通貨及び経済状態が安定するのを待ち，できるだけ早く為替相場を確定する政策をとるべきこと。但し本使節団はかかる安定は現在達成されていないとの意見である。

(2) 外国貿易は現在殆んど全部日本政府が行なっているが，できるだけ早く民間業者に返さるべきである。但しこれは外国為替相場が有効に確定されるまでは，完全には実施しえないことを認めるべきである。

(3) 軍用換算率として知られている現在の1ドル＝50円の率は，円の相対的購買力に近い率に修正されるべきである。（中略）このような換算率の変更は，各種の重要な政府の経済政策と関連してくるが，財務省を始めワシントン当局が，如何なる政策をとっているか本使節団は関知していない。

為替レート問題がこうした表現となったのは，ESS が，現行システムの維持を主張したためであった。使節団のなかでこの問題の担当者は，全米貿易協議会会長で元ギャランティ・トラスト重役の R. F. ローリー／R. F. Raleigh であったが，ESS 金融課のビープラット／T. E. Beplat や外国貿易課の係官は，ローリーに対して，「円弗比率が大幅に開いている，従て一本の為替相場設定は困難」「現行制度の維持」「貿易外為替相場については送金及外資導入の処理上新レートの設定の必要」等を主張した[36]。ESS は，この時点では，実質複数相場の維持に転じていたのである。

ドレーパー＝ジョンストン報告は，こうした限定をつけていたにせよ，賃金統制を除いて全体としては SCAP の積極的支持を得た。そして，ドレーパー

---

36) 昭和23年3月29日，大蔵省石田為替第一課長と ESS 財政課通貨銀行係長ビープラットとの会談記録による。大蔵省「ドレーパー使節団と為替相場問題について」昭和23年4月。

自身もアメリカの占領政策転換の体現者であった。にもかかわらず，この報告は，直ちに実施には移されなかった。財務省とFRBが，この報告の勧告する1948-49年の対日援助割当要求を拒否したからである[37]。

すなわち，マーシャル計画の発足以降，対外援助予算要求はすべて新設の国家諮問委員会／National Advisory Council on International Monetary and Financial Problems（略称NAC）にかけられることとなったが，この委員会は，国務省や軍だけではなく，商務省，財務省，FRBも構成メンバーとなっていた。「日本がインフレ抑制に基本的な措置をとらない限り米国からの援助を行うべきではない」というのが財務省の主張であり，FRBもこれに同調したのである。ヤング使節団の派遣は，実はこうした批判に対するドレーパーの調整策として決定された。「一九四八年七月からの新会計年度に間に合うように日本にインフレ抑制措置をとらせるには遅すぎるし，それに新しい経済復興費要求はたかだか七五〇〇万ドルにすぎない……両機関が今，大目にみてくれるなら，独自の調査と勧告を行うために日本に代表を送ることにも賛成しよう[38]」とドレーパーは述べ，両機関がこれに同意して，ヤング使節団が生まれたのである。

こうして為替相場設定が先送りにされているなかで，対日政府援助の増大，制限付民間貿易の再開によって貿易は輸出入とも表1-9に見られるように徐々に増大し，輸出入品の個々について円価格と外貨価格との交換比率が事後的に算出される実質複数レートが進行した。いま，制限付民間貿易再開直後の47年9-10月時点での商品別換算レート（公定価格）を見ると，表1-10のようになる。

表に見られるように，輸入品の円ドル比率と輸出品の円ドル比率には相当の開きがあり，「(a)主として輸入に依存する商品の比価は異常に低い　(b)主として国内で生産する工業品の比価は異常に高い　(c)基礎的商品の比価は国庫補給金又は平均価格によって平準化されている　(d)食料品の比価は異常に低

---

37) コーエン［1983b］pp. 298-9。
38) 同上，p. 299。

表 1-9 月別輸出入および円ドル換算

(単位：百万ドル，百万円)

|  | ドル建 | 輸出円建 | レート | ドル建 | 輸入円建 | レート |
|---|---|---|---|---|---|---|
| 1946年計 | 129.4 | 2,896 | 22.45 | 305.6 | 3,587 | 11.76 |
| 47. 1 | 7.6 | 324 |  | 22.6 | 704 |  |
| 2 | 6.8 | 290 |  | 21.0 | 636 |  |
| 3 | 12.5 | 333 |  | 37.0 | 929 |  |
| 4 | 13.8 | 376 |  | 38.8 | 791 |  |
| 5 | 26.5 | 645 |  | 40.0 | 1,259 |  |
| 6 | 16.3 | 447 |  | 30.6 | 1,311 |  |
| 7 | 24.3 | 553 |  | 71.9 | 1,967 |  |
| 8 | 15.0 | 686 |  | 64.1 | 4,187 |  |
| 9 | 23.5 | 847 |  | 74.0 | 2,871 |  |
| 10 | 9.4 | 842 |  | 44.2 | 3,354 |  |
| 11 | 8.4 | 2,076 |  | 41.4 | 2,825 |  |
| 12 | 8.3 | 1,724 |  | 40.5 | 3,552 |  |
| 47年計 | 172.6 | 9,151 | 53.52 | 526.1 | 24,392 | 46.37 |
| 48. 1 | 12.2 | 1,439 |  | 77.7 | 3,690 |  |
| 2 | 9.4 | 1,663 |  | 72.7 | 3,179 |  |
| 3 | 11.6 | 2,185 |  | 42.6 | 4,152 |  |
| 4 | 12.0 | 2,066 |  | 61.7 | 3,039 |  |
| 5 | 17.8 | 1,976 |  | 28.2 | 3,934 |  |
| 6 | 14.5 | 3,885 |  | 66.0 | 5,444 |  |
| 48年上期計 | 77.4 | 13,216 | 170.82 | 348.9 | 23,442 | 67.26 |

注）計算に不突合があるが，そのまま記載。
出所）経済安定本部貿易局「各年次輸出入統計」，大蔵省理財局外資課「円ドル輸出入実績」昭和23年8月。

い[39]」等の特徴が，ここから検出される。輸入については，食料品，繊維原料等の輸入は，占領政策遂行の目的から国内市場価格とは切り離された水準でなされ，市場レートはそもそもほとんど存在の余地はなかった。輸出についても，制限付民間貿易が再開されたとはいえ，輸出入が結合された繊維製品と一部農産物（生糸，茶，薄荷，除虫菊等）を除いては，輸出競争力をもちえる産業はほとんどなく，それ以外はたまたまストック残額が存在する工業品の輸出が可能になるという状態であった。それゆえ，円ドル比率は輸出入とも著しい

---

[39] 経済安定本部物価局「価格体系と為替要因との関係について」昭和22年12月10日『戦後経済政策資料』第24巻に収録。

表 1-10　商品別円ドル換算表（1947 年 10 月）
(単位：円)

| 輸入品 | | 輸出品 | |
|---|---|---|---|
| 総平均 | 58.52 | 総平均 | 155.68 |
| 食料品平均 | 47.88 | 食料品平均 | 114.20 |
| 　小　麦 | 50.12 | 　加工食料品 | 84.36 |
| 　小麦粉 | 50.51 | 　海産物 | 60.16 |
| 　とうもろこし | 36.20 | 　農産物 | 126.55 |
| 　塩 | 77.09 | 化学品 | 149.63 |
| 　砂　糖 | 55.75 | 鉱工業品平均 | 226.17 |
| 繊維品平均 | 46.57 | 　陶磁器 | 233.43 |
| 　綿　花 | 39.57 | 　セルロイド玩具 | 293.67 |
| 　羊　毛 | 95.62 | 　模造真珠 | 222.74 |
| 　マニラ麻 | 56.62 | 　その他 | 215.98 |
| 石油平均 | 155.25 | 繊維品平均 | 156.12 |
| 　重　油 | 138.20 | 　絹織物 | 200.43 |
| 　軽　油 | 163.80 | 　レーヨン織物 | 225.40 |
| 肥料平均 | 73.22 | 　綿織物 | 59.99 |
| ゴム平均 | 175.47 | 　麻織物 | 68.13 |
| 金属品平均 | 90.25 | 　毛織物 | 187.67 |
| 　銑　鉄 | 90.25 | | |

注）輸入は, 1947 年 10 月時点の貿易庁輸入計画を基礎に算出。輸出は，同年 9 月の民間輸出実績より算出。
出所）SCAP/ESS: *REPORT ON YEN EXCHANGE RATE*, Submitted by Yen Exchange Committee 10 Jan. 1948.

開きをもったものとならざるをえなかった。

　その後，商品群別のレート格差は 48 年に入ってむしろ拡大の傾向すら見せ，新々物価体系（補正体系）移行直前の 48 年 6 月の輸出商品別レートを見た表 1-11 によれば，輸入商品と輸出商品の間のレート格差も，48 年上期には大幅に拡大した。この間，48 年 4 月に入り，ESS は 13 日付で「商品別円ドル比率の設定に関する覚書」を貿易庁宛に発し，1）貿易庁は，一商品または商品群に適用すべき円ドル比率の設定に関する提案を提出すること，2）比率はいったん設定されたなら，日本側の輸出品のサプライヤーに対する円価承認の基礎となるべきものである，ただし特別の事情のあるときは追加的支払いを認める，3）算定作業は 4 月 30 日までに結論を出すこと，等を指示した[40]。ドレーパー使節団の意見を背景に，制限付民間貿易手続の簡素化の一環として，

表 1-11 輸出品商品別円ドル換算表（1948年6月）
（単位：円）

| 分類 | 品目 | 価格 |
|---|---|---|
| 繊維品 | 綿糸 | 73 |
| | 綿布 | 160 |
| | 綿織物 | 177 |
| | 人絹織物 | 142 |
| | 絹織物 | 171 |
| 機械類 | 車両 | 110 |
| | 木造船 | 130 |
| | 産業機械 | 200 |
| | 軽機械類 | 210 |
| 食料品 | 農産物 | 200 |
| | 水産物 | 146 |
| | 加工食品 | 240 |
| その他 | 陶磁器 | 350 |
| | セルロイド製品 | 370 |
| | ガラス製品 | 340 |
| | 金属雑貨 | 330 |

出所）貿易庁為替課「輸出入品円弗比較表」昭和23年8月。

商品群別換算比率設定の検討を指示したのである。ESS が貿易庁に示した検討の内容はおおよそ次のようであった[41]。

(1) 貿易庁は予め国内業者に輸出商品につき，外貨建最低価格を指示しておく。国内業者は輸出商品につき 24, 5 のグループ別に定められるプライス・レーショ（円ドル換算率）を基礎としてバイヤーとの間にこの最低価格以上で外貨建価格を交渉する。円価格は交渉の結果決った外貨価格によりこのプライス・レーショから自動的に算出決定される。
(2) 国内業者は直接バイヤーと輸出契約を締結し貿易庁は単に契約を承認するのみとなる。
(3) 司令部は現行の輸出準備申請と輸出引渡申請とを一にまとめたものを確認する。
(4) 信用状は直接国内業者宛に開設される。
(5) 荷為替は国内業者が作成署名し日本側為替銀行を通じ外銀支店に取組む。
(6) 国内業者に対する円資金は現行通り日本側為替銀行を通じ貿易資金より支払う。
(7) 外貨代金は現行通り司令部勘定に入るものと想像される。
(8) 貿易公団は制限付民間貿易から更に後退する。

いわゆる価格比率制度／Price Ratio System〔PRS〕の発端がこれである。この指示に応えて，5月上旬，貿易庁は，① 当初は内外価格の比較的安定している商品を選んで，グループ別のプライス・レイシオを設定し，逐次品目を追加

---

40) 日本銀行「制限付民間貿易手続の改正について」昭和23年4月22日。
41) ESS/FTD, MEMORANDUM, Yen-Dollar Price Ratio among Commodities in Japan Apr. 23 1948.

する，②輸出商談が成立すれば，そのときのレイシオが自動的に適用される，③レイシオ設定商品については最低ドル価格を設けそれ以上で売ることとする，④円価格の算定は取引ドル価格にレイシオを適用することによって自動的に行われる，⑤レイシオ設定商品については国内価格統制令の適用を除外する，という案をまとめ，ESSに提示した[42]。

第1次の実施品目には，カメラ，時計，ミシン等の機械，生糸，絹織物，人絹スフ，綿糸布等の繊維，タイヤ，チューブ，毛皮，海産物等の雑貨が選定され，貿易庁は表1-12のようなプライス・レイシオ／Price Ratio を提案した。さらに6月2日には，ESSローゼンフェルト，クラム（外国貿易課員，プライス・レイシオ・システムの研究担当者）より，貿易庁長官，経済安定本部，日銀等に対して，SCAP内部で単一レート樹立の時期につき議論が交されているが，ESS外国貿易課，調査統計課は単一レート時期尚早論であるという情報提供とともに，1週間以内に一部商品だけではなく全輸出商品に適用できるPRSをつくること，さらに貿易外レート，実施後の為替管理の細目，実施の具体的手続きも検討すること，という指示がなされた[43]。このように48年4月以降，ESSは，実質複数レー

表1-12　PRS商品とプライス・レイシオ（1948年5月）
（単位：円）

| 商品名 | 実質円ドル換算レート | 貿易庁提案プライス・レイシオ |
| --- | --- | --- |
| カメラ | 242 | 250 |
| 時計 | 209 | 220 |
| ミシン | 176 | 200 |
| 生糸 | 208 | 218 |
| 人絹糸 | 102 | 102 |
| スフ糸 | 104 | 104 |
| 絹織物 | 171 | 171 |
| 綿糸 | 73 | 73 |
| 綿織物（生地） | 121 | 121 |
| 自動車タイヤ | 213 | 215 |
| 自転車タイヤ | 253 | 330 |
| ゴムベルト | 120 | 165 |
| 毛皮 | 199 | 200 |
| 樟脳 | 118 | 130 |
| 海産物 | 174 | 150 |

注）この他のPRS商品は，機械金属では双眼鏡，扇風機，繊維では麻糸，人絹織物，スフ織物，梳毛織物，麻織物，紡毛織物，綿織物（糸染，晒，無地染，捺染），綿魚網，化学農水産物では樟脳油，ビタミン油A，ビタミン油D。円未満切捨て。
出所）貿易庁「PRS実施上の方針（案）」昭和23年5月。

---

42) 貿易庁「PRS実施上の方針（案）」昭和23年5月12日。
43) 日本銀行「為替問題についてのローゼンフェルトの説明」昭和23年6月2日。

トを複数レート制度として定着させる方向へ明確に足を踏み出していた。ヤング使節団が来日したのはこのさなかであった。

## 2．ヤング報告とGHQ/SCAPの反発

**1）ヤング報告**

　NACでの財務省・FRBに対する妥協の結果として，陸軍次官ドレーパーは連邦準備制度理事会調査統計局次長ラルフ・A・ヤング／Ralph A. Youngを団長とする使節団の日本派遣を決めた[44]。1948（昭和23）年5月14日，ドレーパーはヤング宛に，ヤングが日本円の為替相場を検討するための特別使節団の団長に任命されたこと，国務，財務，陸軍三省の一致した要請として，この使節団の主要任務は円の商業的為替相場を設定することが可能か否かを早急に検討する点にあること，を主内容とする訓令を発した。

　こうして編成された使節団が来日したのは5月20日のことで，6月12日には早くも70頁にもおよぶ報告書が書き上げられた。この使節団の来日について，SCAP，とりわけESSのスタッフは詳細を知らされていなかった。労働課長からESSの経済顧問に転じたコーエンは，次のような回顧を残している。「東京のSCAP司令部は，自治にこだわるマッカーサーのために，ワシントンの内輪もめには考えられないほどの無知だったので，遠くの喧嘩の噂をわずかにまた聞きする程度だった。だから，ヤング使節団がやって来たとき，我々は戸惑うばかりだった」，「（使節団は）ワシントンでドレーパー次官とじっくり情勢を話し合ってきたのだから，東京で次官の"部下たち"と話を最初から蒸し返す理由などないと考えた」，「彼らには，日本を実感する時間も，ワシントンでの先入観を現実をみてチェックする暇も，SCAPのスタッフから受け取った最新の資料をこなす時間もなかった。仮に，うさん臭く，異議を唱えるSCAPのエコノミストたちを彼らが説得したいと思っていたとしても，確かに

---

44）ヤング使節団およびヤング報告の概要については，吉野俊彦［1972a］［1972b］。

その時間はなかった[45]」。使節団は，事前に自分たちが出したい結論をもっていたのである。

報告書は，前文のほかに，1）作業の基礎　2）日本経済の現況　3）単一・一般為替レート　4）物価水準とレートの安定　5）外国為替に関する勧告の特徴　6）レート設定と実施のための付帯措置　7）為替安定化への諸手段　8）勧告の概要，の8項からなっており，広範に問題点を指摘していたが，その要点は次のようであった。

(1) 1948年10月1日までに，1ドル270-330円の間で，単一・一般為替レートを設定する。レート設定の原則は，a．日本の輸出を当面維持し，将来はさらに拡大するような水準　b．「高コスト」産業に，より効率的な生産活動を促すような水準，におかれる。
(2) 1948年7月1日までに，軍用レートを1ドル270円に改定する。
(3) 設定されるレートは，現在の経済統制措置と結合されるべきである。また，経済安定のための補足的措置として，選別的信用規制の強化と拡充，一般会計・特別会計の20％削減，税制改正，輸出割当，原料・資材割当，賃金の安定，外国為替管理の強化等が必要である。

報告は，経済安定が達成されていないために単一レート設定が困難なのではなく，単一レート設定がなされていないことこそがインフレを進展させている大きな要因であることを強調した。すなわち，報告は，当時の日本の貿易が物資別の国内公定価格で算定されているため，巨額の入超であるにもかかわらず輸出入の両面で事実上の補助金が支払われ，過剰通貨が市場に散布され，これがインフレ促進の一大要因となっていると指摘した。また，報告は，貿易資金特別会計の赤字は，日本銀行からの借入れによって賄われており，この運営を根本的に改めない限り，悪循環が継続するとも指摘した。そして，ドル建の輸入超過に等しい貿易資金特別会計の円収支の黒字が生ずるよう，単一為替レートを設定するとともに，日銀からの貿易資金特別会計の借入れを禁止すること

---

45) コーエン［1983b］pp. 299-301。

こそがインフレ克服の道であると結論づけた。つまり，複数為替相場の実施→経済復興の実現→単一為替レートの実施という路線に対して，単一レート設定→インフレ収束→経済復興という「一挙安定論」を提示したのである。

この結論は，当時 SCAP が推進していた経済政策と真正面から対立した。ESS は，実質賃金の引上げに努力していた。生産・輸出の拡大を実現するために補助金の適切な配分に努力していた。財政均衡の実現を追求しつつ援助金の増額を要請していた。例えば，6月8日には，ESS 調査計画課／Research and Programs Division は，「レート公定の根本的問題は，インフレを抑えられるかどうかにあるのではなく，物価とコストを適切な水準に落ちつかせる rationalize ことができるかどうかにある。……そのポイントは，産業施設の規模をより大きくかつ効果的水準に引き上げられるかである。そのためには，①貿易と生産を徐々に回復させることによって，正常なあるいは目標の水準に達するか，②過剰施設を圧縮し，ドラスティックで厳格な割当制度をとって乏しい資材を小数の分野に集中するか，の2つの方法が考えられる。単一レートの設定という方針は，当面の合理化要求に応えないばかりではなく，日本経済の対外的ボトルネックの除去にどのように寄与しうるか，また生産の拡大にどのように寄与しうるかも明らかではない。単一レートの設定は実際にはデフレ効果どころか急激な物価上昇をもたらす。……価格比率制度の利点は，産業規模の合理的水準への到達を，経済復興の自然な展開のなかで実現しうることである[46]」と，複数レート制度の実施を強く要求した。しかし，こうした提案はヤング使節団の容れるところとならなかった。総司令部の「中間安定論」に対して，使節団は「一挙安定論」＝包括的緊縮案を対置したのであった。

それゆえ，この使節団の報告は SCAP の猛烈な反発を引き起こした。マッカーサーはワシントンに対し，単一レートの設定自体には同意するが，問題はそのタイミングである，現時点でのレート設定は，失業，社会不安，政治的不安定化を引き起こす，ヤング報告は日本の社会安定にとって危険であり，これ

---

[46] ESS/RPD, W. V. Turnage, Yen-dollar Price Relations and the Problem of an Exchange Rate, 8 June 1948.

まで日本国民が自発的に行ってきた対米協力を危うくする，通貨問題の真の解決は活発な外国貿易が実現されてからのこと，具体的には日本の貿易指数や生産指数が 1930-34 年水準に回復してからのことである，という反対意見を上申した[47]。「マッカーサーが部外の顧問団の報告書を全面的に却下したのは，全期間を通じてこのときだけであった[48]」。また，ESS も，財政金融課と外国貿易課・調査計画課の対立を含みながらも，複数レート制維持の方針を，ヤング使節団帰国後に大蔵省に対して表明していた[49]。

SCAP・マッカーサーの強硬な反対論に直面して，ワシントンでの意見は容易にまとまらなかった。6 月 28 日の NAC に向けた 25 日付スタッフ委員会メモは，日本経済の状態，ヤング使節団報告，SCAP・マッカーサーの見解，両者の対立点等を検討したうえで，スタッフ委員会の結論として，ヤング報告を支持し，以下の行動をとることを上申した[50]。

(1) 単一レートは，行政的に可能な限り早く設定されるべきである。ヤング報告が指示する期限内にレート設定が行われるならば，その水準としての270-330 円に反対する理由はなにもない。

(2) 一般レート制度の下での為替安定を促進するためには，日本財政の安定計画が不可欠であり，それは遅延なく実施・強化されねばならない。この計画の実現にあたっては，ヤング報告の提示する諸手段が，国務省および陸軍省の命令／attention により担保される。

(3) 単一レートの早期設定以外の代替案，例えば「実質複数レート制度案」は，合衆国の対外経済政策の目的に照らして不十分であると考えられる。

このスタッフ委員会の上申書は 28 日の NAC に提出されたが，マッカーサーの強硬な反対を反映して，陸軍省とその他の機関の見解は容易に一致しな

---

47) NAC The Staff Committee, Memorandum, June 25 1948, National Archives, RG56. NAC Minutes, Meeting No. 98, 28 June 1948, National Archives, RG56, 大蔵省財政史室編 [1982b], pp. 601-7, 収録。なお，大蔵省財政史室編 [1976a] pp. 391-400 も参照。
48) コーエン [1983b] p. 303。
49) 大蔵省財政史室編 [1983b] p. 230。
50) NAC The Staff Committee, Memorandum, June 25 1948, National Archives, RG56.

かった[51]。国務省のソープ／W. L. Thorp 経済担当国務次官補は, 単一レートの設定は事態改善の鍵をなす, 複数レートの残置は IMF の原則に抵触する, レート設定の適切な時期が2年間等ということは信じ難いことでありせいぜい数カ月の問題だ, と論じてヤング勧告を支持し, 議長で財務省長官のスナイダー／J. W. Snyder もこれに同調した。これに対し, ロイヤル／K. C. Royall 陸軍長官は, 単一レートの設定には異議はないが問題はそのタイミングであり, SCAP が反対する以上強行は望ましくないとの態度をとった。議論は, 「行政的に可能な限り早く as soon as administratively possible」とはどの期間を指すのかをめぐって紛糾し, 結局マッカーサーの見解を聞いている陸軍省が, 国務・財務両省とともに再度情勢を検討し直すということでうやむやのうちに終わってしまった。その結果, NAC は, ヤング勧告および25日のスタッフ委員会の行動計画をそのまま採択したが, 実施のタイミングについては明示せず, 10月1日を目標とした単一レート設定構想は流産した。

こうして SCAP とワシントンとの対抗は, 当面は SCAP 側の「勝利」に終わった。しかし, この「勝利」は本当の意味での勝利ではなかった。財務省と FRB は, 陸軍省の1949-50年対日援助予算要求を拒否したし, 国務省ではマッカーサーを公然と非難した場合の国内への跳ね返りを検討していた。占領政策の決定主体は SCAP ではなくワシントンにある, SCAP はワシントンの実施命令に無条件に従うべきである, という48年末には明らかとなる事態への転換が, この過程で進行していたのである。この意味では, ヤング勧告は占領政策転換の最終局面の画期となった。「事前の予告もなく, 事後に騒がれることもなく, FRB の調査局次長ラルフ・ヤングの率いるこの政府エコノミストのグループはワシントンと東京のこれまでの関係を逆転させ[52]」たのである。だが, このことが SCAP に明らかとなるにはその後数カ月が必要であった。

---

51) NAC Minutes, Meeting No. 98, 28 June 1948, National Archives, RG56.
52) コーエン［1983b］p. 299。

## 2）「貿易資金」赤字の累増

　為替レート問題をめぐる SCAP とワシントンの亀裂が徐々に明確になってくるなかで，実際の対外決済を担う貿易資金の赤字は，48年に入るといっそうの急増を遂げた。いま1947（昭和22）年度末（48年3月末）における貿易資金のバランスシートを見ると，表1-13のようになる。これから貿易資金の実質的収支を見ると[53]，資産側では資金化可能な輸入物資（除原綿・羊毛）のストック59億円，内需放出用綿製品のストック3億円，主として輸入売掛金からなる未収金91億円があり，負債側では主として輸出済物資からなる未払金53億円がある。輸出物資を公団手持・公団払分と相殺し，輸入諸掛・貿易物資取扱経費を見かけ上の資産として除外し，さらに外貨関係を除外するとすれば，上記の差引100億円が貿易資金の実質的黒字となるはずである。ところが，現金収支を見ると表1-14のようになり，円資金収支では，支払の，公団貸付金185億円，輸出物資買上81億円，輸入諸掛・貿易物資取扱経費30億円，繊維加工賃23億円に対し，受入はその大部分が輸入物資売却254億円で，その不足分を66億円もの日銀借入に依存するという巨額の赤字を示している。こうした資金不足はすでに47年中から表面化しており，47年12月には日銀借入金限度額は，それまでの50億円から100億円に増額されていた。

　外貨勘定も含めた貿易資金の損益計算については，為替レートが未決定である以上概算的なものしかえられないが，大蔵省は次のような算式によってその損益を算出している[54]。

（弗建輸入額－弗建輸出額）×為替レート－（外貨債務振替－外貨請求権振替）＝為替損

　総司令部経済科学局発表の，終戦から昭和22年度末までのドル建輸入額は10億1,600万円，ドル建輸出額は3億3,600万円であるから，仮に1ドル150円で仕切れば，

$(1,016-336) \times 150 - (48,253-17,223) = 70,970$

---

53) 日本銀行前掲「貿易資金の収支状況について」昭和23年12月8日，大蔵省理財局為替課「貿易資金の昭和二十二年度末決算について」昭和23年9月27日。

54) 大蔵省同上「貿易資金の昭和二十二年度末決算について」による。

**表 1-13** 1947 年度貿易資金貸借対照表

(単位:百万円)

| 資 産 | | 負 債 | |
|---|---:|---|---:|
| (1) 現 金 | 881 | (1) 基 金 | 1,000 |
| (2) 公団貸付金 | 18,517 | (2) 借入金 | 6,600 |
| (3) 保有物資 | 27,559 | (3) 調整項目 | 15,836 |
| 　輸出物資(除綿関係品・羊毛品) | 9,154 | 　輸出物資公団手持分 | 8,967 |
| 　輸入物資(除原綿・羊毛) | 5,896 | 　原綿加工賃公団払 | 6,864 |
| 　原綿手持 | 3,038 | 　羊毛加工賃公団払 | 5 |
| 　内需放出用綿製品 | 260 | | |
| 　輸出用綿製品 | 9,134 | | |
| 　原毛・羊毛品 | 77 | | |
| (4) 未収金 | 9,117 | (4) 未収金 | 5,332 |
| 　引渡済輸入物資 | 8,893 | 　輸出済物資 | 4,579 |
| 　その他 | 224 | 　その他 | 753 |
| (5) その他 | 3,794 | (5) その他 | 405 |
| 　輸入諸掛 | 3,047 | 　滞貨国内放出代金 | 196 |
| 　貿易物資取扱経費 | 695 | 　雑収入 | 209 |
| 　雑支出 | 52 | | |
| (6) (外貨請求権振替) | 17,558 | (6) (外貨債務振替) | 48,254 |
| 　輸出済物資 | 12,550 | 　輸入物資売却代金 | 33,199 |
| 　CPO・SS 納入物資 | 216 | 　輸入物資手持 | 5,896 |
| 　輸入綿製品 | 4,665 | 　輸入原綿 | 9,069 |
| 　輸入羊毛製品 | 8 | 　輸入羊毛 | 88 |
| 　貿易外収支 | 119 | 　貿易外収入 | 1 |
| 小計 ((1)～(6)) | 77,428 | 小計 ((1)～(6)) | 77,428 |
| (6)′「為替差損」a (1$=150円換算) | 71,300 | (6)′ 在外負債 a (1$=150円換算) | 102,000 |
| 　「為替差損」b (1$=270円換算) | 152,903 | 　在外負債 b (1$=270円換算) | 183,600 |
| 合計 ((1)～(5)+(6)′a) | 131,170 | 合計 ((1)～(5)+(6)′a) | 131,170 |
| 合計 ((1)～(5)+(6)′b) | 212,773 | 合計 ((1)～(5)+(6)′b) | 212,773 |

注1) 在外負債および「為替差損」の計算方法は次のとおり。1947年度末までの輸出額336百万ドル、輸入額1,016百万ドル、差引入超額680百万ドル。これを1$=270円で換算した183,600百万円が在外負債となる。同様に1$=150円で換算した在外負債額は102,000百万円。負債側の(1)～(5)とこの在外負債額を合計した額が総負債額となり、資産側の(1)～(5)の合計額とこの総負債額との差額を「為替差損」とした。
2) CPOは占領軍中央購買局、SSは国有ホテルにおけるスーヴニールショップ。
出所) 日本銀行「貿易資金の収支状況について」昭和23年12月8日、大蔵省理財局「貿易資金の昭和二十二年度末決算について」昭和23年9月27日。

で710億円が為替差損となり、また仮に1ドル270円で仕切れば、同様の計算によって約1,500億円が為替差損になる。従って、これに、輸入諸掛、貿易物資取扱経費、雑支出の合計額より滞貨国内放出代金、雑収入を差し引いた33億8,900万円を加えたものが22年度末の欠損になる。

以上のように，貿易資金は開設以来資金不足を急増させるとともに，多額の欠損を出してきたが，この原因は，すでに貿易資金開設当初から指摘されていた，①輸出入物資間の価格差，②保有物資の累増，③収支上のタイムラグ，がいっそう拡大したことに加え，本来輸入コストとして国内売却価格に含められるべき輸入諸掛が貿易資金の負担となっておりこれが急増したこと，国有委託加工方式により原棉輸入は貿易資金の受入とならない反面加工賃は貿易資金から支払われるがこれも増大したこと，等にあった。こうした問題点はすでに47年中から指摘されており，47年12月には実現はされなかったものの，貿易資金の円資金繰りの行詰りを解決するために，「貿易資金特別会計の中に含まれる種々なる項目の一部を別会計として整理する外資特別会計を設置[55]」するという貿易資金の改組案が提起されたこともあった。しかし，事態は改善されず，貿易資金の円資金繰りの逼迫は，1948年度にも改善される見通しは充分には立っていなかった。

このため，SCAPは48年3月1日，「日本政府は解散団体に所属する全財産を売却により処分すること，……日本政府は日本銀行内に外国貿易円口座を設定し，同財産売却による取得金をすべてこの口座に入金し，従来日銀内SCAP管理口座に解散団体預金として預金されている金銭もこの口座に移転すること，貿易庁は輸出入計画の実施のため，この口座に預入された資金を利用すること」，という点を主内容とする覚書「解散団体所属財産の処分に関する件」

表1-14　1947年度貿易資金現金収支
(単位：百万円)

| 受　　入 | | 支　　出 | |
|---|---|---|---|
| 基　金 | 1,000 | 公団貸付金 | 18,517 |
| 借入金 | 6,600 | 輸出物資買上代金 | 8,134 |
| 輸入商品売却高 | 25,398 | CPO納入物品代金 | 160 |
| 貿易外収入 | 1 | SS納入物品代金 | 0 |
| 雑収入 | 71 | 輸入諸掛 | 2,394 |
| 滞貨国内放出代金 | 148 | 貿易外支出 | 119 |
| | | 貿易物資取扱経費 | 695 |
| | | 雑支出 | 52 |
| | | 繊維加工賃 | 2,264 |
| | | 残　金 | 881 |
| 合　計 | 33,219 | 合　計 | 33,219 |

出所）大蔵省理財局「貿易資金の昭和二十二年度末決算について」昭和23年9月27日。

---

55) 大蔵省理財局為替第一課「貿易資金特別会計の運用改善との関係における外資特別会計新設の一構想」昭和22年12月22日。

(SCAPIN-1868) を発し，貿易資金の円資金不足に対処しようとした。これに対応して政府は 48 年 6 月の第 2 回国会に「外国貿易特別円資金特別会計法案」を提出し，可決のうえ 48 年 8 月 19 日同法は施行され，同特別会計が発足した[56]。同会計の当初予算は歳入 7 億 7,500 万円で，この大部分の 7 億 688 万円が貿易資金に繰り入れられることになった。さらに，同年 8 月には日銀が集中保管している外貨および外貨表示の証書類を「米国において米弗に交換の上，我国貿易資金に繰入れるよう司令部より内示があ[57]」り，日銀保管中の外貨 2,400 万ドル，外貨証書 2,126 万ドルのうち，交換可能分それぞれ 83 万ドル，20 万ドルが貿易資金に繰り入れられることになった。しかし，さきに見たような，公団貸付金の輸出前貸的性格，手持滞貨の増大，輸入諸掛の負担，公団経費負担等の貿易資金の抱える構造的問題とインフレの高進のゆえに[58]，貿易資金の収支不均衡はむしろこの間拡大し，48 年 7 月には日銀借入限度額は 100 億円から 150 億円に，さらに同年 12 月には 250 億円へと増額された。

この貿易資金に対応する外貨勘定，すなわち SCAP 勘定を見ると[59]，表 1-15 のようである。47 年夏の制限付民間貿易再開以降 SCAP 勘定の中心となったのは，商業勘定／SCAP Commercial Account であった。この勘定は当初は民間貿易決済のために設定されたが，その後政府間取引にも拡張され，SCAP 勘定に属さない GARIOA，SCAP 勘定中の特殊勘定を除いて，対米取引は原則としてすべてこの勘定で処理されるようになった。日本からの輸出手取金，その他の収入金を，SCAP がナショナルシティ銀行他の外国銀行に司令部名義で預入し，これを SCAP が直接買付ける対日輸入品の代金支払，その他の支払にあてるというのがその資金運用の主要な内容であった。後に見る政

---

56) 大蔵省主計局「外国貿易特別円資金特別会計法案参考書」昭和 23 年 6 月。
57) 大蔵省管理局「昭和二十一年勅令第六三四号により日銀に集中保管せる外貨並外貨表示の証書類及税関において引上保管した外貨並外貨表示証書類の処理について」昭和 23 年 8 月 23 日。
58) 大蔵省財政史室編 [1976c] p. 234。
59) 以下，大蔵省「司令部勘定の最近の動き」昭和 23 年 3 月 12 日（大蔵省前掲『調査月報』第 37 巻特別 6 号），経済安定本部「我国の対外決済勘定概観」，Brief of Haskins & Sells Audit Report, Sep. 21, 1951, SCAP/ESS, Accounts operated under SCAP, Nov., 1948, 等による。

表 1-15　SCAP 勘定残高

(単位：千ドル)

| 項　目 | 1948 年 2 月末 | 1948 年 8 月末 |
|---|---|---|
| ［貿易基幹勘定］ | | |
| (1) 司令部商業勘定　SCAP Commercial Account | 20,592 (85 千磅) | 48,035 |
| 　第 1 勘定　National City Bank of New York | 12,926 | 19,939 |
| 　第 2 勘定　Bank of America National Trust & Saving Association | 4,956 | 13,816 |
| 　第 3 勘定　Chase National Bank of the city of New York | 2,709 | 14,280 |
| 　第 4 勘定　Hongkong & Shanghai Banking Corporation | ? (1) 千磅 | 261 千磅 |
| 　第 5 勘定　Chartered Bank of India-Australia & China | ? (75) 千磅 | 57 千磅 |
| (2) 司令部信託基金　SCAP Trust Fund | 23,000 | 126 |
| (3) 政府間交互計算勘定　Government to Government Open Account | ? | ? |
| (4) 貿易代表食糧回転基金　SCAP Special Account Provisions Revolving Fund | ? (100) | ? |
| ［特殊勘定］ | 10,788 | 2,048 |
| (4) 司令部綿製品勘定　SCAP Cotton Textile Account | 10,410 | 1,562 |
| (5) 占領地日本輸出入回転基金　OJEIRF | 378 | 486 |
| (6) 占領地向け米棉購入回転基金 | 未開設 | ? |

出所）大蔵省「司令部勘定最近の動き」昭和 23 年 3 月，外国為替事務準備調査会「我国の対外決済勘定概観」昭和 23 年 12 月 13 日，Brief of Haskins & Sells Audit Report, Sep. 21, 1951. SCAP/ESS, Accounts operated under SCAP, Nov. 1948.

府間交互計算勘定（通称オープン勘定〔Government to Government Open Account〕）の決済尻もこの勘定で整理された。また，この勘定中のポンド建勘定は，47 年 11 月 SCAP とイギリス代表部の間で結ばれた支払協定[60]に基づいて設置されたもので，政府間貿易・民間貿易ともに，日本のスターリング地域への輸出取得金および SCAP が取得したポンド貨はすべてこの勘定に入金され，日本の同地域からの輸入代金決済に使用されることになった。この商業勘定設置のため，従来 SCAP の基幹勘定であった信託勘定／SCAP Trust Fund は重要性を失い，SCAP の輸入について間接調達方式がとられる場合に限って使用される等，補完的な役割を果たすにすぎなくなった。

オープン勘定は，主として米国以外の外国との政府間取引を整理するために

---

60) この協定は当初は 6 カ月の暫定協定であったが，48 年 5 月 1 カ月延長されて後，5 月 29 日に一般支払協定／An Over Payment Agreement が締結された。

設置されたSCAP勘定で，取引ごとにいちいち決済をせず互いに貸借を記帳しておき，決算期の6月と12月に勘定尻を決済する方式がとられた。決済は原則として米ドル現金払いで行われ，振替決済先は当初は信託勘定であったが，さきに見たように途中から商業勘定に変わった。貿易代表食糧回転基金／SCAP Special Account Provisions Revolving Fund は，47年夏信託基金からの10万ドル振替によって開設されたが，48年年初にはこの振替資金10万ドルは信託勘定に返還され，その後は民間貿易業者の支払う米ドルによって自動回転式に運用された。

さらに，特殊勘定のうち，綿製品勘定／SCAP Cotton Textile Account は，アメリカの農産物需給・価格維持政策遂行のため1933年から設置されていた商品金融公社／Commodity Credit Corporation（CCC）の取り扱う米棉を原料とする綿製品の輸出代り金を処理する勘定として48年5月に設置されたもので，当初はCCC関係棉の先行輸入に対応する機能を果たしたが，その後CCCへの代金支払の一段落とポンド地域向け綿製品のポンド貨払許容により，ドル建の他にポンド建のSCAP綿製品勘定も設置され，商業勘定と同様の取扱がなされるようになった。

また，占領地日本輸出入回転基金／OJEIRFについては，大幅な遅延の末48年6月にようやく，輸出入銀行2,900万ドル，アメリカ銀行・チェイスナショナル銀行・ナショナルシティ銀行各1,000万ドル，ヘンリーシュレーダー商会100万ドル，計6,000万ドルの棉花借款が成立し，米国での原棉買付けのための基金として運用されるようになった。また，占領地向け米棉購入回転基金は，アメリカ政府予算による基金で，陸軍長官が財務省から借入れ，棉花，羊毛，モヘア，大麻，亜麻等の繊維原料，皮革，糊，染料等の副資材を買付け，占領地に供給する目的で設置された。この勘定の管理者はSCAPではなく，米陸軍長官であって詳細は不明である。

## 第3節　単一為替レートの設定

### *1*. 単一レート設定への旋回

**1) GHQ/SCAP・日本側の複数レート作業と単一レート問題認識**

　1948（昭和23）年8月9日，SCAPは「民間貿易再開準備措置に関する覚書[1]」(SCAPIN-926) を発して，日本の輸出業者と外国人バイヤーの直接契約を実施しうるような手続きを定めることを指示した。いわゆるBSコントラクト貿易の開始である。このBSコントラクト方式＝「新手続」の採用によって，前年8月以降緩和されていた貿易制限措置は，よりいっそう緩和されることとなったが，この背景には，48年5月にようやく民間貿易が政府貿易を凌駕するという貿易の伸張があった。

　48年6月にヤング報告を全面拒否して以降，こうした貿易の伸張を背景に，ESSは複数レート制度を精緻化する作業に集中していた。外国貿易課，調査計画課を中心に品目別の価格比率／Price Ratio が，より広げられた範囲で検討され，同時に為替管理機構の検討も進められた[2]。とはいえ，ESSが一枚岩という訳ではなかった。ヤング報告以降，ESS金融課は，PRSの実施について，①「PRSの採用は再三価格比率の変更を伴い，価格比率間の差異を縮小するのではなく寧ろその開きを拡大してインフレ傾向を助長する」，②「若しも価格比率に関し屢次の変更が仮定されるならば，契約締結時の価格比率によらず，商品引渡時に於ける価格比率を適用するという原則はサプライヤーの円受領額を不確定なものとし円滑なる契約の締結を阻害し，それは又サプライヤーをして価格比率の上昇を予想して商品の引渡を遅延させることとなり日本経済の復

---

1) 外務省特別資料部編［1949］第4巻, pp. 28-30。
2) T. Cohen; Special Assistant to Chief ESS, Memorandum, Outline of Proposed Exchange Control, 23 June 1948.

興に緊要であるところの迅速なる輸出を阻止する」という理由から反対意見に転じていた[3]。この意見の第1点はヤング報告と同様であり，もともと東部の銀行家たちと近いといわれていた金融課は，ワシントンの雰囲気に敏感に反応したのである。

しかし，マッカーサーのワシントンに対する怒りは大きく，7月中旬マッカーサーは，「単一レートの設定について，若し本国がこれを実施する意向ならば，大統領又は陸軍長官より命令を発してもらいたい」という趣旨の電報を打ち[4]，SCAPとしては自発的な早期単一レート実施の意思はないことを再度表明した。マッカーサーの態度が相当強硬であったことは，46年当時ESS金融課に在職し，その後ヤング使節団の一員として来日したマクダイアミッド／O. J. McDiarmidの回顧[5]からも裏づけることができる。ヤング使節団のメンバーは，このマッカーサーの批判に応じるために，7月末日ワシントンで検討を再開し，8月16日付で「追加勧告」をまとめたが，論争は技術的な枝葉末節に移行してしまった[6]。

一方こうしたSCAPの動きに対し，日本側でも，48年4月以降ESSの指示に基づき，PRSの具体化作業が進められていた。ヤング報告の内容はいっさい日本側には告知されなかったが，PRSに関してのみは日本側作業が進展していたこともあって，SCAPは，ヤング使節団の反対が強くPRS実施は難航，という情報を7月初旬に伝えていた。そして，7月中旬，SCAPは「PRSに関しては当面棚上げ」という連絡を貿易庁に対して行った。

だが，これに対し日本側は，あくまでPRSの早期実施を要求した。貿易庁は，庁議により，①貿易庁としてはあくまで司令部にPRS早急実施方を要望

---

3) 大蔵省理財局外資局長よりESS金融課通貨銀行班ビープラット宛「PRSに就いての所信に関する件」昭和23年7月15日。
4) 日本銀行外事局「単一レートに関する最近の動き」昭和23年8月3日。
5) 「SCAP当局の否定的で，辛辣な反応には当惑した……。ヤング使節団の提案したデフレ措置が，一年後ドッジ使節団の提案したものよりかなり緩やかなものであったことを考えれば，SCAPがペンタゴンに打電してきた高飛車な批判の羅列に賛成するのは困難だ」。コーエン［1983b］p. 304。
6) 大蔵省財政史室編［1976a］p. 400。なお，追加報告の全文は，吉野俊彦［1972a］付録に収録されている。

すること，② ただし輸出手続簡素化も遅延を許さないので，どうしてもだめならPRSと切り離して簡素化案中その他のものだけを実施すること，③ この場合外貨獲得に成績の上ったものに対しある種の報償制を考えること，を決定した[7]。また，大蔵省も，「P・R・Sは輸出過程を単純化すること，このことは極めて重要なことでありP・R・Sの採用を行わずして，輸出に対する顕著な障害の一つであるところの現下の輸出手続を簡素化し得る実際的な方法はない」，「若しも近き将来に於て単一レートが採用されるものと仮定されるならば，P・R・Sの採択並びにその実施は，複雑で無秩序であり何れにしても改善を要する現在の状態と根本的且広範囲に亘る国内調整を意味する単一レートとの間の暫定措置として急激にして全体的な変化をもたらすいかなる手段よりも一層望ましいものであり且優先すべきものである」と，PRSの早期実施を強く要求した[8]。

この結果，8月初旬に，公式にはPRSの実施は中止するが「日本国内部限りで輸出品の国内円価格決定の基準として，P・R・S的な制度を採用すること」について，「司令部外国貿易課，貿易庁，物価庁の間に了解がなり」[9]，8月10日BSコントラクト貿易の開始以降，PRSの変形としての最低ドル価格制／Floor Price Systemが実施されることになった。

FPSとは，PRSがプライス・レイシオを公表することにより，自動的に輸出商品の円価格が算定されるシステムであるのに対し，① 円価格は従来通り業者の申請に基づき個別に貿易庁が認定する，② 貿易庁は取引に際して，SCAPの承認をえたうえで最低ドル価格を業者に内示し，これ以下の価格での取引を認めない，③ この最低ドル価格以上で商談が成立した場合には，報奨を加味した円価格の認定を行う（統制品については最低ドル価格の125％を上限とする）インセンティブ・システムを設ける，というものであった。こうして，完全な価格直接交渉＝決定ではないにせよ，価格決定に弾力性が与えられることになった。

---

7）貿易庁「価格比率制度に関する件」昭和23年7月23日。
8）大蔵省前掲「PRSに就いての所信に関する件」。
9）日本銀行外事局前掲「単一レートに関する最近の動き」。

さらに，その約1カ月後の9月22日，貿易庁・物価庁は経済安定本部と調整のうえ，SCAPの了解を経て，「輸出品の価格決定の簡易化に関する措置」を決定し[10]，商品別の便宜的換算率としてのPRSを採り入れた価格算定制度／Price Computing Systemを実施することになった。これは，物価庁・貿易庁の協議により，輸出商品群別に円価格算定基準率を設定し，この算定基準率を売買契約による外貨価格に乗じて円価格を決定するというものであった[11]。

これに基づき，10月15日には第1回分として，表1-16に見られるような52品目の算出基準率が決定され，PCSが適用された。PCS適用品目範囲は引き続き拡大され，11月末には600以上の商品別レートが設定されたが，レート算定基準が定められていたものの実際の設定レートは，企業の採算を考慮して相対的に円安に定められた[12]。こうして，貿易制限緩和の進行のなかで，SCAPと日本側の共同歩調により，実質複数レート制度が進展していった。「外力依存の温室経済を当分維持し，単一為替レートの設定を含む競争的な国際経済への復帰を引き延ば[13]」そうというSCAPの意思ないしはワシントンに対するマッカーサーの反発こそが，実質複数レート制度を押し進める動力であった。

日本側でも，例えば，48年5月27日に経済復興計画委員会に提出された「経済復興計画第一次試案」は，52年を最終年次とし5カ年で経済復興を達成する目標を掲げ，準備期間（約半年），中間安定第1期（次の1年），中間安定第2期（次の約半年）と約2年をかけて，なし崩し的なインフレ克服・経済安定を図る方針を提示したが，単一為替レートの設定については，インフレ収束が軌道にのる49年11月以降を想定していた[14]。また，日銀や経済安定本部と

---

10) 経済安定本部・貿易庁・物価庁決定「輸出品の価格決定の簡易化に関する措置」昭和23年10月6日。
11) 同上。
12) 大蔵省財政史室編 [1976c] p. 361。
13) 大蔵省財政史室編 [1976a] pp. 395-6。
14) 大蔵省財政史室編 [1976a] pp. 393-4。なお，「経済復興計画第一次試案」の概要については，大蔵省財政史室編 [1980] pp. 382-93，および大蔵省財政史室編 [1976b] pp. 283-322 を参照。

第3節　単一為替レートの設定　79

表 1-16　PCS 第 1 回決定分（1948 年 10 月 15 日）

| 商品群 | 比率 | 商品群 | 比率 |
|---|---|---|---|
| 1. 金属・機械器具類 | | 木品細工 | 450 |
| 　鉄金網 | 400 | 象牙細工 | 400 |
| 　X 線用フィルム，感光紙 | 600 | 瑪瑙細工 | 440 |
| 2. 雑貨類 | | 箱根・宮島細工 | 550 |
| 　鉄鋳物製品 | 530 | 特製木製漆器 | 600 |
| 　亜鉛引鉄板バケツ | 550 | 金属製漆器 | 600 |
| 　縫い糸 | 400 | 万年筆 | 400 |
| 　琺瑯鉄器 | 600 | 鉛筆 | 500 |
| 　アンチモニー製品 | 480 | 香 | 400 |
| 　喫煙具 | 500 | ハーモニカ | 450 |
| 　セルロイド製品 | 600 | 提灯 | 550 |
| 　麦藁スリッパ | 390 | 扇 | 550 |
| 　下駄 | 380 | 3. 化学・農水産物類 | |
| 　蘭・竹製スリッパ | 500 | 乾燥水産物 | 280 |
| 　並木製漆器 | 420 | 寒天 | 160 |
| 　竹製品（除ベニヤ家具） | 430 | 冷凍水産物 | 260 |
| 　板硝子 | 600 | ビタミン理 A | 150 |
| 　鏡 | 600 | ビタミン理 D | 260 |
| 　雑硝子製品・クリスタルカットグラス | 600 | 珊瑚 | 300 |
| 　硝子製食卓用品 | 600 | 生魚介 | 300 |
| 　硝子製医理科器具ランプ | 580 | 罎詰 | 300 |
| 　国内産貝殻ボタン | 530 | 茶 | 330 |
| 　ドッティングボタン | 450 | 生薬 | 250 |
| 　ブラシ | 450 | ペイント | 450 |
| 　クリスマス用品 | 550 | 肥料 | 390 |
| 　玩具 | 500 | 苛性曹達 | 200 |
| 　模造真珠 | 470 | 樟脳油 | 500 |
| 　造花 | 470 | | |

出所）経済安定本部・貿易庁・物価庁決定「輸出品の価格決定の簡易化に関する措置」昭和 23 年 10 月 6 日。

協議しつつ大蔵省部内研究会で 3 月から 5 月にかけてまとめられた「中間安定計画案」は，さらに遅く 50 年 4 月以降を単一為替レート設定の時期としていた[15]。いずれにせよ，この時点では日本側は，当面複数レート継続という立場に立っていたのである。

ところが，48 年 6 月下旬，ワシントンはヤング報告を基礎に単一為替レート設定を考慮中である，という外電が入り，このため日本側での為替問題認識

---

15) 大蔵省財政史室編［1980］pp. 391-401。

は，複数レートの継続から単一レート設定へと大きく旋回することになった。こうして48年6月以降，一本レート設定を直接見通すような日本側作業が，いくつかの機関で始められた。

　この作業を，もっとも早くかつ体系的に行ったのは，経済安定本部であった。すでに指摘されているように，経済安定本部は48年6月以降翌年年初にかけて，X作業，K作業，R作業，Z作業と呼ばれる各種の単一レート設定検討作業を行った。R作業以下については後に見ることにして，ここでは作業過程が判明するK作業について見ておく[16]。K作業では，①1ドル200円，300円（作業時期48年6月），②1ドル300円（48年7月），③1ドル300円，400円，500円（48年7月），④1ドル620円（48年9月），⑤1ドル500円，1,000円（時期不明）の5種類の想定がなされたという。このうち48年7月の『K作業要領』にそって，もっとも体系的に作業が進められたのは，48年9月初旬の「④1ドル620円」の検討であった。この検討作業は次のようになされている。

　まず，前提として，①49年3月にレート設定と公価改訂が同時に行われるものとする，②貿易商品の国際比価，原価構成要素，輸出入額，貿易および為替統制の強度，国内生産需給状態等は，現状がそのまま続くものと仮定する，③レート設定に当たっては，現在の国際比価において大体輸出額（ドル建）の8割以上をペイさせることを目標にする，という条件を設定する。そして，この前提条件のうえで，賃金・物価上昇率，農業パリティ，輸入食糧値上げの影響，勤労者生計比試算を行い，620円レートであれば現行の83%は輸出がペイし，貿易資金も黒字となって，財政面にも寄与しうる，という結論が出されている[17]。

　見られるように，この試算の特徴は，49年3月の単一レート設定を想定し

---

16) 伊木誠［1973］による。
17) 経済安定本部財政金融局「K作業に準ずる簡単な試算」昭和23年9月3日，同上所収。もっとも，1ドル620円のレートは，現行輸出品の8割をペイするレートは1ドル400円，48年3月までの物価上昇率1.55倍で，これをかけあわせて1ドル620円，という計算によって算出されたにすぎない。

ていることと，1ドル620円という極端な円安レートを設定したこと，の2点にあった。それまでの中間安定計画案とは異なって，数年先ではなく半年先の単一レート移行が想定されている点では，単一為替レート設定が緊急の課題として認識されるようになったことを示している。しかし，他方620円という円安レートが設定されたという点では，この作業はその逼迫の度合において，現実的根拠がなお希薄であったというべきであろう。というのは，620円というレートは，一面では，これに先立つ200円レート，300円レートの設定作業が，日本経済の見通しについてきわめて悲観的な結論しか導き出しえなかったこと，物価・賃金・生計費等を組み込んだ計測作業の仕方そのものに欠陥があったこと，等によっていたが，他面では，急激なインフレの進展を与件として，その上に輸出伸張政策をおりこんだこと，にも由来していた。従って，620円レートは，ワシントンないしはSCAPが，単一レートをもちだしてきた際に，まずぶつける政策的レート水準であったとも想定できるのである。

48年7月以降，大蔵省でも単一レート設定問題の検討が活発化し，8月に入るといくつかの文書がまとめられるようになった[18]。そこでは，「今や単一為替相場の設定は外的圧力もあって昨年の今頃（47年8月）為替問題について世上種々の形で論ぜられた当時とは大分客観的情勢が変化して居り極めて現実的な意味に於て具体的方策を考慮しなければならない段階に到達した」という情勢認識が示されていたが，検討の結論はこの段階ではまだ固まっていなかった。例えば，8月30日の資料では，一挙安定的・デフレ的対応による単一レート移行を不鮮明であるとはいえ主張しており，9月11日の資料では，「大局的に観れば現状維持的な方法（補助金による調整方式）を講じた方が現段階においてはより妥当性がある」と，中間安定的対応による単一レート移行を主張していたのである。

---

18) 大蔵省調査部「単一為替レートのわが国経済に及ぼす影響」昭和23年7月17日，7月22日，7月23日，7月28日，8月7日，同「単一為替レートその他の諸問題について」昭和23年7月22日，大蔵省理財局外為課「単一レート設定に伴う影響」昭和23年8月20日，9月11日，大蔵省理財局為替課「経済安定施策と単一為替相場設定の調和に関する一考察」昭和23年8月30日，等が代表的なものである。

こうした開きのあった大蔵省の内部的見解がほぼまとまったのは，10月に入ってからであった[19]。そこでは，1ドル300円のレートを仮定したうえで，次のような当面の政策対応が導き出されている。

(1) 単一レートの設定が今直ちに強行せられることはできる限り避けなければならないし，又仮に国際事情から之が強行せられた場合にも，輸出入の補助等の調整措置によって，我国経済への急激な影響を出来るだけ避けて行かなければならない。

(2) 併し乍ら，調整措置を伴はない単一レートの設定適用といふこと自体は，我国経済を本格的に国際経済に参加せしめ，外資の導入を促進し，その他経常的国際取引を簡明，円滑ならしめる為に是非必要なことであり，……出来る限り早く単純単一相場の実現をみることが望ましく，それが為に一日も早く我国経済態勢をその実現を可能ならしめる様に建直さなければならない。

(3) 之が為に必要なことは，第一には我国のインフレーションの進行速度が緩慢化し，一本レート設定後少なくとも半年位は設定されたレートを変更せずして適用し得る様にならなければならない。又，第二には……我国企業の操業率を改善するよう努力すると共にその合理化を行って国際水準に近づけ，又我国の価格体系を相当程度国際水準と均衡のとれたものとして行かなければならない。

(4) 斯かる状態を実現する為に通貨措置を強行して非能率企業の自然淘汰を行ひ，又，之により購買力を極度に縮小して経済構造を一挙に建直さんとする議論もあるが，これは我国経済に対して急激な影響を及ぼし，却って，国際経済への参加を遅滞等の由々しい結果を生ずるものであり，実行不可能の考へ方である。やはり，将来に一本レートの設定を目標としつつ，資金，物価，労務の各面に亘る政府の綜合政策によって段階的計画的に，一定の条件を作り出して行くことを着実に進めなければならぬと思う。

さらに，同年10月には，日銀でも単一為替レート設定の検討結果がまとめられた[20]。そこでは，大蔵省の検討作業で課題とされていた価格調整措置（補

---

[19) 大蔵省理財局「単一レート設定の問題」昭和23年10月27日（大蔵省財政史室編[1976c] pp. 385-92，所収）。

助金)についての詳しい検討がなされ，大蔵省と同様に1ドル300円レートを仮定しつつ，「単一為替レートが直接輸入物資に適用され，それに伴い国内価格が国際価格に鞘寄せられた場合は，その影響は直接的であり且甚大である。その結果は輸出品の価格の騰貴，輸出量の減退を招来する一方，国内の産業資金需要の増大を通じてインフレーションの激化を齎し延いてはレート自体の維持が困難とならざるを得ない。従つてかゝる国内経済への影響を緩和しレートの設定を有効ならしめんが為めには或る程度の価格調整措置を講ずることも亦，現段階に於ては已むを得ざるものと云へよう」と，その必要性を強調した。

　以上のように，この時期の日本側の単一レート検討作業は，単一レート移行を不可避と見たうえで，ある場合には大幅な円安レートを設定し(経済安定本部)，またある場合には単一レートへの段階的移行を主張し(大蔵省)，あるいは価格調整措置の必要性を強調する(日銀)等，いずれも単一為替レート設定の影響を緩和する，いいかえれば中間安定的な移行論の立場に立つものであった。しかし，日本側がこうした作業を進めるなか，ワシントンでは，SCAPの反発を切り捨てて，早期単一レート設定案がほぼ固まりつつあった。

## 2) NSC-13/2と「中間指令」

　1948(昭和23)年10月7日，アメリカ国家安全保障会議／National Security Council (略称NSC)は，「アメリカの対日政策に関する諸勧告」(NSC-13/2)を決定承認し，対日政策の転換を確定した[21]。NSC-13/2文書は，対日講和のタイミングと講和条約の性格，講和後の日本の安全保障，SCAPの縮小と日本政府への権限委譲，経済復興と経済安定，占領費の削減，等の20項目にわたる諸政策を実施に移すように規定していた。なかでも，経済復興に関しては，「合衆国の今後の最大目標は日本の経済復興」であると，それが次期対日

---

20) 日本銀行「単一為替レート設定の物価賃銀に及す影響」昭和23年10月14日(日本銀行『日本金融史資料 昭和続編』第13巻)。
21) National Security Council, Report NSC-13/2, October 7, 1948, 大蔵省財政史室編[1982b] pp. 192-5。

政策の主要目標であることを明記し，経済援助の長期的削減，労働生産性の向上，輸出水準の維持，均衡財政の実現，等を主張した。

しかし，ワシントンに対するマッカーサーの敵意はますます強まっていた[22]。マッカーサーは NSC-13/2 に対し，それはアメリカ極東軍司令官を拘束するものではあるが，連合国軍最高司令官を拘束する政策決定の手続きは経ていないから執行責任は負いがたい，と実行する意思のないことを表明した。他方，ヤング報告をめぐる紛争以来，財務省を中心とする NAC スタッフ委員会も，陸軍省の SCAP 統制力，SCAP の政策運営に強い不信感を抱いていた。強力な経済・財政安定措置がとられない限り，援助の効果は疑わしい，という訳である。そして，こうした立場から，スタッフ委員会は，陸軍省の立案になる1950年会計年度の対日エロア援助費を否決した。SCAP と NAC スタッフ委員会のはさみうちにあった陸軍省ドレーパー次官は，ついにマッカーサーに対する説得をあきらめ，命令の形式をとることを決意した。

12月3日の NAC 本委員会で，ロイヤル陸軍長官は，SCAP に対し指令をもって強力な経済安定措置をとらせること，政策実行のために本国から適切な人物を派遣すること，為替レート設定時期を具体的に検討すること，を表明し，NAC は，迅速な措置がとられることを条件にエロア予算案を支持することを決定した。この決定を受けて，「ドレーパー次官はただちに国務省のポール・ニッツと，国家安全保障会議の承認を取りつけるため，指令の起草に取りかかった。彼は国防省，陸軍省，海軍省，国務省，財務省，商務省，国家安全資源局，空軍そしてさらに労働省など，各関係部局はおろか直接関係のない役所からも同意をえた[23]」。

かくして，12月11日，ドレーパーによって準備された「経済安定9原則」が，国家安全保障会議，トルーマン大統領の承認をえたうえで，極東委員会の「中間指令」(FEC-329，陸軍省訓電 W81058) という形式をとってマッカーサーに伝達された。「中間指令」は，第1項で，日本政府に対し経済安定計画の早

---

22) 以下，主として大蔵省財政史室編［1976a］pp. 399-409，による。
23) コーエン［1983b］p. 308。

急な実行を指示すること，第2項で，日本政府に指示すべき9項目の内容，第3項で安定計画開始後3カ月以内を目標とする単一一般為替レートの設定，を指令した[24]。「この指令は GHQ に爆弾のような衝撃を与えた。……ワシントンから訓電 W81058 を受け取るや，日本にきてから誰にも電話したためしのないマッカーサーが，自宅で昼休みをとっていたマーカットのところに電話をかけてきて，訓電の内容を話し，その晩，来るようにと命令した[25]」。翌12日マッカーサーはただちに陸軍省に返電を発し，指令を実施するためには，史上類例のない経済統制が必要である，現在のような不十分な経済状態，社会環境の下では，指令が成功するかどうかは，SCAP の統制力如何というより，むしろわれわれがこれまで培ってきた日本側の精神的リーダーシップ如何にかかっている，もしこれに失敗すれば爆発的結果が生じるおそれがある，しかし私は最善をつくす，と不本意な受諾であることをあからさまに表明した[26]。「9原則」は，外見的には，48年7月に SCAP によって出された「経済安定10原則」——それは形式的にはヤング報告を取り入れつつ，実質的にはそれを拒否したものであった——とほとんど同じであった。だが，内容的には「9原則」と「10原則」は，まったく異なっていた。なぜならば，「9原則」は，単一為替レートの設定を3カ月以内と明示したからである。そして，これこそがヤング報告以来のワシントンと SCAP の主要な対立点であった。「中間指令」はこの対立に終止符を打ったのである。

　12月18日，「中間指令」は，ワシントンと東京の双方で公表された。新聞発表は，ワシントンの決定した安定計画を実行するために日本政府を監督することがマッカーサーの責任であると，その権限を明確に規定した。発表はまた，日本側の計画遂行状況に応じて，今後の援助要求を勘案するという警告を盛り込んだ。ワシントンこそが最終決定者である，ということが改めて確認さ

---

24) The Department of the Army (Joint Chiefs of Staff) to SCAP, Telegram No. W81058, 大蔵省財政史室編［1982b］pp. 740-1。
25) コーエン［1983b］pp. 308-9。
26) SCAP to Department of the Army (For the Office of the Under-secretary), Telegram No. C66236, 大蔵省財政史室編［1982b］p. 741。

れたのである。翌19日，マッカーサーは吉田首相宛に公開書簡を送り，「9原則」の実施を指示した[27]。同時に，マッカーサーはSCAP部内に対して，「9原則」を実行するための計画を1項目ごとに作成するように命令した。

「9原則」の根幹をなす為替レート問題を担当したのはコーエンであった。「我々は意を決して仕事に取りかかった。NSCは安定計画開始後三カ月で，単一の為替レートを決めたがっているのか，よろしい，そうしてみせよう。SCAPが今すぐ為替レート案をまとめることができれば，ワシントンの政府諸機関も反対はできまい。彼らは我々にまさにそれを要求してきたのだから，マッカーサーは再び彼らに先手を打って，ゲームの主人公でいられるだろう[28]」。こうしてESSにコーエンを委員長とする為替レート特別委員会が発足した。この委員会の作業は，後に見るように1ドル330円の為替レート採用を進言する49年2月24日付の「ESS為替レート案」(ESS Exchange Rate Proposal)[29] に結実していく。だが，SCAPがこうした作業に突入したときには，ワシントンは，すでにデトロイトの銀行家ジョセフ・ドッジ／Joseph M. Dodgeの日本派遣を決定していた。

## 2．ドッジの来日と360円レートの決定

### 1）「9原則」の波紋

1949（昭和24）年1月17日，トルーマン／H. S. Truman大統領の直筆の手紙[30] で公使に任命されたドッジは，2月1日ラルフ・ヤングほか6名のスタッフ[31] とともに，ロイヤル陸軍長官に介添されて東京に到着した。来日したドッジは，体系立った勧告書などはいっさい出さず，次々と具体的な政策立案

---

27) 外務省特別資料部編［1949］第3巻，pp. 27-8。大蔵省財政史室編［1982a］pp. 83-5。
28) コーエン［1983b］pp. 312-3。
29) Memorandum of Conversation : Mr. Cohen and Mr. McDiarmid, ESS Exchange Rate Proposal, 24 February 1949, Dodge Papers 1949.
30) HARRY S. TRUMAN to Joseph M. Dodge, January 17, 1949, Dodge Papers 1949.

を図っていった。ドッジ改革の基本的枠組みは，「①国内総需要を抑制して過剰購買力を削減し，輸出を拡大させる，②単一為替レート設定・補助金廃止によって市場メカニズムを回復させ，合理化を促進する，③政府貯蓄と対日援助で民間投資資金を供給し，生産を拡大させる，という三つの柱をたてることによって，日本経済の復興・安定化・自立化を達成する[32]」というもので，その際最大の力点がおかれたのは，周知のように均衡財政の実現であった。調査団の最大の眼目であった単一為替レートの設定については，ドッジは，3月7日の第1回記者会見で，「現状を基礎として一つのレートを算定することはさして困難ではないが，問題はそれだけでは片づかない。……設定されたのちにそのレートを維持していくということも必要である。上下に大幅に変動する為替レートを欲するものは誰もいないはずである[33]」と明言を避け，他の政策との関連で慎重に検討していくことを示唆した。

しかし，為替レート問題は，ドッジの来日の6週間前，すなわち「9原則」が発表された時点から大問題となっており，48年12月以降，SCAP内でも，日本側でも，為替レート算定作業，レート設定の影響とその対策の検討作業が，一挙に活発化していた。というのは，さきにも見たように「9原則」は，その末尾で，安定計画は「単一為替相場を早期に設定できるような諸条件を確保することを目標として推進される」と述べていた。新聞発表では，「中間指令」の原案とは異なって，「3ヶ月以内」という期限が抜け落ちていたが，派遣されるであろう調査団によって具体的な為替レートが決定されることは，この公表によって確定的と考えられたからである。

このため，SCAPでは，前述のように48年12月，コーエンをキャップとした為替レート特別委員会をESS内に設置し，大規模なレート算定作業を大急ぎで開始した[34]。だが，この委員会では，当初は単一為替レートのショックを

---

31) ドッジ調査団のメンバーは，ディール／W. W. Diehl（財務省），マクダイアミッド／O. J. McDiarmid（国務省），オルリー／P. M. O'Leary（コーネル大学），リード／R. W. E. Reid（陸軍特別顧問），シュテファン／A. Stephan（ラトガーズ大学），ヤング／R. A. Young（連邦準備事会調査統計局次長）であった。
32) 三和良一［1989］pp. 155-8。浅井良夫［2001］も参照。
33) 鈴木武雄［1960］p. 707。

緩和するための補助金制度の検討が行われるなど[35]，確定されるべきレート水準についてはなかなか意見がまとまらなかった。例えば，かつて ESS に設置された「円為替委員会」のメンバーでもあったジェノーによる49年1月メモ[36]は，鉄鋼，金属，機械，生糸，綿糸紡績，陶磁器等の各産業の状態，合理化の進展度，対日援助と補助金等に検討を加えたうえで，近い将来「政治的理由」で単一為替レートが決定されるのが不可避であるとすれば，輸入は330円の一本レート，輸出は330円以上で8本以下の複数レートとし，6カ月程度で統合し一本レートとするのが適当，というプランを提起していた。

　為替レート特別委員会での検討が，1ドル330円単一レートの採用という方向に固まったのは，2月中旬から下旬にかけての頃であった。このことは，2月19日付マーカットメモ[37]で，330円レートを前提にして，鉄鋼，生糸への補助金問題，輸入補助金問題，国内生産への価格差補給金問題等が検討されていることからも窺うことができるが，この方針が最終的に確定したのは2月24日のことであった。同日 ESS 為替レート特別委員会は，「ESS 為替レート案」（ESS Exchange Rate Proposal）をドッジ調査団に提示し，以下のように，1ドル330円単一レートの採用を提案した[38]。

ESS 為替レート案の概要

　330円レートが現在計画中のすべての輸出入品に適用される。5億3,000万ドルのガリオア・イロアを原資として，概算1,750億円の見返資金が設置される。72億円の輸出（鉄鋼および生糸）補助金が一般会計より価格差補給金の一部として支払われる。1,235億円の輸入補助金（1,020億円が生活用，210億円が産業用原材料）が，見返資金から支払われる。残余の見返資金のうち429億円は貿易

---

34) 大蔵省財政史室編［1976a］pp. 428-9。
35) コーエン［1983b］p. 322。
36) Seminour J. Janow, Memorandum, January (?), 1949, 大蔵省財政史室編［1982b］, pp. 613-7。
37) W. F. Marquat, Memorandum(Draft), February 19, 1949, 大蔵省財政史室編［1982b］, pp. 617-21。
38) 前掲, Memorandum of Conversation : Mr. Cohen and Mr. McDiarmid, ESS Exchange Rate Proposal, 24 February 1949.

資金の円資金不足に，130億円は公共事業と債務償還に充当される。

　輸入補助金を受け取りうる商品には，国内用綿，鉄鋼製品用原材料，皮革製品，ゴム製品を含む。

ESS 案の基礎的前提

1．為替レートの導入が，生計費に直接関係のない輸出品価格を除いて国内価格水準に大きなインパクトを与えるものであってはならない。
2．現在の賃金水準が維持される。従って，実質賃金は，為替レートによって影響を受けない。

（以下略）

　この提案に対して，ドッジ調査団の一員であるマクダイアミッドは，「国際通貨の観点からみると，実際には隠された多数の輸入レートが存在するという弱点があるが，この計画が輸出産業の合理化努力を織り込んでいるという点から一般的には受け入れうるものであるように思われる[39]」という見解を付記している。こうして2月下旬には，SCAP・ドッジ調査団の間で為替レート問題を直接の課題とする協議が始まり，330円レートが固まりつつあった。

　日本側でも，48年12月以降，単一レートの検討作業は，従来とは異なった性格をもつようになった。今後数カ月以内で為替レートが設定されると予想される以上，その対策は日本政府にとって何よりも緊急の課題となったからである。こうして48年12月，閣議決定により「単一為替設定対策審議会」が設置された。メンバーは，総理，副総理以下関係閣僚，日銀総裁，民間，学界各委員よりなり，最大限の位置づけがなされた審議会であった。この設置についてはSCAPの強い要請があったようで，48年12月30日の第1回審議会開催後に，SCAPマーカット，ファイン，コーエンと，審議会委員会の間で，次のような会談がもたれた[40]。

　マーカット：……諸氏は経済安定本部を援助して単一為替設定の基礎たるべき一

---

39) 同前。
40) 経済安定本部「十二月三十日　マーカット少将　単一為替対策審議会会談」『戦後経済政策資料』第25巻に収録。日本側の出席者は，周東安本長官，一万田，石川，長崎，駒村，東畑，中山，水田各委員，堀越安本副長官，勝部同官房次長，である。

　　　　　　般安定諸計画をやって頂きたい。そして，これは実際に勧告を作成
　　　　　　する実動的な委員会たるべきである。そして我々とも自由に討議す
　　　　　　ることとしたい。……
ファイン：為替の基本方策に付随すべき他の行政措置もすぐやってもらわねば
　　　　　ならない。……
マーカット：我々も一本為替設定の物価水準・輸出入に及ぼす影響等種々研究中
　　　　　　であるが，未だ研究の段階であるから貴方から何時でも我々と討議
　　　　　　するために御出でありたい。ただ最後にどう決るかわからないレー
　　　　　　トの予想を外部に出すことは経済界に悪影響を及ぼすから厳重に秘
　　　　　　密を守って欲しい。レートについて最終的に決定するのは極東委員
　　　　　　会であるわけだがこれがやらないときは米国政府が一方的に決める
　　　　　　のである。
中　　山：司令部では我々が何時迄に仕事を完結することを期待せられるか。
　　　　　それによってやり方がいろいろあるのでこの点伺いたい。
マーカット：今の御質問によって我々の方に計画と日時につき確定的なものがあ
　　　　　　ることを意味しておられるなら中山さんは間違っておられる。我々
　　　　　　は一般的経済要因を勧告するがそれは安定を維持して平常な状態に
　　　　　　向うようコントロールするというものを勧告するのである。これは
　　　　　　即ち九原則の完成にかかるわけである。すなわち我々が世界に向っ
　　　　　　て日本では融資統制がうまくいっている，物価，賃銀の統制ができ
　　　　　　ている，物資の（食糧のみならず原料品も）流通秩序が確立した，輸
　　　　　　出生産が増えつつある，税制が改革されて補助金をやるに充分な歳
　　　　　　入が確保された，だから今やれると云わんとするのだ。……
ファイン：自分が最近米国へ行って話をしてきた政策を作る人達は九原則は直
　　　　　ぐ実行に移し得る，そしてそれに成功しうるものと確く信じてい
　　　　　る。これによって一九四九年の最初の三ヶ月中に一本為替を設定し
　　　　　うるものと考えている。但し，この点は極秘に扱われたい。更に華
　　　　　府で強調されたことは今後の対日復興援助は有効な経済安定諸施策
　　　　　を条件とするということで援助資金予算に関する最終的決定は六月
　　　　　始めであるからそれ迄に未だ米国では安定諸施策実行状況につき調
　　　　　べる余裕があるわけである。従って日本側で安定施策に成功しない

ときはきっとマッカーサー元帥の要求した援助資金をもらえなくなる。即ち援助と経済安定諸施策とはタイアップされているわけで米国では我々のやり方を綿密に監視している。生産のみならず安定諸計画全部について然りである。……
マーカット：一月の中旬に米国からトップ・レベルの人が来る。その時迄に実行の段階に到達した勧告を作成し得たら，このグループに任せることが出来，はっきりした成果を齎しうるのではないか。最後に我々はこの審議会は日本で最も重要な機関と考える。最大の問題を扱うのだから強大な権限をもつわけである。終戦後今日までに出来たどの機関よりも重要なものと考えられる。大いにやってもらいたい。

「援助と経済安定諸施策とはタイアップされているわけで米国では我々のやり方を綿密に監視している。生産のみならず安定諸計画全部について然りである」，「一月の中旬に米国からトップ・レベルの人が来る。その時迄に実行の段階に到達した勧告を作成し得たら，このグループに任せることが出来，はっきりした成果を齎しうる」，というマーカット，ファインの表現から明らかなように，SCAPはドッジの来日以前に，日本政府を動員して，為替レート設定の基本方針を確定しようとしたのである。「我々が世界に向って日本では融資統制がうまくいっている，……だから今やれる」という発言のなかの「世界」を「ワシントン」と読みかえれば，SCAPの意図はより明瞭となる。さらに，マーカットは，この会談に際して，日本側に次のような覚書[41]を指示した。

為替レート設定に関する日本政府の任務
a．割当及配給制度の全般に亘る改訂を行い其の基礎を単なる生産より輸出を目標とする生産に置くこと。
b．妥当な為替レートのもとにおいては現在では供給者に損失を与えるが過去の実績或は其の他の理由に依り将来は世界市場での販売で利潤をあげ得る見込のある輸出商品に関して勧告を行うこと 之等の商品に関しては補助金の交付及今後1年以内に之等の補助金を自動的に終了せしめうるような保障措置に関して勧告を行うこと。

---

41) SCAP/ESS, Memorandum, December 29, 1948.

c．その国内価格を維持するため補助金交付を要する輸入品目，その国内価格を世界市場価格に一致せしめるため価格改訂を要する輸入品目更にプール計算により処理さるべき輸入品目につき勧奨を行うこと，一般的にいえば輸入食糧，肥料及び国内消費用原棉の価格については貿易資金利潤よりの補助に依り国内価格水準迄引下げられるべきものと認められる。

d．現在価格調整資金より補助を受けている商品の国内生産に付ては之等に要する1949年度予算を極力節減する見地よりこれを合理化する手段を講ずること。

e．価格安定帯の理念に関しては，1934-6年の日本物価よりも現在の世界物価に連繋する価格補正を行う為に之を再検討すること。

こうして審議会では，為替レート水準の決定だけではなく，輸出入補助金・価格差補給金，賃金・物価水準，生産の拡大，原材料の確保，輸出の増進，といった経済安定に関する諸施策を全般的に検討することが課題とされた。審議会は，48年12月30日の第1回に続いて，翌49年1月4日，10日，11日，18日，25日，29日，と1カ月間に7回も開催された。この間，経済安定本部，大蔵省，貿易庁，物価庁，商工省，農林省，日銀，価格調整公団，経団連，関経連，業界団体，新聞雑誌等で，一斉にレート算定作業，設定の影響分析が行われ，その多くが審議会に提出されて，検討の素材とされた。

第1回から第3回の審議会では，為替レート設定と賃金，物価，財政との関連が検討された[42]。なかでも，集中的に議論されたのは賃金問題で，これは，インフレの根因は賃金と物価の悪循環にあり，賃金安定が達成されない限りレート設定は困難である，あるいは設定されたレートの維持が困難となるという認識が，ほぼ審議会構成メンバーの共通見解となっていたためであった。議論は，「賃銀対策としては三原則の線で制約された賃銀にとどめそれ以上は生産上昇に依るべきものとし労働組合の方向を見ようと云ふ考へ方と，他方には

---

[42]「単一為替設定対策審議会第一回会議要録」昭和23年12月30日，「単一為替設定対策審議会（第二回）議事要旨」昭和24年1月4日，「単一為替設定対策審議会第三回会議要録」昭和24年1月10日，以下「第〜回会議要録」と略記。なお，同審議会の概括については，大蔵省財政史室編［1976c］pp. 392-4，を参照のこと。

第 3 節　単一為替レートの設定　93

更に進んで賃銀直接統制を為べしと云ふ考へ方と司令部にも両案ある[43]」という点を前提に，賃金額で押え込むのか賃金率で押え込むのか，賃金率は適正人件費率で行くのか標準賃金率で行くのか，対象産業をどうするのか，物価体系にどう織り込むか，等が焦点となり，労働省の間接統制論と日銀，経団連の直接統制論とが正面から対立したが，結論は出ず，さしあたり「六三〇〇円を基準にしたスタンダードを設け[44]」て，レート設定の条件を探ることとなった。

　続いて，第 4 回以降の審議会では，SCAP 覚書で提起され，かつ「賃金・物価・財政のバランス」にとっても最大の問題である価格差補給金が検討の課題となった。検討は，後述の安本 R 作業に即した説明，すなわち「輸出五億ドル輸入九億五千万ドル差引四億五千万ドル入超として，三〇〇円レートで貿易資金の黒字は一三五〇億円であるが，企業の状態は現状のままとすれば，輸出補助金二二八億円，輸入物資を現行通国内公定価格で払下げるための輸入補助金一六〇七億円合計一八三六億円の補助金が必要なので四八六億円の不足となる。別に三〇〇円より円高の輸出産業の差益が一五三億円生ずるので仮にこれを使う立前をとれば三三三億円の不足となる。この三三三億円は輸出の差益は全部取り上げる計算であるから結局これだけはレートをどこにとっても貿易資金に生ずる赤字である。この補助金をどうして削るかが今後の作業であるが輸出用の綿花の如きは輸入補助金を出す必要がない。要するに為替の面からは国内物価の改訂をする必要は殆んど起こらずにすませるということができる。しかしこの外に国内要因から物価改訂の問題が起こってくる。その一つは石炭，電力等現に赤字の基礎産業の問題であり，その二は財政面からくる価格調整補給金の縮減の問題である[45]」という説明を口火に進められた。

　論点は多岐にわたったが，中心的論点は，補助金・補給金を急速に減額するのか，それとも現状維持でいくのかにあり，「自立経済と企業の自主性を目標とするなら今の物価体系を補助金を出して維持するという考え方はおかしい」，「増産に伴って補助金が増えるということは為替一本の思想に反する」という

---

43)「第二回会議要録」昭和 24 年 1 月 4 日。
44)「第三回会議要録」昭和 24 年 1 月 10 日。
45)「第四回会議要録」昭和 24 年 1 月 11 日。

日銀その他の見解と,「生計費に影響を及ぼさぬ範囲内で石炭等の基礎産業に無理があるのを調整することは必要」,「補給金を使って物価体系を維持すべし」という安本・商工省その他の見解が対立した[46]。結局,単一レート設定にともなう輸出入円収支試算・輸出産業への影響試算,石炭・電力・鉄道運賃の値上げによる補助金所用額試算等が行われたうえで,第6回審議会で次のような方針が決定された[47]。

　　　　　　為替レートの設定について　要旨
　一　為替レートの設定
(1)　本年〇月を期し,適正な輸出入単一の為替レートを設定する(実施月については空白)。
(2)　貿易資金の黒字を財源として左の暫定措置を講ずる。
　　(イ)　輸入補助金は,物価特に生計費に対する影響度の大なる物資に限り交付する。
　　(ロ)　輸出補助金は,将来この単一レートにより得る見込ある企業についてのみ期間を限り交付する。
(3)　右に関する貿易資金の黒字の使用は能う限り節減して経済復興に振り向ける。
　二　価格体系の調整
(1)　この際やむをえない価格補正は行うが,一般的な価格改訂は行わない。
(2)　価格補正の他の商品えの影響は,能う限企業努力等により吸収せしめる。
(3)　輸出差益については輸入補給金の縮減により企業所得が大幅にならぬようにする。
　三　賃金安定
(1)　業種別に国民的基準たるべき標準賃金を設定する。
(2)　現在標準賃金以上を支払ってゐるものはそのまゝ据置くがそれ以上に支払う場合及び標準賃金以上に支払はうとする場合には届出制(但し特定業種については認可制を考慮する)をとる。なお要すれば支払給源につき監査を行い所

---

[46]　「第四回会議要録」昭和24年1月11日,「第五回会議要録」昭和24年1月18日。
[47]　「第六回会議要録」昭和24年1月25日,付録「為替レートの設定について　要旨」案,昭和24年1月24日,による。

要の調整措置を講ずる。
(3) 本措置の対象は，公定価格制定企業で常時一定数以上の従業員を雇傭するもの及び特に指定するものとする。
(4) 総合賃金安定審議会（仮称）を設置し，賃金安定実施に関し審議せしめる。
四　財政金融の健全化
(1) 財政は国民経済力に適応する規模において実質的均衡を堅持する。
(2) 価格調整費，終戦処理費，地方配布金等の圧縮を計るとともに行政整理を大幅に行う。
(3) 企業特別会計の独立採算制を確立するため経営の合理化，運賃及び料金の調整を行う。
(4) 徴税を強化し負担の公平と税収の増加のため税制を改正する。
(5) 復金については復金債券消化限度を守りつゝ融資を健全化するとともに，一般金融の効率的運用を計り，尚長期設備資金の確保措置を講ずる。
(6) 新規貯蓄を増強し通貨の増発は適正な限度に止める。
五　食糧の確保
六　生産増強と企業合理化
七　輸出の振興

　こうして残された課題は，いつ，いかなるレートで，単一為替相場を設定するかになった。この間，審議会での検討の過程でさまざまなレート案が提示されており，経済安定本部は，当初は220-40円，次いで300円，さらには300-350円，大蔵省は330円，労働省は300-350円，農林省は350円，商工省は350-400円，日銀は300-350円，価格調整公団は300円，貿易庁は350-400円，経済団体は400円を想定，ないしは主張していた[48]。第7回の審議会でこの問題がようやくとりあげられたが，結論はなかなか出ず，輸出契約が急がれる情勢にあり設定は早いほうがよいという意見とともに，輸入補助金と一部の輸出補助金を残すことを条件に350円くらいで3月実施，という大体の合意がえられ，その後審議会は一時休止となった[49]。

　審議会の審議の過程で提出された，各省庁，各機関，各種団体のレート設定・検討作業は膨大な量に上ったが，ここでは代表的なものをいくつかあげて

おこう。まず，第1にあげるべきは，審議会の審議の前提条件となった安本R作業である[50]。この作業は，K作業とは逆に「現行国内物価体系に全く影響を与えないようにクレジット全額を用いる。すなわち輸入品はすべて現行価格で払下げるよう補助金を出し輸出品は現行PRSが設定レートを上回る分だけ補助金を出すものとする。かかる前提のもとに最適レートはいくらであるかを試算」したもので，当初は100円から400円まで10円刻みの試算を行い，「いかなるレートでも要補助金額はクレジット額を上回るが，220-240円程度まではその不足額の増加はきわめてゆるい。それ以上のレートになるにしたがって不足額は次第に強く増加する。その意味で220-240円が一つの最適レートといえる」という一応の結論を提示した。しかし，この試算は補助金の額が非現実的な想定であったため，直ちに改訂作業が行われ，表1-17に見られるような算定によって，結論は明示していないものの，平均PRに近い350円を最適レートと想定した。

次に，大蔵省の作業[51]であるが，そこでは安本R作業とほぼ同様の次のよ

---

48) 経済安定本部物価局「為替作業試算(1)」昭和24年1月5日『戦後経済政策資料』第25巻に収録，同企画部調査課「単一為替レート決定に関する提案」昭和24年1月1日，同「300円単一為替レートに関する説明」昭和24年1月14日，同貿易局「単一為替レート設定に伴う輸出入円収支及び要補助額に関する試算」昭和24年1月24日，大蔵省銀行局「九原則関係施策について」昭和24年1月10日，同理財局「単一為替レート設定の賃金生産物価及び貿易資金に与える影響」昭和24年1月10日，同「単一為替レート設定と経済安定」昭和24年1月24日，労働省「単一為替レート設定と賃金統制」昭和24年1月10日，商工省「経済九原則及び単一為替レート設定に関する意見」昭和24年1月20日『戦後経済政策資料』第25巻に収録，同総務局「単一為替レート設定の輸出産業に及ぼす影響の調査について」昭和24年1月24日『戦後経済政策資料』第25巻に収録，農林省蚕糸局「単一為替レート設定に伴う蚕糸業の対策」昭和24年1月，日本銀行外事局「一本レートの輸出産業に及ぼす影響」昭和24年1月10日，価格調整公団「単一為替レート設定に伴う価格調整の必要性及其設定方法」昭和24年1月24日，貿易庁「単一為替レートの設定について」昭和24年1月10日，経済同友会「単一為替レート設定とその影響」昭和23年12月，等による。

49)「第七回会議要録」昭和24年1月29日。

50) 経済安定本部物価局前掲「為替作業試算(1)」昭和24年1月5日，同「R作業資料」昭和24年2月1日，による。

51) 大蔵省理財局前掲「単一為替レート設定の賃金生産物価及び貿易資金に与える影響」昭和24年1月10日，による。

第3節　単一為替レートの設定　97

表 1-17　R 作業推計表（1949 年 2 月 1 日）

(単位：億円)

| 輸出可能 | 300 円 | | | 330 円 | | | 350 円 | | |
|---|---|---|---|---|---|---|---|---|---|
| | 補助金 | 差益 | 差引 | 補助金 | 差益 | 差引 | 補助金 | 差益 | 差引 |
| 60% | 141 | 81 | 60 | 105 | 169 | +64 | 84 | 239 | +155 |
| 70% | 165 | 81 | 84 | 113 | 169 | +56 | 86 | 239 | +153 |
| 80% | 212 | 81 | 131 | 154 | 169 | +15 | 123 | 239 | +116 |
| 90% | 254 | 81 | 173 | 187 | 169 | 18 | 153 | 239 | +86 |
| 100% | 298 | 81 | 217 | 222 | 169 | 53 | 183 | 239 | +56 |

※逆に輸出補助金を 100 億円に限定する場合の輸出可能比率

| | 300 円 | 330 円 | 350 円 |
|---|---|---|---|
| 補助金支出 100 億円 | 55% | 60% | 75-80% |
| 差益徴収の場合 | 75-80% | 100% | 100% |

注）算定の前提の商品群およびそこでのプライス・レイシオは，以下のとおり。1. 水産物 235，2. ゴム製品 303，3. カンヅメ 313，4. 化学製品・医薬品 315，5. 繊維 317，6. 石炭・セメント・皮革 320，7. 農産物 323，8. 金属 340，9. 機械・同部品 377，10. 紙 394，11. 林産物 417，12. 雑貨 521，13. 陶磁器 550，14. ガラス 600，総平均 340。輸出補助金は，商品の輸出順位，不採算の吸収可能性等を考慮せず，現行プライス・レイシオが一本レートより円安のものについて，現行レイシオまで全額支給されるものとし，逆に円高のものについては，機械的に差益を徴収しうるものとして算出。
出所）経済安定本部物価局「R 作業資料」昭和 24 年 2 月 1 日。

うな作業が行われた。すなわちまず，単一為替レート設定の条件および設定による条件改訂にとって「最も決定的なものは，米国の一方的な援助資金である」から，「援助計画および輸出入計画により，幾何の入超（現段階においては援助資金がこれに相当する）があるか，そしてこの入超額がレート如何によって幾何の貿易資金特別会計の黒字になるか，この黒字を収支均衡の範囲内で輸入調整金及び輸出調整金として割当て，もし調整金要支出額が，それを超える場合には一般会計の財源から繰入るものとすれば，ここに国内価格体系の調整措置が必要となる」，「この場合のキーポイントは，輸出入調整金支出を如何なる程度でおさえて価格体系を調整し，産業企業体系を合理化するかにある」と枠組みを設定したうえで，単一為替レートが 300 円，330 円，350 円，400 円の場合を検討した。そして，「各種レートを通じて『貿易資金』の黒字が調整金支出によって 250 億円の赤字」に転ずる。「輸入調整金は 300 円から 400 円に移行するにしたがって増大する。輸出調整金は……330 円レートより円安になるに従って為替差益が増大する」という計測結果より，「輸出調整金を要しない（但し加重平均レイシオの範囲内における調整措置は避けられない）一弗＝三

三〇円レートが妥当である」と結論づけた。

　また，商工省[52]は，「生産水準の向上は経済安定および日本経済自立化のための基本的要件であるが，九原則においても強くこのことが要請されているばかりでなく，具体的に司令部から石炭，鉄鋼，セメント等について画期的な生産目標が指示されている。従って……生産計画（設備の増強を含む）を実現することが根本の建前」であると前提条件をたてたうえで，「単一為替レートの基準については我国経済の実体に即し，且輸出計画での総額の八割が半年後乃至一年後において輸出補助金なしに確保し得る如く決定することが肝要と認められるので，基準決定に慎重を期せられたい。商工省としては左の理由によって一弗三五〇円乃至四〇〇円を適当と思料する」として，350-400 円を主張した。

　日本銀行の作業[53]も，この商工省作業とほぼ同様であった。すなわち，「重要輸出品ないし商品グループについて現行物価による輸出換算率を基礎として，一本レートが一弗三〇〇円に決定された場合，輸出産業が如何なる影響を受けるか」を検討したもので，「仮に一弗三〇〇円とすれば輸出産業の多くは採算割れを生じ，……輸出可能額は輸出計画額の五一・三四％に減少する」，「一本レートの設定が輸出産業に及ぼす影響は，輸出補助金の支出が認められゝば緩和せられるけれども，輸出補助金支出の範囲も限られ，期間も限定せられるものと思われる。従って一本レートの設定によって輸出できなくなった産業は企業の合理化によって再び輸出産業としての地位を回復するか，然らざれば純国内産業に転換するか，乃至は整理されるか何れかの途を選ばなければならない」と悲観的な結論を提示した。その後，2 月 3 日付の意見書では，「現在の公定価格を基準にすれば，為替相場は 1 ドル 290 円から 300 円程度になるが，この公定価格は，巨額の輸出入補助金および国内補助金によって維持

---

[52] 商工省前掲「経済九原則及び単一為替レート設定に関する意見」昭和 24 年 1 月 20 日，『戦後経済政策資料』第 25 巻に収録，同総務局「単一為替レート設定の輸出産業に及ぼす影響の調査について」昭和 24 年 1 月 24 日，同上収録による。

[53] 日本銀行外事局前掲「一本レートの輸出産業に及ぼす影響」昭和 24 年 1 月 10 日，および日本銀行意見書「単一為替の設定について」昭和 24 年 2 月 3 日（ただし本資料の引用は日本銀行 [1985] pp. 252-4 による）。

されているものであり，資本消却の余裕のない価格である。このように公定価格の水準自体が極めて不合理であるのみならず，購買力の関係から闇部分が相当広く存在し，その水準は公定価格を大きく上回っている。……上記のような物価の不合理性を考慮すると，為替相場の水準は，最も動かし難い賃金を基準にして決めるのが妥当な方法と考えられる。この方法によれば，適切な為替相場の水準は1ドル350円ないし400円となるが，わが国の企業になお合理化の余地があり，また合理化を強行する必要のあることを考慮して，円の若干の過高評価を加味するならば，1ドル350円ぐらいが妥当であると考える」と，350円レートを提示した。にもかかわらず，審議会で日銀一万田総裁は円高レートの設定，補助金削減を強く主張したのである。

　経済団体，業界団体からの意見，要望も数多く寄せられた。経団連では設定レートは明示しなかったが，次のようなレート設定の根本方針についての意見[54]を提出していた。そこでは，レート設定の基本方針として，「(1)現在の賃金水準，従って生計費水準を可及的変更しない方針をとること。但し基礎物資の価格にして不合理なものは，右基本方針の範囲内で所要の補正を行いレート維持の基礎を整えること。(2)内外人が将来におけるレート維持の可能性について十分の信頼を持ち得るような安全な位置と条件とにおいてレートを決定することとし，無理な円高レートは，これを避けること。(3)経済の安定乃至復興の為め与えられる援助資金を最も有効に活用して為替の設定を行うこと」があげられ，レート決定の方針として，「(1)輸入平均レートと輸出平均レートとの不均衡その他にして調整措置を必要とするものは，ガリオア及びエロアの一部を財源とする範囲内でこれを調整しうるような位置でレートを決定すること。但し，エロアから生ずる財源は可及的にわが国の経済復興計画による建設資金に利用すること。(2)輸出に対する補助金は，生糸，造船等の特殊のものの外は，できるだけ小数に止める方針とすること。(3)輸入物資価格の調整は日本経済の復興正常化に伴い国内価格を引上げることなしに漸次これを減額し

---

54) 経団連国際金融対策委員会「単一為替レート設定の基本方針に関する意見」(要旨) 昭和24年1月17日，による。

ていく方針と見透との下にこれを決定すること」を提起したのである。

**2）360円レートの決定**

　こうして1949（昭和24）年2月上旬から下旬にかけて，SCAP側でも日本側でもレート設定作業が急速に進展し，一応の見通しが出されたにもかかわらず，ドッジはなかなか設定レートを決定しなかった。ドッジが，イギリス側との調整も済ませたうえで，1ドル330円の単一レート採用を最終的に固めたのは，3月下旬のことであった[55]。マーカットによって作成され，ドッジの了解もえたSCAPの3月22日付陸軍省宛電信[56]は，大要次のように330円単一レート採用を提案したのである。

(1) 貿易だけではなく，軍用レートも含めたすべての対外取引に適用する1ドル330円の単一為替レートを，4月1日から発効させる。
(2) 上下10％以内の変動を行う自主的権限をSCAPに与えるよう要請する。
(3) この進言の基礎的前提は，a．輸出補助金なしに全輸出の80％以上が可能なこと，b．予算の範囲内での輸入補助金支出は，物価や賃金体系を混乱させないために必要であること，c．国内価格差補給金を予算の範囲内で認めること，d．見返り資金を設置すること，にある。

　ところが，ワシントンはこの提案を直ちには了承しなかった。ドッジ＝SCAP案は，NACスタッフ委員会にかけられ，委員会は同月25日330円単一レート採用に否定的な検討結果を，NACに提出したのである[57]。委員会は，SCAP案の根拠を判断しうる統計・資料が添付されていないが，ヤング報告以降のインフレの進行を考慮すると330円は円の過大評価であり，SCAPのいう貿易収支の均衡を達成するためにはレート設定後その修正が必要になって

---

55) 以下，主として大蔵省財政史室編［1976a］pp. 429-32，による。
56) SCAP to Dep. of Army, OUTGOING MESSAGE(DRAFT), Telegram, 22 March 49, 大蔵省財政史室編［1982b］p. 622。
57) NAC Staff Committee to NAC, Memorandum, March 25, 1949, 大蔵省財政史室編［1982b］pp. 622-4。

くる，ただし10%の許容範囲で最初から円安の為替レートを設定するのであればこれに反対すべき理由はない，と結論した。3月29日に開催されたNAC本会議は，このスタッフ委員会の提案をほぼそのまま認め，次の3点を，国務省および陸軍に提案することを決定した。

(a) 外国貿易および軍用レートも含めた為替取引すべてに単一為替レートが適用されることは適切な措置であり，合衆国の対外金融政策にも適合する。

(b) 単一為替レートは，1949年4月1日もしくは同日以降できるだけ早い時期に設定すべきである。NACとしては，330円固定レートというSCAP案を受け入れる用意はある。しかし，360円レートを決定することを考慮されることを強く勧告する。

(c) 単一為替レート設定後のレート変更は，いかなるものであれNACの承認を必要とする。ただし，SCAPよりレート変更の提案があれば，NACは直ちにそれを検討する。

NACが，ドッジ＝SCAPの330円案を排して360円レートの決定を強く勧告したのは，ポンド危機を見越したため[58]といわれているが，スタッフ委員会メモがこの回だけ欠落しているため，具体的にどのような経緯で変更が行われたのか，残念ながら現時点では最終的に確定できない。この勧告を受けて，翌30日ドッジは，「330円より円安のレートでは合理化を促進するインセンティブを強めることにはならないが，……今後1，2年で廃止することを目標に補助金を大幅に削減する一方，原材料割当によって輸出を増大させる有効な計画が立たないなら，輸出の促進を主要な狙いとする円安レートを受け入れる」として，360円レートの設定に同意し，さらに「24年度予算案は330円レートによって積算されているので，修正した予算案が国会を通過するまで，単一為替レート設定の公表を延期することが望ましい」と，ワシントンに進言した[59]。こうして330円案から360円への変更が確定した。

---

58) 大蔵省財政史室編［1976a］pp. 431, 442。
59) J. M. Dodge, Memorandum (Teregram-W846348), March 30, 1949, 大蔵省財政史室編［1982b］pp. 625-6。

この間，日本側では，「単一為替設定対策審議会」での審議に対応して，単一為替レート設定対策としての商品別PR格差の圧縮を進行させていた。1月29日，貿易庁は「輸出品（繊維品を除く）の円価格改訂に関する件」により，「経済安定九原則のラインに沿って……特に円安の輸出品の円価格を相当程度引下げること」を決定し，輸出品円換算率の最高限度を450円として2月1日より実施した。また，2月21日には，輸出品ドル価格最高制限（PCS適用輸出品について存在する，最低ドル価格の125%を上限とするという制限）を撤廃して，貿易手続きの簡素化を図った。3月28日には，輸出品円換算率の再度の引下げを決定し，最高限度425円とし4月1日より実施した。さらに，4月1日，貿易庁は輸出用繊維品の円換算率を3分割し，330円，350円，420円に改めた。また，同月7日には輸入品の円換算率を330円一本として1日にさかのぼって実施した。だが，3月29日の360円で4月1日実施というNAC決定，翌30日のドッジ了解については，日本側にはいっさい漏らされなかった。4月2日のドッジと池田蔵相，渡辺武大蔵省官房長との会見でも，ドッジは為替相場について，「予算成立前には決定されぬであろう。330円のde facto rateの適用は既に合理化へのShockが与へられた結果となるであらう。」とのみ語り，池田蔵相はこれに対し，「330乃至350円を7月頃から決めるのが望ましい」と意見を述べていたほどであった[60]。

こうして日本側には単一為替レート設定についてはいっさい告知されないまま，NAC決定よりほぼ1カ月後，1949年度予算案成立3日後の4月23日，SCAPは「日本円に対する公式レートの樹立」（SCAPIN-1997）の覚書[61]を発し，4月25日より1ドル360円の公式レートを実施するための必要な措置をとることを指令した。これに基づいて，4月25日大蔵省告示237号が公布され，1971年8月まで続いた360円レートがスタートしたのであった。

---

60) 大蔵省財政史室編［1983b］p. 340。
61) 大蔵省財政史室編［1982a］pp. 86-7。

## 3．外国為替管理委員会の設置と外貨資金の日本移管

### 1) 外国為替管理委員会の設置

　単一為替レート設定とともに大きな問題となっていたのは，為替管理・外貨管理の日本移管の問題であった。この問題は，1948（昭和23）年7月15日に「経済安定10原則」が出されて以降，検討課題となっていた。すなわち，「10原則」は，その9項において，「日本政府の適当な機構のもとに外国為替管理を確立」することを示唆しており，これに対し，例えば大蔵省は10月3日，① 現在休眠中の「外国為替管理法に基づく外国為替管理委員会の機能を復活」させる，② 外国為替管理委員会は，大蔵・商工・農林・運輸・逓信・外務・法務・貿易・経済安定本部各官庁委員と民間委員によって構成される，③ 為替管理は，「外貨保全の見地から一元的な所管のもとに行われることが望まし」く，これは「通貨安定の問題と直接の関係をもつ点から，……大蔵省に属する」という意見[62]を，SCAPに対して提出していた。また，SCAP内部でも，ESSの金融業法案と絡んで，独立の為替管理機構あるいは為替中央銀行の設置等が検討されていた[63]。

　しかし，この問題が本格的に検討の対象となったのは，やはり「9原則」以降のことであった。「9原則」は，その第6項で「外国貿易管理の操作を改善し，かつ現行外国為替管理を強化すること，これらの措置を適切に日本側機関に委譲することができる程度にまで行うこと[64]」と，外国為替管理の日本側移管を指示していたからである。この担当機関はESS金融課となり，これまた大急ぎで作業が進められた。為替管理機構に関するESS内部の見解は必ずしも一致していなかったようで，コーエンは，「窓口を一本として，輸出入は貿易庁，投資及財産取得は貿易外資委員会，貿易外は大蔵省をして処理せし」めるという個人的見解を日本側に漏らしていた[65]。しかし，ESS金融課は，従

---

[62] 大蔵省「為替管理及び導入外資審査機構に関する意見」昭和23年10月6日。
[63] W. K. LeCount (Chief, FD), Memo fr ESS/C., Foreign Exchange Control, 28 Sep. 1948.
[64] 大蔵省財政史室編 [1982a] p. 83。

来の省庁とは別個に，それらからは独立した単独の為替管理機関をつくる構想を固め，48年1月26日，マーカット名で参謀長宛に，覚書「外国為替管理」を提出した。この覚書は，1932年以来の日本の為替管理の歴史とそこでの為替管理機関の編成を略述し，SCAP管理下で外国貿易と外国為替管理がともに非常に変則的な状態となっており，これを改善するためには外国貿易管理と外為管理が結合される必要があるとしたうえで，次のような提案を行った[66]。

(1) 例えば外国為替管理委員会 Foreign Exchange Control Board という名称の，既存の官庁から独立した単一の政府行政機関を設置して，あらゆる為替取引を行政的に管理することがきわめて重要である。
(2) この委員会の行う政策は，IMF加盟国のとっている為替管理政策と整合的でなくてはならない。委員会は，また，経済安定本部の経済計画を推進し，日銀，物価庁，商工省，大蔵省，貿易外資委員会，外銀を含む金融機関を動員するものでなくてはならない。
(3) この委員会の活動は，SCAPの監督下に置かれるべきである。
(4) そうした委員会を設置するためには，SCAPの指令 directive（SCAPIN）が必要である。

この提案に基づいて，SCAPは2月2日，「外国為替管理に関する件」と題する覚書（SCAPIN-1968）を発し，外貨資金の統一的管理にあたる機関として「外国為替管理委員会」を設置するとともに，外国為替，貿易に関する総合的管理制度を確立するように日本政府に指令した[67]。覚書は，外国為替管理委員会の任務として，次の諸点を規定した。

(1) 管理手続の調整及び規制を行うこと。
(2) 政府関係機関の間の職務上の責任に関する明確な分担を決めること。
(3) 国際貿易その他為替取引に基づく海外または国内の政府資金の行政的管理を行うこと。

---

65) 大蔵省財政史室編［1983b］p. 310。
66) ESS to Chief of Staff, Memorandum ; Foreign Exchange Control, 26 January 1949.
67) 覚書の全文は，大蔵省財政史室編［1976c］pp. 37–9。

(4) 国際間の貿易及び為替取引に関する事務手続並びに統一的決済の確立とその承認の基準を決定すること。
(5) 外国為替政策に関する立案・勧告を行うこと。
(6) 外国為替の保有，移動及び契約に関する最新・完全な記録を保持すること。
(7) 日本及び外国の銀行や税関が為替管理について参与する範囲を決めること。

　覚書はまた，委員会の設置について，「外国為替管理委員会は現存する日本政府の各省庁から独立してこれを設置」することを指令していた。一言でいえば，強大な権限をもった行政機関を従来の官庁とは独立・別個に設置せよ，というのがこの指令だったのである。とりわけ，関係行政機関の事務範囲をこの委員会が決定すること，外国為替政策，外国為替管理をこの委員会が一元的に立案・遂行すること，という指令の内容は，従来の為替管理慣行，より広くは行政慣行の根本的改編を意味していた。このため，これまで，限定的であったとはいえ，為替管理を担ってきた既存官庁，なかんづく大蔵省，商工省（貿易庁），経済安定本部は，いずれも一斉にこの指令に反発した。しかし，SCAPの意思は固く，日本政府は3月2日，外国為替管理委員会設立準備調査会を組織し，3月16日「外国為替管理委員会令」（昭和24年政令第53号）が公布・施行され，ここに外国為替管理委員会が総理府の外局として発足した。
　このため誕生したばかりの委員会は，膨大な課題を抱え込むことになった。採りあげられた主要な課題は，「一　新為替管理の機構　二　為替集中のやり方　三　為替銀行制度の確立，コルレス取引の再開　四　貿易外為替取引の正常化　五　CIF取引の手続きの設定　六　国際収支の見通し　七　民間貿易の促進　八　輸出入決済手続きの改善　九　貿易管理の構想　一〇　為替資金会計の設定　一一　経理および帳簿組織の整備[68]」と多岐にわたったが，委員会でこれらの課題に対する基本方針がほぼ確立したのは，委員会設置から2カ月以上先，360円レート設定から約20日後の5月中旬のことであった。5月

---

68) 渡辺誠［1963］pp. 69-70。

17日，外国為替管理委員会は「外国為替管理機構確立に関する要綱案[69]」を策定して委員会の権限および行政課題を確定した。

　こうしてようやく外国為替管理委員会の行政課題と行政権限が定まった。委員会の課題と権限の策定がこのように遅れた理由は，この委員会がそれまでの日本の官僚機構にはないボード・コミッションという形式の新しい行政機関であったことと絡んで，既存官庁の権限をめぐる対立と軋轢が，既存官庁間および既存官庁と委員会の間で生じたためであった。なかでも，もっとも紛糾したのは，新「外為法」の制定をめぐってであった[70]。大蔵省は，すでに49年2月イギリスの為替管理法や旧「外国為替管理法」を参考に，一元的な為替管理法案を作成していた。また，商工省は「貿易管理法案」を，経済安定本部では「外資導入促進法案」をそれぞれ準備していた。発足した委員会は，上記要綱案に見られるように，外貨予算によって外貨資金の使用を配分する，為替管理権限を委員会，大蔵省，商工省（49年5月通商産業省に改組），経済安定本部それぞれの主管に応じて分属させ，委員会が総合調整にあたる，為替管理は外為銀行を中心に行う，輸出入はできる限り自由とする，という簡明な管理体系を構想した。しかし，外貨資金管理・為替取引範囲・為替政策立案調整等の権限をめぐって対立はやまず，その対立はしばしば新聞紙上を賑わし，外国為替管理委員会は，新「外為法」の素案を何回か書き直さざるをえなかった。同年8月に至り，従来とは違って，外国為替取引，外国貿易取引を一本の法体系のなかに包含する新しい法律を立案作成するという方針について関係各庁の一致を見，委員会は10月，第4次案を作成した。だが，これによっても外貨資金の管理をめぐる対立は最終的合意に至らず，新「外為法」案は行詰りに逢着していた。

　こうした事態のなかで，SCAPの要請に応じて，9月19日にはアメリカから陸軍省のフリール／O. Freileを団長とする国際貿易使節団が，続いて10月には西ドイツより合同輸出入機関理事長のローガン，次いでIMFよりムラデ

---

69) 要綱案の全文は，通商産業省他編［1990］pp. 348-51 にある。
70) 以下，主として大蔵省財政史室編［1976c］pp. 47-9, 55-7, による。

ク／J. V. Mladek, ウイチン／E. A. Wichin が来日し, それぞれ日本の貿易政策, 貿易機構, 貿易手続, 為替管理制度の改善に関する勧告を作成した[71]。すなわち, フリール勧告は, 貿易の全面的な民間移管と貿易手続の簡素化, 輸出価格の引下げを拒んでいるフロアプライス制の廃止等を通じて日本貿易の増進を図るべきことを進言した。また,「ローガン構想」は, 西ドイツ流の貿易方式, 為替管理方式を提案したもので, 具体的には, 双務協定の推進, 輸入先行による輸出促進, 外貨予算方式と為替管理の銀行主義の採用を提起していた。この両勧告に基づいて, ESS は通産省宛に, 10月21日「民間輸入に関する覚書」を, 翌22日には「フロアプライス制廃止方に関する覚書」を指示し[72], 民間貿易移行促進を図った。さらに, 11月18日にマッカーサー宛に出されたムラデク報告は, 外国為替管理機構を直接の対象としたもので, 輸出入管理を含めた為替管理全般に関する包括的な法律を制定し, 管理の細部については省令その他によって立法委任の形を取ることを提案していた。

　外国為替管理委員会はこれらの勧告を織り込んで, 11月7日に第5次案を, ついで第6次案を作成したが, なお決着がつかず, ついに SCAP は,「経済科学局長代理 W. T. ライダー／W. T. Ryder 中佐が中心となり, ムラデク, アリソン, 経済科学局外国貿易課員 (のち同課長) ラッセル・W・ヘール／R. W. Hale 等が加わり, 日本側と共同委員会を設置し, 委員会第六次案およびその修正案を土台として, 共同で十一月中旬から下旬にかけては昼夜兼行の作業を続け[73]」, 同月下旬ようやく「外国為替及び外国貿易管理法案」がまとまった。「木内構想と国際通貨基金の思想を根底として, 貿易管理についてはローガン構想の外貨予算方式, その他の為替管理についてはイギリス管理法の方式がそ

---

71) フリール勧告／Recommendations and Findings of the Advisory Mission for International Trade, Oct. 24, 1949, は, その主要部分が, 大蔵省財政史室編 [1982b], pp. 652-9, に掲載されている。「ローガン構想」については, 前節参照。また, ムラデク報告／Report on Exchange and Trade Controls in Japan, November 18, 1949, については, 前文, 概要, 補足が, 大蔵省財政史室編 [1982b] pp. 659-62 (邦訳全文は,『外国為替管理委員会月報』第1号, 1950年,『外国為替』第1号, 第2号, 1950年), に掲載されている。
72) 外務省前掲『日本占領及び管理重要文書集』第4巻, pp. 41-7。
73) 大蔵省財政史室編 [1976c] p. 49。

れぞれ積み重ねられ[74]」たものとされている。法案は，修正なく議会を通過し，「外国為替管理委員会設置法」，「外国為替特別会計法」およびこれに付随する貿易関連の諸政令とともに，12月1日に公布・制定された。

「外国為替及び外国貿易管理法」は，以上の経緯を反映して，外国為替予算の作成・変更は閣僚審議会，資金管理は外国為替管理委員会，外国為替相場は大蔵省および外為委，外国為替銀行の認可・金融取引管理は大蔵省，貿易取引，優先外貨の使用許可は通産省，といったように，その管理権限を多数の機関に分属させることとなった。このためもあって，同法は50年3月末日までにその全規定を施行することになっていたが，実際に施行されたのはその一部にすぎなかった。なかでももっとも重要とされる貿易外取引の具体的管理，すなわち，外国為替の集中，支払，債権，証券，不動産その他については，まったくといってよいほど具体化が進んでいなかった。この起案については，同法および外国為替管理委員会設置法により，外国為替管理委員会ではなく大蔵省が中心となって行うこととなったが，SCAPとの調整がうまくいかず，結局50年4月イギリス大蔵省の為替専門家G. ソーレー／G. C. ThorleyをSCAPが招聘し，イギリスおよび西ドイツの為替管理の実情を視察したライダー中佐の見解も参考にして[75]，大蔵省，外為委，通産省，法務庁が協同で，政令案を作成することになった。案文は，6月上旬にはほぼまとまり，その後若干の修正を経て，6月27日には，外国為替の集中，支払，債権，証券等，貿易外取引の管理，運用，手続等を規定した「外国為替管理令」（政令第203号）として公布された。

こうして新しい外国為替・外国貿易管理の体制が徐々に整備されていった。外国為替管理委員会は，さきの外国為替管理委員会設置法によって，それまでのポツダム政令による機関から，あらためて外貨資金の管理運営にあたる独立の専門機関として再発足した。そして，その後何度か，委員会の権限と機能をめぐっての紛糾を再発させながらも，講和後52年8月大蔵省為替局の設置に

---

74) 三浦道義 [1950] pp. 25-6。
75) 大蔵省財政史室編 [1976c] p. 57。

よって廃止されるまで，外国為替管理委員会は，外貨資金の専管機関としての役割を果たし続けたのであった。

## 2）外貨管理の日本側移管

　外国為替管理の日本側への移管は，当然外貨の日本側への移管問題を含んでいた。すでに見てきたように，従来円資金管理と外貨資金管理は分離され，対外決済勘定においては，円収支と外貨収支の両者を含めた全体としての損益計算が不明となっていただけではなく，そのバランスを維持すること自体が不可能となっていた。また，円決済の貿易資金特別会計だけをとっても，巨額の赤字が連年累積していた。1948（昭和23）年末から49年4月にかけての，「9原則」指令，外国為替管理委員会の設置，単一為替レートの設定という一連の展開は，こうした対外決済上の不正常を転換させる契機となったのである。

　まず，円貨管理について見ると，49年4月の単一為替レート設定にともなって，46年11月以来の円収支を管理してきた貿易資金特別会計が，同月末日をもって廃止された。敗戦以来49年3月までの貿易資金の現金収支を見たのが，表1-18である。外貨収支を含めた全体の損益計算については，47年度の推計方式と同様の推計を行うと，1ドル360円換算で仕切って，3,300億円に達した。これは，すでに述べたように，インフレの進展，手持滞貨の増大，輸入諸掛支出等に加え，同会計が，輸入品を低レートで売り輸出品を高レートで買う，という価格調整・価格補給の役割を果たしてきたためであった[76]。

　4月30日に貿易資金特別会計にかわって設置された貿易特別会計[77]は，単一為替レートの設定に対応しつつ，以上のような貿易資金特別会計の欠陥を是正することを意図していた。すなわち，同会計は，歳入歳出の予算制を採用する，事業費・経費・清算の3勘定を設けて経理を明確化する，という体制をとり，この会計が価格調整機能を果たすことを排除したのである。次いで，外国為替管理委員会の設置にともない，49年5月同会計法の一部改正を行い，同

---

76）大蔵省『財政金融統計月報』第5号，昭和25年，pp. 31-2。
77）日本銀行「戦後の貿易方式及び貿易会計について」昭和25年1月6日（日本銀行『日本金融史資料 昭和続編』第13巻），大蔵省財政史室編［1976c］pp. 237-47。

表 1-18　貿易資金収支（敗戦-1949 年 3 月）

(単位：百万円)

| 受　入 | | 支　払 | |
|---|---:|---|---:|
| 貿易資金 | 1,000 | 公団貸付金 | 49,557 |
| 借入金 | 25,000 | 輸出物資買上代金 | 27,731 |
| 輸入品売却代金 | 104,084 | 民間輸出済物資 | 36,706 |
| 滞貨国内放出代金 | 2,596 | 米貨交換基金 | 4,565 |
| 貿易外収入 | 43 | C. P. O. 納入物資 | 2,149 |
| 雑収入 | 385 | S. S. 納入物資 | 12 |
| 政府資金余裕金一時使用 | 1,279 | O. S. S. 納入物資 | 122 |
| | | その他 | 62 |
| | | 輸入諸掛 | 9,556 |
| | | 貿易物資取扱経費 | 3,047 |
| | | 貿易外支出 | 826 |
| | | 雑支出 | 52 |
| 合　計 | 134,386 | 合　計 | 134,386 |

出所）大蔵省『財政金融統計月報』第 5 号，p. 31。

会計内に外国為替資金を設置し，同時に事業部勘定から援助物資勘定を分離することになった。さきの 5 月 17 日付外国為替管理委員会「要綱案」の 3，4，に沿った措置がとられた訳であるが，この時点では外貨資金の管理権は，なお SCAP にあったため，実際には従来の貿易資金方式が主として事業費勘定によって継続された。

　49 年 11 月，後述のように，外為経理事務が SCAP より外国為替管理委員会に移管された。これにともない，民間輸出業者が輸出によって獲得した外貨資金はすべて外国為替管理委員会に売却し，また輸入のために必要とする外貨資金はすべて同委員会より買い入れるいわゆる外貨資金の全面集中方式がとられることになった。この方式は，当面 1 カ月は貿易特別会計の外国為替資金勘定によって行われた後，12 月 1 日，これを貿易特別会計から分離して，外国為替特別会計が発足した。こうして外国為替管理委員会は，その機関に対応する独立の特別会計をもつようになった。それゆえ，この特別会計は一般の特別会計とは異なって，実質的には自ら外為銀行の機能をもった。この時点でも外貨資金の管理権は SCAP にあったが，「司令部の外貨勘定でその経理を政府に移管されたものは，この会計に属するものとして取り扱う」こととされ，経理上

は外貨勘定も本会計に属することとなった。こうして，円資金と外貨資金を統一的に経理する体制が，形式的とはいえ初めてつくりだされたのである。同会計発足当初の貸借対照表を見ると，表1-19のようであり，資産・負債ともその大部分が，SCAP名義の外貨勘定であったことがわかる。

表1-19 外国為替特別会計貸借対照表

(単位：百万円)

| 資　産 | | 負　債 | |
|---|---|---|---|
| 円貨預け金 | 94 | 資本金 | 71,637 |
| 外貨預け金 | 69,830 | （円貨口） | 3,047 |
| 売却外貨未決済等 | 11,570 | （外貨口） | 68,590 |
|  |  | 借入金 | 2,400 |
|  |  | オープン勘定債務 | 1,034 |
|  |  | 買入外貨未決済等 | 6,427 |
| 合　計 | 81,498 | 合　計 | 81,498 |

出所)『外国為替』第40号, p. 41。

　50年1月，民間輸入貿易が開始されることになったが，それに先立ち49年12月27日，SCAPはその管理する商業勘定の中からドル・ポンド合わせて6,700万ドルの運営権を日本政府に移管し，司令部代理委員会勘定が在日外銀に，次いで在米外銀に在米コルレス先委員会勘定が開設され，同会計の外貨勘定は大きく膨らんだ。外国為替特別会計の発足は，円収支の赤字を解消させるはずであった。というのは，「貿易特別会計に於ける赤字の最大原因は輸入物資代金の回収遅延にあったが，今後民間輸入に移れば輸入業者は外国為替が銀行に到着後直ちに円貨代金を払込んでB/Lを受取らなければ貨物を引取ることができなくなるので代金回収遅延の問題は無くなる[78]」と考えられたからである。しかし，貿易特別会計，外国為替特別会計両者の円資金不足は解消せず，このため50年9月にはいわゆる「日銀ユーザンス」制度が開始され，輸入信用状が発行されるようになった。

　さらに51年4月には，外国為替特別会計にかわって，外国為替資金特別会計が設立された。これは，直接には従来の外国為替特別会計においては，「為替の売買が国の歳出，歳入となるので，輸出為替の買取資金は予算上歳出権の拘束を受け，このため，たとい輸入為替の売却などにより，買受の円資金に余裕あるときでも，歳出権なき場合には，輸出為替の買取を行いえぬという矛盾

---

78) 日本銀行同上「戦後の貿易方式及び貿易会計について」p. 441。

表 1-20 外貨勘定の構成（1949 年 9

| 勘定名 | 管理者 | 勘定の所在 | 受 |
|---|---|---|---|
| (1) GARIOA | 米国陸軍長官 | 陸軍省会計 | 米国政府による陸軍省歳出 |
| (2) EROA | 米国陸軍長官 | 陸軍省会計 | 米国政府による陸軍省歳出 |
| (3) OJEIRF | SCAP の指名する管理官 | 1) 担保用金銀<br>　　——日銀保管<br>2) 担保用米弗<br>　　——Chase National Bank 東京支店<br>3) 回転勘定<br>　　——同上 | 1) 司令部管理下にある日本所有賠償引当の金銀米ドル（約 122 百万円，この金銀は基金の借入金担保となるべきもので原則として固定する）<br>2) 上記金銀を担保とする借入金（23 年 6 月米国銀行団との間に 60 百万弗棉花借款成立——償還，米綿積出後 10ヶ月）<br>3) SCAP Cotton Textile a/c からの受入金——上記借入金によって輸入された原棉による綿製品輸出代金の内本借入金に相当する額<br>4) 原綿以外の本基金による輸入原材料による製品輸出代金（現在までなし） |
| (4) Natural Fibres Revolving Fund | 米国陸軍長官 |  | 1) 米国各占領地陸軍長官の債権証書発行による米国財務省からの借入<br>2) SCAP Cotton Textile a/c からの受入——本基金によって輸入された原棉による綿製品輸出代金の内，本借款の元利に相当する額<br>3) 原棉以外の本基金によって輸入された繊維原料による製品輸出代金 |
| (5) SCAP Cotton Textile a/c | ESS Fund Control Division | 第 1 勘定（弗建）<br>National City Bank 東京支店<br>第 2 勘定（弗建）<br>Bank of America 東京支店<br>第 3 勘定（弗建）<br>Chase National Bank 東京支店<br>第 4 勘定（磅建）<br>香港上海銀行東京支店<br>第 5 勘定（磅建）<br>Charterd Bank 東京支店 | 一切の綿製品輸出代金 |
| (6) SCAP Commercial a/c | ESS Fund Control Division | 第 1 勘定（弗建）<br>National City Bank 東京支店<br>第 2 勘定（弗建）<br>Bank of America 東京支店 | 1) 下記特殊勘定によるもの以外の一切の輸出代金及び貿易外受取金<br>　a) SCAP Cotton Textile a/c<br>　b) OJEIRF<br>　c) PL820<br>　d) G to G Open a/c |

月4日，経済安定本部財政金融局調）

| 払 | 備 考 |
|---|---|
| 1）救済物資輸入<br>2）SCAP Commercial a/c により GARIOA 物資輸入が行われた場合，同勘定への振替決済 | GARIOA 基金以外の勘定によって GARIOA 物資の輸入が行われた場合の当該勘定と GARIOA 基金との間の振替決済は，ここに掲げた Commercial a/c との場合に限らない。 |
| 占領地復興用資材の輸入 | |
| 1）輸出用原材料の輸入（60百万ドル棉花借款による原棉輸入は既に完了）<br>2）借入金元利の償還（60百万弗借款の償還状況は不明） | 1）本基金の当初の運営方針は以下のごとし<br>　I　受取<br>　　a）司令部管理下の金銀等<br>　　b）借入金<br>　　c）本借入金によって輸入された原料による製品輸出代金<br>　　d）本基金による輸入原料と他の原料とによる製品輸出については，その輸出代金中，輸入原料比率に相当する部分<br>　　e）CCC 綿製品輸出代金の余剰利益金<br>　　f）その他基金の運営から生ずる資金<br>　II　支払<br>　　a）輸出用原材料の輸入代金<br>　　b）借入金元利の償還<br>2）上記収入項目中 CCC 綿製品輸出代金の余剰利益金は本基金には振り込まれず，Commercial a/c に振り込まれた模様である。<br>3）本基金による第1回綿花借款60百万弗の償還状況は不明であるが，その後新たな借入には回転せず，目下の所輸入は見込まれず |
| 1）天然繊維原料（棉花，羊毛，モヘヤ，大麻，亜麻等）及び補助資材（糊，染料，皮革等）の輸入<br>2）借入金元利の償還 | 1）本方式による占領地向政府借款は米国政府予算において約150百万弗が予定されており，そのうち約90百万弗が日本向と推定される。<br>2）上記90百万弗の中，第一回使用許可分として原棉30百万弗輸入済<br>3）融資条件<br>　　期限　15ヶ月　　利率　2分5厘<br>4）目下 OJEIRF による新規借款がないので今回の原棉輸入は専ら本基金により行われる見込み |
| 1）OJEIRF による棉花借款元利に相当する額の同勘定への振込<br>2）PL820 による棉花借款元利に相当する額の同勘定への振込み | 本勘定に蓄積される綿製品輸出による余剰利益金の処理方法は不明 |
| 1）下記特殊勘定によるもの以外一切の輸出代金及び貿易外支払金<br>　a）GARIOA<br>　b）EROA<br>　c）OJEIRF<br>　d）PL820 | |

| 勘定名 | 管理者 | 勘定の所在 | 受 |
|---|---|---|---|
| | | 第3勘定（弗建）<br>Chase National Bank 東京支店 | e) Commercial a/c 第4, 第5勘定<br>f) Commercial a/c 第6, 第7勘定<br>2) 磅建 Commercial a/c からの同勘定期末受取超過尻の受入れ<br>3) G to G Open a/c からの同勘定期末受取超過尻の受入れ<br>4) 本勘定により GARIOA 物資が購入された場合，輸入代金の GARIOA 基金よりの振替受入れ |
| | | 第4勘定（磅建）<br>香港上海銀行東京支店<br>第5勘定（磅建）<br>Charterd Bank 東京支店 | 1) 磅地域向輸出及び貿易外収入により取得される一切の転換可能な磅貨<br>(SCAP Cotton Textile a/c 磅建勘定及び G to G Open a/c に属するものを除く)<br>2) 弗建 Commercial a/c からの本勘定期末支払超過尻相当額の受入れ |
| | | 第6勘定（弗建）<br>和蘭銀行東京支店 | 対オランダ民間輸出代金<br>(SCAP Cotton Textile a/c に属するものを除く) |
| | | 第7勘定（弗建）<br>蘭印商業銀行東京支店 | 対インドネシア民間輸出代金（同上） |
| (7) G to G Open a/c | ESS Fund Control Division | （未決済協定国に対する各国別勘定） | 1) 帳簿決済（弗建）<br>政府間貿易輸出代金（記帳のみ）<br>ただし，綿製品輸出を除く<br>2) 期末現金決済<br>　a) 本勘定期末受取超過尻の弗貨受取り<br>　b) 弗建 Commercial a/c からの本勘定期末超過尻相当額の受入れ |

出所）経済安定本部財政金融局金融政策課「現行外貨勘定調」昭和24年9月4日。

した事態[79]」が生じており，これに対処する目的でなされたものであった。このため，同会計設置とともに，新たに「外国為替運営資金」と称する歳入歳出外の特別勘定が設けられ，その受払は借入金の限度を除いて予算の拘束を解かれ，特別会計の運営に要する経費にのみ国会の審議を経ることとされた。こうして52年4月に至って，ようやくわが国対外決済を一元的に集約する機構が成立したのであった。

　以上のような，外為会計機構の変遷は，いうまでもなく外貨の日本側移管の進展と対応していた。さきに見たように，外国為替管理委員会は5月17日付

---

79) 日本銀行「外国為替資金特別会計の円貨収支について」昭和27年3月（日本銀行『日本金融史資料 昭和続編』第13巻）。

| 払 | 備 考 |
|---|---|
| e）G to G Open a/c<br>f）Commercial a/c 第4, 第5勘定<br>g）Commercial a/c 第6, 第7勘定<br>2）磅建 Commercial a/c への同勘定期末支払超過尻相当額の振込み<br>3）G to G Open a/c への同勘定期末支払い超過尻相当額の振込み | |
| 1）磅地域からの磅建輸入代金及び貿易外支払金の磅貨による現金払い<br>2）弗建 Commercial a/c への本勘定期末受取超過尻の払込み | 1）ポンド協定により本勘定は6か月ごとに勘定尻を弗貨で決済することになっているが，それには下記の制限があり，現在まで実際に弗貨決済は行われていない<br>2）弗貨決済に対する制限<br>　a）近い将来に於いて磅地域へ支払うべき十分な資金は磅で残置する<br>　b）ポンド協定参加国から与えられた Credit について未決済債務がある場合これに相当する額は磅で残置する |
| 対オランダ民間輸入代金 | |
| 対インドネシア民間輸入代金 | |
| 1）帳簿決済（弗建）<br>　政府間貿易輸入代金（記帳のみ）<br>2）期末現金決済<br>　a）本勘定期末支払超過尻の弗貨支払い<br>　b）弗建 Commercial a/c への本勘定期末受取超過尻受取金の振込み | 1）未決済方式実施国<br>　中国，フランス連合，仏印，香港，オランダ，インドネシア，フィリピン，シャム，エジプト，フィンランド，ブラジル，アルゼンチン<br>2）本方式は本来政府間貿易に実施されたものであるが，民間取引にも拡張実施されているものもある<br>3）本決済協定においては，同時に貿易協定によって輸出入を均衡させることになっているものが多いから実際には現金決済が行われる例は少ない |

「要綱案」の3項で，外貨資金・外貨勘定の自主管理を自らの課題として提起していた。「9原則」以来の課題となっていたこの問題について，日本側とSCAPの間で具体的な打ち合わせが始まったのは，49年5月に入ってからのことで，同月末にはESS金融課と外国為替管理委員会の間で，早急に商業勘定から対日移管を進める，という合意がほぼ出来上がった。しかし，この合意に対し，ESS外国為替基金管理課／Funds Control Division は，SCAPの現金勘定の逼迫と日本側の外貨管理能力の未熟，とくに後者の理由から，外貨の早急な日本移管に反対した。「本課は，日本側が記帳と計理の完璧な能力 complete ability to handle documentation and accounts を身につけるまで，これらのファンドはSCAPの責任において管理されるべきであると考える」というのが，外国為替基金管理課の主張であった[80]。このため，外国為替管理委員会は，日

銀から 10 数名の担当者を選抜して，ESS 外国為替基金管理課において同時二重記帳を行わせ，SCAP 勘定の概要を理解するという作業をまず進めざるをえなかった。この作業を経て，49 年 9 月上旬，日本側はようやく，表 1-20 にあるように，外貨勘定それぞれの，管理者，勘定の所在，受払の実態，運用方法・運用政策，今後の展望等，その全容をほぼ把握するに至った。

　こうした経緯を経て，49 年 9 月 30 日 ESS は外国為替管理委員会に外貨勘定の計理を移管する旨の覚書を発し，これに基づき同年 11 月 1 日，SCAP 勘定のうち商業勘定 Commercial a/c，綿製品勘定 Cotton Textile a/c，オープン勘定 Open a/c その他の外貨現金勘定計理が移管された。計理移管額は，ドル貨 1 億 3,581 万ドル，ポンド貨 1,979 万 9,000 ポンドで，やや時期はさかのぼるが，表 1-21 と対照させると明らかなように，稼働している SCAP 勘定の大部分であった。こうして従来無関係に動いていた外貨バランスと円貨バランスが初めて統一的に把握しうるようになったのである。この計理移管に続いて，12 月 29 日 SCAP は全権委任状を交付し，預金の授受，外国為替の売買，外国銀行を通じた資金操作等，いっさいの外貨資金の操作を SCAP の代理人として行う権限を，外国為替管理委員会に与えた。こうして従来の SCAP 勘定にかわって委員会勘定／Foreign Exchange Control Board of the Japanese Government Account for the Account of SCAP（略称 FECB a/c）が開設された。同勘定の開設にともない，外国為替管理委員会は同勘定関連実務・権限をすべて日本銀行に委任し，実質的な業務はすべて日銀が行うこととなった。管理運営を移管された勘定は，当初は SCAP 商業勘定の一部で，49 年 12 月 31 日のドル貨 5,300 万ドル，50 年 1 月 16 日から 21 日にかけてのポンド貨 500 万ポンドがその内容であった。また，ほぼ同時に米系銀行，英系銀行に対して，コルレス契約の申込を行い，在米コルレス先委員会勘定も開設された。そして，このコルレス等の関係も含め 51 年に入っても委員会勘定は引き続き増設された[81]。

　こうした委員会勘定の増設と対応して，50 年以降 SCAP 勘定の縮小，整

---

80) ESS Funds Control Division to Chief of ESS, Memorandum ; Foreign Exchange Controls and Transfer of Funds to Japanese, 7 June 1949.
81) 滝口吉亮 [1951]。

第3節　単一為替レートの設定　117

表 1-21　SCAP ドル・ポンド勘定残高（1949年1月31日）
(単位：千ドル，千ポンド)

| 項　目 | 残　高 | |
|---|---:|---:|
| 1) 司令部商業勘定　SCAP Commercial Accounts | 65,501 | (5,117) |
| 　National City Bank | 17,904 | |
| 　Bank of America | 12,906 | |
| 　Chase National Bank | 11,776 | |
| 　HongKong & Shanghai Banking Corp. | 2,500 | (707) |
| 　Charterd Bank | 2,500 | (470) |
| 　Nederlandsche Handel-Maatschappij | 341 | |
| 　Nederlandsch Indische Handelsbank | 164 | |
| 　期日前受取支払差額 | 17,410 | (4,880) |
| 2) 司令部綿製品勘定　SCAP Cotton Textile Accounts | 42,138 | (13,460) |
| 　National City Bank | 4,272 | |
| 　Bank of America | 1,688 | |
| 　Chase National Bank | 3,406 | |
| 　HongKong & Shanghai Banking Corp. | (1,753) | |
| 　Charterd Bank | (2,215) | |
| 　期日前受取 | 42,138 | (9,492) |
| 3) 輸出入回転基金　OJEIRF Account No. 1 | −42,005 | |
| 4) 司令部信託基金　SCAP Trust Fund | 21,773 | |
| 5) 現金所要額　Potential Cash Requirements | −86,624 | (−11,538) |
| 合　計 | 845 | (3,152) |

出所）SCAP ESS Fund Control Division, SCAP Sterling and Dollar Position, 8 Feb. 1949, Dodge Papers.

理・統合が進んだ。綿製品勘定は，50年7月以降商業勘定に資金振替を行って年末には閉鎖され，商業勘定も，51年初めには，米ドル勘定はナショナルシティ銀行一行に，英ドル勘定は香港上海銀行一行に統合され，その後8月には英ドル勘定は委員会勘定に振替えられた。その他の SCAP 特殊勘定も，50年から51年にかけて漸次閉鎖された。

こうして50年から51年にかけて委員会勘定の内容は次第に充実し，外貨管理の実質化が進んだ。しかし，この勘定はあくまで SCAP の代理勘定であって，債権債務そのものを日本側が保有しているわけではなかった。この移管が行われ，形式・内実ともに外貨の日本移管が行われたのは，51年夏以降のことであった。51年8月16日，まず米ドル資金が，ついで10月2日英ポンド資金が日本政府へ移管されたのである。続いて，52年4月28日には SCAP 商業勘定の残高2,900万ドルが日本政府へ移管された。さらに，51年8月以降

52年4月末日までにオープン勘定の管理権もすべて日本政府へ移管された。外貨管理権は講和条約発効後のこの時点で，全面的・最終的に日本政府の手に移されたのである。

　外国為替管理委員会がSCAP覚書により外貨勘定に関する計理を引き継いだ1949年11月1日の外貨資金は，さきに見たように，概算ドル貨1億3,500万ドル，ポンド貨1,900万ポンドであった。その後51年2，3月のポンド資金の涸渇，5，6月のドル資金の不足等の事態はあったが，朝鮮戦争・戦後の輸出増進等により外貨資金は次第に増大し，講和直前の52年3月末には米ドル現金6億1,500万ドル，英ポンド現金ドル換算2億7,800万ドル，SCAP勘定残額，オープン勘定を合わせると，10億5,900万ドルと，10億ドルを突破するまでになった。かくて，外国為替管理権，外貨管理権の日本への移管は完了し，外為管理法と政府への一元的な外貨集中によって外為・外国貿易を管理する，という高度成長期外為・外貨管理の基本的枠組は，講和の時点でほぼ確立したのであった。

## 第4節　ドッジ改革後の占領政策と日米経済協力

### *1*. ドッジ・ライン以後の対日援助問題

**1）ドッジの対日援助観**

　ドッジ・ラインは，それまで外資導入と中間安定による復興を志向していた経済復興路線を大きく転換させ，これ以降いわゆるドッジ・デフレが進行する。もっともドッジ自身は，池田蔵相への予算内示にあたって「これは完全なデフレではなくディス・インフレの予算である」という説明を行っており，実際には，財政引締めを緩和する金融緩和，所得税減税などの租税負担率の引き下げ，実質的な価格差補給金の計上などの諸措置も併用された[1]。ドッジは，その後も 1949（昭和24）年 10-12 月，50 年 11-12 月，51 年 11-12 月と来日し，その都度，予算編成をチェックして安定化政策が維持されるように監督した。しかし，ドッジは，古典的自由主義者としての立場から，日本側に単純に経済安定化政策を強要した訳ではなかった。例えば，49 年 8 月の池田蔵相宛書簡で，ドッジは，「経済安定政策継続の必要性」「経済自立を達成する鍵は，世界市場での競争力をもつこと」「自立までの調整過程では，アメリカよりの経済援助が継続されること」「何にもまして必要とされているのは生産性の上昇と輸出の増大であること」を強調していた[2]。

　また，49 年 12 月，ドッジは ESS のファインに対して，①安定計画を損なうインフレが続いている理由，②見返資金を日本政府債務の圧縮に利用することが認可された理由，③財政均衡が達成されたにもかかわらず，日本が米

---

1) 大蔵省財政史室編［1976a］pp. 421-5。
2) THE STABILIZATION PROGRAM: PROBLEMS AND RESULTS, 8/9/1949, FROM: J. M. DODGE TO: IKEDA, Japan Papers 1949, DODGE PAPERS, Burton Historical Collection, Detroit Public Library.

国援助の継続を要望している理由，についての問い合わせを行い，それぞれ，「① 1949 年 12 月に NAC により承認された安定計画は，日本におけるスパイラルなインフレを終結させる方向を明示した。しかし，工業用原材料と食糧の絶対的不足は，物価と賃金の悪循環を引き起こしており，世界市場での日本の競争力を失わせている。外国貿易への依存度の高さと内外価格差は，日本の経済再建にとっての最大の妨害物となっている。② インフレの最大の要因のひとつが，戦時中および戦後直後の政府資金不足から生じているからである。それゆえ，9 原則の最大の目標のひとつが財政均衡に置かれた。見返資金を新規の民間投資や政府投資に運用することは，インフレ圧力を増大させる。③ 財政均衡は達成されたが，日本経済はまだ不足の経済の下にある。米国と異なり，日本は資源がなく貿易依存度が高い。米国の援助は，日本のアジア帝国喪失の結果としての貿易ポジション悪化を代替する位置にある」，という回答を得ていた[3]。

　これに基づいてドッジは，50 年 1 月 19 日の NAC 本会議で，① 現在，日本はアメリカの極東における利害にとって焦点となっていること，② 1949 財政年度以降，ドイツへの経済援助は日本へのそれと比べると倍以上であり，1 人当たりでみると 3 倍に達していること，③ NAC の安定指令と NSC13 によって，日本の経済的安定の方向が確定したこと，④ しかし，経済的安定は政治的・社会的リパーカッションを引き起こしていること，⑤ 実質賃金の効果ある上昇と闇価格の圧縮が経済的・政治的安定の達成への鍵であること，⑥ 日本にとって，49 会計年度，50 会計年度は，経済安定の完全な基盤を確立するためにもっとも重要な年度であること，従って，経済援助を検討された額以下に削減することは経済安定の完遂を挫折させる危機を引き起こすこと，を強調した[4]。

---

3) Economic Stabilization in Japan, 1/10/1950, From: SCAP/ESS Fine To: Department of the Army, J. M. Dodge, Japan Papers 1950, DODGE PAPERS. なお，これはドッジが NAC Staff Committee 向けに説明を行うためデータの提供を求め，これにファインが回答したものである。

4) FISCAL YEAR 1951 APPROPRIATION FOR ECONOMIC AID TO JAPAN, 1/19/1950, FROM J. M. DODGE TO NAC, Japan Papers 1950, DODGE PAPERS.

ここから明らかなようにドッジの日本経済復興・自立政策は，アメリカからの経済援助を不可欠のものとするものであった。国際収支の赤字を漸減し均衡化させるためには，まず援助による原料輸入の拡大が必要であり，ここを起動点としなくては生産の拡張も輸出の拡大も不可能であるという判断が存在していたためである。この点に関しては，ドッジ自身は，単純な古典派自由主義者ではなかった。従って，ドッジは時代錯誤的な古典的自由主義の経済政策を採用し，そのため「日本国民の経済的収奪を加速させ，産業復興を遅らせた」というW. ボーデン／W. Borden の評価[5]は当を失しているといわざるをえない。

## 2）アメリカ本国における対日援助政策をめぐる対立

　しかし，この間のアメリカ本国における対日援助の方針はきわめて複雑な動きを示していた。国務省・陸軍省の主張がより反映され，また SWNCC や JCS に代わってアメリカの対外政策決定の主導的地位を占めるようになった国家安全保障会議（略称NSC）では，1949（昭和24）年12月「アメリカの対アジア政策」（NSC-48/2）を決定し，日本に対しては，共産主義の直接的・間接的侵入に抵抗するため，アジアにおける数少ない潜在工業力をもつ国家としてその経済復興を促進することを確認していた[6]。

　しかし，財務省や FRB の意見も反映される NAC では，前年に引き続いて対日援助の減額が議論されており，ここでは国務省・陸軍省は3億ドルという対日援助を要求していた[7]。この要求は，いったんは予算庁／The Bureau of the Budget によって 9,700 万ドルへと大幅に削減査定され，SCAP の強い抗議を引き起こしていた[8]。この対日援助額の問題は，50年1月12日の NAC スタッ

---

5）Borden, William S. [1984], p. 101.
6）大蔵省財政史室編 [1976a] p. 446。
7）この要求額は，同じ時期の，対ドイツ援助や ECA 援助要求額が対前年比 21-22% 減であったのに対し，35% 減というさらに大きな減額であった。
8）REPORT ON JAPAN AND THE PHILIPPINE ISLANDS, MEETING OF BOARD OF DIRECTORS OF THE FEDERAL RESERVE BANK OF NEWYORK, JAN. 19 1950, JAPAN GENERAL, BOARD OF GOVERNORS OF FEDERAL RESERVE SYSTEM, FRB PAPERS.

フ委員会，19日の NAC 本会議でも議論の対象となり，当初の3億ドル要求から2,500万ドル減額の2億7,500万ドルが，51会計年度援助額として決定された[9]。51会計年度の実際の対日援助支出額は，その後の議会の減額要求によってさらに削減され，結局，1億9,800万ドルというきわめて厳しいものとなった。対日援助はこれ以降急減し，51年7月に終戦処理費の半額ドル負担を代償に打ち切られた。

こうして1950年に入ると，占領地域に対する援助のあり方についてのワシントン，陸軍省の方針転換が始まった。5月には，この転換が「国際的なドルギャップの観点から，通商や海外援助を再検討し，経済援助にかわって軍事援助の問題を重視する」方針であることが明確となり，このことがドッジよりマッカーサーに伝えられた[10]。

これを受けて，5月から6月にかけて SCAP 内部で「現時点での対日援助計画の見直し」の検討が行われ，6月下旬には次のような試案が，ESS のモロー／K. D. Morrow よりマーカットに提出された[11]。すなわち，①「日本の輸出品購入のためのファンドを，東南アジア開発計画用ドルファンドとして供給する」，②「東南アジア諸国援助のために，ガリオア資金を転用する」，③「見返資金を使用して，東南アジア諸国への円クレジット供与を行う」，④「ガリオアに代えて日本が円で米国品を購入することを認め，これを東南アジア援助に転換する」という4つの見直しの途がある。しかし，①，②，④は，現時点でのアメリカのアジア戦略（すなわち日本と東南アジアのいずれを重要視するか），スターリング地域としてのイギリスからの貿易圧力，東南アジア諸国の購買力の低さ，これら諸国からの資本逃避の可能性等から採られるべきではない。従って，当面は，ドル・ギャップを緩和するとともに，東南アジア諸国の

---

9) NAC The Staff Committee, Meeting No. 215, Jan. 12 1950, NAC Minutes, Meeting No. 146, Jan. 19 1950, National Archives, RG56.
10) DODGE COMMENTS ON MEETING WITH FINANCE MINISTER IKEDA AND ON GENENRAL ECONOMIC STATE, 5/8/1950, FROM J. M. DODGE TO GENARAL MacArthur, Japan Papers 1950, DODGE PAPERS.
11) Proposals to Change U. S. Aid Program Approach, 6/21/1950, From K. D. Morrow To W. F. Marquat, GHQ/SCAP Papers.

経済発展を加速するという観点から③がよく，講和後は④の方向が追求されるべきである。また，③は結果的に日本の輸出品生産を持続的に刺激するであろう。これがモローの提案であった。

アメリカ本国の国務省や陸軍省は，日本と東南アジアを結びつけようという構想，すなわち日本の東南アジア向け輸出を増大させることによって，日本のドル不足を緩和し，日本自身の手によって経常収支均衡を達成させる，という構想を検討してはいた。しかし，日本に対するのと同様の援助を東南アジアにまで拡大することは，国務省や陸軍省は考えていなかった。それゆえ，①や②の案は実現の可能性のないものであった。

そもそも，マーシャル・プランの場合と同様の位置付けから設置された見返資金／Counterpart Fundは，当初は政府債務償還が最優先され，設置初年度の1949年度には，利用額の55％は復金債の償還にあてられていた。この方針が変化し始めたのは，49年秋頃からで，設備資金，長期資金の資金源として見返資金を利用することが容認された。モローの提案はこの変化に対応するもので，見返資金からの出資による50年12月の日本輸出銀行設立は，東南アジア向けプラント輸出の促進をその目的のひとつとしていた[12]。

対日援助を削減しつつ見返資金という形で財政金融政策に介入し，マーシャル・プラン型の地域経済協力と類似のアジア地域経済関係を日本に志向させることで日本の経済自立を達成させるというのが，この時期のワシントンの基本路線であった[13]。とはいえ，その具体的戦略ないし計画と手順は，マーシャル・プランほど精密ではなく，またアジア諸地域の回復と復興も，ヨーロッパほど進展していた訳ではなかった。ここに，この時期のワシントンの対日政策のゆれ，あるいは政策具体化の相対的遅れが生じる根拠があった。

---

12) 大蔵省理財局見返資金課編［1952］。
13) 浅井良夫［2001］pp. 199-202。

## 2．経済復興計画審議会の設置からエオス作業まで

### 1）経済復興計画審議会の設置

　1949（昭和24）年夏以降，日本側の長期経済計画は，ドッジ・ラインと上述のようなアメリカ本国の対日援助政策に規定される形で組み直されることになった。すなわち，「ドッジラインによって明らかにされた所謂ディスインフレ施策の線にそって進む場合に金と物とのバランスのとれた正常な経済循環」がどのようにして可能か[14]を検討することが，課題となったのである。

　こうした状況のもと，49年6月には，経済復興計画委員会にかわって経済復興計画審議会が新たに設置され，今後の検討のための基礎資料として，「昭和24年度を初年度とする5ヵ年計画であって，最終年度に合理的な経済循環が可能な自立経済を実現することを基本目標」とする「経済復興計画の概要」[15]がまとめられた。

　その基本的考え方はおおよそ次のようであった。「(1)産業構成……農業と鉱工業との関連については……鉱工業に重点を置いた構造，……鉱工業自体の構成については……重化学工業化を強力に推し進める，(2)生産と雇用……現状より推して5ヵ年後に『完全雇用』を実現することはほとんど望み得ないので，当面の問題として労働の生産性の向上と産業構成の変化に即応した雇用配分の適正化に重点を置き……，(3)消費と投資……経済的自立を最高の目標とするこの5ヵ年間では生活水準の向上よりも資本蓄積の増大に重点がおかれる，(4)近代化……全般的に近代化を採りあげることは困難……」。具体的な重点項目としては「一，インフレーションの克服　一，輸出の振興　一，電力，鉄鋼，石炭の増産と交通の整備強化　一，食糧の増産　一，災害の復旧とその防除」の5項目が提示され，これらは「相互に補完的である反面鋭く矛盾対立

---

[14]「二四年度見透し作業について」昭和24年6月3日，官房企画課「二四年度見透作業大綱（案）」昭和24年6月23日，いずれも『戦後経済政策資料』第11巻に収録。

[15] 経済復興計画審議会「経済復興計画の概要」昭和24年6月，『戦後経済政策資料』第11巻に収録。

する内容をもって（おり），ことにインフレ克服と他の 4 項目との対立は深刻」であるという認識，「この計画では昭和 28 年度に国際収支の均衡を達成しうるが，……昭和 5〜9 年に対し国民所得が 3 割増しているのに貿易規模が 7〜8 割にとどまる」という認識が示されていた。

見られるように，この概要では，「生活水準の向上よりも資本蓄積の増大に重点」をおき，「重化学工業化を強力に推し進める」ことにより，1953 年に経済自立を達成することを目標におくこと，ただし，インフレの抑制と貿易拡大の困難（とくに輸出増大）が，この目標実現のネックとなることが示唆されている。輸出重化学工業優先の経済復興が志向されており，この時点では，なおドッジ・ラインへの暗黙の批判が保持されていたといえよう。

実際，49 年 5，6 月頃からインフレ抑制，経済安定化というドッジ・ラインの効果があらわれ始め，さらにポンド切下げ，海外市況の不調による輸出不振が加わって，金融梗塞が急激に表面化してきた。ディス・インフレというよりは，デフレ的傾向がはっきりしてきたのである。このため，経済安定本部は，8 月 1 日「転換期経済の分析」を，さらに 10 月 30 日には報告書「安定計画実施後の日本経済（未定稿）」を作成して，ドッジ・ライン実施後半年間の深刻な不況の実態を分析し，安定化政策へのパッチワークを求めた[16]。11 月 4 日付の「経済安定計画実施についての要請」がそれである[17]。

そこでは「安定施策実施の途上において我々は二つの大きな障害に直面した。その一つは国際市況の悪化や予期せざるポンドの切下や，交易条件の不利等に起因する輸出の不振であり，他の一つは，建設投資の不円滑である」として，前者に関しては，「通商協定に対する日本政府の直接参加の途を拓かれたいこと，貿易関係者の海外渡航，通商代表の派遣等を促進されたいこと，輸出 CIF，輸入 FOB 取引を促進されたいこと，邦船を外航に活用されたいこと，

---

16) 経済安定本部官房調査課「転換期経済の分析」昭和 24 年 8 月 1 日，経済安定本部「安定計画実施後の日本経済（未定稿）」昭和 24 年 10 月 30 日，いずれも『戦後経済政策資料』第 2 巻に収録。
17) 「経済安定計画実施についての要請」昭和 24 年 11 月 4 日，『戦後経済政策資料』第 2 巻に収録。

わが国に最恵国待遇を与えられたいこと」が要求された。また，後者に関しては，「政府債務の償還などと関連して，金融機関に対する資金還流の積極化を図ること，大蔵省預金部資金を産業資金として運用する方策，特に農林水産業及び中小企業の所要資金に充当すること，見返資金の蓄積状況に応じ，これを経済自立に貢献すべき重要産業，農林水産業等に対して迅速に供給すること，企業の自己資金調達を一層円滑ならしめるため株式取引における信用制度の活用，見返資金，預金部資金等による優良社債の買い入れ等を行うこと，市中金融機関の重要産業に対する設備資金の貸出を円滑ならしめるため，政府特別会計又は見返資金により融資保証を行うこと，一般会計における公共事業並びに国有鉄道・通信事業など特別会計における建設事業のための財政支出（は）……現実の最少限度と考えているものであるから特に貴官の御了解を得たいこと」などが要請された。

この要請は，ドッジの来日に向けて作成されたものであったが，SCAPは，11月12日，すでに大蔵省とドッジの間で話されてきたことを「更に経本から話をすることになればドッジ氏も迷惑」するので大蔵省とまず調整せよと，この懇請の受理を事実上拒否した[18]。また，経済安定本部は同月17日，SCAPとの定例会議で10月30日付報告書の公表を求めたが，「政府自ら生産の停滞，設備資金の不円滑，貿易のスランプ，滞貨の累積，中小企業の困窮等に関する報告書を公表することは自ら求めて不必要な攻撃に身をさらすことになる」，「折角ドッジ氏の如き人が態々日本に来て経済の安定自立のために努力してくれるのに，彼の努力を批判する様な報告書を出すことは感心しない」として，その公表を許可しなかった[19]。このことは，経済安定政策立案の日本側主導権が経済安定本部から大蔵省に移りつつあることを示している。

---

18)「十一月十二日　シーツ顧問との会談要旨」，経済安定本部側の出席者は，青木長官，山本副長官，柿坪連絡部長，大来調査課長，SCAP側の出席者は，シーツ顧問とリード博士であった。『戦後経済政策資料』第2巻に収録。
19)「十一月十七日　経本・司令部定例会談要旨」『戦後経済政策資料』第2巻に収録。

## 2）エオス作業

こうした状況のなかで，経済復興計画審議会の課題は，当面する経済安定政策からむしろ各省庁で立案される経済施策の調整におかれるようになった。1950（昭和25）年年初，経済安定本部は「昭和25年度日本経済の見透し」をまとめ[20]，その後6月にはこれを「自立経済達成の諸条件」へと総合化した。いわゆるエオス作業と呼ばれるものがこれである[21]。ここでは，50年初頭以来のアメリカの対日援助政策の転換，援助の縮小・打切りの問題が正面にすえられ，それへの強い懸念が表明されていた。

すなわち，この作業は，「自立経済の規模と構造に関する諸条件を，特に(1)自立達成の為に必要な輸出貿易拡大の方法　(2)援助打切りに伴うドル不足解決の方法　(3)見返資金消滅後の資本蓄積の確保の方法　の3点に重点をおいて検討すること目的」とした。そして，具体的検討は「米国の対日管理方式については現在のままと想定するけれども，アジアには小型マーシャル計画が積極的に推進されて後進地域の経済活動がより活発化する外，中国との貿易がより容易になり，それによって日本の経済活動も影響を受けて輸出の増大が相当大幅に考えられる場合」と「米国のアジアマーシャル計画は行われないけれども，講和条約の締結乃至はそれに準ずる事態がもたらされて対日管理方式が若干変化し，終戦処理費のドル払いが実現するが，輸出市場の大幅な増大は期待し得ない場合」という2つの場合（前者をA案とし後者をB案とする）がそれぞれ検討された。その検討結果は次の通りであった。

(1) ドル不足解決の方策に関する問題　正常なドル貨の獲得のほかにA案においては約1.5億ドルを米国のアジアマーシャル計画に期待し，B案においては約1.2億ドルを終戦処理費のドル枠に期待している。……換言すれば，昭和27年度において米国が対日援助費を打切ったとしても他の間接的な形でドルの支出を行うことなくしては日本は自立し得ないわけである。

---

20）経済安定本部経済復興計画室「昭和二五年度日本経済の見透し（第二次推計）」昭和25年1月25日，『戦後経済政策資料』第12巻に収録。
21）経済安定本部経済復興計画室「自立経済達成の諸条件」昭和25年6月3日，『戦後経済政策資料』第12巻に収録。

(2) 中共との交易制限緩和の問題　中共との貿易に関してはA案においては約7,700万ドル，B案においては約2,600万ドルを期待している。
(3) 輸出市場と産業構成との関連に関する問題　本作業においては世界における繊維製品市場は狭隘化し，将来の輸出市場特に東南アジア市場の事情が軽工業製品よりもむしろ鋼材・機械を中心とした重工業製品の方に有利であるとの見透しの下に，まず繊維製品の輸出を最大限度に見込み必要な輸出規模との関連において之を補充するものとして金属機械類の輸出を相当大幅に伸ばさざるをえないといふ結論になった。
(4) 国民経済の循環に関する問題　……本作業においては物量的な消費水準を昭和25年度と同等として経済諸量の算定を行って来ているのであるが，それに対し右のような消費支出が行われれば，そこにA案，B案とも約4％程度の消費財の値上りが起こらざるをえないであろう。
(5) 物価水準に関する問題点　物価水準については昭和25年度の物価水準を前提にして作業を進めて来たのであるが事後的に経済諸量の相関関係を検討してみると，その前提に対して多少の誤差が生ずるのではないかと思われる。

　こうして「望ましき自立経済の目標と現実の状況との間には現状において考える限り重大な溝が存在する訳である。この矛盾を調整するものとしては，(1)将来における交易条件の改善　(2)アジアマーシャル計画の日本の資本財に対する需要を一層大きく見込む事　(3)自立の時期をのばすこと　(4)国内資源の活用による生活水準の引上げ　(5)やむを得ない場合には生活水準を切り下げること，の5つが考えられる。……従って自立達成の方策としては，何よりも先づ本作業の前提条件として予想した様な外的条件の好転（1．アジアマーシャルプランの実施，2．終戦処理費のドル払い）あるいは交易条件の改善等が必要であらう」という結論が導き出されている。
　結局，生活水準を仮に据え置いても，何らかのドル受取りの継続，アジア・マーシャル・プランによる需要創出そして大幅な交易条件の改善なくしては，経済自立を達成し，所要の設備投資資金を調達することは不可能である，という悲観的判断がここでの結論であった。こうしたさなかに勃発したのが朝鮮戦

争であった。

## 3. 朝鮮特需・日米経済協力・経済自立

### 1) 朝鮮特需とドッジ

　1950 (昭和25) 年6月の朝鮮戦争の勃発とそれに伴う特需の発生は，この計画策定の基盤を大転換させた。戦争と朝鮮特需が，不可能とされていた経済自立を可能とする見通しを生み出したからである。50年8月から開始された自立経済審議会は，「朝鮮動乱を契機として，世界経済は復興経済から国防経済に急転回しつつあり，現在計画されている国防経済体制は今後相当長期にわたって持続されるものと予想される状況にあるため……昭和26年度においては，均衡財政により経済の安定を図る基本原則を堅持しつつ，貿易の振興，生産水準の向上，公共事業費及び公私企業投資の拡充等を図ることにより，経済基盤の育成充実と国土の総合開発保全等を通じて，日本経済の自立を速やかに達成することに重点を指向する」という積極方針を基礎に，長期計画の策定に入ることになった[22]。

　その後，50年10月には，第3回目の来日を予定しているドッジの要請によって，経済安定本部は，「経済自立の見通し」を他の資料とあわせ提出し[23]，「経済安定本部においては，朝鮮事件勃発後の国際情勢に対応しつつ一層強力に経済の自立を推進するために，目下自立経済審議会を設けて自立経済達成のための総合的長期計画を検討中である。……その検討の経過等からみて，少くとも昭和27年度までは国際収支のバランスをとることは非常に困難であると予想される。……われわれは1950-51米会計年度において約2億-2億5000万

---

[22] 経済安定本部官房企画課「自立経済の確立について」昭和25年9月28日，『戦後経済政策資料』第2巻に収録。
[23] 大臣官房調査部「資料配布について」昭和25年10月20日，『戦後経済政策資料』第2巻に収録。このとき，ドッジに提出された資料は，「経済自立の見通し」以外には，「昭和二十五，二十六年度鉱工業生産並に主要物資需給見込」，「昭和二十五，二十六年度貿易の見通し」，「公共事業の重要性」，「特需に関する調査」であった。

弗，1951-52 米会計年度において約 1 億 5000 万弗-1 億弗，1952-53 米会計年度においては 1 億弗以内程度の経済援助が最小限必要であると考える」と経済援助の継続を要請した。

　また，翌 51 年 1 月には「日本経済の自立に関する要請事項」を SCAP 宛に提出し[24]，「1．緊要物資の輸入促進……外貨資金の積極的機動的活用，中共貿易禁止の状況下で中国地域に代る市場からの輸入物資の確保，緊急物資輸入基金について相当額の借入金を行いうること，2．船腹の増強……自由船腹の拡充を急速に図ること，3．産業資金の確保……(1)長期設備資金の円滑適正な供給の確保（見返資金・預金部資金の早期且つ有効な運用の促進，長期金融機構の設立）(2)輸入資金ないし原材料保有資金の供給確保（日銀外貨貸付制度の期限延長，工業手形の優遇措置）(3)資本蓄積促進のため，税制改正，証券対策・企業対策の推進，4．経済諸法規の緩和……独禁法・事業者団体法の一時的例外措置の考慮，5．経済援助……何等かの形による対日援助の継続，適当な外資導入の促進，将来の借款供与」などを要請した。

　こうして，51 年 1 月にまとめられた『自立経済審議会報告書』[25]は，「本計画においては，昭和 28 年度に自立経済を達成することをその目標とし，昭和 26，27，28 年度の 3ヶ年についてその目標を実現するための経済計画を策定」する，「本計画の目標として採用した自立経済とは，単に国際収支の均衡だけを意味するのでなく，国際収支を均衡せしめつつ同時にできるだけ生活水準の向上をもできるだけ図ること」にするという基本構想を提示した。そして，これを達成するための条件として，(1)輸入確保，(2)船舶の拡充，(3)自給度向上，(4)電力の確保，(5)物資需給の均衡，(6)資本蓄積の強力な推進，(7)輸出促進，(8)労働対策，の 8 点を指摘し，なかでも「輸入確保，自給度向上，資本蓄積の 3 本の柱によって支えられなければ（この計画は）実現しえないものということができる」と，輸入と自給率の上昇を強調した。

---

24) 経済安定本部「日本経済の自立に関する要請事項」昭和 26 年 1 月 10 日，『戦後経済政策資料』第 13 巻に収録。

25) 経済安定本部自立経済審議会『自立経済審議会報告書』昭和 26 年 1 月 20 日，『戦後経済政策資料』第 13 巻に収録。

## 第4節　ドッジ改革後の占領政策と日米経済協力

　朝鮮特需という新しい局面が，それまでの輸出志向のみを柱とする経済復興から，輸入確保－輸入代替による経済自立化へという新しい方向を提示させたのであった。当時の文脈に従えば，「開発主義」にやや傾斜した経済自立構想が表明されたといえよう。

　しかし，この間ドッジは朝鮮特需の発生によるインフレの危険性に強い懸念を抱いていた。ESS においてドッジの補佐役となっていたリード／R. W. E. Reid は，50 年 10 月 25 日池田ドッジ会談へのコメントで，「日本側ではインフレのインパクトに対する準備がほとんど行われていない」ことを強調した[26]。ドッジ自身も，11 月 22 日に調査メモを作成し，インフレに対する日本の無頓着／Japanese Nonchalance at Inflation という表現を使い，「朝鮮動乱の勃発は，世界的な原材料不足と価格騰貴をもたらし，世界市場は買手市場から売手市場に転換した。こうしたなかで，日本では，軍需と戦争終結後の朝鮮再建需要が発生するであろうという楽観論それも過剰な楽観論が広がっている。……その他の要因も加わって，日本には強いインフレ圧力がかかってきている。もし，インフレがとまらなければ，再度直接的な賃金・価格統制が必要であろう」という判断を示した[27]。

　実際，50 年下期には輸出は特需収入を除いて倍増，生産は 20％，卸売物価は 26％ の上昇を記録した。半年間の物価上昇率がこのように高い数値をとったのは 47 年下期以来のことであった。だが，戦争と特需の発生を経済政策に積極的に組み込みたいと考えている日本側，とくに池田蔵相は，このドッジの見解を可能な限り無力化しようとした。そして，この時期のアメリカ本国，とくに国務省や陸軍省の対アジア政策は，日本側のそうした意向を一面では後押ししていたのである[28]。

---

26) R. W. E. Reid, Comments on Dodge-Ikeda Conference of 25 October, 10/25/1950, Japan Papers 1950, DODGE PAPERS.
27) J. M. DODGE, INFLATIONARY PRESSURE IN JAPAN, 11/22/1950, Japan Papers 1950, DODGE PAPERS.

## 2) アメリカのアジア戦略と日米経済協力

　アメリカ政府は，すでに1949（昭和24）年12月のNSC「アメリカの対アジア政策」（NSC-48/2）で，アジア諸国の安定した自立的経済発展を援助し，いくつかの非共産主義国の軍事力を強化し，地域連合による集団的安全保障体制の形成を奨励するという方針を立てていた。そして，朝鮮戦争の勃発とともにNSCは軍備拡張政策（NSC-68）を決定してアジア政策の見直しを進め，51年5月には新しいアジア政策「アジアに関する政策」（NSC-48/4）を決定した[29]。

　この文書は，NSC-48/2に比べると，はるかに明確に対ソ連封じ込めを打ち出したもので，これにともない対日政策も，従来とは異なった基調が明確となった。すなわち，国内治安を維持し外的侵略に対して防衛する能力をもち，極東の安全と安定に貢献できるような友好的な自主独立国家となるよう日本を援助するという基本方針が明記された上で，①講和条約の締結を急ぐ，②講和とともに双務的安全保障取決めを締結する，③経済自立を達成し，非共産主義アジアの経済安定とアメリカにとって重要な財・サービスを生産するよう日本を援助する，④講和締結に先立って占領状態から主権復活への移行を進め，日本における効率的な軍事制度の形成を促進する，⑤講和締結を待って，適当な軍事力の発達を援助し，日本と他のアジア非共産主義国用の低コストの軍事物資の生産を援助し，国連・地域安全保障機構への日本の加盟を促進する，などの方針が決定されたのである[30]。

　アメリカ軍需局／Munitions Boardは，この決定に先立つ51年2月1日「合衆国の軍需供給源としての日本」という表題の勧告を採択し，太平洋地域にお

---

28)「一面では」と述べたのは，これらの構想が想定する再軍備論に，吉田首相は強く反対していたからである。51年1月のダレス・吉田会談で，吉田は，経済が自立しかけたときに軍事力をつくるのは大変な負担になるし，軍国主義が再生する危険性もあると述べ，再軍備に反対の意思を表示した。

29) Position of the United States with Respect to Asia (NSC-48/2), Dec. 30, 1949, United States Objectives, Policies and Courses of Action in Asia (NSC-48/4), May 17, 1951, いずれも大蔵省財政史室編［1982b］に収録。

30) 三和良一［1991］p. 182。

第4節　ドッジ改革後の占領政策と日米経済協力

けるアメリカ軍の軍需品調達と東南アジアにおける軍需援助計画の補助のために日本の工業力を動員することが望ましいとして、①アメリカ軍の日本における軍需品購入を増加させること、②日本の産業能力を調査することなどを軍当局に要請していた[31]。これを受けて、2月16日、マッカーサーは、吉田首相宛書簡で「日米経済協力」に関する具体的検討を開始するよう指示した[32]。NSC-48/4は、こうした方向を、強力に促進する役割を果たしたのであった。

こうして51年に入ると、日本の経済自立計画は、継続する特需といわゆる「日米経済協力」を射程にいれた形で構想されるようになった[33]。2月には、ESSでモロー／K. D. Morrowを中心に、1932-36年の鉱工業生産水準の2.04倍、石炭生産5,000万トン、鋼塊生産990万トン、それに見合う兵器生産が可能であるという「日本の潜在工業力に関する報告書」がまとめられた[34]。また、これと平行して経済安定本部でも、朝鮮戦争に際して日本の経済力を最大限動員するため日本の産業設備能力調査を行ったいわゆるトップレベル作業がなされ、モローの見込みよりやや控え目な、石炭生産4,500万トン、鋼塊生産600万トンという数値が算定された[35]。続いて3月には、経済安定本部より「経済協力に関連する今後の重要施策」がSCAP宛に取りまとめられ、日米経済協力と経済自立を急速に達成するためには、貿易・生産の拡大により経済協力を促進すると同時に、インフレ再発の要因を排除し、生活必需物資の供給を確保することが必要である、という前提の下に、重要産業物資の生産増強、生活必需物資の確保、輸入確保、船舶増強、財政政策、金融政策、物価政策、物資需給の調整などの施策が列挙され、1.5億ドル対日援助、米国資本の積極的導入、技術導入、食糧・棉花クレジット供与、米側発注計画の提示などの要請

---

31) Japan as a Source for Supply of U. S. Military Requirements, Attachment of a letter from Burns to Mathews, Feb. 20, 1951, FRUS 1951. 三和良一[1991] p. 184 による。
32) 大蔵省財政史室編[1976a] p. 501。
33)「日米経済協力」に関する先駆的分析として、中村隆英[1982]がある。
34) Report on Japan's Immediately Available Production Resources (Japan's Industrial Potential), ESS, SCAP, February 20, 1951. 大蔵省財政史室編[1982b]に収録。
35) 林雄二郎編[1997] pp. 158-61。

がなされた[36]。

　こうした「日米経済協力」構想の浮上のなかで，従来の援助の代替として，あるいは特需の延長として，アメリカよりの新しい「援助」がもたらされるという期待が高まった。経団連は3月には日米経済提携懇談会を設置して具体化を促進しようとした。しかし，アメリカ本国ではこれに対応すべき具体的計画は固まっていなかった。このため4月に入ると，SCAPはマーカットを団長とする使節団を本国に出張させた。この結果出されたのが5月16日の「マーカット声明」[37]であった。声明は長文で多岐にわたっていたが，そのポイントは，①商業採算を基礎として，日本を米国の緊急調達計画に参加させる，②日本から東南アジアに，資本財・消費財を供給する，③アメリカの国家，民間機関の対日投資を円滑化し，将来日本を国際金融機関に参加させる，④インフレ傾向への警告という4点にあった。

　同日，ESSのモローも，「1．日本にも近く米国軍需物資（新特需，特需を含む）を計画的に発注するために調達調整機関が設置される。1．日本が米国に代って東南アジア諸国に資源開発のための長期借款や契約の形で生産設備や資材を貸与することが望ましい。1．日本が希少物資を米国が必要とする製品の生産に使用する限り，日本の製造業者に対しても米国の製造業者と同等の優先権をもって希少物資の割当を与えられるだろう。1．米国の国防生産は漸進的に進められていくもので，発注はすべて個別的注文の形を取り……1．日本が日米経済協力に必要な工作機械は，優先的に日本に輸出することを認可する。1．リバティ船の傭船が当分見込がないことが今回の使節団の折衝の結果はっきりした。それで日本としてはこれまで通りのやり方を一層強化して船舶の建造，改造，外国船の買付，傭船などを積極的に行うべきだ」というマーカット声明への補足説明を行った[38]。

---

36) この全文は，大蔵省財政史室編［1976b］pp. 544-6に掲載されている。
37) 経済安定本部官房連絡部「総司令部経済科学局長W・F・マーカット少将声明（仮訳）」昭和26年5月16日，『戦後経済政策資料』第2巻に収録。
38) 経済安定本部貿易局「マーカット声明に関する総司令部経済科学局特別補佐官D・H・モロー氏の補足的説明」昭和26年5月18日，『戦後経済政策資料』第2巻に収録。

声明やモローの補足説明に見られるように，ワシントンの立場は，緊急調達計画への需要はあるが，「長期的に買付注文を割当てるような一本の包括的計画は存在」せず一般競争で参加させる，東南アジア向け輸出もチャンスがあるので自力で開発せよ，対日投資についても日本が条件を整え政策を発表せよ，日本側はまずもってインフレを抑える努力をせよ，というもので，「日米経済協力」に対する日本側とくに民間の過剰な期待ないし幻想に水をかけるものであった。NSCやアメリカ軍需局の政策は，なおワシントンの統一的対日政策として具体化されるには至っていなかったのである。同年10月には相互安全保障法／Mutual Security Act of 1951が成立して，アメリカの対外援助は経済援助から軍事援助に重点が移行し，対象も第三世界への援助が中心となっていく。日米経済協力もあくまでこうした範囲内での協力体制であることが，ここで明らかとなった。

これに対し，経済安定本部は5月25日「経済協力についての問題点」[39]を作成し，「日米経済協力を通じて経済規模を拡大し，これにより経済の再建自立を促進すること」を基本方針とするが，マーカット声明は，「日本経済に対し右の目標達成（経済規模拡大と経済自立達成の促進──引用者）のためのチャンスを与えんとする好意的なものであることは言を俟たないが，現実の運営においては，日本経済の輸出超過の形において，日本経済が犠牲を払うこととなる可能性がある」と問題を指摘した。そして，声明に強調された「朝鮮事変後のインフレの直接要因」は，「事変後発生した世界的な需要増加の結果，我国商品が特需及び輸出の形で，外部から高価に買われた為に，我国物価がこれに引きずられて騰貴したこと」と「輸出に対し輸入が遅れたこと」という外部的なものと位置付けた。さらに，政府の対策として，「我国の物価水準を国際価格水準に調整するため，財政金融面において多少引締めることが必要ではあるが，併しそれは決してデフレ政策に大きく転換する様な意味のものではなく，朝鮮事変後海外に比し強すぎた我国の思惑的傾向の行き過ぎを是正するという

---

39)「経済協力についての問題点」昭和26年5月25日，『戦後経済政策資料』第14巻に収録。

程度の気持ちでよい」とし，ただ，アメリカ向けの政府発表では，「全般的に，マーカット声明に呼応し，国内物価の国際物価えの引下げのために，財政支出の削減，徴税の強化（増税ではない）金融引締を強力に行うが如く抽象的に発表する」という方針を策定した。

　実際，6月13日に公表された政府の「今後の重要経済施策要綱」では，この作成資料の対策通り，経済安定とインフレ抑制を真っ先にうたい，国際物価に国内物価を均衡させることが強調された[40]。しかし，この政府発表は，あくまで外向けの発表であり，この時期デフレ政策への転換は行われなかった。むしろ，こうした施策を公表することを通じて，外資とくに米国資本導入の促進と輸出入市場としての東南アジア地域の確保をアメリカ側に要請することが主要な意図であったといえよう。

　このため，51年11月に第4回目の来日を果たしたドッジは，11月末に声明を発表し[41]，「日本が過去一年間に遂げた物質的進歩は誰しも認めずにはいられないが同時にその根底に横たわる事情を検討するときにはこのような進歩の基礎がどの程度強固なものであるかについて不安の念を抱かずにはいられない。……日本が生存を続けていくための鍵は日本の生産能力ではなく，日本経済の生存と将来のために必要な製品を生み出すための原料の供給であり，又これらが加工され世界市場に受け入れられる輸出製品に変えられる能率である。……現在の生活水準と生産活動を維持改善することができるかは主として次の三点にかかっている。一．所要量の食糧と原料品を海外から輸入できるか何うか。一．輸出市場での競争能力。これは価格と品質の問題で，単に生産増加する能力ではない。一．輸入支払のための外貨を入手するに必要な商品輸出を相当量逐次増加すること」と述べた。そして，昨年とまったく同じ表題の文書を作成して[42]，①日銀と市中銀行による不適切な質的かつ量的貸出政策，②日

---

40)「今後の重要経済施策要綱」昭和26年6月13日，『戦後経済政策資料』第2巻に収録。
41) The Principles of Japanese Trade and the Conditions of a Self-Supporting Economy, (DODGE STATEMENT), 11/29/1951. 経済安定本部官房連絡部「ドッジ声明──総司令部渉外局一一月二九日発表（仮訳）」昭和26年11月30日，『戦後経済政策資料』第2巻に収録。

銀と市中銀行による不健全な信用拡張政策，③不適切な質的量的輸入制限，④原材料の使用に関する適切な管理統制（主要国で行われているにもかかわらず）の欠如，⑤地方財政赤字と地方自治体の過剰な借越し，⑥朝鮮特需への無思慮（無限定）な適応政策，⑦日本開発銀行による新規貸出の拡張などがインフレを高進させているとし，信用統制，外為統制，予算統制，原材料統制を実施して，国内面からインフレの高進を抑えることを訴えた。

しかし，このドッジの提案の多くは実現されなかった。この時点ではすでにドッジの役割は，日本側からもアメリカ本国からも小さくなっていた。また，51年7月に朝鮮戦争の休戦会談が始まっていたこともあって，戦争ブームは終結を迎えていた。ドッジの提案が受け入れられる条件は，客観的にも弱まっていたのである。

翌52年1月には，経済安定本部は「日米経済協力の推進と日本経済自立の促進について」をまとめた[43]。そこでは，「日本の鉱工業には，なお未稼働の生産能力があり，これをフルに稼働せしめることが，米国その他民主自由国家に対し経済協力を推進することであり，同時に国際収支を改善して，日本経済の自立を促進する唯一の方途である」という前提のもとに，次のような「基本的問題点」を指摘していた。すなわち，「生産の増強を確保し，輸出の増進を図るために」現在求められていることは，電力及び石炭の増強，原材料の確保，ドル不足の克服，であるが，「未稼働生産能力を稼働せしめる上の最大のネックは，電力の不足と石炭の不足である」。そして，この基本的問題点に対する対策としては，国内的には思い切った重点的投資の実行と物価の安定が必要であり，国際的には「この弗資金の不足を補うための，棉・麦の導入等を主とする短期のクレディットの設定又は電源開発等のための長期のクレディットの設定を米国に要請する必要がある……なお講和後外貨債の支払等を行う場合

---

42) J. M. Dodge, Inflationary Pressures in Japan, 11/24/1951, Japan Papers 1951, DODGE PAPERS.

43) 「日米経済協力の推進と日本経済自立の促進について」『戦後経済政策資料』第14巻に収録。なお，この文書は，1952年1月30日，ほぼ同様の内容で，経済安定本部「日本経済の自立達成と経済協力の推進について」（『戦後経済政策資料』第2巻に収録）にまとめられた。

においては，右のクレディット要請は更に強化する必要がある」ことを強調した。「輸入確保，自給度向上，資本蓄積」という路線は，再び東南アジア経済圏を包摂した「生産拡大，資本財輸出増大」という輸出重視の路線へと転換したのである。

　この主張は，前年51年8月，講和会議に全権団が携行した「B資料」[44]の線に沿うものであった。すなわち，①経済自立を達成するための不確定要素を電力という問題に収斂させ，②電源開発計画を可能とする外資導入の規模を明らかにし，③その外資の償還可能性を検討し，④それによって電源外資の導入と東南アジア開発という2つの問題を整合させるというのが，「B資料」の基本線であって，52年1月の文書は，これを敷衍したものに他ならなかった。

　こうして外資導入を通した電源開発と基礎資材部門の整備，輸出促進という，特需景気消滅から神武景気の始まりに至る時期の日本経済の発展方向を規定する路線は，この時点でほぼ明確化され，以後1953年6月の「わが国経済の自立について（岡野試案）」へとつながっていくことになった。

　以上のように，この時期の経済計画は，なによりも朝鮮戦争＝特需と日米経済協力に規定されたものであった。特需は第1年次（50.7-51.6）の3億3,000万ドルから第3年次（52.7-53.6）の4億8,000万ドルをピークに漸減したが，53年7月の休戦協定締結後も「新特需」の形で引き続き継続し，第7年次（56.7-57.6）までの合計で19億8,000万ドルに達した。さらに，在日米軍の軍人・軍属・家族等の個人消費も含めた「広義の特需」では，同期間に46億7,000万ドルに及んだ。また，対東南アジア貿易も，49年から52年にかけ持続的に増大し，52年には輸出比率で50％，輸入比率で26％に達した。ただ，この比率は52年をピークに傾向的に低下し，かわって対米貿易とくに対米輸出の比率が上昇していく。

　ふりかえってみれば，1948年以降の一連の長期経済計画は，大枠では，いずれも非軍事化・民主化から冷戦体制の構築というアメリカの世界戦略の展開

---

44)「B資料」については，林雄二郎編［1997］pp. 162-7, 参照。

に規定される形で立案・実施されたものであった。軽工業輸出基軸の経済復興→内需拡大・自給度向上・資本蓄積を軸とした経済自立→重工業再建と東南アジア開発をセットにした経済自立という構想の推移は、このことをよく示している。しかし、他方、これまで見てきた計画の内容からも明らかなように、アメリカの戦略が経済計画のレベルにおいてストレートに貫徹した訳ではなかった。意見の食い違いや対立も含めたワシントンとSCAPの関係の変化、さらにはワシントン内部における、NSC・陸軍省とNAC・財務省・FRBの対立が存在していたためである。

このため日本側は、長期経済計画の立案・施策において、計画の外枠では忠実に指示や要求に従いつつ、いくつかの点でアメリカ側の間隙をぬうことができた。援助・外資導入の継続的確保、重化学工業の復興促進、インフラ部門の整備、輸出重視型国際収支均衡の志向などがそれで、この点では、中間安定以後の日本の経済復興・自立計画は一貫していたとさえいいうるのである。しかし、このことは逆に、1954年の経済審議庁の一文書[45]がいみじくも述べているように「戦後の各計画を通して援助、特需等日本経済に対するプラスアルファ的なものに対して、それが日本経済の内部環境にどのような作用をするかを十分に追求し得なかった」という問題を生み出すこととなった。当該期の経済計画は、この意味でも1955年の「経済自立五ヶ年計画」ほか以後継続的に閣議決定される経済計画の出発点となったのであった。

---

45) 経済審議庁計画部計画第一課「戦後の経済計画の変遷」昭和29年2月27日、『戦後経済政策資料』第15巻に収録。

# 第2章　360円レートの時代

## 第1節　外為・外貨規制と外貨管理

### 1. 外貨管理の対日移管とオープン勘定の保持運営

　1952（昭和27）年4月，外貨管理権は日本政府の手に移され，外貨はドル勘定・ポンド勘定・オープン勘定の3種類に区分して管理されることになった。戦後発足したIMF体制は，多角的な貿易決済機構の構築をその基本理念としたが，戦後世界経済の不均衡と世界的なドル不足問題の存在，各国の保護主義的経済再建によって，2国間双務協定方式が主流となり，対日占領を遂行したSCAPも，各国との覚書によって2国間決済を行っていた。いわゆるオープン勘定とはこの方式を総称するものであり，日本側が外貨移管を受けた後もこの方式が継続された。

　オープン勘定とは，個々の取引は原則ドル建てで行うが，その決済は記帳に止めて一定期間の貸借をためておき，期末に貸借を相殺して差額のみを米ドル現金で受払いする方式である。外貨不足という状況の下で，外貨を節約しながら対外貿易の伸長を図ろうという為替清算制度の一種である。51年9月の講和条約調印時に，SCAPに代わって外為管理委員会が運営していたオープン勘定相手国は，アルゼンチン，ブラジル，フィンランド，フランス（含仏印），インドネシア，韓国，西ドイツ，オランダ，フィリピン，スウェーデン，中華民国，タイの12カ国であった。

　占領期間中に，SCAPと各国との間に締結された支払協定は，講和条約発効後は原則として失効することとなったから，日本側はこれらオープン勘定締結国と改めて協定を締結する必要があった。上記12カ国のうち，西ドイツ，スウェーデンの両国については，オープン勘定の管理権が日本側に移管された際，講和条約発効後の新協定が同時に締結されたが，その他の国についてはとりあえず協定を暫定延長する旨の取極を行い，条約発効後に改めて新協定を締

結することにした。新協定締結の年月日は以下の通りであった。

| | | | |
|---|---|---|---|
| インドネシア | 52年8月7日 | タ　　イ | 52年9月12日 |
| ブラジル | 52年9月12日 | フィンランド | 52年12月24日 |
| アルゼンチン | 53年4月30日 | 中 華 民 国 | 53年6月13日 |

　ただし，フランス（含仏印），韓国，オランダ，フィリピンについては，新協定が締結されることなく，従来の協定が引き続き適用された。また，講和条約発効後，新たに，イタリア（53年1月15日），エジプト（53年11月28日），トルコ（55年2月8日），ギリシャ（55年4月1日）の4カ国との間にオープン勘定協定が締結された。この結果，オープン勘定はピーク時には合計17勘定に達した。これらのオープン勘定の内容や決済方法は，必ずしも統一されてはおらず，国によってまちまちであった[1]。各国毎のオープン勘定の特徴を概括すれば，表2-1のようになる。

　これらの各オープン勘定を通ずる取引額は，貿易取引ではピーク時には30％近くに達したが，貿易外取引ではピーク時でも4％にすぎなかった。この方式は，国際金融情勢が不安定で外貨不足が続くといった状況の下では一定程度有効に機能したが，双方が均衡に重点を置く結果として，輸出入制限による縮小均衡に傾いたり，割高輸入・割安輸出を招いたりする欠陥が存在していた。例えば，日本側出超のアルゼンチン，韓国，インドネシア等に対しては，債権累積のおそれから輸出抑制やスイッチ・トレード方式輸入の容認などの措置がとられ，逆に日本側入超のフィリピン，タイ，西ドイツ等では輸入物資を割高で購入させられる，といった問題が発生した。

　またこの間，西ヨーロッパ地域の通貨交換性が順次回復され，IMFやGATTの場で双務協定への批判が高まるなかで，漸次廃止の示唆がなされ，日本の外貨準備状況も改善されてきたため，55年以降オープン勘定は逐次廃止の方向に向かった。すなわち，55年9月に，まず，西ドイツオープン勘定

---

　1）オープン勘定のいくつかのタイプにつき，詳しくは，大蔵省財政史室編［1999］を参照。

表 2-1  オープン

| 国 別 | 勘 定 | 信用状取引 | 電信送金 |
|---|---|---|---|
| アルゼンチン | 分割2勘定 | 個別保証 | 1階建 |
| ブラジル | 本行1勘定 | 包括保証 | 包括保証 |
| 中華民国（台湾） | 本行1勘定 | 包括保証 | 包括保証 |
| エジプト | 先方1勘定 | 取立方式 | 1階建 |
| フィンランド | 本行1勘定 | 個別保証 | 1階建 |
| フランス（含仏印） | 本行1勘定 | 取立方式 | 1階建 |
| ギリシャ | 本行1勘定 | 個別保証 | 1階建 |
| インドネシア | 分割2勘定 | 包括保証 | 包括保証 |
| イタリア | 分割2勘定 | 個別保証 | 1階建 |
| 韓 国 | 本行1勘定 | 包括保証 | クリーンL/C（包括保証）により決済 |
| オランダ | 本行1勘定 | 個別保証 | 1階建 |
| フィリピン | 対応2勘定 | 指定為替銀行は当該国政府の副代理人の資格で取引，事実上包括保証 | |
| スウェーデン | 本行1勘定 | 包括保証 | 包括保証 |
| タ イ | 分割2勘定 | 個別保証 | 2階建 |
| トルコ | 分割2勘定 | 日本側輸出―前受方式<br>トルコ側輸出―取立方式 | 1階建 |
| ドイツ（西ドイツ） | 分割2勘定 | 分散支払い方式（為替銀行間決済） | |

注 1）フランスについては，フランス連合と仏印別にそれぞれ勘定が設けられた（ただし，スウィング限度は，
2）資料は外国為替局「特別決済勘定手続便覧」などによる．
3）ブラジルオープン勘定は1954年9月14日，スウェーデンオープン勘定（ただしスウェーデン側の輸入および送金）は52年10月末まで包括保証制であった．なおドイツオープン勘定の分散支払方式は54年6月いては省略）．
4）用語の説明
  ○ 1勘定制：協定当事国のうち一方のみにオープン勘定がおかれるものをいい，双方におかれるものを2ある．なお2勘定制では，自国が保持する勘定にはそれぞれ自国側輸出および仕向送金等取引の片側の
  ○ 個別保証：輸入国中央銀行が信用状ごとに個別に授権書（リインバースメント・オーソリゼーション金を支払うことを認め，この支払をオープン勘定に記帳することを承認するもの）を発行し，輸出国中央銀行れに対し個別的にRAを発行せず包括的に保証を与えるものを包括保証という（送金取引の場合も同
  ○ 取立方式（コレクション方式）：信用状発行銀行から輸出手形代金の取立てを行ったのち，はじめて央銀行から取立済みの通知到着後に行われる．
  ○ 前受方式：輸入国為替銀行が信用状開設の際，信用状金額を自国の中央銀行に納付し，当該中央銀行はわれるものをいう．
  ○ 分散支払方式：両国間の為替決済はすべて両国為替銀行のコルレス勘定の貸記または借記により行われ，みに使用されるものをいう．
  ○ 1階送金：送金支払指図書の発行を中央銀行のみが行う方式で，2階建送金というのは為替銀行が送金
  ○ スウィング限度：オープン勘定残高に与えられる信用供与（貸越）限度をいい，この限度を超えると債務国
  ○ 条件付記帳：オープン勘定取引が信用状条項との一致を条件としているため，信用状発行銀行が信用状しなければならないものをいい，無条件記帳というのは，信用状条項と一致しているといないとにかかわ

## 勘定の形態

(1956年6月末現在)

| 普通送金 | スウィング限度 | 残高に対する利息 | 記帳方式 |
|---|---|---|---|
| 2階建 | 20,000 千ドル | 有利息 | 無条件記帳 |
| 包括保証 | 10,000 | 有利息 | 無条件記帳 |
| 包括保証 | 10,000 | 無利息 | 無条件記帳 |
| 2階建 | 日本貸越 5,000 | 無利息 | — |
| 2階建 | 1,000 | 無利息 | 条件付記帳 |
| 1階建 | 8,000 | 無利息 | — |
| 1階建 | — | 無利息 | 無条件記帳 |
| 包括保証 | — | 無利息 | 条件付記帳 |
| 2階建 | 1,000 | 無利息 | 無条件記帳 |
|  | 2,000 | 無利息 | 無条件記帳 |
| 2階建 | 2,000 | 無利息 | 無条件記帳 |
|  | 2,500 | 無利息 | 条件付記帳 |
| 包括保証 | 4,000 | 無利息 | 無条件記帳 |
| 2階建 | 5,000 | 無利息 | 無条件記帳 |
| 1階建 | 1,500 | 無利息 | — |
|  | 12,000 | 無利息 | — |

両勘定残高を合計して 8,000 千ドル）。

よび送金）は54年9月末までそれぞれ個別保証制，またオランダオープン勘定（ただし日本側の輸入おより以降実施され，それまでは個別保証制であった（平和条約発効後の旧協定廃止・新協定締結に伴う改変につ

勘定制という。1勘定制の場合には相手国に本勘定に対応する見合勘定（影の勘定）がおかれるのが普通でみを記帳する分割2勘定制と，全取引を記帳する対応2勘定制とがある。
〈RA〉。信用状に基づいて振り出された手形の買取りが行われた場合は，買取銀行に対し，ただちに手形代りはこれに基づいて手形買取銀行に手形買取代金を支払い，かつオープン勘定に記帳する方式のものをいい，こ様）。
オープン勘定の記帳を行うものをいう。したがって輸出国中央銀行の手形買取銀行に対する支払も輸入国中
オープン勘定に記帳して，この旨を輸出国中央銀行に通知，この通知に基づいて輸出代金が輸出業者に支払
両国中央銀行の保持するオープン勘定は，為替銀行のコルレス勘定を通ずる決済等のカバーのための送金の
支払指図書を発行すると同時に中央銀行も当該送金に関するオーソリゼーションを発行する方式をいう。
は債権国にその超過額について現金決済をしなければならない。
条項違反を理由に手形支払を拒絶した場合，輸出国中央銀行は輸入国中央銀行から要求あり次第記帳を訂正らず，無条件に勘定が確定し，記帳の訂正を行わないものをいう。

が廃止されたのを皮切りに，56年にはイタリア，フランス等6カ国，57年にはフィンランド，インドネシア等4カ国，58年にはブラジル，エジプト，59年にはトルコ，60年にはギリシャと廃止が進み，60年時点での残存オープン勘定は，中華民国，韓国の2カ国のみとなった。前者については翌61年，後者については66年に廃止された。

## 2．外貨予算制度と外貨収支の推移

### 1）外国為替統計と外国為替予算制度

　1949（昭和24）年3月に外国為替管理委員会が発足し，同年11月1日に外貨勘定の一部の計理が外為委員会に移管されたことが，外国為替統計を作成する端緒となった。外貨勘定がすべて日本側に移管されたのは52年4月のことであったが，計理の一部移管に伴い，外国為替統計は49年11月分から公表された[2]。

　当時の外国為替取引は，外貨集中制度（外為取引1件ごとに，外為委員会の委任を受けた日本銀行に円を対価として売買し，外国為替特別会計に外貨を集中する）という厳格な為替管理が実施されていた。外国為替統計は，この取引関連書類を計理上の証憑として，通貨別・地域別・商品別に分類・集計して作成された。外国為替統計の計上範囲は，外為公認銀行と顧客との間の外国為替売買に限られ，政府や金融機関間の短期資本取引などは計上されていなかった。しかし，当時はその動きは無視しうるほどの大きさであったから，この外国為替統計により，おおむね日本の外貨収支の全体を把握することができた。また，しばしば外貨危機に直面した日本の国際収支動向を迅速に把握したいという当時の要請に対しても，旬報を発表するなどして十分に対応することができた。従って，当時は国際収支といえば，この外国為替統計によって把握される外為

---

　2）外国為替統計，貿易関係統計，保有外貨統計，IMF方式国際収支統計など，この期間に作成された諸統計の内容およびその相互の連関につき，詳しくは大蔵省財政史室編［1976c］pp. 481-612 を参照。

収支を指していたのであった。

　なお，これと平行してIMF方式の国際収支表も作成されるようになった。1951年に入り，IMFはその加盟国に対し，IMFの国際収支提要（Balance of Payments Manual）第2版に基づいて，1950年，1951年の国際収支表をIMFに提出するように依頼し，日本に対しても，なお未加盟ではあったが，SCAPを経由して大蔵省に対し報告作成依頼を行った。この依頼に対応して，大蔵省・日本銀行は同方式の国際収支統計を四半期別に作成することとし，この統計は定期的に内閣にも報告され，適宜発表されることになった。しかし，IMF方式による国際収支統計は，作成に日時を要したため，事後的な記録としての役割にとどまり，1964年のIMF8条国移行までは，外国為替統計が国際収支に関する基本統計としての役割を果たし続けた[3]。

　戦後1960年代半ばまで，日本の外国為替取引は，上述のように，きわめて厳格な集中制度がとられており，この集中制度に対応する形で，外国為替予算（通称外貨予算）が作成されていた[4]。この外貨予算は，1949年12月制定の外為管理法第3条に基づいて内閣に設置された閣僚審議会において作成することが定められたが，作成の事務局は，当初は経済安定本部貿易局に置かれ，次いで外為管理委員会発足後は同委員会が実質的にその任にあたったが，外為管理委員会廃止の52年8月以降は，貿易外と貿易・貿易外を含めた全体のとりまとめに関しては大蔵省為替局が，貿易については通産省通商局が作成することとなった。

　外貨予算は，国が一定期間の外貨支払について定める予算金額を指し，これに基づいて，貨物輸入もしくは貿易外支払のための外貨の支払，または支払の

---

3）1964年のIMF8条国移行，OECD加盟後，日本政府は，経済政策および国際収支に関する国際的討議にも公式に参加するようになり，国際収支統計を，国際的に比較可能なベースで作成することが要請されるようになった。また，高度成長期を経るなかで，対外経済取引も次第に多様化し，従来の外国為替統計によっては，国際収支の状況を正しく把握することが困難と感じられるようになった。このため，約1年間の準備期間をおいて，1966年4月12日付の大蔵省・日本銀行共同発表により，外国為替統計をIMF提要（第3版）によって作成される「IMF方式国際収支統計」に移行することとし，従来の外国為替統計の公表は，67年3月分限りをもって中止された。

4）以下の叙述は，主として日本銀行『日本銀行沿革史』第5集第17巻，による。

原因となる行為もしくは取引を認めるもので，内閣閣僚審議会で決定された[5]。本制度は，制度発足時の50年1月から，64年4月にIMF8条国移行を機に廃止されるまで，14年3ヵ月の長きにわたって続いた。

外貨予算の編成は，当初は4半期（3ヵ月）毎であったが，講和条約発効後の52年4月からは半期（半年）毎になった。外貨予算は，輸入貨物予算と貿易外支払予算の2つから構成され，前者の輸入貨物予算は，外貨割当品目（FA, Foreign Exchange Allocation），自動承認品目（AA, Automatic Approval），予備費からなるが，59年下期にはさらに，FAとAAの中間の自動割当品目（AFA, Automatic Foreign Exchange Approval）が設けられた。後者の貿易外支払予算は，運輸，海外渡航，政府取引，長短資本移動などであったが，運輸取引がもっとも大きく約半分を占めた。

また，その編成方式も，経済成長と貿易自由化の進展に沿って逐次改正された。まず，54年度上期には，通貨別区分をはずしたグローバル予算が一部に，次いで58年度上期には全面的に採用された。さらに翌59年度下期以降は，上述のようにAFAが導入され，同時に貿易外支払の自由化に伴って，貿易外予算の編成を計画分と自由分に区分し，自由分については事前承認を必要としないこととした。なお，この区分は，63年度上期には廃止された。また，62年度上期からは，輸入公表方式が，従来のポジティブ・リスト方式（原則輸入制限，自由化品目のみ列記）からネガティブ・リスト方式（原則輸入自由，非自由化品目のみ列記）に移行した。

この外貨予算の編成にあたっては，当初は国際収支の均衡なかんずく外貨収支の均衡を図るという目的から，おおむね外貨不足の時期には圧縮予算が，外貨好調の時期には拡大予算が編成された。圧縮ないし均衡予算が採られた時期は，53年度下期-55年度上期，57年度下期-58年度上期，62年度で，拡大ないし余裕予算（当時は「タップリ予算」と称された）が採られた時期は，52年度下期-53年度上期，56年度下期-57年度上期，59年度上期-61年度下期で

---

5）外貨予算制度につき詳しくは，東京銀行調査部［1958］を参照。なお，浅井良夫［2005b］pp. 22-8は，外貨予算制度のエッセンスを簡潔明瞭にまとめている。

あった。また，その内容においても，その時々の外貨の種類別過不足，国内の商品需給ならびに物価動向，輸入先の経済性などを考慮して，通貨別・商品別の編成が行われるとともに，この間輸入自由化の大綱に従って，グローバル予算，AA予算，AFA予算の拡大が漸進的に行われた。AA予算の拡大にともなって，外貨予算の性格は，当初の支払制限的性格から漸次支払見積り的性格に移行するとともに，その目的も外貨収支の均衡維持から国内産業保護など産業政策の一手段へと移行していった。

**2）外貨収支の推移**

では，こうした外貨予算制度と密接に関連する当該期の外貨収支はどのように推移したのか[6]。表2-2から表2-4までは，1952（昭和27）年から59年までの外貨受払を，通貨地域別を基準とし，さらに貿易，貿易外に区分して示したものである。表2-2に明らかなように，外貨収支は，52年下期-54年上期，57年上下期に大幅な支払超過を示した。朝鮮特需によって，50年度末の4億9,300万ドルから51年度末の10億5,900万ドルへと2倍以上の増大を遂げていた外貨保有高は，52年下期からのこの払超によって，53年末には9億7,700万ドル，54年4月末には7億8,700万ドルへと急減した。外貨保有高は，その後，56年4月には14億5,400万ドルまで回復したが，57年に入るとともに再度悪化し，9月には9億5,000万ドルまで急減した。

外貨収支の急激な悪化の内容は，それぞれの時期で異なっていた。53年外貨危機は，もっぱら輸入増加によるポンド準備の急減が危機の内容であり，57年外貨危機は，原材料や半製品輸入による在庫投資の激増を背景としていた。また，61年の外貨危機は，岩戸景気の下での設備投資ブームの反動から危機が生じ，海外からの短資流入がこの危機を緩和した。

いずれにせよ50年代の外貨危機は，貿易収支の悪化と照応していた。表2-3に見られるように，この期間の貿易収支は，55年下期-56年上期，58年上

---

6）1950年1-3月期から52年1-3月期までの外貨予算の実績については，大蔵省財政史室編［1976c］pp. 298-355を参照。

表 2-2 決済通貨別外国為替受払

(単位：百万ドル)

| | その他共合計 | | | ポンド | | | オープン | | | ドル | | |
|---|---|---|---|---|---|---|---|---|---|---|---|---|
| | 受取 | 支払 | 差額 | 受取 | 支払 | 差額 | 受取 | 支払 | 差額 | 受取 | 支払 | 差額 |
| 1951. 1-6 | 1,041 | 1,051 | −10 | 267 | 214 | 52 | 239 | 212 | 27 | 536 | 625 | −90 |
| 7-12 | 1,199 | 858 | 341 | 331 | 236 | 95 | 195 | 107 | 88 | 674 | 515 | 159 |
| 1952. 1-6 | 1,233 | 908 | 325 | 405 | 260 | 145 | 169 | 109 | 61 | 658 | 539 | 119 |
| 7-12 | 1,051 | 1,017 | −10 | 235 | 321 | −86 | 135 | 128 | 6 | 637 | 568 | 69 |
| 1953. 1-6 | 1,012 | 1,151 | −140 | 179 | 391 | −212 | 150 | 218 | −68 | 683 | 543 | 140 |
| 7-12 | 1,108 | 1,163 | −54 | 190 | 283 | −93 | 230 | 261 | −31 | 688 | 619 | 69 |
| 1954. 1-6 | 1,077 | 1,254 | −177 | 225 | 230 | −5 | 305 | 270 | 35 | 547 | 754 | −207 |
| 7-12 | 1,232 | 955 | 277 | 320 | 191 | 130 | 261 | 229 | 33 | 651 | 535 | 115 |
| 1955. 1-6 | 1,206 | 1,065 | 140 | 365 | 284 | 82 | 225 | 244 | −20 | 606 | 533 | 72 |
| 7-12 | 1,462 | 1,108 | 353 | 398 | 359 | 39 | 263 | 228 | 35 | 799 | 518 | 281 |
| 1956. 1-6 | 1,566 | 1,317 | 249 | 480 | 436 | 43 | 220 | 223 | −2 | 856 | 639 | 217 |
| 7-12 | 1,659 | 1,615 | 44 | 475 | 604 | −130 | 172 | 192 | −21 | 994 | 786 | 208 |
| 1957. 1-6 | 1,755 | 2,154 | −399 | 612 | 677 | −65 | 149 | 193 | −44 | 962 | 1,231 | −270 |
| 7-12 | 1,888 | 2,021 | −134 | 649 | 813 | −164 | 134 | 87 | 47 | 1,067 | 1,050 | 17 |
| 1958. 1-6 | 1,702 | 1,508 | 193 | 657 | 562 | 95 | 78 | 91 | −14 | 935 | 800 | 135 |
| 7-12 | 1,809 | 1,491 | 318 | 581 | 560 | 21 | 72 | 42 | 30 | 1,116 | 838 | 278 |
| 1959. 1-6 | 1,876 | 1,601 | 275 | 552 | 622 | −71 | 57 | 69 | −11 | 1,228 | 856 | 372 |
| 7-12 | 2,170 | 1,964 | 206 | 644 | 730 | −86 | 50 | 27 | 22 | 1,431 | 1,126 | 304 |

注）日本銀行為替管理局『外国為替統計月報』各月版より作成。

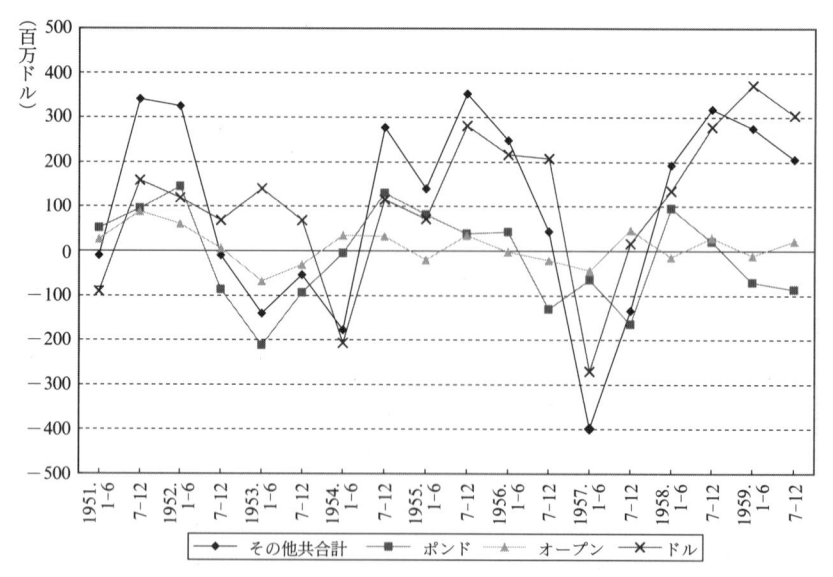

図 2-1 外国為替受払通貨別差額（貿易・貿易外合計）

第1節 外為・外貨規制と外貨管理

表 2-3 決済通貨別輸出入

(単位：百万ドル)

|  | その他共合計 | | | ポンド | | | オープン | | | ドル | | |
|---|---|---|---|---|---|---|---|---|---|---|---|---|
|  | 受取 | 支払 | 差額 | 受取 | 支払 | 差額 | 受取 | 支払 | 差額 | 受取 | 支払 | 差額 |
| 1951. 1-6 | 654 | 987 | −333 | 254 | 207 | 47 | 239 | 211 | 28 | 162 | 569 | −407 |
| 7-12 | 644 | 738 | −94 | 309 | 223 | 86 | 194 | 105 | 89 | 140 | 410 | −270 |
| 1952. 1-6 | 732 | 823 | −91 | 385 | 246 | 139 | 166 | 106 | 60 | 182 | 470 | −288 |
| 7-12 | 557 | 895 | −338 | 212 | 286 | −74 | 131 | 125 | 6 | 214 | 485 | −271 |
| 1953. 1-6 | 557 | 1,050 | −493 | 151 | 363 | −212 | 144 | 211 | −67 | 263 | 476 | −213 |
| 7-12 | 600 | 1,051 | −451 | 163 | 254 | −91 | 217 | 253 | −36 | 219 | 544 | −325 |
| 1954. 1-6 | 708 | 1,135 | −427 | 207 | 198 | 9 | 288 | 261 | 27 | 213 | 675 | −462 |
| 7-12 | 824 | 827 | −3 | 301 | 154 | 147 | 250 | 219 | 31 | 273 | 455 | −182 |
| 1955. 1-6 | 878 | 906 | −28 | 349 | 230 | 119 | 216 | 231 | −15 | 323 | 444 | −121 |
| 7-12 | 1,076 | 943 | 133 | 379 | 302 | 77 | 251 | 212 | 39 | 445 | 427 | 18 |
| 1956. 1-6 | 1,177 | 1,100 | 77 | 456 | 353 | 103 | 212 | 210 | 2 | 502 | 523 | −21 |
| 7-12 | 1,225 | 1,370 | −145 | 449 | 512 | −63 | 163 | 174 | −11 | 596 | 656 | −60 |
| 1957. 1-6 | 1,316 | 1,834 | −518 | 576 | 548 | 28 | 130 | 183 | −53 | 582 | 1,057 | −475 |
| 7-12 | 1,465 | 1,738 | −273 | 609 | 705 | −96 | 129 | 83 | 46 | 694 | 889 | −195 |
| 1958. 1-6 | 1,356 | 1,238 | 118 | 630 | 458 | 172 | 75 | 88 | −13 | 625 | 649 | −24 |
| 7-12 | 1,371 | 1,231 | 140 | 552 | 471 | 81 | 69 | 40 | 29 | 715 | 681 | 34 |
| 1959. 1-6 | 1,445 | 1,302 | 143 | 531 | 533 | −2 | 55 | 66 | −11 | 824 | 663 | 161 |
| 7-12 | 1,719 | 1,553 | 166 | 617 | 641 | −24 | 47 | 25 | 22 | 1,013 | 825 | 188 |

注) 表 2-2 と同じ。

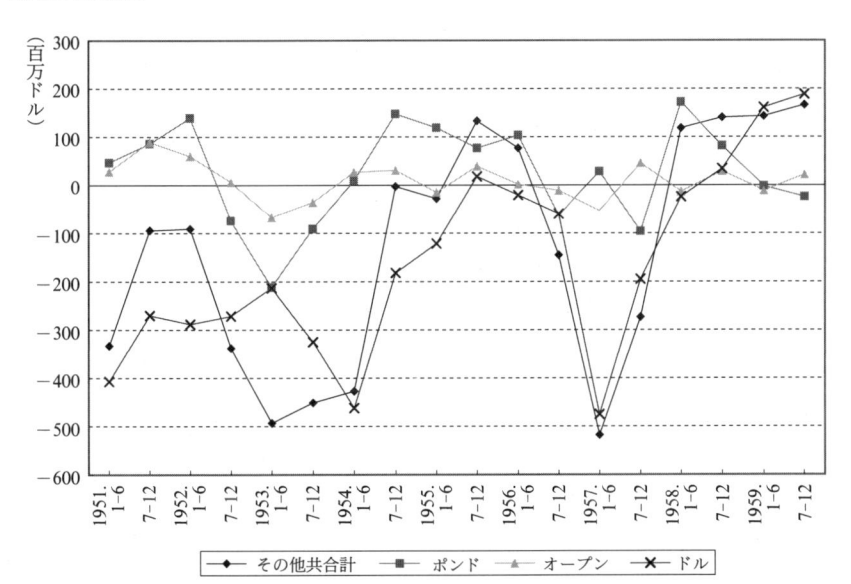

図 2-2 外国為替受払通貨別差額（貿易）

表 2-4　決済通貨別貿易外受払

(単位:百万ドル)

| | その他共計 | | | ポンド | | | オープン | | | ドル | | |
|---|---|---|---|---|---|---|---|---|---|---|---|---|
| | 受取 | 支払 | 差額 | 受取 | 支払 | 差額 | 受取 | 支払 | 差額 | 受取 | 支払 | 差額 |
| 1951. 1-6 | 387 | 64 | 323 | 13 | 8 | 5 | 0 | 0 | 0 | 374 | 56 | 318 |
| 7-12 | 556 | 120 | 436 | 22 | 14 | 8 | 0 | 1 | −1 | 533 | 105 | 428 |
| 1952. 1-6 | 500 | 85 | 415 | 20 | 13 | 7 | 3 | 2 | 1 | 477 | 69 | 408 |
| 7-12 | 449 | 122 | 327 | 23 | 35 | −12 | 3 | 3 | 0 | 423 | 83 | 340 |
| 1953. 1-6 | 455 | 101 | 354 | 28 | 28 | 0 | 7 | 6 | 1 | 420 | 67 | 353 |
| 7-12 | 509 | 111 | 398 | 27 | 29 | −2 | 13 | 8 | 5 | 469 | 74 | 395 |
| 1954. 1-6 | 368 | 120 | 248 | 18 | 32 | −14 | 16 | 8 | 8 | 334 | 80 | 254 |
| 7-12 | 408 | 128 | 280 | 20 | 37 | −17 | 11 | 10 | 1 | 378 | 80 | 298 |
| 1955. 1-6 | 328 | 160 | 168 | 16 | 53 | −37 | 9 | 14 | −5 | 293 | 89 | 204 |
| 7-12 | 385 | 166 | 219 | 19 | 57 | −38 | 12 | 16 | −4 | 354 | 91 | 263 |
| 1956. 1-6 | 388 | 217 | 171 | 24 | 84 | −60 | 9 | 13 | −4 | 354 | 117 | 237 |
| 7-12 | 434 | 245 | 189 | 26 | 92 | −66 | 9 | 18 | −9 | 398 | 130 | 268 |
| 1957. 1-6 | 439 | 320 | 119 | 36 | 130 | −94 | 19 | 9 | 10 | 380 | 174 | 206 |
| 7-12 | 422 | 283 | 139 | 41 | 108 | −67 | 5 | 3 | 2 | 373 | 161 | 212 |
| 1958. 1-6 | 346 | 271 | 75 | 26 | 104 | −78 | 3 | 3 | 0 | 311 | 152 | 159 |
| 7-12 | 437 | 260 | 177 | 29 | 89 | −60 | 3 | 3 | 0 | 400 | 157 | 243 |
| 1959. 1-6 | 431 | 299 | 132 | 21 | 89 | −68 | 3 | 3 | 0 | 404 | 194 | 210 |
| 7-12 | 450 | 411 | 39 | 27 | 89 | −62 | 2 | 2 | 0 | 417 | 301 | 116 |

注)　表 2-2 と同じ。

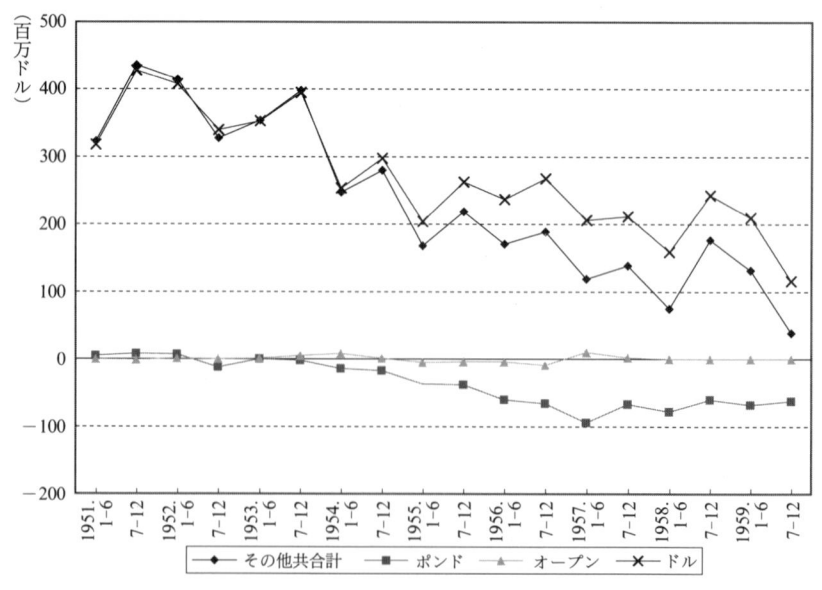

図 2-3　貿易外差額通貨別

期以降を除いて，ほぼ一貫して入超であった。そして，この入超額は，52年下期-54年上期，57年上下期に極端に大きくなっている。通貨別に収支差額を見ると，入超の基本的要因がドル地域にあったことは明白であるが，52年下期-53年の収支悪化は，ポンド地域，オープン地域の収支悪化に，57年のそれは，ドル地域の収支悪化に規定されていたことがわかる。もう少し細かく見ると，52年下期-53年の場合は，ポンド地域への大幅な輸出減と緩やかな輸入増の影響が大きく，57年の場合は，ドル地域からの大幅な輸入増の影響が大きかった。同じ貿易赤字の増大といっても，その内容は，52年下期-54年上期，57年上下期では，かなり異なっていたのである。

この貿易赤字を補塡していたのが，貿易外収支の黒字であった，表2-4に見られるように，貿易外収支は，黒字幅は漸減していくものの，52年から59年まで一貫して黒字で，黒字額は52-53年には年間7億ドルを超していた。この黒字はほぼ全額ドル地域からもたらされていたが，ドル地域からの貿易外受取8億-9億ドルの90％以上は特需によるものであった。特需の内容は，主力はいうまでもなく朝鮮戦争関連の米軍物資・サービス調達であったが，駐留軍人軍属の個人消費のための円セール，UNKRA（国連韓国復興機関）からの需要など多様な内容を含んでいた。この特需収入は，52年には8億2,400万ドル，53年には8億100万ドルに達したが，54-56年には6億ドル弱，57年には5億ドル強，58年には4億ドル台へと傾向的に減少し，これに比例する形で貿易外黒字幅も縮小していった。

## 3．1950年代の外貨危機

### 1）1953年の外貨危機と外貨予算

　1953（昭和28）年の外貨危機，57年の外貨危機は，こうした事情の下で発生した。まず，1953-54年の外貨危機から見よう[7]。この時期，外貨収支は52

---

7）1953年外貨危機の実態につき，詳しくは，浅井良夫［2005b］pp. 31-40を参照。

年下期から悪化し始め，53年中に大幅な払超をみせた後，54年下期に大きく回復し，55年下期に受取超過のピークに達している。通貨地域別にこの外貨収支を見ると，52年下期-53年上期の悪化は，ポンド地域とオープン勘定地域が大幅な払超になったことによって生じ，54年上期は逆にこの両地域が回復したにもかかわらず，ドル地域が払超に転じたため，緩やかな回復にとどまり，54年下期-55年にドル地域の収支が急速に改善した結果，全体としての外貨収支も顕著に改善されるという経過をたどった。

「ドル不足，ポンド過剰」といわれた状況の下で，なぜこのような事態が起こったのだろうか。前掲表2-3に見られるように，当時の貿易入超の大部分はドル地域であった。ところが，53年には，それまで出超であったポンド地域，オープン地域が入超に転じ，これがドル地域の入超に上積みされて，貿易赤字幅が急増した。このポンド地域，オープン地域の入超への転換は，ポンド地域の方がより明瞭であるが，ともに輸出の減少，輸入の増大の結果として生じている。同時期ドル地域に対しては輸出入とも微増で，入超額も52年5億5,900万ドル，53年5億3,700万ドルとほとんど変化していないから，この時期の外貨危機の直接の要因は，ポンド地域，オープン地域の貿易収支の悪化にあったといえる。

ポンド地域，オープン地域との貿易収支が急激に悪化したのは，ひとつは，52年後半から，ポンド防衛のため輸入制限と輸出促進政策がとられ，日本のスターリング地域向け繊維品輸出が大きな打撃を受けたこと，アメリカの軍事支出繰延べによる世界的物資需給の緩和，その結果としての景気後退，輸出価格の全般的下落が生じたことによるものであった。もうひとつは，輸入の増大である。前年までの外貨保有が朝鮮特需を反映して増大したこともあって，52年度下期には，比較的潤沢，かつ，通貨別不均衡是正の観点からポンド地域からの輸入促進的外貨予算が組まれた。この結果として，同地域からの輸入は53年に入っても増加を続けたのである。

このように当該期の貿易収支は，半期毎に編成される外貨予算枠と密接な因果連関を有していた。そこで以下，52年度上期（52年4月-9月）から54年度下期（54年10月-55年3月）までの外貨予算編成を見ることにする（表2-5）。

第1節　外為・外貨規制と外貨管理

表 2-5　外貨予算実施状況 (1950年1月-64年3月)

(単位：百万ドル)

| | | 貨物予算 | | | | | | 貿易外予算 | | | |
|---|---|---|---|---|---|---|---|---|---|---|---|
| | 当初予算 | 最終予算(A) | 確認額(B) | 確認率(B/A) | FA | AA | 確認額中のAAの比率(AA/B) | 当初予算 | 最終予算(A) | 確認額(B) | 確認率(B/A) |
| 50. 上 | 398 (33) | 701 | 575 | 82 | 510 | 65 | 11 | 50 (4) | 53 | 27 | 51 |
| 下 | 911 (162) | 1,454 | 1,297 | 89 | 613 | 684 | 53 | 58 (3) | 71 | 42 | 59 |
| 51. 上 | 989 (230) | 1,042 | 724 | 70 | 534 | 190 | 26 | 116 (2) | 116 | 70 | 60 |
| 下 | 1,381 (247) | 1,412 | 926 | 66 | 687 | 239 | 26 | 153 (4) | 153 | 67 | 44 |
| 52. 上 | 1,211 (218) | 1,242 | 969 | 78 | 645 | 324 | 33 | 136 (15) | 210 | 149 | 71 |
| 下 | 1,415 (273) | 1,501 | 1,254 | 84 | 813 | 441 | 35 | 266 (20) | 349 | 230 | 66 |
| 53. 上 | 1,225 (257) | 1,246 | 1,060 | 85 | 772 | 288 | 27 | 330 (15) | 396 | 282 | 71 |
| 下 | 1,335 (170) | 1,546 | 1,446 | 94 | 1,188 | 258 | 18 | 324 (25) | 445 | 342 | 77 |
| 54. 上 | 1,100 (50) | 1,100 | 933 | 85 | 824 | 108 | 11 | 320 (10) | 372 | 294 | 79 |
| 下 | 1,090 (43) | 1,090 | 1,041 | 96 | 870 | 171 | 16 | 164 (10) | 174 | 154 | 89 |
| 55. 上 | 1,107 (50) | 1,161 | 1,137 | 98 | 950 | 187 | 16 | 210 (20) | 213 | 193 | 91 |
| 下 | 1,314 (50) | 1,455 | 1,417 | 97 | 1,186 | 231 | 16 | 274 (30) | 336 | 292 | 87 |
| 56. 上 | 1,543 (50) | 1,766 | 1,687 | 96 | 1,336 | 351 | 21 | 344 (30) | 346 | 302 | 87 |
| 下 | 1,915 (210) | 2,483 | 2,374 | 96 | 1,861 | 513 | 22 | 426 (50) | 426 | 332 | 78 |
| 57. 上 | 2,236 (150) | 2,237 | 1,730 | 77 | 1,282 | 448 | 26 | 408 (30) | 408 | 342 | 84 |
| 下 | 1,652 (80) | 1,652 | 1,308 | 79 | 1,023 | 285 | 22 | 357 (30) | 357 | 294 | 82 |
| 58. 上 | 1,628 (150) | 1,628 | 1,244 | 76 | 898 | 346 | 28 | 396 (30) | 431 | 367 | 85 |
| 下 | 1,757 (200) | 1,757 | 1,450 | 83 | 983 | 467 | 32 | 457 (50) | 457 | 370 | 81 |
| 59. 上 | 1,941 (200) | 1,941 | 1,653 | 85 | 1,057 | 594 | 36 | 458 (50) | 522 | 420 | 81 |
| 下 | 2,328 (200) | 2,328 | 2,158 | 93 | 1,458 | 700 | 33 | 535 (50) | 553 | 410 | 76 |
| 60. 上 | 2,624 (200) | 2,458 | 2,150 | 88 | 1,308 | 842 | 39 | 644 (50) | 644 | 529 | 82 |
| 下 | 2,800 (200) | 2,630 | 2,490 | 95 | 1,369 | 1,121 | 45 | 730 (50) | 730 | 557 | 76 |
| 61. 上 | 3,172 (200) | 3,272 | 3,107 | 95 | 1,232 | 1,874 | 60 | 819 (50) | 866 | 710 | 82 |
| 下 | 3,526 (200) | 3,326 | 2,647 | 80 | 1,060 | 1,587 | 60 | 873 (50) | 873 | 740 | 85 |
| 62. 上 | 3,114 (200) | 3,114 | 2,305 | 74 | 813 | 1,892 | 82 | 845 (50) | 845 | 694 | 82 |
| 下 | 3,154 (200) | 3,154 | 2,842 | 90 | 587 | 2,255 | 79 | 1,248 (50) | 1,248 | 1,044 | 84 |
| 63. 上 | 3,465 (200) | 3,465 | 3,251 | 94 | 685 | 2,566 | 79 | 1,220 (50) | 1,220 | 1,003 | 82 |
| 下 | 3,815 (250) | 3,815 | 3,808 | 100 | 633 | 3,175 | 83 | 1,300 (50) | 1,300 | 992 | 76 |

注1）1950年1月から52年3月までは、3カ月ごとに予算編成された。便宜上年度に直して集計試算。
　2）当初予算のカッコ内は予備費、最終予算にも予備費は含まれているが、多くは当初の予算の予備費から各項目に組み替えられているので予備費がない場合もある。
　3）AFAは1960年1月より実施され準AA制であるためAAに含む。
　4）確認比率は4捨5入による百分率である。予備費を除けば確認率は相当高くなる。

52年度上期予算は，その編成権がSCAPから日本側に委譲された最初の期であった。それまでは，ポンド資金過剰累積対策，ドル資金節約方針を基本として，輸入先転換によるドル地域予算の圧縮が図られてきたが，当期予算では，特需によるドル資金の潤沢化を背景に，経済基盤の合理化に役立つ機械等の輸入促進を課題にドル資金の活用方針が採用され，ポンド地域については従来通り輸入促進方針が維持された。

　52年度下期予算は，世界的景気の沈滞，海外諸国の輸入制限等による輸出減が見込まれたにもかかわらず，物資面からの積上げ作業による輸入予算が編成された結果，ドル地域については，主食，原棉，合理化用機械を中心に著しく増大し，ポンド，オープン両地域についても，前期以上の多額の予算が組まれた。53年度上期予算は，輸入シーズンオフであること，前期予算による繰上げ輸入が行われたことなどから，対前期比では1億ドル強の減少となったが，対前年同期比では2億ドル以上の増額となった。これは，外貨資金の減少に直面し，資金面より見た予算使用可能額の範囲内で予算を作成するという従来の方法ではドル予算以外の予算作成が困難となったため，ドル・ポンド・オープン3勘定を総合した資金の範囲で予算を組み，不足分はドル資金をもって充当するという新方針がとられたことによっていた。とくに，ポンド予算については，輸入制限緩和に関する日英交渉や業界に与える影響を考慮して，資金不足に陥ることが明らかであるにもかかわらず3億ドルの予算が組まれ，オープン地域についても同様の方針がとられた。

　この方針が転換したのは，53年度下期に入ってからであった。同期に入って，初めて「総合的国際収支の均衡確保」が予算編成の方針として明示されたのである。すなわち，同期予算は，前年同期比1億6,600万円減で，53年度下期より54年度上期までの収支を均衡させることが目標とされ，具体的には，①当期に予想されるインフレ対処のため，重要物資，輸出・特需用原材料，合理化機械の輸入予算は確保する，②不要不急品の輸入を極力削減する，③コンビネーション取引，バーター取引等によるリンク制を導入する，などが予算編成の柱とされた。しかし，こうした措置をとったにもかかわらず，外貨危機は解消せず，ポンド資金不足は深刻化していった。このため，政府はまず，

53年4月に日英スワップ協定を締結し，ドル・ポンドスワップの実施により，ポンド不足に対処しようとした。しかし，この措置によっても事態は克服できず，53年8月末に，遂にIMFゴールド・トランシェ分のポンド引出しを決断し，53年9月8日，第1回の500万ポンドを皮切りに，11月13日1,300万ポンド，12月4日430万ポンド，12月21日2,200万ポンドを相次いで引き出した。引出額は累計4,430万ポンド（1億2,404万ドル相当）に達した。

　54年度上期も，続く国際収支悪化に対処して，年間輸入20億ドル，払超1億ドルが基本方針とされ，前期比4億4,600万ドル減，前年同期比1億4,600万ドル減の緊縮予算が組まれた。輸入品は，揮発油，塩，肥料原料を除いたすべての物資が下期まで通して削減とされ，思惑輸入を招きやすいAAについては適用品目を整理した。また，オープン勘定国中，西ドイツ，フランス等入超国については，ドル勘定に準じ極力輸入を圧縮し，さらに，輸出入リンクの拡大を企図して，加工貿易予算を3,000万ドルと前期の6倍に増大させた。外貨収支が改善した54年度下期にもこの方針は継続され，前年同期比4億5,600万ドル減の緊縮予算が組まれた。これは，特需減衰など「今後の外貨残高見通しからみれば，予算規模は更に削減を要するものと考えられる」という悲観的見通しが有力だったためであった。こうして続いた緊縮方針は，ようやく翌55年度上期になって転換された。

## 2）1957年の外貨危機と外貨予算

　1953（昭和28）年の外貨危機は，日英政府間協定やIMFからの引出しに加え，上述のような緊縮外貨予算，これと連動したデフレ的財政金融政策，輸入抑制・輸出促進政策といった国際収支安定化対策の展開によって，早期に克服された。いったんは不況に陥った日本経済も，物価安定と国際価格への鞘寄せによる輸出競争力の確保，合理化の進展による企業利潤の回復などにより，55年には早くも好況に転じ，貿易収支は56年6月まで黒字基調を維持した。景気上昇の主役となったのは，当初は輸出増であったが，56年には設備投資が主役に転じた。

　設備投資は，貿易財部門から，鉄鋼・電力などの基礎部門，造船・自動車な

どの輸送機械部門，石油化学・合成繊維・合成樹脂などの新産業部門へと広がり，後に「神武景気」と呼ばれることになった大型好況が到来した。だが，この好況は急激な輸入の増大をもたらすことになった。貿易収支は，56年7月から赤字に転じ，57年に入ると輸入は毎月対前年同月比で50-70%も増大するという状況が現れたのである。こうして外貨収支は，再び急速に悪化するに至った。57年外貨危機の発生である[8]。

前掲表2-2にあるように，54年下期から56年上期まで2-3億ドルの受取超過をみせていた外貨収支は，56年下期にはほぼ収支均衡水準まで低下し，57年上期には一挙に4億ドルもの赤字を記録，同年下期にも1億ドル以上の赤字を示した。この赤字は，翌58年上期には2億ドル近い黒字に回復，以後継続して黒字を維持した。53年外貨危機が4期連続して収支赤字を記録したことと比較すると，赤字期間は2期と短かったが，53年危機の赤字額が半期1億ドル前後であったのに比べ，57年1年間で5億ドルを超し，振れが大きいという特徴を有していた。通貨地域別にこの外貨収支を見ると，57年上下期の悪化は，53年とは異なって，ドル地域の大幅払超にほぼ全面的に規定されている。これに加えて，57年上期に貿易外支払がドル地域，ポンド地域ともに増大したことも，外貨収支の悪化に拍車をかけた。この危機は，翌年にドル地域向け貿易収支が急速に改善されることによって解消され，その後外貨収支全体の改善が進んだ。

このように輸入が急増した理由は，鉱工業生産の急増による鉄鋼原材料，石油などの原材料輸入増，国内需給逼迫による鋼材などの半製品輸入増，革新投資・合理化投資の推進による機械輸入増が重複したためであった。また，56年のスエズ危機を契機とする海運運賃の急騰も貿易外収支の悪化をもたらした。だが，このように56年下期から外貨収支が悪化しはじめ，貿易収支が赤字化したにもかかわらず，既述のように外貨予算は57年度上期まで大型予算が組まれ，これが輸入の急増を増幅した。

そこで以下，55年度上期（55年4月-9月）から外貨状況が好転する58年度

---

8）1957年外貨危機の実態についても，詳しくは，浅井良夫［2005b］pp. 101-10を参照。

下期（58年10月-59年3月）までの外貨予算編成を見ることとする。55年度上期は，前期まで圧縮基調にあった予算規模が3期ぶりに拡大に転じたこと，グローバル予算枠を大幅に拡大しドル収支のいっそうの均衡を図ったこと，AA予算を拡張したこと，四半期毎の公表システムを期初公表システムに変えたこと，などの新しい措置がとられた。輸出の好調による外貨事情の好転がこの背景にあったが，同一の状況がその後も続いたため，55年度下期，56年度上期にもこの方針は継続された。とくに56年度上期には，貿易自由化を見据えて，物資別にゆとりのある金額を計上し，AA枠の拡大を推進したほか，地域区分のないグローバル枠を拡大するとともに，非ドル地域予算について地域区分を撤廃し，ポンド，オープン両地域共通の予算計上を行う非ドルクオーター制を採用した。

　56年度下期には，経済の拡大発展に即応し必需物資の輸入需要を充足するというさらなる積極方針がとられ，予算規模は，上下期合計で36億8,100万ドル，対前年比で10億6,500万ドルも一挙に激増した。また，非ドルクオーター予算は1期で廃止され，グローバル枠が大幅に拡大された。57年度上期は，外貨収支なかでも貿易収支の急激な悪化が明瞭となっていたにもかかわらず，輸入貨物予算は対前年同期比で4億7,000万ドル増，予備費1億5,000万ドルを除いても3億2,000万ドル増の大型予算が組まれた。予備費を除くと全体の98％がグローバル予算として編成されたが，これは既述のようにオープン勘定協定が逐次廃止されてきたことと，ドル保有高が漸増してきたことのためであった。ただし，国際収支悪化との関連で，これまで提示されていた年度間予算は決定も発表もしないこととされ，また，予備費についても，国際収支悪化の場合に使用制限を考慮すべしとする大蔵省と，国際収支如何にかかわらず使用すべしとする通産省との対立を残したままとなった。

　だが，外貨収支の悪化は政府の予想を超えて急速に進行した。このため，政府は，57年6月19日「国際収支改善緊急対策」を閣議決定し，財政投融資計画の15％繰延べ，一般会計，特別会計予算の施行時期調整，金融引締めの強化，輸入抑制・輸出振興のいっそうの強化等の措置をとった。また，53年の外貨危機時と同様，57年の7月2日と12日に，IMFから米ドル計1億2,500

万ドルの引出しを行い，外貨資金の補塡に充当した。

　こうした措置に対応して，57年度下期予算は，輸入期にもかかわらず，輸入貨物予算16億5,200万円，前期比6億5,400万ドル減の大幅減少となった。物資別では，砂糖，大豆，鉄鋼関係物資，重油，機械，およびAA予算が，上期確認額より削減され，貿易外支払も前期比で5,000万ドル圧縮となった。さらに，上期予算で確認された予備費と「保留分」は不使用と決定，残余の上期確定予算についても最低6％を目標として節約に努めることとされた。58年度上期もこの方針は継続され，輸入貨物予算はさらに前期比で2,400万ドル圧縮されたが，貿易外予算については，民間海外投資，英貨債償還などを予定して前期比3,900万ドルの増加となった。

　こうした厳しい圧縮予算と国際収支対策により，外貨収支は急速に改善した。58年度下期は，外貨収支が順調に推移し資金面の制約がなくなったとして，予算編成の焦点は，もっぱら物資需給の予想とそれに基づく見積りに絞られ，輸入貨物予算では前期比1億2,900万ドル増，貿易外予算も2,500万ドル増の大型予算となった。59年度上期，下期にもこの編成方針は継続されたが，編成の焦点は外貨危機からいったんは中断していた貿易自由化の推進におかれ，上期にはコプラ等26品目，下期には原材料物資中雑小150品目がAA制品目に移され，対ドル地域についてのみFA制をとってきた鉄屑，大豆等10品目も翌年度までにグローバルAA品目に移すことが決定された。さらに，貿易外支払についても，59年12月，支障なき限り事前承認を廃止することとし，貿易外予算書の様式を変更した。

　好況と景気過熱とともに入超が進行し外貨危機が表面化するという「国際収支の天井」は，この後も62年に再度登場する。だが，清算協定方式のオープン勘定や厳格な地域別・品目別外貨割当によって外貨危機に対処するという統制的手法は，57年外貨危機の克服の過程で除去されていった。日本経済の本格的な高度成長と産業構造の高度化は，これ以降，国内的にも国際的にも自由化の進行を要請していくことになったからである。

## 3) 1950年代の輸出入の動向

本節の最後に，1950年代の品目別・地域別の輸出入動向を一瞥しておく[9]。まず，品目別から見ると，表2-6a, bにあるように，1953（昭和28）年から60年頃までの輸出は，繊維および同製品の比率が圧倒的で，この部門だけで輸出全体の30-40%を占めていた。これに食料品や陶磁器，その他雑貨等を加えると輸出の過半に達し，この時期の輸出は，軽工業主軸の構造が維持されていた。ただし，繊維および同製品の輸出額の伸び率を見ると，57年までは順調で，同年イギリスに代わって世界最大の供給国となったものの，その後は停滞的に推移した。この停滞の背景には，開発途上国における自給化の進展，先進工業国における輸入制限等があり，このため繊維品輸出の重心は，糸・織物から繊維2次製品へと徐々にシフトしていった。また，雑貨類は，陶磁器などの家庭用品，首飾りなどの身辺細具，玩具，喫煙用具，履物，造花などが主力商品で，最大の輸出先はアメリカであったが，これらはいずれも労働集約的性格からわが国の価格競争力は強かった。

これに対し，重化学工業品については，化学製品，金属および同製品，機械機器を重化学工業品とみなしてその比率を取ると，53年の36.7%から60年の44.0%まで，ゆるやかに上昇した。ただし，その内訳は，55年までは鉄鋼が最大の品目であったのに対し，55-58年は船舶が最大の輸出品となり，59-60年は，船舶以外の機械類なかでもミシン・繊維機械等の一般機械と無線機器等の電気機械が最大の輸出品目となった。このうち船舶について見ると，56年以降わが国の進水量は世界首位を占め続けたが，55-56年の造船ブームの受注残が消滅し，世界的な船腹過剰も加わった海運不況により，船舶輸出はその後急激に低下するという経過をたどった。鉄鋼，船舶，一般機械・電気機械という推移は，わが国産業構造の重化学工業化を反映しているが，輸出の重化学工業化が緩やかなものにとどまったのは，重化学工業における合理化の相対的立ち遅れ，原材料価格の割高，輸出市場の制約，販売網の未整備などのため，造船などを除き，全体としてはなお国際競争力が十分に確立していなかったため

---

9) 以下の叙述は，主として通商産業省『通商白書』各年版，による。

表 2-6 a　品目別輸出（1953-63 年）

(単位：千ドル)

| 年 | 総額 | 食料品 | 繊維および同製品 | 綿織物 | 合成繊維織物 | 化学製品 | 非金属鉱物製品 | 金属および同製品 |
|---|---|---|---|---|---|---|---|---|
| 1953 | 1,274,843 | 120,232 | 460,336 | 179,172 | … | 72,217 | 62,348 | 192,070 |
| 54 | 1,629,236 | 124,251 | 656,986 | 252,319 | … | 88,930 | 75,155 | 253,600 |
| 55 | 2,010,600 | 126,210 | 749,406 | 229,881 | … | 103,333 | 93,221 | 386,878 |
| 56 | 2,500,636 | 169,995 | 871,075 | 266,636 | 2,534 | 116,256 | 123,855 | 341,387 |
| 57 | 2,858,018 | 173,360 | 1,015,083 | 316,847 | 4,377 | 135,619 | 129,204 | 326,005 |
| 58 | 2,876,560 | 227,392 | 891,738 | 277,029 | 6,667 | 145,867 | 119,266 | 374,822 |
| 59 | 3,456,492 | 250,554 | 1,030,922 | 291,313 | 16,521 | 177,068 | 143,391 | 406,523 |
| 60 | 4,054,537 | 255,932 | 1,223,352 | 351,409 | 32,135 | 181,089 | 168,988 | 568,393 |
| 61 | 4,235,596 | 251,517 | 1,155,519 | 347,695 | 47,944 | 202,283 | 168,982 | 566,612 |
| 62 | 4,916,159 | 339,522 | 1,256,612 | 341,330 | 66,764 | 260,981 | 188,127 | 742,485 |
| 63 | 5,452,116 | 289,324 | 1,246,864 | 307,841 | 98,021 | 314,955 | 212,372 | 944,321 |

| 鉄鋼 | 非鉄金属 | 金属製品 | 機械機器 | 事務用機器 | ラジオ受信機 | 電子管等 | 自動車 | 船舶 |
|---|---|---|---|---|---|---|---|---|
| 139,544 | 17,098 | 29,902 | 203,757 | 504 | 193 | … | 4,107 | 95,733 |
| 167,236 | 41,824 | 40,863 | 222,929 | 372 | 83 | … | 3,691 | 51,939 |
| 259,494 | 65,772 | 60,709 | 274,458 | 410 | 916 | … | 6,355 | 77,709 |
| 223,389 | 50,214 | 67,106 | 525,883 | 920 | 4,781 | … | 9,408 | 257,111 |
| 209,453 | 41,536 | 74,969 | 682,202 | 678 | 10,962 | … | 21,576 | 348,547 |
| 249,906 | 33,205 | 91,457 | 688,515 | 1,085 | 34,190 | … | 18,565 | 331,810 |
| 252,922 | 26,752 | 126,805 | 888,148 | 4,110 | 107,210 | … | 41,412 | 357,731 |
| 388,051 | 25,634 | 154,671 | 1,035,086 | 11,011 | 144,591 | … | 78,082 | 288,129 |
| 380,042 | 27,754 | 158,689 | 1,244,318 | 24,645 | 160,257 | … | 108,074 | 283,050 |
| 531,355 | 34,467 | 176,663 | 1,407,107 | 4,253 | 176,935 | 24,285 | 112,561 | 235,240 |
| 701,765 | 42,782 | 199,774 | 1,687,515 | 7,213 | 189,008 | 27,816 | 135,173 | 339,660 |

| 光学機器 | 時計 | その他 |
|---|---|---|
| 13,573 | 1,145 | 163,883 |
| 19,029 | 1,213 | 207,385 |
| 25,358 | 1,710 | 277,094 |
| 38,342 | 3,210 | 352,185 |
| 49,361 | 1,891 | 396,545 |
| 57,850 | 1,605 | 428,960 |
| 74,326 | 2,420 | 559,886 |
| 92,474 | 3,544 | 621,697 |
| 106,361 | 5,464 | 646,365 |
| 127,682 | 7,483 | 721,325 |
| 149,089 | 11,074 | 756,765 |

出所）大蔵省『外国貿易概況』1958-1966 年（各 12 月号）。

第1節　外為・外貨規制と外貨管理

表 2-6 b　品目別輸入・差額 (1953-63 年)

(単位：千ドル)

| 年 | 総額 | 食料品 | 肉類 | 魚介類 | 小麦 | 繊維原料 | 綿花 | 金属原料 |
|---|---|---|---|---|---|---|---|---|
| 1953 | 2,409,637 | 624,383 | 283 | 1,611 | 139,036 | 665,939 | 396,500 | 173,344 |
| 54 | 2,399,404 | 653,399 | 646 | 1,001 | 168,042 | 617,998 | 432,233 | 171,142 |
| 55 | 2,471,430 | 625,074 | 851 | 590 | 167,431 | 585,552 | 383,225 | 185,742 |
| 56 | 3,229,734 | 558,127 | 1,218 | 1,131 | 165,392 | 771,830 | 480,389 | 456,608 |
| 57 | 4,283,586 | 576,507 | 12,198 | 3,391 | 163,281 | 795,616 | 448,031 | 692,818 |
| 58 | 3,033,125 | 530,572 | 3,012 | 4,220 | 154,152 | 607,444 | 360,890 | 257,571 |
| 59 | 3,599,491 | 496,964 | 4,358 | 1,942 | 160,600 | 638,245 | 355,312 | 496,345 |
| 60 | 4,491,132 | 547,602 | 14,203 | 4,152 | 176,851 | 761,615 | 431,402 | 673,230 |
| 61 | 5,810,432 | 669,230 | 14,086 | 10,611 | 179,427 | 951,456 | 530,036 | 955,966 |
| 62 | 5,636,524 | 740,466 | 14,590 | 13,881 | 180,930 | 741,202 | 388,337 | 712,717 |
| 63 | 6,736,337 | 1,087,936 | 32,866 | 35,097 | 217,409 | 883,767 | 446,668 | 766,887 |

| 鉄鉱石 | 非鉄金属鉱 | その他原料品 | 木材 | 鉱物性燃料 | 石炭 | 原油および粗油 | 石油製品 | 化学製品 |
|---|---|---|---|---|---|---|---|---|
| 61,283 | 23,867 | 336,253 | 44,525 | 288,814 | 89,803 | 120,462 | 78,545 | 69,167 |
| 66,236 | 25,192 | 361,680 | 48,044 | 267,350 | 63,061 | 134,019 | 70,271 | 63,857 |
| 81,539 | 33,508 | 491,169 | 61,786 | 289,000 | 56,214 | 148,629 | 84,157 | 80,206 |
| 146,519 | 77,278 | 516,129 | 81,081 | 412,647 | 90,617 | 223,789 | 98,242 | 163,303 |
| 205,650 | 126,289 | 556,328 | 78,975 | 679,814 | 174,583 | 323,474 | 179,170 | 183,383 |
| 123,105 | 51,826 | 464,573 | 88,257 | 514,266 | 96,712 | 331,405 | 86,149 | 166,262 |
| 146,201 | 107,426 | 636,766 | 134,805 | 557,354 | 88,648 | 384,772 | 83,934 | 220,925 |
| 213,734 | 155,563 | 773,544 | 170,253 | 741,595 | 141,245 | 465,032 | 135,318 | 265,202 |
| 301,850 | 171,730 | 880,017 | 260,377 | 931,979 | 188,175 | 538,661 | 200,923 | 335,982 |
| 319,562 | 161,909 | 939,232 | 316,159 | 1,041,308 | 201,543 | 620,515 | 212,041 | 300,352 |
| 355,681 | 174,365 | 1,137,129 | 405,541 | 1,210,809 | 181,363 | 789,166 | 232,505 | 368,959 |

| 機械機器 | その他 | 鉄鋼 | 非鉄金属 | | [差額] 年 | 総額 |
|---|---|---|---|---|---|---|
| 169,699 | 82,038 | 13,213 | 19,243 | | 1953 | −1,134,794 |
| 187,432 | 76,546 | 11,184 | 26,768 | | 54 | −770,168 |
| 141,808 | 72,879 | 10,131 | 22,677 | | 55 | −460,830 |
| 176,995 | 174,095 | 60,845 | 60,795 | | 56 | −729,098 |
| 312,844 | 486,276 | 304,916 | 103,836 | | 57 | −1,425,568 |
| 367,477 | 124,960 | 23,889 | 34,354 | | 58 | −156,565 |
| 377,715 | 175,177 | 46,920 | 58,095 | | 59 | −142,999 |
| 434,894 | 293,450 | 87,601 | 118,432 | | 60 | −436,595 |
| 645,087 | 440,715 | 156,267 | 163,113 | | 61 | −1,574,836 |
| 809,543 | 351,704 | 112,161 | 100,066 | | 62 | −720,365 |
| 854,527 | 426,323 | 89,347 | 127,109 | | 63 | −1,284,221 |

出所）表 2-6 a と同じ。

であった。

　次に、輸入を見ると、同表に明らかなように、1960年頃までは、食料品、繊維原料、鉱物性燃料、その他原料品、金属原料を合計すると輸入額合計の8割前後に達し、圧倒的に食料・原燃料輸入に偏った輸入構造となっていた。ただし、53年には11億3,400万ドル、57年には14億2,500万ドルと、その前後に比べて突出した輸入超過が生じており、輸入の年次別推移は振幅が大きかった。また、食料・原燃料の内訳を見ると、食料品が56年に、繊維原料が59年に構成比20％を割り込んで、その後持続的に比重を低下させていったのに対し、鉱物性燃料は、逆に11％台から16-17％台に比重を増大させ、金属原料も、56年、57年に突出した増大ぶりを示した後、ほぼ15％前後の比重を占めるようになる、といった形で、その内部での重点移行が起こった。

　そこで、53年、57年の輸入激増の内容を見ると、53年は、鉄鉱石、羊毛、綿花など鉄鋼原料、繊維原料が継続的に増加したのに加え、炭労ストとエネルギー転換を背景に、石油が対前年比6割増、石炭が同5割増、さらに風水害・不作の影響で木材、大豆、パルプ等が、対前年比で2倍以上増加した。また、57年は、既述のように、鉱工業生産の急増による鉄鋼原材料、石油などの原材料輸入増、国内需給逼迫による鋼材などの半製品輸入増、革新投資、合理化投資の推進による機械輸入増が重複したためであった。53年の外貨危機時に比べ、生産財部門における生産性上昇が、景気の上昇・過熱期において、原材料輸入を急増させたことが、ここに示されている。この時期には、鋼材、機械などの半製品・製品の国内供給力と、製品生産部門の需要力のギャップが、重化学工業化の開始のなかで、未だ解消されていなかったといえよう。

　次に、地域別輸出入であるが、表2-7にあるように、この時期の最大の輸出先はアジア地域で、53年には51.3％と過半を占め、次いで、北アメリカ地域、ヨーロッパ地域と続き、それぞれ2割強、1割弱であった。この地域別構成比は、60年にかけて、アジア地域向け輸出比率の低下、北アメリカ地域、ヨーロッパ地域向け輸出比率の上昇という形で変化し、60年には、アジア地域36.0％、北アメリカ地域33.2％、ヨーロッパ地域13.3％となった。これに対し、輸入は、最大の輸入先は北アメリカ地域で、この期間を通して40-46％を

占め続けた。これに続くアジア地域は 30% 前後を上下し，ヨーロッパ地域は，8% 台から 10% 台へと緩やかに比率を上昇させた。貿易収支はこの間一貫して入超であったが，上述の地域別輸出入から明らかなように，最大の入超地域は北アメリカ地域なかんずくアメリカであった。また，アジア地域については，58 年から出超に転じ，ヨーロッパ地域については，出超と入超が交錯した。

巨額の入超を続けた対米貿易の内容を見ると，輸入品は，1945-55 年は，食料，石炭・重油などの燃料の比重が高かったが，50 年代後半に入ると，鉄鋼屑，棉花，大豆，燐鉱石などの原材料，60 年頃になると，機械類や合成プラスチック材料等化学品の比重が高まった。輸出品は，繊維と雑貨が双璧をなしていたが，これも 60 年頃には，ミシン，カメラ，双眼鏡，トランジスタラジオ等消費者向け軽機械類が，輸出額を大幅に伸長させた。

アジア地域に関しては，最大の貿易地域である東および東南アジア諸国との貿易内容を見ると，最大の輸出品は，綿糸・綿織物に代表される繊維品であったが，化学肥料，鉄鋼，鉄道車両・船舶・自動車，繊維機械・鉱山土木建設機械，無線機器・重電機類などが 50 年代後半に次第に比重を増大させ，60 年には重化学工業品が過半を占めるようになった。これに対し，輸入は，鉄鉱石，木材，生ゴム，棉花などの原材料が 7 割，砂糖，米などの食料品が 2 割と 1 次産品が圧倒的であった。東および東南アジア諸国への輸出が，当初の想定よりも伸びなかったのは，これら諸国が外貨不足で輸入制限などの措置をとりがちであったこと，オープン勘定地域については片貿易によるバランスの偏りを避けようとしたこと，AFA 特需や ICA 資金などアメリカからのこれら諸国への「援助」額が輸入動向を左右したこと，賠償輸出に増減があったこと，などの要因が，通常輸出に加重されたためであった。

ヨーロッパ地域については，西ドイツ，フランス，ベルギー・ルクセンブルグなどが大幅入超で，その他の地域が均衡ないし出超という構成となっていた。輸出では，1958 年から発足した EEC およびイギリスに対しては，食料，原材料，繊維，雑貨が大部分を占め，それ以外の地域に対しては，重化学工業品の比重が高いという対照的構成を内包していた。輸入については，機械類の

表 2-7 地域別輸出入

[輸出]

| 年 | 総額 | アジア州 | 大韓民国 | 中華人民共和国 | 台湾 | 香港 | タイ | フィリピン |
|---|---|---|---|---|---|---|---|---|
| 1953 | 1,274,843 | 654,522 | 106,830 | 4,539 | 60,965 | 62,221 | 52,550 | 27,545 |
| 54 | 1,629,236 | 796,744 | 68,568 | 19,097 | 65,937 | 77,265 | 65,107 | 31,192 |
| 55 | 2,010,600 | 841,382 | 39,495 | 28,547 | 63,828 | 88,062 | 63,031 | 51,808 |
| 56 | 2,500,636 | 1,021,525 | 63,607 | 67,339 | 77,858 | 134,462 | 60,895 | 55,502 |
| 57 | 2,858,018 | 1,140,720 | 56,994 | 60,485 | 84,275 | 130,636 | 81,518 | 89,049 |
| 58 | 2,876,560 | 1,058,771 | 56,694 | 50,600 | 90,040 | 100,070 | 83,776 | 89,546 |
| 59 | 3,456,492 | 1,146,429 | 62,380 | 3,648 | 86,846 | 129,156 | 103,431 | 109,916 |
| 60 | 4,054,537 | 1,458,268 | 100,089 | 2,726 | 102,237 | 156,015 | 117,666 | 154,490 |
| 61 | 4,235,596 | 1,580,545 | 125,876 | 16,639 | 96,322 | 153,527 | 133,868 | 128,180 |
| 62 | 4,916,159 | 1,674,365 | 138,140 | 38,460 | 118,576 | 192,436 | 148,548 | 120,002 |
| 63 | 5,452,116 | 1,868,321 | 159,661 | 62,417 | 107,142 | 246,352 | 181,000 | 150,290 |

[輸入]

| 年 | 総額 | アジア州 | 大韓民国 | 中華人民共和国 | 台湾 | 香港 | タイ | フィリピン |
|---|---|---|---|---|---|---|---|---|
| 1953 | 2,409,637 | 796,757 | 8,567 | 29,700 | 64,040 | 8,001 | 84,649 | 62,728 |
| 54 | 2,399,404 | 734,637 | 8,101 | 40,770 | 57,088 | 3,960 | 69,169 | 67,129 |
| 55 | 2,471,430 | 901,983 | 9,540 | 80,777 | 80,879 | 6,169 | 63,448 | 88,953 |
| 56 | 3,229,734 | 1,045,685 | 11,122 | 83,647 | 45,509 | 18,682 | 35,115 | 116,758 |
| 57 | 4,283,586 | 1,235,226 | 12,204 | 80,482 | 67,255 | 26,726 | 31,267 | 113,783 |
| 58 | 3,033,125 | 964,057 | 11,039 | 54,427 | 75,642 | 11,640 | 21,729 | 99,760 |
| 59 | 3,599,491 | 1,141,943 | 12,046 | 18,917 | 71,546 | 27,071 | 36,848 | 134,367 |
| 60 | 4,491,132 | 1,367,067 | 18,579 | 20,729 | 63,522 | 22,952 | 72,306 | 158,939 |
| 61 | 5,810,432 | 1,522,043 | 22,445 | 30,895 | 67,748 | 24,080 | 78,314 | 156,013 |
| 62 | 5,636,524 | 1,614,072 | 28,004 | 46,020 | 61,375 | 13,937 | 71,673 | 183,946 |
| 63 | 6,736,337 | 2,063,585 | 26,980 | 74,599 | 122,640 | 28,772 | 90,719 | 230,167 |

[差額]

| 年 | 総額 | アジア州 | 大韓民国 | 中華人民共和国 | 台湾 | 香港 | タイ | フィリピン |
|---|---|---|---|---|---|---|---|---|
| 1953 | −1,134,794 | −142,235 | 98,263 | −25,161 | −3,075 | 54,220 | −32,099 | −35,183 |
| 54 | −770,168 | 62,107 | 60,467 | −21,673 | 8,849 | 73,305 | −4,062 | −35,937 |
| 55 | −460,830 | −60,601 | 29,955 | −52,230 | −17,051 | 81,893 | −417 | −37,145 |
| 56 | −729,098 | −24,160 | 52,485 | −16,308 | 32,349 | 115,780 | 25,780 | −61,256 |
| 57 | −1,425,568 | −94,506 | 44,790 | −19,997 | 17,020 | 103,910 | 50,251 | −24,734 |
| 58 | −156,565 | 94,714 | 45,655 | −3,827 | 14,398 | 88,430 | 62,047 | −10,214 |
| 59 | −142,999 | 4,486 | 50,334 | −15,269 | 15,300 | 102,085 | 66,583 | −24,451 |
| 60 | −436,595 | 91,201 | 81,510 | −18,003 | 38,715 | 133,063 | 45,360 | −4,449 |
| 61 | −1,574,836 | 58,502 | 103,431 | −14,256 | 28,574 | 129,447 | 55,554 | −27,833 |
| 62 | −720,365 | 60,293 | 110,136 | −7,560 | 57,201 | 178,499 | 76,875 | −63,944 |
| 63 | −1,284,221 | −195,264 | 132,681 | −12,182 | −15,498 | 217,580 | 90,281 | −79,877 |

出所) 大蔵省『外国貿易概況』1958-1966年 (各12月号)。

第1節　外為・外貨規制と外貨管理　167

(1953-63 年)

(単位：千ドル)

|  | ヨーロッパ州 | | | | 北アメリカ州 | | |
|---|---|---|---|---|---|---|---|
| インドネシア |  | イギリス | フランス | ドイツ |  | カナダ | アメリカ |
| 105,436 | 118,752 | 33,141 | 11,775 | 15,825 | 300,173 | 15,106 | 233,879 |
| 119,715 | 146,335 | 51,125 | 11,635 | 18,099 | 354,208 | 21,046 | 282,584 |
| 64,715 | 207,357 | 60,765 | 11,616 | 25,160 | 538,978 | 45,151 | 456,202 |
| 75,784 | 251,040 | 63,191 | 14,044 | 36,408 | 657,888 | 69,126 | 550,393 |
| 66,774 | 332,243 | 73,663 | 17,952 | 59,338 | 733,743 | 63,786 | 604,456 |
| 48,647 | 348,852 | 105,235 | 8,823 | 43,830 | 858,441 | 76,308 | 690,809 |
| 72,615 | 394,246 | 103,390 | 11,960 | 47,165 | 1,262,100 | 114,312 | 1,046,637 |
| 110,193 | 537,634 | 120,546 | 15,557 | 66,300 | 1,345,191 | 119,232 | 1,101,649 |
| 154,199 | 606,876 | 114,662 | 17,626 | 83,451 | 1,295,763 | 116,637 | 1,067,088 |
| 115,325 | 844,871 | 192,345 | 22,964 | 104,158 | 1,655,875 | 126,171 | 1,400,231 |
| 98,721 | 891,559 | 155,825 | 31,411 | 115,522 | 1,794,683 | 124,813 | 1,506,910 |
|  |  |  |  |  |  |  |  |
| 48,848 | 202,839 | 48,824 | 26,743 | 37,855 | 1,027,386 | 127,695 | 759,693 |
| 60,172 | 195,323 | 37,105 | 20,556 | 44,110 | 1,104,155 | 122,547 | 848,717 |
| 81,157 | 176,963 | 37,915 | 15,297 | 46,245 | 1,022,090 | 108,819 | 773,923 |
| 88,986 | 233,702 | 66,582 | 21,595 | 56,169 | 1,434,589 | 144,123 | 1,067,227 |
| 62,847 | 402,725 | 98,484 | 28,652 | 143,444 | 1,982,290 | 167,644 | 1,623,148 |
| 36,127 | 287,045 | 59,349 | 20,744 | 90,282 | 1,357,688 | 121,373 | 1,056,093 |
| 55,047 | 391,509 | 103,477 | 24,928 | 103,616 | 1,489,796 | 153,585 | 1,115,634 |
| 70,315 | 488,468 | 99,135 | 32,332 | 122,956 | 1,922,626 | 203,719 | 1,553,534 |
| 85,175 | 724,996 | 137,101 | 39,281 | 193,166 | 2,585,648 | 265,772 | 2,095,826 |
| 91,149 | 766,929 | 145,773 | 46,264 | 212,871 | 2,315,345 | 254,997 | 1,808,966 |
| 102,501 | 850,798 | 149,132 | 50,613 | 219,781 | 2,681,768 | 318,799 | 2,077,330 |
|  |  |  |  |  |  |  |  |
| 56,588 | −84,087 | −15,683 | −14,968 | −22,030 | −727,213 | −112,589 | −525,814 |
| 59,543 | −48,988 | 14,020 | −8,921 | −26,011 | −749,947 | −101,501 | −566,133 |
| −16,442 | 30,394 | 22,850 | −3,681 | −21,085 | −483,112 | −63,668 | −317,721 |
| −13,202 | 17,338 | −3,391 | −7,551 | −19,761 | −776,701 | −74,997 | −516,834 |
| 3,927 | −70,482 | −24,821 | −10,700 | −84,106 | −1,248,547 | −103,858 | −1,018,692 |
| 12,520 | 61,807 | 45,886 | −11,921 | −46,452 | −499,247 | −45,065 | −365,284 |
| 17,568 | 2,737 | −87 | −12,968 | −56,451 | −227,696 | −39,273 | −68,997 |
| 39,878 | 49,166 | 21,411 | −16,775 | −56,656 | −577,435 | −84,487 | −451,885 |
| 69,024 | −118,120 | −22,439 | −21,655 | −109,715 | −1,289,885 | −149,135 | −1,028,738 |
| 24,176 | 77,942 | 46,572 | −23,300 | −108,713 | −659,470 | −128,826 | −408,735 |
| −3,780 | 40,761 | 6,693 | −19,202 | −104,259 | −887,085 | −193,986 | −570,420 |

比率がもっとも高く，次いで肥料・染料などの化学品，羊毛屑や鉄鋼屑，非鉄金属屑などの原材料が続いていた。ヨーロッパ諸国の跛行的経済回復と発展が，こうした地域内部における二面的な輸出入構成を作り出した。

　以上の地域別輸出入を概括すれば，輸出入とも，貿易品目をゆるやかに高度化させながら，対米依存度を上昇させていったのがこの時期の最大の特徴であったといえよう。

## 第2節　IMF コンサルテーションと OECD 加盟

### 1. IMF コンサルテーション[1]

**1）IMF 加盟と 14 条国コンサルテーション**

　日本は，1952（昭和27）年8月14日，第51番目の加盟国として IMF に加盟し，同日世銀にも加盟した[2]。IMF 協定は，加盟国が自国通貨の為替相場を平価の1％以内に維持することを求め（第4条第3項），経常取引のための対外支払に対し為替制限を行うことを禁じた（第8条第2項）が，戦後の過渡期[3]の例外として，経済が回復し国際収支が安定するまでの間，暫定的に為替制限等の措置を続けることを認めた。協定第14条がそれで，わが国は加盟以来，64年4月1日に8条国に移行するまで，この14条国の地位を続けた。

　協定は，早期に残存制限を廃止し8条国に移行することを求めており（第2項），その実効を期するために，14条国に対し一定の経過年限後は毎年，IMF との間で為替制限等を存続せざるをえない理由について協議し，IMF のコンサルテーションを受け入れることを義務づけていた（第4項）。このコンサルテーションは，一般に次のようなプロセスをたどってなされていた[4]。

---

1) IMF の対日コンサルテーションについては，大蔵省財政史室編［1999］の概説以外，これまでまとまった研究はなかったが，内外の1次資料を駆使した，浅井良夫［2005b］［2007］によって，その全貌が明らかとなった。本項についての詳細は，浅井良夫［2005b］［2007］を参照されたい。
2) 浅井良夫［1998］。
3) 過渡期は，当初，IMF 業務開始から5年間，1952年で終了することが想定され，過渡期終了後は，8条国移行を促すために，当該国と年次協議を行うこととされた。これが IMF 14 条コンサルテーションであるが，IMF は，当初は8条国移行に関して漸進主義をとった。
4) コンサルテーションの一般的プロセスについては，主として，日本関税協会［1962］による。

まず，通常毎年1回，IMFスタッフと14条国当局の間で協議が行われる。いわゆる年次協議である。協議の内容は，当初は，制限措置や双務協定など為替制限に直接かかわる事項が主であったが，次第にその国の経済全般いいかえればマクロ経済が対象とされるようになった。すなわち，貿易，国際収支など対外面だけでなく，総需要，生産，雇用，物価，賃金，金融・財政など国内経済状況も議題となり，広範な事項にわたって，過去1年間の当該国の経済情勢の推移と，当局の政策が検討された。当該国の為替制限の存続は，その国の内外経済の状況と，その状況下で適当な財政金融政策を実施してもなお制限が必要という事情により理由づけられると考えられたからである。

こうして実施されたコンサルテーションの結果を，IMFスタッフは報告としてまとめ，IMF理事会においてなされるべき勧告（Recommendation）を付して理事会に提出する。理事会は適当と認めたときには勧告を公表する。公表された勧告には，当該国が存続している制限が，その国の経済状況から見てやむをえないものであるか，あるいは制限の撤廃ないし緩和が可能もしくは望ましいものであるか等についてのIMFの見解が示され，さらに，制限継続の前提としての国内経済状況および国内政策についてのIMFの見解が付記されているのが通常であった。

ところで，第14条の為替制限は，本来的には国際収支上の理由（BP reason）で認められるものであるが，コンサルテーションにおいては，14条国それぞれに異なる多くの複雑な制限措置について，国際収支上の理由によるか否かを分別する実益が無い場合が多く，このため他の理由による制限措置も国際収支上の理由という観点から検討を加え，総じて為替制限全般の縮小を図るとともに，やむをえないものについてはこれを承認する，というのが経緯であった。従って，14条国の経済水準が向上して，もはや為替制限を行うことが適当でないと判断されたときには，IMF理事会は，「国際収支上の理由に基づく制限の存続は正当化されない」という勧告（いわゆる「BPリーズンなし」という勧告）を行うことになる。

こうした勧告を行う判定基準は，おおよそ，①財政金融などの国内政策の有効性，②輸入規模と外貨準備との比率，③当該国の経済，国際収支の改善

状態，④国際収支の良好性の継続，⑤輸入依存度，⑥当該国の制限緩和の程度，経済発展のテンポ，為替相場，国際経済の基調，などにあったとされている。

そして，この趣旨の勧告，すなわち「BP リーズンなし」の勧告は，西ドイツに対しては 1957 年 6 月および 58 年 6 月に，オランダには 59 年 2 月に，イタリアには 59 年 10 月に，またフランスには 60 年 6 月に，それぞれ出された。また，イギリスは 59 年度のコンサルテーション（60 年 2 月）に際し，60 年 2 月，自ら同趣旨の宣言を行った。

日本は，1952 年の加盟時から，14 条コンサルテーションを毎年受けた。日本に対する「BP リーズンなし」という勧告について，日本側は，59 年度対日コンサルテーション頃から強く懸念するようになったが，最終的に「BP リーズンなし」の勧告を受けたのは，63 年度対日コンサルテーションにおいてであった。IMF による対日コンサルテーションについては，浅井良夫[2005b]，同[2007]で全面的に解明されているので，詳細は浅井論文に譲り，ここでは外国為替，外貨管理問題に限定して，対日コンサルテーションの推移を述べるにとどめたい。

## 2) 1953-58 年度の対日コンサルテーション

1952（昭和 27）年 8 月に IMF 加盟を実現した日本に対して最初になされた勧告（Recommendation）は，360 円為替レートについてであった。1953 年 4 月 21 日付の "The Par Value of the Japanese Yen" がそれである[5]。この文書は，IMF 中南米・中東・極東局極東課より IMF 理事会宛に作成されたもので，1953 年 3 月 10 日付で日本政府より提出された「加盟時に申請した 1 ドル 360 円の為替レートを円平価とする」という日本政府申し出に，IMF が同意することを勧告する，というのがその内容であった。

文書は，日本の経済状態を，人口，国民所得，生産構造，外国貿易，国際収

---

5) IMF Latin American, Middle and Far Eastern Department "The Par Value of the Japanese Yen" Prepared by the Far Eastern Division April 21, 1953, 『鈴木（源）文書 IMF (1)』昭和 26-28，大蔵省資料 Z522-164，所収。

支,為替制限,国家予算,金融,物価,為替レートの変遷などから検討した上で,「現在の平価水準は円の若干の過大評価となっている,しかしながら,日本産業の合理化と近代化の進展を考慮すれば,平価切下げよりは現行平価を維持したほうがよい」と結論付けていた。とはいえ,前節で見たように,この頃,日本は外貨危機に直面していた。このため,同年夏以降,円切下げの噂が海外に広まり,政府は10月23日「通貨価値の安定に関する件」を閣議決定し,円切下げの意図がないことを表明した。

1953年度のコンサルテーションでは,為替制限維持の理由,制限緩和の能否が直接的議題となったが,あわせて日本経済に関する経済財政の一般問題も討議の対象とされ,日本側は,経済計画(経済5カ年計画,賠償および軍備),インフレ問題(戦後インフレの原因,物価および通貨に与えた影響,克服の経緯・対策とその効果),貿易問題(GATT加入により生ずる輸出入上の支障,他加盟国通貨との交換性,輸出品価格の引下げ)などについての日本側見解を準備した[6]。

翌54年度のコンサルテーションでは,国際収支問題が焦点となった。このため,日銀貸出の増減,国際収支払超・金融政策及財政政策等により生じた各原因別通貨収縮状況,市中銀行の緊縮政策への協力ぶりなどの金融関係事項,インベントリーの消費による輸入節約などの貿易関連事項,工業品コスト関連,在庫動向,輸入動向など最近の経済情勢などが,日本側から準備された[7]。

これらを反映して,1954年夏に発表された『国際通貨基金 為替制限に関する第五年次報告』は,日本について,「日本の貿易バランスの逆調は,1953年の倍以上となったが,これは主にスターリング地域との一方的貿易バランスが原因となっている。即ち,スターリング地域に対する日本の輸出は全体として減少したにも拘らず,スターリング地域からの輸入は全体として或程度増加した。この結果日本のスターリング・バランスは急速に涸渇したが,基金の資

---

6) 国際通貨基金理事湯本武雄「為替制限に関する基金との協議準備の件」昭和28年6月3日,同前所収。

7) 湯本武雄「一九五四年度基金コンサルテーション要検討事項」昭和29年7月19日,『鈴木(源)文書 IMF(2)』昭和28-31,大蔵省資料Z522-165,所収。

金を使用することによりこの状況は幾分救われた」と，為替制限の継続を認めた言及となった[8]。

こうして為替制限の撤廃が当面の課題とはならないという状況のなか，55年7月末ワシントンで行われた55年度コンサルテーションでは，双務協定の廃止問題が大きな議題となった。これは「通貨の交換性回復への動きに対応して，昨年末以来，差別的取扱の重要な役割をなしている双務協定につき数回に亘り検討を重ね」てきたIMF理事会が，同年6月24日，「基金は為替制限を伴う双務協定への依存の縮減のために，各加盟国の全面的な協力を要請する。かくすることによって通貨の交換性回復，無差別的貿易，支払範囲の拡大が促進されるであろう」という決議をあげたことによっていた[9]。

IMF理事会がこの決議をあげた背景には，イギリスの振替可能ポンド勘定国相互間の支払自由化（1954年3月），西ドイツの封鎖マルク廃止（1954年4月），ベネルックス3国の為替管理の体制整備など，欧州各国において貿易為替自由化と通貨交換性回復への動きが始まったことがあった。このため，IMF内部では，「戦後の復興は顕著なものがあり，戦後の過渡期は消滅した」との判断から，「加盟国の14条国より8条国への移行が当面の問題」として登場してきたのである。もっとも，当時は加盟57カ国中8条国は，アメリカ，カナダおよび中南米の一部など11カ国にすぎず，他のすべては14条国であったため，この問題を検討したIMFスタッフ・ペーパーでも，「14条国をすべて直ちに8条国に切替えることも，14条国が一切の制限を廃止するまで待って8条国に移行せしめることも，いずれも現実的でないので，8条移行国についてもある程度の過渡期を認める」という提案がなされていた[10]。

このため，わが国は，55年度のコンサルテーションに際し，双務協定の廃止問題については，「双務協定の廃止は窮極目標としては異議はないが……差

---

8) 『国際通貨基金 為替制限に関する第5年次報告』。なお，本報告の対象期間は，1953年5月から1954年4月までである。
9) 大蔵省為替局総務課「双務協定について」昭和30年8月26日，大蔵省『戦後財政史資料』所収。
10) 大蔵省為替局総務課「IMF協定8条，14条の問題について」昭和30年8月26日，同上所収。

当りはこれに依存せざるを得ない面があり、……現在においては双務協定により却って世界貿易の拡大、低開発国の経済発展に資することができる面もあるという態度をと」った。また、8条国移行問題については、日本の貿易規模は未だ戦前水準に達していないこと、国際収支はなお相当多額の特需等の臨時収入に依存していること、世界的に通貨交換性を回復していない国が大半を占めていること、ガット加入が実現しても35条の援用により依然差別待遇を受ける惧れが大であること、日本の主要輸出市場たる南米・アジア等においては、第1次産品の外貨蓄積が少く、輸入管理を強化しており、我方より積極的に輸入を促進しなければ輸出の維持確保が困難であること、等から「8条への移行についてはIMF当局の特に慎重な考慮が望ましい[11]」と、慎重な対応を要請した。しかし、日本側の懸念にもかかわらず、8条国移行問題は、55年コンサルテーションでは登場しなかった[12]。

　翌56年7月に行われた56年度コンサルテーションにおいて、日本側は、前年度に指摘された双務協定の廃止について、「これをできるだけ速やかに廃止して多角的制度に移行すべく、昨年より関係国と鋭意折衝を進め」、55年9月に、まず、西ドイツ、56年にはイタリア、フランス等6カ国との間でオープン勘定を廃止し、輸入制度上の通貨別差別もほとんど撤廃するに至ったことを強調した。その一方で、「今後わが国が貿易の自由化、双務協定の廃止、差別的制限の撤廃を進めるためには相手国側においてもわが国産品に対し輸入の自由化、差別待遇の撤廃が行われることが必要であるのに、決済面での双務的取極めを廃止したにもかかわらず、差別的輸入制限を残しているもの、関税上の差別待遇を残しているものが存在し」ており、これが双務協定廃止の前進を妨げていると、外的条件の問題を指摘した。さらに、国際収支についても、短期的には改善したが、特需依存度が高く、「真に国際収支が安定的に均衡したものとはまだいえない」と述べ、為替制限の継続の必要性を示唆した。

　これに対し、IMF側は、「国際収支については特需収入の不安定、日本に対

---

11) 同前。
12) 大蔵省為替局総務課前掲「双務協定について」。

する差別待遇，賠償等の債務支払，賠償支払の通常輸出に対する影響等，日本に特殊な事情はあるが，短期的見通しは良いように考える。……しかしながら国際収支の見通しは長期的にも短期的にも困難な問題であるから，制限の緩和に慎重であるのは，よく理解できる」とした上で，①輸入自由化の漸進的な推進，②ドル地域貿易の管理緩和，③為替管理制度の簡素化，④外貨割当制度の改善・廃止，⑤残存双務協定の整理，等を要望した[13]。

いったんは改善したかに見えた日本の国際収支は，1957年に入るとブームに伴う輸入の急増から急激に悪化し，既述のように，57年外貨危機が発生した。日本がこのような国際収支危機に直面していたため，57年度コンサルテーションでは，ほとんど新しい要請はなされなかった。

58年度コンサルテーションは，58年6月23日から7月2日まで東京で開催されたが，このコンサルテーションの結果出された理事会勧告は，「IMFは日本がその制限措置の差別的側面を削減するために成就した進歩を歓迎する。日本側当局は目下現行為替管理制度の簡素化を検討している。IMFは，リンク制度及び割当制度の廃止を含め，この簡素化が促進されることを希望する。以上の他には日本が存続している過渡的極に関し特に意見はない」と述べ，従来の要請を繰り返すに止まった[14]。だが，この状況は，59年以降転換し始めた。

### 3) 1959-61年度の対日コンサルテーション

1959（昭和34）年度の対日コンサルテーションは，59年6月1日から10日まで，ワシントンで開催された。前年末にヨーロッパ主要国の通貨交換性回復が実現され，その結果，それまでの交換可能通貨決済と交換不能通貨決済の区別に基づいた差別的制限が経済的妥当性を失ったこと，非居住者勘定や指定通貨に関する既存ルールの多くが無意味化したこと，などにより，コンサルテー

---

13) 大蔵省為替局総務課「フリードマン氏ステートメント要旨」昭和31年7月3日，大蔵省財政史室編［1998］所収。
14) 大蔵省為替局総務課『IMF協定第8条第14条の問題について（未定稿）』昭和35年4月1日。

ションの場では，為替制限の除去，貿易為替自由化の考え方について具体的質問が出ることが予想された。このため，大蔵省としては，貿易自由化のステップを時期・内容を含めて提示し，為替自由化についても制限措置の除去の手順や内容を明示して，コンサルテーションに備えることとした[15]。また，4月には従来の9指定通貨に5通貨を追加指定し，輸入ユーザンスの適用範囲を拡大，5月には貿易外雑送金事務を簡素化するなど，為替制限の緩和を進めた。

　コンサルテーションの結果出された理事会の勧告は，「日本が，3つの双務支払協定の廃止を含めて，制限の緩和と差別扱いの縮小を進めたことは基金は歓迎する。リテンション・クォータ，リンク制度，バーター貿易等の制限的措置の縮小も進められた。しかしながら，厳格な外貨予算も含めて，為替制度は未だ輸入需要に対する非常な制限的効果を持っているし，差別扱いも残存し，制限措置も撤廃されていない」として，外貨予算制度，為替制限，通貨差別の残存の撤廃を早期に実現することを求めるものとなった[16]。

　その後10月23日，IMF理事会は「経常受取が主として対外交換可能通貨であるような加盟国にあっては，もはやその差別措置を国際収支上の理由によって正当化することはできないと考える。しかしながら，基金としてもこのような差別的制限が長期にわたって存続していた場合には，その完全な撤廃のために相当の期間が必要であることを認める。ただしこの期間は短くなければならず，加盟国は，双務主義から生ずるものを含めて，他の加盟国に対する差別を撤廃するためできうる限りの速度で進む必要がある」という決議をあげ，過渡期が終了し，完全自由化の時代に入ったことを公式に表明した。

　また，IMF総会では日本に対して，「日本も経済力はかなり回復して欧州諸国に追随する力をもつまでになってきた。しかるに現在なお国際収支の均衡を目的に輸入制限を行ない，それが産業政策に利用されている。これはあきらかにIMFの精神に反するものであり，外貨予算制度のあり方についても懐疑的

---

15)「IMFコンサルテーション回答 34年」大蔵省資料 Z18-481。
16) From : The Secretary To : Members of the Executive Boards, "IMF Staff Report and Recommendation-1959 Consultations", July 23, 1959, 大蔵省為替局総務課前掲『IMF協定第8条第14条の問題について（未定稿）』。

である」として，貿易・為替の自由化の推進の必要を再度強調した。総会終了後の記者会見で，佐藤蔵相は，わが国に対する自由化圧力がかなり高まっており，「BPリーズンなし」の判定がここ数年中にでてくる，という見通しを表明した。自由化のテンポを大幅に加速するという方向への政策転換は，このIMF総会，その直後に東京で開催されたGATT第15回総会を直接の契機として始まったのであった。

こうして，60年に入って早々の1月5日，政府は，貿易為替自由化促進閣僚会議を設置した。同閣僚会議は，1月12日に第1回会議を開催して後，迅速に検討を進め，6月24日には，「貿易・為替自由化計画大綱」を決定した。大綱は，60年4月現在で約40％であった自由化率を，3年後には80％（石油・石炭を自由化した場合は約90％）に引き上げることを目標として明示した。また，為替自由化については，経常取引の2年以内の自由化を掲げたが，資本取引については，「逐次，規制を緩和する」とのみ述べ，自由化の具体的内容や時期は示さなかった。経団連や経済同友会も，同年4月から7月にかけて相次いで見解を公表し，自由化の推進を支持した。「過去の手厚い貿易為替管理措置が企業の合理化や自主的企業精神を鈍らせてきた，自由化を通じて経済体質の改善を図り，長期的発展の基礎を築く必要がある」，というのが支持の理由であった。

この大綱の決定により，日本の自由化は一定のタイムスケジュールの下に推進されることになり，その皮切りとして，7月1日には非居住者自由円勘定が創設され，円為替が導入された。自由円勘定に預入された円は，外貨との交換性を有し，また勘定相互間の振替は自由とされたので，非居住者はこの勘定を通じて円建の取引決済を行うことができるようになった。円はこれにより部分的にではあるが，交換性を回復するに至ったのである。また，この決定に従って貿易自由化が推進され，自由化率は61年4月には62％，62年4月には73％と急速に上昇した。

60年度の対日コンサルテーションは，円の交換性が部分的に回復したこの時期において，7月5日から18日まで東京で開催された。このコンサルテーションは，57年6月，58年6月の西ドイツに続き，前年2月にオランダ，10

月にイタリア，60年6月にフランスに対し，それぞれ「BPリーズンなし」の勧告が出され，また，60年2月にイギリスが自ら同趣旨の宣言を行った後でもあり，IMFからのわが国に対する自由化促進の要望は，いっそう強まるものと予想された。このため，日本側として，「自由化計画大綱を決定し，貿易為替自由化についての年次目標を樹立したところであり，早急な制限撤廃はかえって自由化計画の円滑な進行を妨げる」という立場から，コンサルテーションに臨む方針を立てた。

この結果，コンサルテーション終了時のスタッフ・チーム講評では，「各種の歓迎すべき貿易，為替の自由化の進展がありました」，「残存する双務支払協定を全廃しようと努力しておられるのは結構なこと」と，制限の縮小を積極的に評価し，日本経済が抱える構造的問題に配慮しつつも，「スタッフ・チームとしては，自由化計画が，日本の基本的な国際収支ポジションからみて認められる以上に用心深いものであるという感じをうけ」ると，間接的にBPリーズンに対する否定的感触を示した[17]。9月16日のIMF理事会勧告も，ほぼこの線に沿っており，わが国に対する「BPリーズンなし」の判定は，この年度には出されなかったものの，自由化への要請は，前年度よりも一段と強まった。

61年に入ると，2月15日に西ドイツ，イギリス，フランスなどヨーロッパ9カ国およびペルー，3月22日にサウジアラビア，と11カ国がいっせいに8条国に移行した。このことは，欧米諸国からの日本に対する自由化圧力を強めるものとなり，同時に，60年の金投機以来ドル防衛が課題として登場したアメリカの対日自由化要求をいっそう強めるものともなった。

61年度の対日コンサルテーションは，こうした状況のなか，6月21日より7月7日までの間，東京において開催された。コンサルテーションに先立って，日本側では，今回のコンサルテーションでは，BPリーズンの問題が直接取り上げられ，自由化措置のいっそうの繰上げ促進が要請され，8条国移行の場合の具体的問題点まで検討されるのではないか，と想定していた。そのた

---

[17] 「IMFスタッフ・チームの講評（仮訳）」昭和35年7月18日，大蔵省財政史室編[1998]所収。

め,「本年 BP リーズンなしとの判定を受けると,既定計画以上に大幅に自由化を速めなければならなくなり,その結果国際収支上及び所得倍増 10ヶ年計画達成上種々困難な問題が生ずることは否定できない」として,「本年 BP リーズンなしとの判定を受けることは絶対に回避すべき」という姿勢で,コンサルテーションに臨んだ[18]。

会議は 6 月 21 日から 30 日までの間に 7 回にわたる実質討議がなされ,その後 7 月 4 日から 6 日まで大蔵,通産,経企 3 大臣との政治折衝が行われた[19]。実質討議の場では予想通り,①国際収支と②自由化の促進が中心的議題となった。日本側は,①については,国際収支が悪化してきている実情を説明し,輸入増は自由化に備えての近代化投資,合理化投資に基づくもので,当面国際収支の赤字が続くことは避けがたいこと,②については,事情の許す限り自由化の促進を図っているが,自由化対策が完了する前に急激な自由化を行うことは,国際収支面や産業・雇用等の面で深刻な影響が生ずること,西欧諸国に比べ短期間で自由化を達成しなくてはならず,諸外国から貿易上の差別待遇をなお受けていること,等を IMF が十分考慮するように要請した。

これに対し,IMF 側は,日本の国際収支は基本的には強固であり,経常赤字の原因は国内需要の過剰によるものであること,現在までの 65% という自由化率は,欧米諸国に比して著しく低く,また 80% 自由化(石炭石油を含めると 90%)の時期も 63 年 4 月では遅すぎると指摘し,自由化の繰上げを強く要求した。

このため,日本政府は,「BP リーズンなし」という判定を避けるためには自由化の繰上げが必要と判断し,7 月 1 日,「自由化計画大綱の計画を繰上げ実施し,62 年 9 月までに 90% に引き上げることを目途に極力努力する」という閣議了解を行った。これを受けた 7 月 4 日よりの IMF・閣僚会談において,IMF 側は「今から 1 年間で自由化率を 95% まで引き上げる」という講評案を提示した。しかし,これは到底受け入れ難いとの判断から会談は政治折衝の場

---

[18] 大蔵省為替局「対日コンサルテーションに関する IMF 内部の空気についての鈴木理事報告要旨」昭和 36 年 6 月,同前所収。
[19] 「1961 年度 IMF 対日コンサルテーション関係資料」昭和 36 年,同上所収。

となり，最終的には，「国際収支が改善されれば，自由化を一層促進し，今から1年以内に，おそくとも1962年9月までに1959年ベースで90%の自由化を達成することを目標としているという日本当局の言明を歓迎する。日本政府は目標達成の時には，残存する制限について国際収支上の理由を主張しないであろう」という表現で決着した。

コンサルテーション終了後，日本政府は，IMF理事国に働きかけるとともに，8月4日，西山駐米公使・ポール国務省次官会談，翌8日，小坂外相・ライシャワー駐日大使会談を持って，「BPリーズンなし」の勧告の1年延期に関する米政府の配慮を強く要望した[20]。コンサルテーションに基づく勧告は，9月6日の理事会において決定されたが，こうした日本側からの働きかけもあって，ストレートな8条国移行勧告は出されなかった。「BPリーズンなし」の判定は，61年も1年間延期されたのであった。

### 4）1962-63年度の対日コンサルテーション

このように西欧先進諸国において8条国への移行が進行している一方，IMFの側では，その安定的運営を阻害する事態が進行し，それへの対応が要請されるようになっていた。ドルへの信認が揺らぎだすなかで，アメリカからの金流出が起こり，IMF資金の不足が明瞭になってきたのである。このためアメリカ主導の下，1962（昭和37）年1月5日，IMF理事会は，総額60億ドルに上る主要加盟国通貨借入取極／General Arrangements to Borrows（略称GAB）を採択した。「国際通貨制度の毀損」を防ぐために，主要工業国10ヵ国が，各自決められた額を限度として，必要な場合にIMFに自国通貨を貸付けることを約定する，というのがその内容で，主要10ヵ国のなかに入った日本は，同年5月法改正を行い，2億5,000万ドルの借入取極に参加することを決定した[21]。

---

20) 同前。
21) 『外国為替』外国為替貿易研究会，第6号，昭和37年1-3月。これと並行して，アメリカは，1961年3月より，財務省による為替市場介入を再開，また，1962年3月より，ニューヨーク連邦準備銀行に順次主要各国中央銀行とのスワップ取極を締結させた。

また他方，日本は，同年1月19日，IMFとの間で3億500万ドルのスタンド・バイ取極を締結した。景気加熱による経常収支赤字，外貨準備減少への対策であった。これにより日本は，いつでも必要に応じ，買入残高が3億500万ドル相当額に達するまで，IMFから日本円を対価として外貨を購入することを認められた。過去，日本は1953年と57年の2度の外貨危機に対し，IMFからの借入を行ってきたが，これらはいずれも即時借入であり，スタンド・バイ取極は初めてのことであった[22]。

こうした状況の下，62年度の対日コンサルテーションが，62年11月5日より17日にかけて東京で開催された。従来は6月から7月にかけて行われてきたが，IMF側の事情と日本の景気調整政策の動向を見極めるということで，11月に開催が延期されたためであった。この間，61年半ば以来とられた国際収支改善対策の効果もあって，62年7月には日本の経常収支は若干の黒字に転じた。輸入自由化も，目標をわずかに下回ったものの，62年10月には88％の自由化水準に達した。こうした日本経済の推移と前年度のコンサルテーションの経緯から，日本側は，本年度に「BPリーズンなし」の判定を，さらに1年延期させることは困難であると判断した。

コンサルテーションの場ではかなり立ち入った議論となったが，結局，最終日のスタッフ・チーム講評は，予想通り「残存制限および貿易外制限を国際収支を根拠として正当化することは困難であるように思う。……スタッフ・チームは，8条国移行が適当と思われる時期が近づきつつあるように思うので，日本政府当局がそのような準備過程を可及的速やかに開始するように示唆する」というものとなった[23]。

63年2月6日に開かれたIMF理事会は，2時間半かけてこの対日コンサルテーションの審議を行い，「日本の残存する輸入制限は国際収支上の理由のためには必要ではないと信ずる。また，経常貿易外支払に対する制限の撤廃を要請する」という趣旨の決議を採択した。100％「BPリーズンなし」という判

---

22) 同前，第7号，昭和37年4-6月。
23) 「1967年対日8条コンサルテーション議題」他，大蔵省『IMFコンサルテーション』1967年。

定ではなかったが，限りなく「BP リーズンなし」に近い表現がとられたのである。この決議を受けて翌 7 日，大蔵大臣は「……最近のわが国の国際経済社会における地位の重要性にかんがみ，また，貿易及び為替の自由化が究極的にわが国経済の正常な発展のために望ましいことを考慮し，この決議を受け入れることとした。我が国の貿易為替の自由化の過程において画期的意味をもつものである。政府としては，今後は，現在までに達成した貿易及び為替の自由化の成果の上に立って，さらにこれを着実に推進して行く所存であり，この基本的方針の下に国内経済体制の整備を促進し，なるべく早い時期に基金協定第 8 条の義務を受諾したいと考えている」という談話を発表し，決議の受諾を公表した[24]。

上記のような日本側の対応のなかで，63 年度の対日コンサルテーションは，11 月 11 日から 22 日まで，東京において開催された。63 年 2 月の理事会決議を受諾したにもかかわらず，日本側は，63 年 8 月末時点では，なお「昨年度年次協議の経緯にかえりみ，BP リーズンなしとの判定を受ける可能性は相当大きい」が，「日本の外貨準備がなお十分でないこと等の理由」で，なんとかこの最終判定を延期できないかを検討していた[25]。

しかし，11 日から開催されたコンサルテーションの開会の挨拶において，IMF フリードマン／I. S. Friedman 局長は，「日本が内外両面に亘って経済の発展をとげ，輸入及び貿易外取引を自由化して，8 条国へ移行し，もはや 14 条に基づく過渡的な為替制限をとらないと考えられるようになったことは洵に喜ばしいことである。……日本が 8 条国へ移行する決意を固めたことを，我々としては高く評価しており，その移行時期その他の事柄について話合いたいと思っている。日本の 8 条国移行は，日本の経済史上，大きな足跡を印すことになろう。……我々としては，今回の第 14 条に基づくコンサルテーションを利用して，8 条国移行に伴う作業を完了したいと思っている」と述べ，第 14 条コンサルテーションが今回で最後となることを冒頭から宣言した[26]。

---

24) 同前。
25) 大蔵省為替局「本年度 IMF 年次協議に対する基本的態度について」昭和 38 年 8 月 31 日，大蔵省資料 Z18-517。

第2節　IMFコンサルテーションとOECD加盟

　このため10日以上にわたる協議の場では、日本が8条国に移行した場合に、IMF協定との関係からその存続を必要とすると考えられる事項、すなわち一般的規制としての、外貨予算制度、標準決済方法、韓国オープン協定、輸入担保制度、通貨指定、外貨集中や、貿易外支払に関する個別規制としての海外渡航外貨制限、運輸関係規制、保険制度、投資収益関係、日米通商航海条約との関係等が逐次的に検討され、国際収支の短期および長期見通しが同時に協議された。

　コンサルテーション後の講評において、フリードマン局長は、「日本が国内的及び対外的に発展を遂げ、輸入及び経常貿易外の自由化を行ない、いまやIMF協定第8条の地位を取得することができるようになり、もはや協定第14条の援用を必要としない段階にまで達したことに極めて満足している」、「日本が最初に行なった14条国コンサルテーションのIMF団長であった私が最後の14条国コンサルテーションにおいても団長であり得たことは私個人として大きな喜びであったことを付言したい」と述べ、日本の14条国としての地位の終了を宣言した。

　同日、大蔵大臣は、「8条国移行に伴う経常支払制限の撤廃に関しては、当方より8条国移行時までに外貨予算制度を廃止するとともに、必要な輸入制限についてもこれを為替割当ではなく、輸入許可という形で行うこととする方針を示し、IMF側は満足の意を示した。観光旅行の自由化についてはその限度につき相当の論議があったが、当方としては主として社会的理由により8条国移行時以降差当り1人1回500ドル迄自由化するという方針を示した。8条国移行時はIMF側はできるだけ早期を希望したが当方は来年4月1日とすることを明らかにした」という声明を発表、64年4月1日をもって8条国に移行することを表明した[27]。

　翌64年3月11日、ワシントンで開催されたIMF理事会は、日本の8条国移行に関する審議を行い、日本政府による2月17日付の「昭和39年4月1日

---

26) 『IMF63年コンサルテーション』大蔵省資料。
27) 同前。

より協定第8条第2項，第3項および4項の義務を受諾する旨の通告」を了承するとともに，第8条に基づく承認を必要とする韓国との双務支払協定及び観光旅行に関する残存制限については，速やかに廃止することが望ましいが，それが日本の8条国移行を妨げる重大なことではないとして，その残存制限の存続を承認した。64年4月28日，わが国は，国会承認を経て，OECDの正式加盟国となり，7月にはOECD/WP3にも参加した。また，同年9月7日より12日までの5日間，IMF・世銀総会を，102カ国，2,000余名の参加により東京において開催した。IMF8条国移行，OECD加盟により，わが国は，従来のいわば封鎖的経済体制から本格的開放体制の時代に入ったのであった。

## 5）8条国コンサルテーション

　こうして日本は，8条国に移行したが，移行後もIMFの承認のもとで，韓国に対するオープン勘定取極の存続および観光渡航に関する制限の存続という経常取引に関する制限措置を残していた。このような残存制限措置の存在する8条国については，概ね1年に1度IMFとの間で協議を行うことが義務づけられ，また，このような残存制限のない場合でも，「専門的便宜」ないしは「通貨および金融上の動向に関する意見交換手段として」，討議を行うことが好ましいとされていた。実際に，61年2月にいっせいに8条国に移行した西欧諸国においても，ほぼ1年に1回の割合でコンサルテーションが行われており，日本の場合も，引き続きコンサルテーションが行われることになった。

　8条国移行後，第1回の対日8条国コンサルテーションは，1964（昭和39）年11月16日から28日まで東京で開催された。従来の14条国コンサルテーションが，制限撤廃の可否を判定する厳格なものであったのに対して，8条国コンサルテーションは，上述のような性格から，むしろ，国際収支状況，日本経済全般の推移，その中心となる財政金融等を柱とする当局の政策の妥当性等が，協議の中心議題となった。同年の議題を列挙すれば，1．国際収支，2．経済成長，消費，公共及び民間投資，生産，3．卸売物価及び消費者物価，4．予算及び財政政策，5．金融動向及び金融政策，6．制限制度及び関連事項，であった[28]。その後も，この8条国コンサルテーションは，68年の第5

回まで，毎年11月，約2週間の日程で行われたが，次第にその重要性は低下した。

## 2. OECD加盟

　OECDの前身は，1948（昭和23）年に発足したOEEC（欧州経済協力機構，Organization for European Economic Co-operation）であったが，このOEECは，第2次大戦後のマーシャル・プランの受け皿として設置されたものであった。発足当時のOEECの正式加盟国は16カ国であったが，1949年に西ドイツ，50年にスペインが加盟し，欧州18カ国と準加盟国たるアメリカ，カナダを加えた20カ国で構成されるようになった。こうして発足したOEECは，50年代の末頃になると，その再編を要請する新たな問題に直面するようになった[29]。

　ひとつは，OEECを支えてきたアメリカの援助が，同国の国際収支の逆調によって制約を受け始めたことである。アメリカはこの問題を，欧州諸国との間で経済政策の調整を行い，かつ開発途上国援助を欧州諸国にも分担させることによって解決しようとした。そのため，59年には，アメリカ，イギリス，西ドイツ，フランスの4カ国首脳会議が，60年には，アメリカ，イギリス，フランス他13カ国の参加による大西洋経済会議が開催され，開発途上国援助に関する協議と調整のための機構としてDAG（開発援助グループ，Development Assistance Group）を設立することが決定された。

　他のひとつは，ヨーロッパの自由貿易地域設立の動きが，フランス，西ドイツ，イタリア，オランダ，ベルギーおよびルクセンブルグの6カ国によるEECと，イギリス，オーストリア，スイス，デンマーク，ノルウェイ，スウェーデンおよびポルトガルの7カ国によるEFTAへと分裂したことである。

---

28)『39年度対日コンサルテーション資料1』大蔵省資料 Z25-65。
29) 大蔵省関税局国際課『国際課必携』1973年2月。

また、58年のヨーロッパ主要国における通貨交換性回復にともない、OEEC加盟国間の多角的決済の促進を目的として設立されていたEPU（欧州決済同盟、European Payment Union）の存在意義がうすれ、これを解消してEMA（欧州通貨協定、European Monetary Agreement）が多角決済の残務整理を行うこととなった。

こうしたヨーロッパ経済情勢の変化とアメリカの要請に沿って、60年1月、OEECの特別経済委員会（通称パリ会議）が開かれ、OEECを改組し、OECDを設立する構想が確定した。構想確定以降、4人委員会案の検討、OEEC改組のための条約起草作業部会の活動、OECD条約草案のための準備委員会の活動等、OEEC改組のための精力的活動が進められ、60年12月13、14日に、OEEC加盟国および準加盟国の20カ国閣僚と欧州3共同体の代表が会合し、OECD条約の署名がなされた。続いて、61年9月30日までに17カ国の批准書が寄託され、条約が発効、同日OECDは正式に発足した。その後オランダ、ルクセンブルグ、イタリアが批准書を寄託し、その結果、従来のOEEC18カ国に米国、カナダの2カ国を含めた20カ国より構成されるOECDが出来上がった。

OECD条約第1条は、OECDの目的として、次の3つの政策を推進する旨を掲げていた。(1)金融の安定を図りつつ、加盟国におけるできる限り高度の経済成長の持続、雇用の増大ならびに生活水準の向上を図ること、およびこれによって世界経済の発展に寄与すること、(2)加盟国のみならず経済発展の途上にある諸国の健全な経済の拡大に寄与すること、(3)国際的義務に従い多角的かつ無差別な基礎に立った世界貿易の拡大に寄与すること。

OECDには、この目的を達成するための重要な委員会として、経済政策委員会、開発援助委員会、貿易委員会の3つが置かれたが、そのほかにも、資本取引および貿易外取引、農水産、科学および教育、工業およびエネルギー、人的資源、核エネルギー等の分野にわたって30以上の委員会が設けられ、多面的な活動を行った。開発途上国等からは、「先進国サロン」という批判も加えられたが、世界経済の発展に一定の積極的役割を果たしたことは否定できない。

日本はOECDの発足当初からDAG＝DAC（開発援助委員会）の活動に参加するとともに，OECD発足直後から加盟を希望し，対外的にも加盟の意向をたびたび表明していた。すなわち，60年6月には，池田・ケネディ会談の場で加盟の希望を表明し，62年11月の池田訪欧の際にも，同様に欧州諸国に対し加盟希望を表明した。しかし，当初は，OECD諸国は必ずしも日本の加盟には積極的でなかった。大西洋諸国の連合体という地域的性格の維持，日本以外の加盟希望国との関連，イギリスのEEC加盟問題などが，その理由とされていた[30]。

　しかし，その後次第に日本の加盟に好意的な国が増大し，翌63年3月のOECD主席代表者会議では，各国とも日本の加盟に原則として異存がない旨が表明された。この結果，同年5月から6月，7月と3回にわたって，OECD事務局と日本政府代表との間で，加盟の予備交渉が行われた。予備交渉では，OECD事務局側より加盟必要条件が提示されたが，そのポイントは以下の3点であった。第1は，OECDの基本目標である経済成長，発展途上国援助，貿易の拡大を支持すること，第2は，OECDの手続規則，行政的規則，その他各種委員会の権限に関する規則を受諾すること，第3は，貿易外経常取引及び資本移動の自由化について，OECD側と合意に達すること。

　このうち，第1と第2については問題がなかったため，交渉の重点は第3の問題に絞られた。OECDは，この問題の協議のため，63年6月，調査団を日本に派遣した。当時，日本は60年の貿易為替自由化計画大綱以降，貿易の自由化を急速に進展させていたものの，資本の自由化についてはきわめて慎重な立場をとっていた。OECDの資本移動の自由化規約は，「加盟国は次の諸事項に関する取引及び送金について，必要な一切の承認を与えなければならない」として，長期直接投資（海外投資，外資導入の双方），資本輸入による直接投資の清算およびその送金，個人資本の移動（旅行者割当，移民持出，相続贈与，保険金支払等），非居住者封鎖資金の再投資・振替等，証券の現物移動，クレジット及び貸付金のすべてをあげていた。また，貿易外経常取引の自由化につ

---

30) 通商産業省他編［1991］pp. 296以下参照。

いても，「加盟国は次の諸事項に関する取引及び送金について，必要な一切の承認を与えなければならない」として，商業および工業（修理および組立費，加工費，技術援助，建設費，著作権，工業所有権，非居住者賃金等），貿易（業務上の渡航，売買手数料，倉庫料，運送費，関税および賦課金等），運輸（海上運賃，内陸水路運賃，道路運送費，航空運賃，船舶の補修費等），保険（社会保険，貨物保険，生命保険等），フィルム，資本所得（企業利潤，株式配当金，利子，賃貸料），私的な旅行および移民の送金，個人所得および支出（年金等）を列挙していた。

規約は，これらについての留保を認めていたが，留保国は制限の範囲およびその理由等について18カ月以内の期間毎にOECDに通告すること，留保を行うときはその理由を明示することを求めており，また，OECDが18カ月以内の期間毎に留保の必要性の有無を検討して適切な提案を行うこととされていた。

調査団との予備交渉に先立って5月末日に開かれた日本側6省庁の連絡会議では，OECD規約にある82の自由化項目のうち，貿易外取引自由化規約に関して10項目，資本取引自由化規約に関して10項目につき一定の留保を必要とする，直接投資については留保を付さない，証券の購入については一定限度を超える株式の取得につき留保を必要とする，技術導入については留保を必要とする，投資収益については，円ベース投資の利潤・元本につき留保を必要とする，などの点が確認された。

来日した調査団との交渉の過程では，調査団側より，日本の現状は82項目のうち64項目に関して「完全自由化」とは認められないという指摘がなされ，これに対して日本側は，指摘された64項目のうち46項目について，法の運用の一部手直し，手続きの簡素化などにより留保を回避することとし，6月10日に開催された経済閣僚懇談会において，18項目をさらに9項目程度まで減らす方向で検討することが確認された。

最終的には調査団との協議の結果，要留保項目は18項目（部分留保16，完全留保2）まで絞り込まれたが，このうち外国船の長期用船契約規制についてはOECDよりいっそうの改善を要求され，7月にパリで開かれた最終的交渉

においても，海運規制問題に論議が集中した。当時，日本は海運不況下にあり，譲歩は困難であったが，結局7月26日の経済閣僚懇談会において，期限付きで留保項目から外すことを決定，加盟了解覚書への署名について閣議決定が行われた。OECD側も同日午後の理事会においてわが国の加盟招請を全会一致で決定，同日萩原大使とクリステンセン事務総長は了解覚書に署名した。その後，国会承認を経て，64年4月28日，わが国はOECDの正式加盟国となった。

## 第 3 節　国際収支の黒字転換と資本自由化

### 1. 1960年代の国際収支と輸出入の推移

**1）1960年代前半の国際収支と外貨準備**

　1957（昭和32）年の外貨危機を克服して以降，日本の外貨収支は順調に改善し，外貨保有高は年を逐って増大した。58年5月に外貨保有統計は，それまでのMOF方式外貨保有統計から外貨準備高統計に改正されたので，以下，この外貨準備高によりつつ，60年代の外貨保有の推移を見ることにする。

　58年年初には5億ドルをわずかに超えたにすぎなかった外貨準備高は，同年末には8億6,100万ドルに達し，59年4月には10億900万ドルと初めて10億ドルの大台を突破した。外貨準備増大の勢いは，その後さらに加速し，59年末には13億2,200万ドル，翌60年末には18億2,400万ドルとなり，61年4月には20億3,500万ドルとついに20億ドルの大台に達した。3年足らずの間に，外貨準備高は4倍にもふくらんだのである。

　しかし，この20億3,500万ドルをピークに，外貨準備高は減少へと反転する。減少のテンポは急速で，61年末には14億8,600万ドルと，8カ月で6億ドル近い外貨を失った。こうした急激な外貨準備減少に直面して，日本銀行は61年7月公定歩合の1厘引上げを実施し，金融引締めの姿勢を示した。さらに同年9月，政府は「国際収支改善対策」を閣議決定し，日銀の窓口規制強化，公定歩合引上げ等の金融引締め強化，輸入抑制・輸出振興，財政緊縮の方針を公表した。

　こうした対策もあって，外貨準備高の落込みは，翌62年後半より回復に転じ，62年末には18億4,100万ドルを記録する。しかし，その後は，63年6月19億200万ドル，12月18億7,800万ドル，64年6月19億3,700万ドル，12月19億9,900万ドルと18億-19億ドル台を推移し，20億ドルの大台に乗るの

は65年1月を待たなくてはならなかった。しかも,65年末21億700万ドル,66年末20億7,400万ドル,67年末20億500万ドル,68年6月19億7,600万ドルと,外貨準備高は,60年代後半も数年にわたって,19億-21億ドル前後にはりついた。外貨準備高が再び持続的増大に転ずるのは,68年の8月以降のことで,63年の後半から68年の前半まで,「国際収支20億ドルの天井」と呼ばれる事態が,5年近く続いたのであった(表2-8)。

この「外貨準備20億ドルの天井」(1950年代は「10億ドルの天井」)については,香西[1989]による,外貨準備を意図的に低水準に抑えつつ,「余力を成長=国内経済拡大に振り向」けるマクロ政策が採用された,という評価がある[1]。しかし,準備量を最小限にすることによって,運用資金を最大化したという関係が,この時期の日本経済に明確に抽出できるかといえば,必ずしもそうはいえない。外貨準備の増減と国内総需要の推移との因果連関が明らかにされることなしには,この評価は確定できないからである。

そこで,さしあたり,外貨準備高の増減がいかなる要因によってもたらされたのかを,経常収支,資本収支,金融勘定の推移から検討してみたい[2]。表2-9は,1960年から70年までの国際収支を示したものである。まず,経常収支から見ると,経常収支は,1960年代前半と後半とで対照的な姿を見せた。すなわち,60年代前半は,60年を除いて経常収支は一貫して赤字を示したのに対して,60年代後半は67年を除いて一貫して黒字で,しかもその黒字額は10億ドル-20億ドルの巨額に達した。60年代前半の経常赤字の主要因は,61年の場合は,貿易収支の赤字に,63年,64年の場合は,貿易外収支の赤字に求められる。貿易外収支の赤字は,その後も傾向的に増大する。しかし,60年代後半には,貿易収支がそれを上回る黒字額を記録することにより,この時期の経常収支は全体としては黒字を示したのであった。

次に,資本収支のうちまず長期資本収支を見ると,経常収支とは逆に,60

---

1) 香西泰[1989]pp. 218-20。
2) 国際収支表を使用する理由は,既述のように外国為替統計は1967年まで発表されたが,60年4月の改正によって国際収支表ときわめて類似した形式となったこと,70年代前半との連続性を考慮したためである。

表 2-8　外貨準備高の推移（1958-69 年，月別）

（単位：百万ドル）

| 月末 | 外貨準備高 | 金 | 外国為替 | 月末 | 外貨準備高 | 金 | 外国為替 | 月末 | 外貨準備高 | 金 | 外国為替 | 月末 | 外貨準備高 | 金 | 外国為替 |
|---|---|---|---|---|---|---|---|---|---|---|---|---|---|---|---|
| 1958. 1 | 522 | … | … | 61. 1 | 1,885 | … | … | 64. 1 | 1,855 | … | … | 67. 1 | 2,052 | … | … |
| 2 | 564 | … | … | 2 | 1,937 | … | … | 2 | 1,801 | … | … | 2 | 2,050 | … | … |
| 3 | 629 | 24 | 605 | 3 | 1,997 | 247 | 1,750 | 3 | 1,996 | 289 | 1,527 | 3 | 2,077 | 330 | 1,510 |
| 4 | 663 | … | … | 4 | 2,035 | … | … | 4 | 1,975 | … | … | 4 | 2,092 | … | … |
| 5 | 702 | … | … | 5 | 1,966 | … | … | 5 | 1,930 | … | … | 5 | 2,110 | … | … |
| 6 | 718 | … | … | 6 | 1,912 | 247 | 1,665 | 6 | 1,937 | 290 | 1,467 | 6 | 2,074 | 330 | 1,507 |
| 7 | 739 | … | … | 7 | 1,837 | … | … | 7 | 1,915 | … | … | 7 | 2,036 | … | … |
| 8 | 781 | … | … | 8 | 1,721 | … | … | 8 | 1,927 | … | … | 8 | 1,982 | … | … |
| 9 | 759 | … | … | 9 | 1,610 | 272 | 1,338 | 9 | 1,939 | 290 | 1,469 | 9 | 2,022 | 335 | 1,450 |
| 10 | 805 | … | … | 10 | 1,506 | … | … | 10 | 1,906 | … | … | 10 | 1,994 | … | … |
| 11 | 805 | … | … | 11 | 1,489 | … | … | 11 | 1,924 | … | … | 11 | 1,963 | … | … |
| 12 | 861 | 54 | 807 | 12 | 1,486 | 287 | 1,199 | 12 | 1,999 | 304 | 1,495 | 12 | 2,005 | 338 | 1,453 |
| 59. 1 | 868 | … | … | 62. 1 | 1,510 | … | … | 65. 1 | 2,027 | … | … | 68. 1 | 1,972 | … | … |
| 2 | 938 | … | … | 2 | 1,514 | … | … | 2 | 2,050 | … | … | 2 | 1,998 | … | … |
| 3 | 974 | 119 | 855 | 3 | 1,561 | 287 | 1,274 | 3 | 2,053 | 304 | 1,547 | 3 | 1,963 | 341 | 1,422 |
| 4 | 1,009 | … | … | 4 | 1,559 | … | … | 4 | 2,019 | … | … | 4 | 1,894 | 341 | 1,354 |
| 5 | 1,073 | … | … | 5 | 1,586 | … | … | 5 | 2,013 | … | … | 5 | 1,919 | 341 | 1,381 |
| 6 | 1,105 | … | … | 6 | 1,623 | 287 | 1,335 | 6 | 1,980 | 327 | 1,413 | 6 | 1,976 | 355 | 1,375 |
| 7 | 1,201 | … | … | 7 | 1,635 | … | … | 7 | 1,950 | … | … | 7 | 2,072 | 355 | 1,471 |
| 8 | 1,181 | … | … | 8 | 1,648 | … | … | 8 | 1,964 | … | … | 8 | 2,223 | 355 | 1,623 |
| 9 | 1,209 | … | … | 9 | 1,720 | 288 | 1,431 | 9 | 1,969 | 327 | 1,432 | 9 | 2,360 | 355 | 1,747 |
| 10 | 1,250 | … | … | 10 | 1,805 | … | … | 10 | 1,998 | … | … | 10 | 2,554 | 355 | 1,940 |
| 11 | 1,291 | … | … | 11 | 1,793 | … | … | 11 | 2,086 | … | … | 11 | 2,778 | 356 | 2,163 |
| 12 | 1,322 | 244 | 1,077 | 12 | 1,841 | 289 | 1,552 | 12 | 2,107 | 328 | 1,569 | 12 | 2,891 | 356 | 2,261 |
| 60. 1 | 1,328 | … | … | 63. 1 | 1,884 | … | … | 66. 1 | 2,082 | … | … | 69. 1 | 2,935 | 356 | 2,305 |
| 2 | 1,321 | … | … | 2 | 1,856 | … | … | 2 | 2,109 | … | … | 2 | 3,086 | 356 | 2,449 |
| 3 | 1,361 | 244 | 1,116 | 3 | 1,863 | 289 | 1,574 | 3 | 2,109 | 328 | 1,515 | 3 | 3,213 | 357 | 2,575 |
| 4 | 1,385 | … | … | 4 | 1,878 | … | … | 4 | 2,098 | … | … | 4 | 3,103 | 359 | 2,453 |
| 5 | 1,419 | … | … | 5 | 1,894 | … | … | 5 | 2,096 | … | … | 5 | 3,101 | 359 | 2,441 |
| 6 | 1,451 | … | … | 6 | 1,902 | 289 | 1,613 | 6 | 2,104 | 329 | 1,499 | 6 | 3,089 | 363 | 2,385 |
| 7 | 1,505 | … | … | 7 | 1,883 | … | … | 7 | 2,054 | … | … | 7 | 3,034 | 363 | 2,305 |
| 8 | 1,569 | … | … | 8 | 1,909 | … | … | 8 | 2,063 | … | … | 8 | 3,126 | 363 | 2,383 |
| 9 | 1,658 | … | … | 9 | 1,906 | 289 | 1,617 | 9 | 2,044 | 329 | 1,439 | 9 | 3,226 | 371 | 2,466 |
| 10 | 1,717 | … | … | 10 | 1,922 | … | … | 10 | 2,019 | … | … | 10 | 3,234 | 371 | 2,472 |
| 11 | 1,760 | … | … | 11 | 1,911 | … | … | 11 | 2,044 | … | … | 11 | 3,476 | 371 | 2,654 |
| 12 | 1,824 | 247 | 1,577 | 12 | 1,878 | 289 | 1,589 | 12 | 2,074 | 329 | 1,469 | 12 | 3,496 | 413 | 2,614 |

注）外貨準備高は，政府および日本銀行が保有する金および外国為替（外国通貨，銀行預金，外国証券等を含む）の合計額である。なお，1964 年以降は IMF ゴールド・トランシュ・ポジション（金によるわが国の IMF への出資額）を含む。

出所）日本銀行『本邦経済統計』1959-1966 年，同『経済統計年報』1967-1990 年。

第3節 国際収支の黒字転換と資本自由化　193

表2-9　国際収支表（ドル建，1960-70年）

（単位：百万ドル）

| 項目 | 1960 | 61 | 62 | 63 | 64 | 65 | 66 | 67 | 68 | 69 | 70 |
|---|---|---|---|---|---|---|---|---|---|---|---|
| 1. 経常収支 | 143.0 | △982.4 | △48.7 | △779.2 | △480.1 | 931.0 | 1,251.4 | △190 | 1,048 | 2,119 | 1,970 |
| (1)貿易収支 | 268.0 | △557.9 | 402.2 | △165.6 | 375.4 | 1,900.9 | 2,273.0 | 1,160 | 2,529 | 3,699 | 3,963 |
| 　輸　出 | 3,979.0 | 4,149.2 | 4,860.9 | 5,391.1 | 6,703.1 | 8,333.2 | 9,638.7 | 10,231 | 12,751 | 15,679 | 18,969 |
| 　輸　入 | 3,711.0 | 4,707.1 | 4,458.7 | 5,556.7 | 6,327.7 | 6,432.3 | 7,365.7 | 9,071 | 10,222 | 11,980 | 15,006 |
| (2)貿易外収支 | △100.0 | △382.7 | △420.5 | △567.9 | △783.5 | △884.1 | △886.3 | △1,172 | △1,306 | △1,399 | △1,785 |
| 　受　取 | 949.0 | 1,017.1 | 1,088.0 | 1,134.9 | 1,323.1 | 1,564.0 | 1,930.1 | 2,182 | 2,607 | 3,261 | 4,009 |
| 　支　払 | 1,049.0 | 1,399.8 | 1,508.5 | 1,702.8 | 2,106.6 | 2,448.1 | 2,816.4 | 3,354 | 3,913 | 4,660 | 5,794 |
| (3)移転収支 | △25.0 | △41.8 | △30.4 | △45.7 | △72.0 | △85.8 | △135.3 | △178 | △175 | △181 | △208 |
| 　受　取 | 62.0 | 71.1 | 65.7 | 66.8 | 73.2 | 62.9 | 68.9 | 74 | 83 | 85 | 98 |
| 　支　払 | 87.0 | 112.9 | 96.1 | 112.5 | 145.2 | 148.7 | 204.2 | 252 | 258 | 266 | 306 |
| 2. 長期資本収支 | △55.0 | △10.0 | 171.7 | 467.1 | 107.3 | △414.4 | △808.5 | △812 | △239 | △155 | △1,591 |
| 　資産（本邦資本） | △172.0 | △312.0 | △310.0 | △298.2 | △450.7 | △447.2 | △705.9 | △875 | △1,096 | △1,508 | △2,031 |
| 　負債（外国資本） | 117.0 | 302.0 | 481.7 | 765.3 | 558.0 | 32.8 | △102.6 | 63 | 857 | 1,353 | 440 |
| 3. 短期資本収支① | △16.0 | 21.0 | 107.7 | 106.9 | 232.6 | △61.5 | △64.1 | 506 | 209 | 178 | 724 |
| 4. 誤差脱漏 | 33.0 | 19.0 | 5.7 | 44.5 | 10.6 | △50.9 | △44.0 | △75 | 84 | 141 | 271 |
| 5. 総合収支 | 105.0 | △952.4 | 236.4 | △160.7 | △129.6 | 404.2 | 334.8 | △571 | 1,102 | 2,283 | 1,374 |
| 6. 金融勘定② | 105.0 | △952.4 | 236.4 | △160.7 | △129.6 | 404.2 | 334.8 | △571 | 1,102 | 2,283 | 1,374 |
| （うち外貨準備増△） | (502.0) | (△338.0) | (355.0) | (37.0) | (121.0) | (108.0) | (33.0) | (△69) | (886) | (605) | (903) |

注1) 「短期資本収支」は「金融勘定」に属するものを除き，△は資本の流出（資産の増加および負債の減少）を示す。
2) 「外貨準備高増減」の1964年は3月ゴールド・トランシュ算入額180百万ドルを含む。70年はSDR配分額122百万ドルを含む。
3) IMF方式による統計として作成・公表されているのは1960年以降分についてであり，1959年以前についてはIMFに対する報告等が存在するのみである。
4) ①「金融勘定」に属するものを除く。
　②「金融勘定」の（）は対外支払ポジションの悪化（資産の減少および負債の増加）を示す。

出所　大蔵省『財政金融統計月報』第186, 199, 244, 255, 278, 290号。

年代前半は均衡ないし黒字，60年代後半は赤字を示した。この期間を通して，本邦資本の対外投資（資産）は持続的に増大しており，60年代前半は，外国資本の対日投資（負債）がこれを上回ることによって黒字が，60年代後半は，65-67年と対日投資がほとんど停滞し，以後急速な拡大を示すものの対外投資の伸びには追い付かないことによって赤字が生じている。詳しくは後述するが，長期資本払出の持続的増大は，輸出延払信用供与の増大と，60年代後半に入ってからの途上国向け借款，直接投資の急増によるものであった。また，長期資本受入の大幅なスウィングは，60年代前半のドル防衛強化による借入難，外国金利の高騰などによる対日借款の減少による流入減，逆に69年に典型的に見られる外人公社債投資・株式投資による流入増によるものであった。さらに，同期間の短期資本収支について見ると，65年，66年を除いて黒字を示しているが，これは主として，日本向けの短期輸入延払信用供与による受取超過であった。

　以上のような経常収支と資本収支の推移により，この期間の総合収支＝金融勘定は，67年までは1-2年おきに赤字と黒字を繰り返すという不安定な構造となった。もっとも，総合収支の赤字分ほどには外貨準備は減少せず（61年，67年），あるいは赤字であっても外貨準備が増大（63年，64年）しており，このことは，60年代に入ると，その相当部分が民間為銀部門ポジションによって調整されるようになったことを示している[3]。

　60年代前半から半ばにかけての，こうした国際収支構造の不安定性は，高度成長と国際収支均衡の関連をめぐる論争をもたらしたが，概括的に振り返れば，わが国国際収支の型は，60年代前半の貿易赤字・資本黒字という途上国型から，60年代後半の貿易黒字・資本赤字という先進国型へと，67年前後を区切りとして転換したといえる。以下，60年代前半，60年代後半に区分して，国際収支の動向をもう少し立ち入って見ることにする。

　61年の貿易赤字は，60年の「国民所得倍増計画」によって加速された「岩

---

3) ただし，1964年外貨準備増1億2,100万ドルは，同年3月末のゴールド・トランシュ1億8,000万ドルを算入したものである。

戸景気」がピークに達するなかで，輸入が急拡大して生じたものであった。60年から61年にかけての輸入の伸びは輸出の伸びをはるかに上回るもので，輸出増は2億ドル弱であったのに対し，輸入は10億ドルも増加した。このパターンは62-63年にも再出した。同期間の輸出増5億ドルに対し輸入増は11億ドルで，これは，キューバ危機を契機とする砂糖価格の高騰や農業不作による麦類輸入の増大の影響もあったが，主要因は「オリンピック景気」にあった。景気の好転，過熱とともに輸入が急増し貿易収支が悪化するというパターンは，60年代前半の時期までは明瞭に検出しうるのである。とはいえ，経常赤字を貿易赤字と貿易外赤字に分けてみると，61年は前者が60％近い寄与度であったのに対し，63年には後者が70％以上を占めている。経常赤字が貿易外収支の赤字に規定されるようになったのである。

　この時期，貿易外経常収支の赤字幅は，表2-10に見られるように，受取の伸びよりも支払の伸びが一貫して上回ったことによって拡大した。60年から65年にかけて，受取額は9億4,900万ドルから15億6,400万ドルと1.65倍の伸びであったのに対し，支払額は10億4,900万ドルから24億4,800万ドルと2.33倍も増加したのである。支払の55-58％を占めていたのは船舶貨物運賃，港湾経費，用船料などからなる運輸費で，輸入の増大と海上運賃上昇による運賃支払増大の影響が大きかった。次いで22-27％を占めたのが，代理店手数料，特許権使用料，事務所経費などからなる民間取引で，これらによる海外送金も傾向的に増大した。利子・配当支払などの投資収益も同様に増大した。これに対し，受取の伸びが低かったのは，特需の減少に加え，邦船積載比率がなお低位のため，運輸費受取の伸びが相対的に小さかったことが影響していた。

　ところで，こうした経常収支の推移と外貨予算制度はどのように関連していたのであろうか。外貨予算の性格が，AA予算，AFA予算等の拡大に伴って，支払制限的なものから支払見積り的なものに移行していったことはすでに述べた通りである。外貨準備の一定の蓄積，自由化への国際的圧力などによって，制度それ自体の目的も，外貨収支の均衡維持から徐々に離れた。とくに，60年の「貿易・為替自由化計画大綱」以降の貿易自由化の進展は，それまでの外貨予算の役割を急速に小さくした。とはいえ，64年4月の廃止に至るまで，

表 2-10 貿易外収支

[受取]

| 年 | 合計 | 運輸 | | | | | | | | 旅行 |
|---|---|---|---|---|---|---|---|---|---|---|
| | | | 貨物運賃 | 貨物保険 | 港湾経費 | 旅客運賃 | 用船料 | (船舶)① | (航空機)① | |
| 1961 | 1,016 | 361 | 218 | 7 | 65 | 18 | 0 | 298 | 56 | 47 |
| 62 | 1,088 | 397 | 241 | 9 | 62 | 40 | 1 | 327 | 61 | 49 |
| 63 | 1,134 | 450 | 248 | 10 | 111 | 35 | 5 | 381 | 59 | 53 |
| 64 | 1,323 | 604 | 304 | 13 | 190 | 43 | 5 | 512 | 79 | 62 |
| 65 | 1,563 | 694 | 356 | 15 | 243 | 56 | 15 | 599 | 80 | 70 |
| 66 | 1,931 | 836 | 438 | 20 | 275 | 67 | 25 | 718 | 98 | 77 |
| 67 | 2,182 | 931 | 471 | 23 | 325 | 74 | 33 | 792 | 116 | 92 |
| 68 | 2,607 | 1,132 | 605 | 32 | 356 | 91 | 36 | 929 | 171 | 126 |
| 69 | 3,261 | 1,379 | 755 | 40 | 395 | 115 | 52 | 1,117 | 222 | 148 |
| 70 | 4,009 | 1,687 | 950 | 52 | 435 | 139 | 88 | 1,396 | 239 | 232 |

[支払]

| 年 | 合計 | 運輸 | | | | | | | | 旅行 |
|---|---|---|---|---|---|---|---|---|---|---|
| | | | 貨物運賃 | 貨物保険 | 港湾経費 | 旅客運賃 | 用船料 | (船舶)① | (航空機)① | |
| 1961 | 1,399 | 858 | 490 | 28 | 201 | 32 | 51 | 750 | 80 | 52 |
| 62 | 1,508 | 824 | 436 | 24 | 233 | 52 | 41 | 710 | 90 | 48 |
| 63 | 1,703 | 882 | 448 | 27 | 261 | 56 | 60 | 754 | 101 | 65 |
| 64 | 2,107 | 1,078 | 534 | 38 | 304 | 75 | 96 | 922 | 118 | 78 |
| 65 | 2,447 | 1,246 | 649 | 43 | 323 | 77 | 153 | 1,095 | 108 | 87 |
| 66 | 2,817 | 1,470 | 815 | 48 | 363 | 73 | 169 | 1,305 | 117 | 117 |
| 67 | 3,354 | 1,785 | 1,080 | 61 | 389 | 79 | 174 | 1,590 | 134 | 147 |
| 68 | 3,913 | 2,039 | 1,162 | 70 | 484 | 83 | 233 | 1,816 | 153 | 167 |
| 69 | 4,660 | 2,300 | 1,226 | 77 | 573 | 120 | 294 | 1,995 | 219 | 241 |
| 70 | 5,794 | 2,887 | 1,413 | 89 | 670 | 174 | 531 | 2,491 | 307 | 315 |

注）① 貨物保険を含まず。
出所）日本銀行『国際収支統計月報』。

　外貨予算制度は存続し，一定の機能を果たしたことは否めない。以下，60年度上期から63年度下期に至る外貨予算編成について見ておこう[4]。

　60年度上期は，輸入貨物予算については，政府経済計画にそった鉱工業生

---

[4] 以下の叙述は，主として日本銀行『日本銀行沿革史』第5集第17巻，による。

第3節 国際収支の黒字転換と資本自由化

および移転収支

(単位：百万ドル)

| 投資収益 | | | | 公的取引 | | 民間取引 | | | | | |
|---|---|---|---|---|---|---|---|---|---|---|---|
| | 直接投資 | 延払利子 | 借款利子 | | 軍関係 | 事務所経費 | 特許権使用料 | 手数料 | 代理店手数料 | | 非商品保険 |
| 94 | 10 | 13 | 1 | 403 | 389 | 111 | 25 | 3 | 26 | 14 | 37 |
| 107 | 12 | 20 | 2 | 392 | 377 | 143 | 34 | 7 | 42 | 19 | 40 |
| 127 | 11 | 28 | 4 | 366 | 355 | 138 | 20 | 6 | 46 | 18 | 39 |
| 135 | 16 | 36 | 8 | 337 | 329 | 185 | 23 | 13 | 71 | 26 | 54 |
| 198 | 15 | 62 | 12 | 354 | 346 | 247 | 57 | 15 | 79 | 29 | 72 |
| 244 | 20 | 66 | 15 | 485 | 474 | 289 | 64 | 18 | 88 | 30 | 86 |
| 284 | 26 | 86 | 25 | 532 | 523 | 343 | 72 | 26 | 106 | 40 | 97 |
| 324 | 33 | 110 | 32 | 601 | 589 | 424 | 77 | 29 | 130 | 58 | 119 |
| 492 | 48 | 141 | 46 | 668 | 642 | 574 | 92 | 46 | 180 | 68 | 151 |
| 710 | 87 | 195 | 62 | 692 | 661 | 688 | 112 | 55 | 207 | 82 | 184 |

| 投資収益 | | | | 公的取引 | 民間取引 | | | | | | |
|---|---|---|---|---|---|---|---|---|---|---|---|
| | 直接投資 | 借款利子 | 外債利子 | | 事務所経費 | 特許権使用料 | 手数料 | 代理店手数料 | 広告宣伝費 | フィルム賃貸料 | 非商品保険 |
| 143 | 22 | 34 | 28 | 20 | 326 | 41 | 122 | 80 | 25 | 9 | 12 | 34 |
| 198 | 22 | 55 | 29 | 25 | 413 | 47 | 116 | 118 | 92 | 20 | 13 | 49 |
| 246 | 23 | 78 | 26 | 28 | 482 | 63 | 131 | 145 | 109 | 19 | 19 | 49 |
| 332 | 39 | 99 | 33 | 29 | 590 | 72 | 148 | 183 | 141 | 26 | 20 | 61 |
| 387 | 36 | 89 | 41 | 46 | 681 | 112 | 164 | 209 | 153 | 25 | 16 | 79 |
| 432 | 42 | 92 | 42 | 41 | 757 | 132 | 178 | 226 | 169 | 29 | 15 | 92 |
| 462 | 53 | 85 | 40 | 57 | 903 | 151 | 232 | 264 | 208 | 40 | 21 | 111 |
| 578 | 63 | 109 | 43 | 49 | 1,080 | 168 | 296 | 308 | 246 | 43 | 19 | 134 |
| 779 | 95 | 134 | 56 | 46 | 1,294 | 201 | 348 | 397 | 293 | 47 | 17 | 160 |
| 919 | 110 | 153 | 62 | 80 | 1,593 | 238 | 413 | 462 | 331 | 62 | 19 | 203 |

産の前年比12％の伸びと自由化進展への対応を基本として，前年比3億ドル増という全般的にかなりゆとりのある予算が組まれ，鉄屑，牛脂，粗製ラードなどが完全自由化されるなど，自由化率も前期の31.5％から40％へと上昇した。また，貿易外についても，運賃支払増や海外渡航制限緩和を見込んで同様にゆとりある予算が組まれ，これも自由分が計画分を上回るなど自由化率は

52% と過半に達した。60 年度下期もこの編成方針は継続され，予算規模は拡大した。ただし，東南アジア通商交渉関連での米輸入，ガット関税引上げ絡みの大豆輸入，日韓交渉関連の海苔輸入，イタリア新輸入制限措置への対抗措置などの問題が発生したため，同期の自由化率は 44% と微増に止まった。61 年度上期も引き続き予算規模は拡大し，輸入貨物予算は初めて 30 億ドルの大台に乗った。また，自由化率も，4 月実施の自由化 719 品目，6-7 月実施 39 品目で，期末には 65% に達することになった。この結果，AA 予算，AFA 予算をあわせた自由化分は，初めて割当予算を上回った。

　この方針は，61 年度下期に転換した。同予算も当初は，前期までと同様の大幅拡大予算（輸入貨物予算 37-38 億ドル，貿易外支払予算 9 億ドル）が予定されていた。しかし，61 年 5 月以降，輸入が急増して外貨準備が急減してきたため，61 年度下期予算は，輸入貨物予算 35 億 2,600 万ドル，貿易外予算 8 億 7,300 万ドルと，当初の想定を 3 億ドル弱下回った水準に縮められた。ただし，縮小したといっても，輸入貨物予算は対前年同期比で 26.5% 増加しており，転換の実態は軽微であった。政府は，既述のように 61 年 9 月に「国際収支改善対策」を発表していたが，外貨準備の急減に対しては，短期借入によって対処する方針をとったためである。この方針に基づいて，同年 11 月に日本銀行が米系在日 3 行から約 2 億ドル，62 年 1 月には米輸出入銀行保証により米市中銀行 7 行から 1 億 2,500 万ドルの短期借入が実行され，1 月 9 日には IMF に対し，総額 3 億 500 万ドル，期間 1 年のスタンドバイ取極めを申請，同 19 日に承認された。

　しかし，こうした対処にもかかわらず外貨準備の改善は思わしくなく，62 年度上期には予算圧縮方針はさらに強化された。輸入貨物予算は 29 億 1,400 万ドル（予備費除く），前期比 12.4% 減と，3 期ぶりに 30 億ドルを割込み，かなりの緊縮予算になった。自由化率を引き上げる，輸入公表方式をポジティブ・リスト方式からネガティブ・リスト方式に変更する，などの貿易自由化措置を進めながらの圧縮で，他の国際収支対策，財政金融政策を通した経済活動の沈静化を期待し前提とした措置であった。62 年度下期もこの圧縮方針は継続し，輸入貨物予算（同上）は引き続き 30 億ドル以下の水準に止まった。た

だし，貿易外予算は11億9,800万ドルと前期比で3億ドル以上の増額となったが，これは米市銀3行借款2億ドル，農産物借款3,300万ドル，長期インパクトローン元本返済など導入外資の返済が集中したためであった。なお，同年10月1日に大幅な自由化が実施され，自由化率は88％に達した。

　63年に入って外貨準備がほぼ60年水準に回復したことから，63年度の外貨予算編成は，適正予算の計上を基本方針に増勢に転じ，輸入貨物予算では，上期34億6,500万ドル，下期38億1,500万ドル，貿易外予算も，上期12億2,000万ドル，下期13億ドルと増大した。63年8月には貿易自由化率は92％に達し，下期輸入貨物予算の80％以上が自由分予算となって，外貨予算は，外貨準備高調整の役割を終了した。かくて，14年3カ月の長きにわたって続けられた外貨予算制度は，64年4月，IMF8条国移行を機に，外為管理法等の改正によって廃止された。

## 2）1960年代後半の国際収支

　1960年代後半に入ると，それまでの貿易収支のパターンははっきりと転換した。「いざなぎ景気」のなかで，輸入が拡大しながら，それを上回るテンポで輸出が伸び，貿易収支の黒字幅は，景気の好況・過熱の中でも拡大するようになったのである。すなわち，輸出にドライブがかかったのは1964（昭和39）年からで，以後，67年を除いて69年まで，ほぼ連年対前年比で20％以上の伸びを示し，また，同様にほぼ連年，輸出の伸び率が輸入の伸び率を上回った。しかも，この輸出の増大は，繊維製品・雑貨を軸とした軽工業製品輸出から重化学工業品輸出へ，という貿易構造の重化学工業化を伴いながら進行した。輸出構造の変化は，先進国向けの機械機器輸出増を主軸に，開発途上国向けのプラント輸出増を副軸に生じたが，この背景には，革新技術の導入・開発と重化学工業設備投資の進展という国内産業構造の重化学工業化があった。これに対し，輸入構造は，この時期も，原燃料・食料品の比率が高く，工業製品輸入はそれほど伸びなかった。この結果，貿易黒字は，65年に一挙に19億ドル，66年に22億ドルを記録し，翌67年には一時的に11億ドル台へと大幅縮小したものの，68年25億ドル，69年36億ドルと急回復し，その後の持続

的かつ累積的な黒字拡大の起点となった。

　この間，貿易外経常収支は，前掲表2-10にあるように，1960年代前半の傾向をほぼ維持して，赤字幅を増大させた。60年代前半平均で年5億ドル弱であった貿易外経常赤字は，65年に8億8,400万ドル，66年に8億8,600万ドルを示した後，67年に11億7,200万ドルと10億ドルの大台に乗り，以後68年，69年と13億ドル台を記録した。貿易外経常受取が，65年の15億6,300万ドルから69年の32億6,100万ドルに増加したものの，支払が24億4,700万ドルから46億6,000万ドルへと増大したための赤字幅の拡大であった。支払の増大は，60年代前半に比べるとわずかながら構成比を下げたとはいえ支払額の50％を超える運輸費，これに次ぐ手数料・特許権使用料・事務所経費を柱とする民間取引，利子・直接投資などの投資収益が，いずれも均等に増大したために生じた。ただし，赤字額／受取額をとってみると，63-65年平均の56％から，68年には50％，69年には43％と，その比率は順次低下した。これは，手数料受取，利子受取などが増加して受取額が増大したためでもあり，この点から見れば，赤字幅を拡大させつつも，貿易外経常収支はゆるやかに改善していた。

　以上のような急激な貿易黒字の増大と傾向的な貿易外経常赤字の増大とが組み合わされ，前者が後者を大きく上回ったことにより，60年代後半の経常収支は，67年を除いて10-20億ドルの黒字を記録したのであった。

　このような経常収支の推移に対し，資本収支はこの間一貫して赤字を示した。ただし，その赤字幅は，65年4億ドル台，66年，67年8億ドル台と倍増した後，68年には2億3,900万ドル，69年には1億5,500万ドルと一転して縮小した。これは65-67年と大幅に縮小した外国資本の対内投資が，68-69年に入って，内外金利差を利用した外国人公社債投資・株式投資により急増したためであった。長期資本流入額は，67年の6,300万ドルから，68年には一挙に8億5,700万ドル，69年にはさらに13億5,300万ドルへと激増したのである。とはいえ，本邦資本の対外投資はこの期間中も継続的に増大し，長期資本収支赤字の基礎的要因となっている。

　そこで，表2-11から長期資本（資産）の内訳を見ると，もっとも大きいの

表 2-11 長期資本収支

[資産（本邦資本）]　　　　　　　　　　　　　　　　　　　　　　　　　　　（単位：百万ドル）

| 年 | 合計 | 直接投資 | 延払信用 | 借款 | 供与 | 回収 | 証券投資 | その他 | 国際機関出資 |
|---|---|---|---|---|---|---|---|---|---|
| 1961 | 312 | 94 | 169 | 26 | 26 | — | 1 | 22 | 7 |
| 62 | 309 | 78 | 195 | 12 | 12 | 0 | 0 | 24 | 7 |
| 63 | 298 | 122 | 104 | 61 | 66 | 5 | — | 11 | 7 |
| 64 | 451 | 56 | 337 | 49 | 56 | 7 | — | 9 | 7 |
| 65 | 446 | 77 | 243 | 115 | 123 | 8 | 0 | 11 | 14 |
| 66 | 706 | 107 | 401 | 149 | 155 | 6 | 1 | 48 | 45 |
| 67 | 875 | 123 | 481 | 221 | 238 | 17 | 4 | 46 | 34 |
| 68 | 1,096 | 220 | 586 | 237 | 261 | 24 | 3 | 50 | 40 |
| 69 | 1,508 | 206 | 674 | 336 | 391 | 55 | 1 | 291 | 84 |
| 70 | 2,031 | 355 | 787 | 628 | 675 | 47 | 62 | 199 | 74 |

注）正は資産の増加（資本の流出），負（△）は資産の減少（資本の流入）を示す。

[負債（外国資本）]　　　　　　　　　　　　　　　　　　　　　　　　　　　（単位：百万ドル）

| 年 | 合計 | 直接投資 | 延払信用 | 借款 | 借入 | 返済 | 証券投資 | 外債 | その他 |
|---|---|---|---|---|---|---|---|---|---|
| 1961 | 301 | 44 | — | 180 | 228 | 48 | 36 | 41 | 0 |
| 62 | 481 | 45 | 36 | 269 | 332 | 63 | 59 | 72 | — |
| 63 | 765 | 88 | 58 | 383 | 470 | 87 | 114 | 153 | △ 31 |
| 64 | 558 | 83 | 82 | 255 | 388 | 133 | 16 | 154 | △ 32 |
| 65 | 31 | 47 | △ 9 | 18 | 254 | 236 | △ 61 | 72 | △ 36 |
| 66 | △ 102 | 30 | △ 30 | △ 18 | 279 | 297 | △ 25 | △ 25 | △ 34 |
| 67 | 63 | 45 | △ 32 | 29 | 325 | 296 | 70 | △ 13 | △ 36 |
| 68 | 857 | 76 | △ 15 | 478 | 685 | 207 | 229 | 119 | △ 30 |
| 69 | 1,353 | 72 | 3 | 385 | 671 | 286 | 730 | 200 | △ 37 |
| 70 | 440 | 94 | 7 | 80 | 537 | 457 | 252 | 44 | △ 37 |

注）正は負債の増加（資本の流入），負（△）は負債の減少（資本の流出）を示す。
出所）日本銀行『国際収支統計月報』。

が延払信用供与で全体の 45-55% を占め，次いで 20-25% の借款，14-17% の直接投資，2-20% の国際機関出資等その他という順番になっている。延払信用供与，借款はいうまでもなく東南アジアその他開発途上国向けで，これらの増加は，経済協力の進展とそれに伴うプラント輸出の拡大に対応していた。輸出構造の重化学工業化と貿易黒字の拡大は，他方で，こうした長期資本払出の増大に支えられていたのである。

## 3) 1960年代の輸出入の推移

第1節と同様，最後に1960年代の品目別・地域別輸出入の動向を見ておこう[5]。まず，品目別であるが，この時期の最大の特徴は，なによりも輸出構造の重化学工業化のドラスティックな進展にあった。表2-12にあるように，1960（昭和35）年には30.5％と，商品類別ではなお最大の輸出品であった繊維および同製品は，その後傾向的に比重を低下させ，69年には14.2％まで落ち込んだ。食料品輸出も，同様に6.3％から3.6％に低下した。これに対し，60年には44.0％であった重化学工業品は，63年には54.1％と初めて50％を越し，65年には62.0％，69年には69.3％と輸出全体の7割にまで達した。

重化学工業品輸出躍進の中心的担い手となったのは，機械機器であった。60年に25.5％であったシェアは69年には44.5％に達し，10年間で10％ポイント近くその比重を上昇させたのである。革新技術の導入と定着，新輸出商品の開発のなかで，機械機器部門の国際競争力がようやく本格的に確立するに至ったといえよう。例えば，当該期に機械機器部門最大の輸出品であった船舶を見ると，56年以来進水量世界一の座を占め続け，65年には世界10大造船所中8工場を数え，69年には世界総建造量に対し48.2％のシェアを占有した。世界的な石油消費の拡大による大型タンカー需要の増大，世界貿易の拡大に伴う貨物船需要の拡大，コンテナ船，ケミカルタンカーなど特殊船需要の創出などが，50年代後半，世界的不況のもとでいったん縮小した船舶需要を，再度新たな規模で引き起こしたのであった。

機械機器部門で第2位の地位を占めたのは，60年代前半はラジオ，後半は自動車であった。自動車輸出が本格化するのはいうまでもなく70年代以降であるが，50年代のトラック・バス中心から，60年代後半には主力は乗用車に移り，輸出地域の主力も，東南アジアから北米に移った。2,000cc未満の小型車中心とはいえ，品質・性能が一定程度向上し，車種も豊富となり，海外販売網も整備されたことなどが，こうした輸出伸長の主要因であった。この意味では，70年代後半以降のわが国自動車輸出のパターンは，70年あたりでほぼ形

---

5) 以下の叙述は，主として通商産業省『通商白書』各年版，による。

成されたということができる。電気機械も輸送機械以上に輸出を急増させたが，とりわけ60年代後半に入ってラジオに匹敵する位置を占めるようになったのが，テレビとテープレコーダーであった。しかも，ラジオが北米向けを主力としつつ，東南アジア，ヨーロッパ，南米にも広くマーケットを保有していたのに対し，テレビは80％近く，テープレコーダーでも60％以上が北米向けで，自動車とともに，この時期北米市場への集中が進行した。

　機械機器とともに，金属および同製品，化学品も輸出シェアを増大させた。すなわち，基幹産業である鉄鋼は，60年から69年までの10年間で5倍以上輸出を増大させ，そのシェアも9.6％から13.5％まで高まった。61年からの第3次合理化計画の進展とともに，大規模一貫新鋭製鉄所の建造ラッシュが始まり，60年代後半までに次々に大型高炉が建設された。この結果，鉄鋼輸出先は東南アジアから北米・ヨーロッパに旋回し，60年当時は輸出の48％を占めていた東南アジアは，69年には22％にまで低下，かわって北米が36-49％の首位を占めるようになった。これに対し，化学品の主要輸出市場は東南アジア地域であった。化学品輸出の当該期における3本柱は，人造プラスチック，化学肥料，有機化合物であったが，例えば，塩化ビニール，ポリエチレンの主要輸出先は東南アジア，化学肥料は中国，グルタミン酸ソーダは東南アジアとなっていた。革新技術の連続的導入と設備の大型化，供給の安定と製品価格の持続的低下による需要の拡大などにより，化学品はその輸出を安定的かつ持続的に拡大させたのであった。

　このようにこの時期，輸出構造がドラスティックな変貌を示したのに対し，輸入構造は目立った変化を示さなかった。前期の特徴として指摘した「食料・原燃料輸入に偏った輸入構造」は当該期にもほとんど変わっていないのである。もちろん，表2-12bに見られるように，その内部構成シェアに変化がなかった訳ではない。もっとも大きいのは，繊維原料シェアの急激な低下で，輸入に占める繊維原料の比率は，60年の17.0％から69年の6.2％まで下落した。代わって比率を上昇させたのは，石油（原油および粗油），石炭等の鉱物性燃料，銅，アルミニウム等のその他製品であった。機械機器，化学品については，この間，前者はほぼ9-12％，後者は5％台を推移しており，他の先進資

表 2-12 a　品目別輸出（1960-70 年）

（単位：千ドル）

| 年 | 総額 | 食料品 | 繊維および同製品 | 綿織物 | 合成繊維織物 | 化学製品 | 非金属鉱物製品 | 金属および同製品 | 鉄鋼 | 非鉄金属 | 金属製品 | 機械機器 | 事務用機器 | ラジオ受信機 | 電子管等 | 自動車 | 船舶 | 光学機器 | 時計 | その他 |
|---|---|---|---|---|---|---|---|---|---|---|---|---|---|---|---|---|---|---|---|---|
| 1960 | 4,054,537 | 255,932 | 1,223,352 | 351,409 | 32,135 | 181,089 | 168,988 | 568,393 | 388,051 | 25,634 | 154,671 | 1,035,086 | 11,011 | 144,591 | … | 78,082 | 288,129 | 92,474 | 3,544 | 621,697 |
| 61 | 4,235,596 | 251,517 | 1,155,519 | 347,695 | 47,944 | 202,283 | 168,982 | 566,612 | 380,042 | 27,754 | 158,689 | 1,244,318 | 24,645 | 160,257 | … | 108,074 | 283,050 | 106,361 | 5,464 | 646,365 |
| 62 | 4,916,159 | 339,522 | 1,256,612 | 341,330 | 66,764 | 260,981 | 188,127 | 742,485 | 531,355 | 34,467 | 176,663 | 1,407,107 | 4,253 | 176,935 | 24,285 | 112,561 | 235,240 | 127,682 | 7,483 | 721,325 |
| 63 | 5,452,116 | 289,324 | 1,246,864 | 307,841 | 98,021 | 314,955 | 212,372 | 944,321 | 701,765 | 42,782 | 199,774 | 1,687,515 | 7,213 | 189,008 | 27,816 | 135,173 | 339,660 | 149,089 | 11,074 | 756,765 |
| 64 | 6,673,191 | 323,054 | 1,426,482 | 309,665 | 136,854 | 383,525 | 241,943 | 1,202,853 | 909,457 | 57,661 | 235,735 | 2,223,129 | 14,789 | 213,690 | 31,674 | 180,658 | 490,512 | 171,686 | 16,585 | 872,205 |
| 65 | 8,451,742 | 343,843 | 1,581,746 | 302,621 | 185,596 | 546,911 | 265,108 | 1,718,164 | 1,290,378 | 123,198 | 304,587 | 2,975,488 | 24,038 | 216,465 | 39,310 | 237,335 | 747,873 | 216,652 | 25,889 | 1,020,482 |
| 66 | 9,776,391 | 382,625 | 1,762,412 | 285,713 | 271,937 | 669,429 | 284,689 | 1,778,244 | 1,293,088 | 119,118 | 366,038 | 3,756,959 | 49,740 | 278,171 | 51,178 | 305,938 | 823,091 | 271,560 | 39,915 | 1,142,033 |
| 67 | 10,441,572 | 372,412 | 1,703,651 | 148,117 | 312,939 | 684,314 | 296,977 | 1,781,429 | 1,272,432 | 105,781 | 403,215 | 4,394,916 | 75,096 | 333,660 | 48,792 | 434,061 | 982,473 | 314,480 | 50,828 | 1,207,874 |
| 68 | 12,971,662 | 431,774 | 1,977,269 | 238,357 | 393,677 | 805,222 | 329,208 | 2,346,901 | 1,712,471 | 161,750 | 472,680 | 5,655,831 | 112,759 | 421,331 | 58,610 | 712,925 | 1,084,147 | 371,961 | 68,582 | 1,425,457 |
| 69 | 15,990,014 | 571,612 | 2,270,601 | 221,312 | 517,607 | 1,015,927 | 388,825 | 2,935,206 | 2,164,814 | 185,798 | 584,598 | 7,122,688 | 198,301 | 579,739 | 76,135 | 983,648 | 1,137,236 | 438,951 | 68,524 | 1,685,153 |
| 70 | 19,317,687 | 647,744 | 2,407,524 | 187,613 | 625,616 | 1,234,462 | 372,376 | 3,805,336 | 2,843,703 | 247,972 | 713,661 | 8,941,266 | 329,394 | 694,905 | 86,040 | 1,337,419 | 1,409,646 | 498,451 | 129,546 | 1,908,978 |

出所）大蔵省『外国貿易概況』1961-72 年（各 12 月号），67 年以降は日本関税協会。

表 2-12 b 品目別輸入（1960-70 年）

(単位：千ドル)

| 年 | 総額 | 食料品 | 肉類 | 魚介類 | 小麦 | 繊維原料 | 棉花 | 金属原料 | 鉄鉱石 | 非鉄金属鉱 | その他原料品 | 木材 | 鉱物性燃料 | 石炭 | 原油および粗油 | 石油製品 | 化学製品 | 機械機器 | その他 | 鉄鋼 | 非鉄金属 |
|---|---|---|---|---|---|---|---|---|---|---|---|---|---|---|---|---|---|---|---|---|---|
| 1960 | 4,491,132 | 547,602 | 14,203 | 4,152 | 176,851 | 761,615 | 431,402 | 673,230 | 213,734 | 155,563 | 773,544 | 170,253 | 741,595 | 141,245 | 465,032 | 135,318 | 265,202 | 434,894 | 293,450 | 87,601 | 118,432 |
| 61 | 5,810,432 | 669,230 | 14,086 | 10,611 | 179,427 | 951,456 | 530,036 | 955,966 | 301,850 | 171,730 | 880,017 | 260,377 | 931,979 | 188,175 | 538,661 | 200,923 | 335,982 | 645,087 | 440,715 | 156,267 | 163,113 |
| 62 | 5,636,524 | 740,466 | 14,590 | 13,881 | 180,930 | 741,202 | 388,337 | 712,717 | 319,562 | 161,909 | 939,232 | 316,159 | 1,041,308 | 201,543 | 620,515 | 212,041 | 300,352 | 809,543 | 351,704 | 112,161 | 100,066 |
| 63 | 6,736,337 | 1,087,936 | 32,866 | 35,097 | 217,409 | 883,767 | 446,668 | 766,887 | 355,681 | 174,365 | 1,137,129 | 405,541 | 1,210,809 | 181,363 | 789,166 | 232,505 | 368,959 | 854,527 | 426,323 | 89,347 | 127,109 |
| 64 | 7,937,543 | 1,386,497 | 52,694 | 57,010 | 261,998 | 873,575 | 439,363 | 971,551 | 420,286 | 236,889 | 1,252,658 | 438,212 | 1,407,410 | 211,164 | 928,884 | 253,322 | 458,088 | 881,935 | 705,829 | 176,330 | 254,453 |
| 65 | 8,169,019 | 1,470,030 | 45,174 | 71,086 | 251,092 | 847,405 | 441,819 | 1,019,182 | 523,582 | 288,005 | 1,354,302 | 492,532 | 1,626,043 | 270,274 | 1,047,305 | 288,619 | 408,151 | 760,057 | 683,849 | 140,689 | 247,495 |
| 66 | 9,522,702 | 1,676,294 | 77,171 | 110,305 | 278,745 | 923,460 | 423,945 | 1,207,534 | 606,215 | 377,293 | 1,742,195 | 676,560 | 1,803,694 | 302,638 | 1,200,362 | 274,444 | 497,039 | 820,071 | 852,415 | 133,152 | 349,733 |
| 67 | 11,663,087 | 1,804,680 | 88,297 | 132,037 | 307,621 | 897,662 | 442,752 | 1,600,368 | 718,025 | 486,206 | 1,995,007 | 934,357 | 2,239,481 | 400,766 | 1,457,123 | 340,949 | 610,596 | 1,053,372 | 1,461,921 | 369,198 | 589,618 |
| 68 | 12,987,243 | 1,878,690 | 106,244 | 144,121 | 289,383 | 951,539 | 510,691 | 1,648,958 | 833,842 | 590,939 | 2,265,041 | 1,160,899 | 2,674,984 | 518,337 | 1,685,279 | 414,858 | 689,803 | 1,326,855 | 1,551,373 | 245,845 | 647,375 |
| 69 | 15,023,536 | 2,141,232 | 164,379 | 201,342 | 297,024 | 926,912 | 424,160 | 1,971,522 | 969,277 | 728,499 | 2,502,403 | 1,274,932 | 3,043,939 | 674,750 | 1,906,941 | 391,391 | 782,557 | 1,634,685 | 2,020,283 | 233,038 | 916,810 |
| 70 | 18,881,168 | 2,574,111 | 145,227 | 261,659 | 318,364 | 962,712 | 470,731 | 2,696,290 | 1,208,230 | 1,064,237 | 3,017,688 | 1,572,081 | 3,905,469 | 1,010,113 | 2,235,625 | 549,864 | 1,000,483 | 2,297,686 | 2,426,729 | 276,120 | 944,759 |

出所）表 2-12 a と同じ。

本主義諸国が，一様に製品輸入のウェイトを上昇させていたのと対照的姿を示していた。輸出構造における急速な高度化と，輸入構造における原燃料依存の継続，これが当該期の輸出入構造の特徴だったのである。

　次に，地域別輸出入であるが，表2-13 にあるように，この時期の最大の輸出先は北アメリカ地域となった。50年代後半まで最大の輸出先であったアジア地域は，この時期32-34％までシェアを低下させ，ほぼこの水準で落ち着いた。ヨーロッパ地域は数％ポイントシェアを上昇させ，15-16％で推移した。50年代後半から続いていた北アメリカ地域，ヨーロッパ地域のシェア上昇，アジア地域のシェア低下という動きは，60年代半ば頃には，北アメリカ地域3分の1強，アジア地域3分の1，ヨーロッパ地域6分の1弱に落ち着いて，ほぼこのまま60年代末まで維持され，例えば，69年の地域別シェアをとってみると，北アメリカ地域36.9％，アジア地域33.8％，ヨーロッパ地域15.1％となっていた。

　輸入については，50年代後半までは常に40％以上のシェアを占めていた北アメリカ地域が傾向的に低下し，69年には34.4％まで下落した。この間，アジア地域は50年代後半と同様に30％前後を上下しており，北アメリカ地域のシェア低下分は，ヨーロッパ地域とその他の地域のシェア上昇によって代替された。この結果，それまで巨額の入超を続けてきた対米貿易収支は急速に改善され，65年には初めて出超に転じ，その後67年にいったん再度入超に戻るものの，68年には5億ドル，69年には9億ドルと出超額は急速に膨らんだ。58年から出超に転じていたアジア地域については，63年，64年に入超に戻った後わずかながら出超に転じ，69年には8億ドル強の黒字を記録した。ヨーロッパ地域は，前期と同様，出超と入超を繰り返したが，これも69年には3億ドル強の出超となった。

　対米貿易黒字転換の最大の要因は，重化学工業品輸出の増大，なかでも機械機器輸出の増大にあった。対米輸出に占める重化学工業品の比率は，68年67％，69年69％と3分の2を超したが，そのまた3分の2が機械機器，3分の1弱が鉄鋼であった。ラジオ，テレビ，テープレコーダー等の電気通信機器，自動車，二輪自動車などの輸送機械が機械機器の主要輸出品で，69年を

とってみるとこの5品目で輸出増加額寄与度49%に達していた。軽工業品のシェア低下は，一面では産業構造の変化に伴う構造的なものであったが，他面では，例えば繊維品をめぐる貿易摩擦の発生と，それへの対応としての日米繊維交渉，対米輸出自主規制によるシェア低下という面も大きかった。輸入品については，当該期も6割が食料・原燃料で，原材料依存型という輸入構造は変わらなかったが，4割の加工製品中，電子計算機や航空機が大きな金額となり，これに原子炉，集積回路，計測機器等を加えた技術先端的商品が登場した点が新しい特徴であった。

アジア地域については，対東南アジア貿易は一貫して黒字となっており，しかも黒字額は60年代後半に入るとともに増大した。主要輸出先を国別ベスト3でとってみると，60年代前半は，①香港，②台湾，③フィリピン，60年代後半は，①韓国，②香港，③台湾，の順，同様に，輸入先をとってみると，60年代前半，60年代後半を通して，①フィリピン，②マレーシア，③インド，の順であった。輸出品は，60年頃に過半に達していた重化学工業品が，60年代後半には66-67%と3分の2を占めるようになった。重化学工業品輸出比率の上昇は，経済協力の柱としてのわが国円借款供与の継続，これら諸国の経済成長に伴うアメリカ向け加工輸出品用原材料・部品輸出の拡大，いわゆるベトナム特需等が組み合わさってもたらされた。これに対し，輸入品は，木材，石油，鉄鉱石，生ゴムなど1次産品が主であったが，韓国，香港，台湾，インド，パキスタンなどからは，繊維製品・衣類を軸とする工業製品も一定の比率に達するようになった。東南アジア諸国が出超であったのに対し，西アジア諸国は入超で入超幅が急拡大した。入超拡大の理由はいうまでもなく同諸国からの輸入の95-98%を占める原油輸入の増大で，鉱物性燃料の輸入額は，60年の5億ドル弱から69年の19億ドル弱まで4倍に膨張した。

ヨーロッパ地域については，前期の特徴として指摘したEECなど先進ヨーロッパに対しては入超，その他の地域に対しては出超という構成は当該期には崩れ，EECに対しても，65年，66年，69年と出超を記録した。輸出構成も60年代後半に入ると，6-7割を重化学工業品が占めるようになった。鉄鋼，自動車，事務用機器，通信機器，テープレコーダー，人造プラスチック等が主要

第2章 360円レートの時代

表 2-13　地域別輸出

[輸出]

| 年 | 総額 | アジア州 | 大韓民国 | 中華人民共和国 | 台湾 | 香港 | タイ | フィリピン |
|---|---|---|---|---|---|---|---|---|
| 1960 | 4,054,537 | 1,458,268 | 100,089 | 2,726 | 102,237 | 156,015 | 117,666 | 154,490 |
| 61 | 4,235,596 | 1,580,545 | 125,876 | 16,639 | 96,322 | 153,527 | 133,868 | 128,100 |
| 62 | 4,916,159 | 1,674,365 | 138,140 | 38,460 | 118,576 | 192,436 | 148,548 | 120,002 |
| 63 | 5,452,116 | 1,868,321 | 159,661 | 62,417 | 107,142 | 246,352 | 181,000 | 150,290 |
| 64 | 6,673,191 | 2,180,485 | 108,841 | 152,739 | 137,891 | 292,042 | 213,275 | 190,791 |
| 65 | 8,451,742 | 2,746,861 | 180,304 | 245,036 | 217,916 | 287,851 | 219,148 | 240,270 |
| 66 | 9,776,391 | 3,288,325 | 335,170 | 315,150 | 255,378 | 369,907 | 300,838 | 278,256 |
| 67 | 10,441,572 | 3,555,301 | 406,959 | 288,294 | 328,154 | 348,969 | 340,991 | 362,901 |
| 68 | 12,971,662 | 4,415,418 | 602,653 | 325,439 | 471,626 | 467,586 | 365,448 | 411,092 |
| 69 | 15,990,014 | 5,409,446 | 767,191 | 390,803 | 606,358 | 614,570 | 433,841 | 475,610 |
| 70 | 19,317,687 | 6,032,890 | 818,175 | 568,878 | 700,418 | 700,286 | 449,195 | 453,717 |

[輸入]

| 年 | 総額 | アジア州 | 大韓民国 | 中華人民共和国 | 台湾 | 香港 | タイ | フィリピン |
|---|---|---|---|---|---|---|---|---|
| 1960 | 4,491,132 | 1,367,067 | 18,579 | 20,729 | 63,522 | 22,952 | 72,306 | 158,939 |
| 61 | 5,810,432 | 1,522,043 | 22,445 | 30,895 | 67,748 | 24,080 | 78,314 | 156,013 |
| 62 | 5,636,524 | 1,614,072 | 28,004 | 46,020 | 61,375 | 13,937 | 71,673 | 183,946 |
| 63 | 6,736,337 | 2,063,585 | 26,980 | 74,599 | 122,640 | 28,772 | 90,719 | 230,167 |
| 64 | 7,937,543 | 2,399,925 | 41,667 | 157,750 | 140,905 | 28,864 | 130,605 | 224,320 |
| 65 | 8,169,019 | 2,731,443 | 41,315 | 224,705 | 157,317 | 35,253 | 130,780 | 253,676 |
| 66 | 9,522,702 | 3,164,892 | 71,688 | 306,237 | 147,396 | 47,121 | 153,225 | 324,976 |
| 67 | 11,663,087 | 3,582,051 | 92,382 | 269,439 | 137,088 | 53,434 | 160,039 | 374,439 |
| 68 | 12,987,243 | 4,004,292 | 101,630 | 224,185 | 150,721 | 54,021 | 147,023 | 397,942 |
| 69 | 15,023,586 | 4,566,910 | 133,927 | 234,540 | 180,516 | 68,140 | 167,417 | 468,038 |
| 70 | 18,881,168 | 5,553,484 | 228,970 | 253,818 | 250,765 | 91,803 | 189,598 | 533,465 |

[差額]

| 年 | 総額 | アジア州 | 大韓民国 | 中華人民共和国 | 台湾 | 香港 | タイ | フィリピン |
|---|---|---|---|---|---|---|---|---|
| 1960 | −436,595 | 91,201 | 81,510 | −18,003 | 38,715 | 133,063 | 45,360 | −4,449 |
| 61 | −1,574,836 | 58,502 | 103,431 | −14,256 | 28,574 | 129,447 | 55,554 | −27,833 |
| 62 | −720,365 | 60,293 | 110,136 | −7,560 | 57,201 | 178,499 | 76,875 | −63,944 |
| 63 | −1,284,221 | −195,264 | 132,681 | −12,182 | −15,498 | 217,580 | 90,281 | −79,877 |
| 64 | −1,264,352 | −219,440 | 67,174 | −5,011 | −3,014 | 263,178 | 82,670 | −33,529 |
| 65 | 282,723 | 15,418 | 138,989 | 20,331 | 60,599 | 252,598 | 88,368 | −13,406 |
| 66 | 253,689 | 123,433 | 263,482 | 8,913 | 107,982 | 322,786 | 147,613 | −46,720 |
| 67 | −1,221,515 | −26,750 | 314,577 | 18,855 | 191,066 | 295,535 | 180,952 | −11,538 |
| 68 | −15,581 | 411,126 | 501,023 | 101,254 | 320,905 | 413,565 | 218,425 | 13,150 |
| 69 | 966,478 | 842,536 | 633,264 | 156,263 | 425,842 | 546,430 | 266,424 | 7,572 |
| 70 | 436,519 | 479,406 | 589,205 | 315,060 | 449,653 | 608,483 | 259,597 | −79,748 |

出所）大蔵省『外国貿易概況』1961-72年（各12月号），1967年以降は日本関税協会。

## 第3節 国際収支の黒字転換と資本自由化

入 (1960-70年)

(単位:千ドル)

| | ヨーロッパ州 | | | | 北アメリカ州 | | |
|---|---|---|---|---|---|---|---|
| インドネシア | | イギリス | フランス | ドイツ | | カナダ | アメリカ |
| 110,193 | 537,634 | 120,546 | 15,557 | 66,300 | 1,345,191 | 119,232 | 1,101,649 |
| 154,199 | 606,876 | 114,662 | 17,626 | 83,451 | 1,295,763 | 116,637 | 1,067,088 |
| 115,325 | 844,871 | 192,345 | 22,964 | 104,158 | 1,655,875 | 126,171 | 1,400,231 |
| 98,721 | 891,559 | 155,825 | 31,411 | 115,522 | 1,794,683 | 124,813 | 1,506,910 |
| 121,068 | 1,080,310 | 197,816 | 41,522 | 148,954 | 2,267,401 | 166,199 | 1,841,582 |
| 204,656 | 1,297,477 | 205,111 | 48,950 | 215,015 | 2,933,287 | 214,436 | 2,479,232 |
| 118,615 | 1,575,395 | 225,465 | 70,187 | 246,567 | 3,502,727 | 255,812 | 2,969,491 |
| 155,149 | 1,663,813 | 295,757 | 77,386 | 214,970 | 3,618,347 | 274,181 | 3,012,011 |
| 146,595 | 1,896,265 | 364,587 | 94,068 | 287,371 | 4,831,302 | 346,349 | 4,086,454 |
| 235,811 | 2,407,334 | 348,451 | 120,132 | 392,870 | 5,901,946 | 481,046 | 4,957,789 |
| 315,780 | 3,363,440 | 479,870 | 127,322 | 550,151 | 7,094,536 | 563,266 | 5,939,819 |

| | ヨーロッパ州 | | | | 北アメリカ州 | | |
|---|---|---|---|---|---|---|---|
| インドネシア | | イギリス | フランス | ドイツ | | カナダ | アメリカ |
| 70,315 | 488,468 | 99,135 | 32,332 | 122,956 | 1,922,626 | 203,719 | 1,553,534 |
| 85,175 | 724,996 | 137,101 | 39,281 | 193,166 | 2,585,648 | 265,772 | 2,095,826 |
| 91,149 | 766,929 | 145,773 | 46,264 | 212,871 | 2,315,345 | 254,997 | 1,808,966 |
| 102,501 | 850,798 | 149,132 | 50,613 | 219,781 | 2,681,768 | 318,799 | 2,077,330 |
| 128,315 | 1,069,094 | 185,288 | 70,430 | 249,479 | 3,051,404 | 378,683 | 2,336,041 |
| 148,780 | 1,002,040 | 162,630 | 62,483 | 222,776 | 3,039,513 | 356,753 | 2,366,146 |
| 175,505 | 1,216,005 | 214,424 | 64,232 | 236,890 | 3,444,199 | 451,299 | 2,657,650 |
| 195,009 | 1,766,112 | 257,083 | 87,224 | 363,872 | 4,172,281 | 633,331 | 3,212,078 |
| 251,829 | 1,878,430 | 257,356 | 127,197 | 400,570 | 4,538,710 | 660,297 | 3,527,383 |
| 397,319 | 2,066,660 | 330,388 | 149,444 | 445,283 | 5,162,917 | 669,406 | 4,089,931 |
| 636,553 | 2,554,722 | 395,172 | 186,383 | 616,991 | 6,886,082 | 928,589 | 5,559,579 |

| | ヨーロッパ州 | | | | 北アメリカ州 | | |
|---|---|---|---|---|---|---|---|
| インドネシア | | イギリス | フランス | ドイツ | | カナダ | アメリカ |
| 39,878 | 49,166 | 21,411 | −16,775 | −56,656 | −577,435 | −84,487 | −451,885 |
| 69,024 | −118,120 | −22,439 | −21,655 | −109,715 | −1,289,885 | −149,135 | −1,028,738 |
| 24,176 | 77,942 | 46,572 | −23,300 | −108,713 | −659,470 | −128,826 | −408,735 |
| −3,780 | 40,761 | 6,693 | −19,202 | −104,259 | −887,085 | −193,986 | −570,420 |
| −7,247 | 11,216 | 12,528 | −28,908 | −100,525 | −784,003 | −212,484 | −494,459 |
| 55,876 | 295,437 | 42,481 | −13,533 | −7,761 | −106,226 | −142,317 | 113,086 |
| −56,890 | 359,390 | 11,041 | 5,955 | 9,677 | 58,528 | −195,487 | 311,841 |
| −39,860 | −102,299 | 38,674 | −9,838 | −148,902 | −553,934 | −359,150 | −200,067 |
| −105,234 | 17,835 | 107,231 | −33,129 | −113,199 | 292,592 | −313,948 | 559,071 |
| −161,508 | 340,674 | 18,063 | −29,312 | −52,413 | 739,029 | −188,360 | 867,858 |
| −320,773 | 808,718 | 84,698 | −59,061 | −66,840 | 208,454 | −365,323 | 380,240 |

輸出品で，西ヨーロッパ諸国の対日輸入制限の緩和，わが国企業の販売網の整備が，これら商品の輸出拡大をもたらしたといえよう。輸入については，事務用機械，金属加工機械，繊維機械等の機械機器，医薬品などの化学品，繊維製品といった加工製品のシェアの高さはこの時期も変わらなかった。

以上から明らかなように，この時期，わが国の貿易は，北米，ヨーロッパ，アジアすべての地域に対して，重化学工業品輸出を主軸とするようになった。アメリカとヨーロッパ諸国との間で水平的分業関係の構築が課題となっている時期に，わが国は，原材料を輸入し重化学工業品を輸出するという垂直的分業関係を確立していくのである。1970年代以降に次第に深刻化していく貿易摩擦・経済摩擦の端緒は，この時期に形作られたのであった。

## 2．漸進的資本自由化

### 1）OECD加盟後の資本自由化問題

日本がOECDへの加盟を実現した3カ月後の1964（昭和39）年7月28日，OECD理事会において資本自由化規約の全面改訂が決定された。この改訂は加盟国の自由化義務の範囲を拡大するものであったため，日本の留保項目にも変更が加えられることとなった。従来の資本自由化規約は，61年12月のOECD理事会で決定されたものであったが，その後の運用を通じて不備が指摘され，63年夏以来改訂作業が進められていた。主要な改訂点は以下のとおりであった。①自由化義務のある取引については，義務の強い取引と比較的弱い取引とに区分した，②直接投資については，子会社・支店の設置，経営参加のための株式取得，5年以上の長期貸付とその定義を明確にし，直接投資の申請を拒否した場合には，その都度OECDに通告する義務を課した，③いくつかの取引について自由化義務項目を新設した。

こうした資本取引自由化規約の改訂の結果，加盟時の留保項目とのずれが生じることとなったが，日本政府は現状維持を原則とする方針をとり，18項目を留保することとした。留保項目は，ポルトガルの28項目，スペインの19項

目に次ぐ多さであった。また，内容的には，加盟時には留保していなかった直接投資を全面留保とした点が，それまでとの最大の相違であった。直接投資を全面留保したのは，旧規約では直接投資の定義が不明確で，留保しなくても規制が可能と判断されたのに対し，改訂規約では，直接投資の定義が明確化され，投資申請を却下したときはその都度直ちにOECDに通告し，その理由を明らかにしなければならないとされたためであった[6]。

日本は以上のような18項目の留保を行ったため，規定に従ってOECDの対日審査・調査を定期的に受けねばならなくなった。この定期審査，すなわち第1回目の対日留保審査が行われたのは，66年2月パリにおいてであった。審査に先立って，日本政府は18項目の留保を継続したい旨をOECD事務局に通告していたが，これに対する加盟諸国の態度はきわめて厳しいものとなると予想されていた。前年7月に開催された第4回の日米貿易経済合同委員会において，アメリカ側より資本自由化要求がすでに提出されていたことも，こうした予想を強めるものとなった。

実際に，2月23日からパリで開かれたOECD貿易外取引委員会による留保状況対日審査（コンフローテーション）は，予想通り厳しいものとなった。日本側は，対内直接投資については業種別に自由化のスケジュールを検討していること，対内証券投資についても自動認可の枠を拡大する方向で検討していること，さらに対外直接投資および対外証券投資については，直ちに留保を撤回することは困難である旨を表明したが，各国委員からは，「日本の国際収支の現状からして留保は納得できるものではなく，撤回すべきである」といった意見が相次いで出された。

OECD理事会宛の対日勧告案の作成は，翌67年1月から開催される貿易外取引委員会において進められることとなったため，日本政府は緊急の対応を要請されることとなった。このため，水田蔵相は，67年2月外資審議会に対して，資本自由化の方針について諮問を行った。こうした経緯のなかで，OECDの正式な勧告は，この資本自由化措置を待って出されることとなった。審議会

---

6) 通商産業省他編［1999］, pp. 366以下参照。

は，2月24日以降，総会10回，専門委員会4回の会合を開催して，同年6月2日に答申を提出，この答申を受けて7月1日に第1次資本自由化措置が実施された。

　OECD対日勧告は，結局67年12月に理事会に提出されたが，その内容は，対外直接投資について全面留保を部分留保とすること，対外証券投資について留保を撤回すること，対内証券投資について外国投資家の株式持分の制限をさらに緩和すること，対内直接投資について今後いっそうの自由化を期待する，というものとなった。

### 2）漸進的自由化と日米経済問題の発生

　1967（昭和42）年7月の第1次自由化に始まった資本自由化は，71年8月のネガティブ・リスト方式に転換した第4次自由化，73年5月の原則100％自由化の第5次自由化，残存猶予業種自由化の76年5月自由化まで，9年近くにわたって漸進的に進められた。

　資本自由化を推進した大きな要因は，貿易自由化と同様やはり「外圧」であった。OECDは，加盟を承認したものの，日本の対内直接投資規制は著しく制限的であると判断しており，上述のように対内直接投資の自由化を強く求めていた。アメリカも65年7月の第4回日米貿易経済合同委員会，翌66年7月の第5回同委員会において，外国人による過半数の株式取得他，直接投資規制の緩和を強く求めた[7]。他方，こうした外圧のなかで，資本自由化を国益に沿うものとして積極的に位置づけるべきだ，という見解が，財界などから登場してきたのも，貿易自由化のときと同様であった。

　こうした経緯により，67年6月6日「対内直接投資の自由化について」が閣議決定され，7月1日より第1次自由化が実施された。対内直接投資自由化業種50，うち外国投資家の持株比率50％までの自動認可業種33，100％自動認可業種17，対内証券投資自動認可限度引上げ，というのがその概要であっ

---

[7] 日米貿易経済合同委員会につき，詳しくは，大蔵省財政史室編［1999］pp. 130-48。また，樋渡由美［1990］pp. 209-22，牛場信彦・原康［1979］pp. 263-7もあわせて参照されたい。

た。また，今後の方針としては，内外情勢の急激な変化がない限り，71年度末までにかなりの分野において自由化を実施することを目標とし，今後 1-2 年程度の適当な期間をおいて自由化措置の見直しを行い，自由化の範囲を拡大していく，71年度末までの自由化の内容は，競争力のある業種，すなわち外資比率100％まで自動認可できる業種の増加に努力しつつも，なお，大勢としてはフィフティ・フィフティを自動認可業種拡大の中心とすることが表明された。

第1次自由化措置については，国際的には，微温的・防衛的で，不十分・不満足なものという批判的評価が多かったが，日本政府は，若干の繰上げ措置をとったものの，大枠においては当初方針通り，69年3月，70年9月，71年8月と4次にわたる自由化措置を漸進的かつ段階的に進め，71年8月の第4次自由化において，原則許可から原則自由への180度転換を行った。この措置によって，制度的には資本自由化が完了したが，内容的には50％自由化が原則とされ，OECDの原則である100％自由化は，後の課題として残された。本邦企業の国際競争力についての省庁間の認識の差異，総論賛成・各論反対の産業界などの国内事情が，自由化措置が漸進的・段階的となった根本的理由であった。

こうして日本は，60年代前半に貿易自由化，60年代後半に資本自由化を実施し，開放体制への移行を推進していったが，開放の進展，貿易規模の拡大とともに，それまでにはなかった新しい問題が，日米間で発生した。

まず表面化したのは対米綿製品輸出に始まる日米貿易問題であった。62年10月に，GATT委員会で綿製品の国際貿易に関する長期取決め（LTA）が成立し，アメリカ側がこのLTA第3条に基づいて，62年末，日本の対米綿製品輸出はアメリカ市場を攪乱しているとして，日米協議を要求してきたのである。日米協議は63年1月より始まり，8月に2国間協定が締結された。しかし，協定の内容は必ずしも日米双方にとって満足のいくものでなく，このため61年に設置されていた日米貿易経済合同委員会やその他の場で，繰り返し問題とされることになった。

例えば，63年11月の第3回合同委員会において，アメリカ側は，日本の綿

製品輸出ほか対米輸出の急増を非難し，これに対し，日本側が「綿製品協定交渉は妥結に至るまで日米両国が8ヵ月間もの長期間にわたって激しい交渉を行い，かつ，その結果，わが国において綿製品国際長期取極の主唱者である米国が同取極の趣旨に反して輸入制限の強化をはかったという強い印象をうけている」と反論し，さらに，ASP関税制度，アンチ・ダンピング法，通商拡大法，タリフ・クォーター制，バイ・アメリカン政策等についても批判を加えた。

このようなやりとりは，65年7月の第4回合同委員会，66年7月の第5回合同委員会，67年9月の第6回合同委員会でも繰り返し登場した。例えば，第6回の合同委員会では，アメリカ側より，「驚くべき量の日本製品がアメリカを圧倒的なマーケットとして (Lion's share) 積み出されてくるという事実」，「昨年でいえば，合板，カーペット，釘，ボルト・ナット，テレビ受像機の総輸出の75％以上が米国向けの輸出で……このほか仕向地として米国市場が日本の総輸出の半分以上を引き受けているのは陶磁器，ラジオ及びテープレコーダー，鉄鋼，オートバイ，履物，玩具そして毛織物である」という事実が強調され，日本側の貿易自由化はその場しのぎの対応を繰り返しており，「日本の残存輸入制限の撤廃がまだ十分に行われていない」と強く批判した。

さらに，資本自由化，なかでも対日直接投資自由化の問題が，これに加わった。アメリカ側からの資本自由化要求は，8条国移行の翌年に開催された第4回合同委員会で初めて登場し，翌年の第5回合同委員会でも大きな議題となったが，第6回合同委員会では，「米国が今まで求めてきたもの——すなわち米国の企業にとり100パーセント・ベースをも含め過半数ベースで投資する合理的な機会——という面においてはこの計画は当面においても又将来においても何等の保証を与えるものではないことを認めざるをえない。……そして今後5年間における実質的自由化の見とおしはわれわれが予想していたものには程遠い」と，強い批判表明となり，資本自由化計画の改善とスピードアップを要求した。こうした要求は，以後も繰り返し提出され続け，漸進的・段階的自由化を基本線としながらも，自由化範囲を拡大し，部分的な繰上げ実施を行うという，その後の日本側の対応は，このような日米協議のあり方に規定されていたのであった。

# 第3章　360円レートの終焉

## 第 1 節　外貨準備の急増と円切上げ回避政策

### 1. 国際通貨体制の動揺と外貨準備の急増

#### 1）ブレトン・ウッズ体制の動揺

　戦後国際通貨体制の基本的枠組みとしてのブレトン・ウッズ体制は，1960年代後半に入ると，その矛盾を次第に表面化させるようになった。米ドルへの信認の低下，金投機，通貨投機と各国通貨の切下げ，切上げといったそれまでも見られた小爆発が，次第に頻繁かつ大規模となってきたのである。まず，再発したのは激しい金投機であった。

　1967（昭和42）年11月，貿易収支の悪化，スエズ運河閉鎖，港湾ストを契機に英ポンドの14.3％切下げが実施されるや，ロンドン市場は大規模な金投機に見舞われた。ポンドの切下げは，米ドルへの信認を揺るがせ，次はドルだという思惑の下でゴールドラッシュを引き起こした。米財務省は，翌年3月までの間に19億ドルを使ってドル防衛を図ったが，3月17日，ついに「金プール協定[1]」による価格支持を廃止，民間取引の金価格は市場の需給に任せるという「金二重価格制[2]」への移行を余儀なくされた。さらに，69年8月には仏フランの11.1％切下げが，ついで10月には西ドイツマルクの9.3％切上げが実施された。「アジャスタブル・ペッグ」という立場を取りつつも，主要通貨

---

1) 1961年11月のBIS会議で締結された協定。加盟主要国中央銀行が，その手持ちの公的保有金の一部を拠出し，この資金でロンドン市場への介入操作を行って，ロンドン金価格を，1オンス＝35.20ドル以下に維持・安定させようというものであった。Coombs, C. A. [1976]（邦訳，pp. 80-1）。
2)「金プール」参加国代表による「共同声明」に基づいて，「金プール」を解体すること，金取引を通貨当局間の取引と民間取引に分離し，通貨当局間の取引については1オンス＝35ドルを維持するが，民間取引については市場の実勢に任せること，主要工業国はアメリカに対する金兌換請求を自粛すること，等が合意された。

の平価水準は基本的には固定されるべきである,というブレトン・ウッズ体制についての共通観念が失われてきたのである。

こうした状況のなかで,ブレトン・ウッズ体制の機能を維持しようとする対応策が,いくつか実行に移された。67年には,BIS加盟中央銀行間のスワップ網が拡大・強化され,68年には,ローザ・ボンド発行とともに,IMF信用供与枠が拡充され,69年には,SDR (Special Drawing Rights, 特別引出権)が創出された[3]。これらの対策は,いずれも国際流動性の拡充を,公的信用機能の創出によって行おうとするものであった。いいかえれば,ドルに対する金交換要求を公的信用機能によって代替させようとするものであった。ブレトン・ウッズ体制がもともと強いドルを基礎——国際流動性の供給はもっぱらアメリカがドル債務を負う形で供給するという前提——としていた以上,ドルの信認低下とともにこうした対応策が提起され,実施に移されたのはいわば当然であった。しかし,1オンス=35ドルの公的金価格を「固定相場制の価値基準ないしはクサビ[4]」として維持しようとするならば,やはり根本的に必要とされていたのはドルの信認の回復以外にはなかった。だが,これは当時の事態の下では,ほとんど不可能な課題であった。60年代後半アメリカは,ベトナム戦争の拡大に伴う軍事支出の急増等を背景に,インフレ傾向を強めていた。連邦政府予算の赤字は,65年度の16億ドルから,68年には252億ドルへと拡大した。卸売物価の上昇率も,60年代前半には,年平均0.3%であったのが,69年には3.9%に達した。消費者物価の上昇率はさらに高かった。このインフレ傾向は,アメリカの国際競争力を弱化させ,貿易収支,経常収支の黒字幅を急速に縮小させることになった。ドルに対する信認は,この過程でさらに低下し

---

3) スワップ取決めは,当該期になると,アメリカ以外の中央銀行によるドル準備の保有にともなう為替リスクカバーの目的で発動されることが多くなった。ローザ・ボンドは,アメリカ財務省発行による中期財務省証券で,外国中央銀行購入による過剰ドルの吸収を目的とした。SDRは,国際流動性の拡充のために,金・ドルを補完する準備資産として,1967年9月のIMF総会で承認,69年7月に創出されたもので,特別に配分された引出し権の移転と引き替えに加盟国の通貨を利用できるというものである。これらにつき,詳しくは,クームズ[1977]を参照。

4) クームズ[1977], p. 230。

ていたのである。

　にもかかわらず，1969年1月に就任したニクソン／R. Nixon 大統領は，国際通貨制度改革のイニシアティブをまったくといってよいほどとらなかった。ニクソン政権がもっとも重視したのは，国内経済であり，次いで対外安全保障であった。国際通貨問題，ドルの信認回復，国際収支改善といった問題は，それらの下位に置かれた。これらの政策間の優先度に関しては，「公式の明瞭な合意」が存在しており，この合意は，ニクソン政権の経済政策から，ブレトン・ウッズ体制の崩壊を防ぐためのいくつかの行動計画をあらかじめ除外してしまった。それまで行われてきた政策の多くは，「何もしない"nondecisions"」領域に放り込まれてしまったのである[5]。

　ニクソン政権の下で，国際通貨問題を担当したのは財務省，具体的にはボルカー／P. Volcker 財務次官を中心とするボルカー・グループ[6]と呼ばれる集団であった。ボルカー・グループは，数カ月をかけてニクソン政権のとるべき国際通貨政策に関する「報告」を作成し，69年6月23日，大統領に提示した[7]。「報告」は，大統領のとるべき選択肢として，①金価格の引上げによるドルの一方的切下げ，②金ドル交換の即時停止，③多角的調整，の3つのコースを提示し，③のコースが選択されるべきであると勧告した。すなわち，現時点でもっとも重要なことは，「国内のインフレ傾向をどの程度抑制できるかどうか」にあり，①，②の選択はこれと背反する，ドルの一方的引下げは，他の諸国のリアクションによって無効にされるし，国内的に見ても法的・政治的に困難が多い，金ドル交換の即時停止は，国際通貨システムに対するドルの主要な役割と合衆国の指導性を維持しようという政策と矛盾する，というのが「報告」の見解であった。そして「報告」は，③の多角的調整の具体的内容として，1）SDR計画の早期活性化，2）米ドルに対する現存為替レートパリ

---

5) Gowa, J. [1983], pp. 60-87.
6) 同様のグループは，ジョンソン政権下にも存在し，デミング・グループ（1965年から69年まで財務次官であったデミング／F. L. Deming をリーダーとするグループ）と呼ばれた。Gowa, *ibid.*, p. 62.
7) Gowa, *ibid.*, pp. 127-30.

ティの調整，3）為替レート変動幅の上限・下限を拡大する手段の開発，4）IMF割当の拡張，5）準備決済勘定の多様化，6）アメリカ貿易の構造的妨害物の除去のための持続的で強力な努力とアメリカの防衛努力の支払コストの軽減，の6点を指摘した。だが，これらはすでに国際的に検討されてきた施策の繰り返しにすぎなかった。国際通貨問題についての「国際協調を促進するためには，合衆国のヘゲモニーは発揮されるべきでない」という方針が確認されたことこそがこの会議のポイントであった。

　こうして国際通貨問題は，ニクソン政権にとってさしあたりは「ビナイン・ネグレクト」の領域となった。それまで対外通貨政策を担当していたニューヨーク連銀の「財務省との協力的かつ率直な関係」は薄れ，ニューヨーク連銀は「ワシントンでの対外通貨政策論議から，突然遠ざけられてしまった[8]」。しかし，こうした「ビナイン・ネグレクト」政策にもかかわらず，69年中は問題は表面化しなかった。ニューヨーク連銀が，強力な金融引締め政策をとって，欧州金融市場からニューヨークへの資金移動を誘い，外為市場での意図的なドル高政策を採用したからである。この結果，米銀行のユーロ・ダラー資金の借入は68年の最高75億ドルから69年末には150億ドルに達し，3カ月物ユーロ・ダラー金利は8％から12％に上昇した。同年アメリカの国際収支は黒字となり，連銀はスワップ債務を2億1,500万ドルまで減額し，財務省は8億5,000万ドルのローザ・ボンドを償還した[9]。ここから明らかなように，69-70年のニクソン政権の国際通貨政策は，ニクソン政権の中枢部および財務省の「ビナイン・ネグレクト」の政策と，従来通りの外為市場操作を遂行するニューヨーク連銀の政策という，部分的には相互に矛盾する2つの路線に分裂していたのである[10]。

　国際通貨問題には無関心を装ったかわりに，国際経済問題についてニクソン

---

8) クームズ［1977］，pp. 233-4。
9) クームズ［1977］，pp. 234-5。なお，1969年の総合収支黒字額は27億3,100万ドルであった。これが，翌70年には，98億4,500万ドルの赤字に転化する。U. S., Economic Report of the President, 各年版による。
10) Odell, J. S. ［1982］, pp. 188-99。

政権が重視したのは，貿易問題であった。ニクソン大統領は，国際収支悪化が国内経済政策を制約することを望まなかったが，国際収支の悪化は EC にその農業政策を転換させ，日本に国内市場を開放させることによって解決できると考えた。それゆえ，例えば 69 年 7 月の第 7 回日米貿易経済合同委員会において最大の議題となったのは，日本の残存輸入制限自由化，自動車関税率の引下げ・エンジン輸入自由化，非関税障壁の撤廃，繊維輸出自主規制といった「日米貿易の不均衡」に直接かかわる問題であった。とくに，非関税障壁に関しては，輸入割当制度，輸入担保金制度，標準決済方法，日銀の貿易金融制度，行政指導等 17 項目にわたる障壁リストを列記し，「もし日本がガット，OECD 及び日・米友好通商条約にもとづく責任を果たそうとするならば，外国との競争に関する日本政府の態度の大幅な転換が必要である」とその撤廃を強く要求したのである[11]。

## 2）マルクの暫定フロート移行とアメリカの政策転換

1970（昭和 45）年に入って，ニクソン政権が国内経済のテコ入れのために，大幅な拡張財政政策をとり，西ドイツ，日本に先駆けて金融引締めを解除してのち，状況は反転した。アメリカの金利が急速に低下していくなかで，多額の短期資金がニューヨークからユーロ・ダラー市場に移動し，このため 69 年には 150 億ドルに達していた米銀行のユーロ・ダラー債務は，70 年末には 80 億ドル，71 年初めには 20 億ドルにまで減少した。また，各種の経済指標も悪化の傾向をはっきりと示すようになった。物価と賃金の悪循環は加速され，四半期ごとの貿易収支の赤字は急増していた。このためアメリカの自力での国際収支改善は期待できないとの見方が広まり，ドルは急速に軟化した。欧州通貨のほとんどが変動幅の上限に張りつき，投機が公然化するようになった。

71 年 5 月初め，投機資金が西ドイツになだれ込んだ。ブンデスバンクは 5 月 3 日から 4 日にかけて 10 億ドルを上回るドル買い介入を余儀なくされ，翌 5 日には取引開始後わずか 40 分でドル売りマルク買いは 10 億ドルに達した。

---

11) 大蔵省『第 7 回日米貿易経済合同委員会 資料』1969 年 7 月。

投機はマルク以外にもひろがり，5日午前中に欧州各国中央銀行が買い支えた米ドルは計22-28億ドルに達したといわれた[12]。ブンデスバンクはついに市場介入を断念，マルクは同月10日以降暫定的フロートに移行することになった。オランダも同時にフロートに移行，スイス・フランとオーストリア・シリングはそれぞれ7.07％，5.05％切上げられた。マルク投機は連鎖的に円投機をも引き起こし，5月6日の内外からの円アタックは1日で3億ドルに達した。

　こうした通貨投機によるドルへの信認の急激な低下は，ついにニクソン政権に対して，従来の「ビナイン・ネグレクト」政策の転換を不可避と認識させることになった。71年5月下旬，金ドル交換停止の可能性についての「計画」の立案が，ボルカーとジョン・R・ペティ／J. R. Petty（財務省の対外関係次官）によって秘かに始められた[13]。ドルの流出に加え，71年度第Ⅱ四半期におけるアメリカ貿易収支の大幅な悪化が確実となったことが，立案の直接の契機となった。6月上旬にまとめられた「計画」は，交換停止に際して国内の反インフレ計画が不可欠であることを強調し，賃金と価格の統制，予算カットの実施を勧告した。ドルの過大評価を是正するという苦労を一方的に背負い込まされるのではないか，という疑いをもっている外国政府を説得するためにもそれは必要であるとされた。「計画」は，外国政府は交換停止に先立って警告を受けるべきかどうか，交換停止が宣言されるときにボルカーがヨーロッパを訪問すべきかどうか，停止後の為替レート変更を議論するためのG10が開催されるべきかどうか，といった具体的手順にまで立ち入って検討していた。「計画」は，コナリー／J. Connally 財務長官に回され，同長官は大統領とシュルツ／G. Shultz 予算局長向けに説明を行った。7月のある時点で，大統領は国内経済と金窓口閉鎖に関するコナリーの勧告を受け入れた。8月15日（日本時間では16日）の金ドル交換停止への道は，こうして確定されたのであった。

## 3）国際収支の黒字基調と外貨準備の急増

　1960年代後半にアメリカをはじめとして世界的にインフレ傾向が強まって

---

12) 日本銀行『調査月報』昭和46年6月号，pp. 38-9。
13) Odell, ibid., pp. 252-7, Gowa, ibid., pp. 147-9.

表 3-1 わが国の国際収支の推移

(単位：百万ドル)

| 年 | 1965 | 66 | 67 | 68 | 69 | 70 | 71 | 72 | 73 | 74 | 75 |
|---|---|---|---|---|---|---|---|---|---|---|---|
| 経常収支 | 932 | 1,254 | △ 190 | 1,048 | 2,119 | 1,970 | 5,797 | 6,624 | △ 136 | △ 4,693 | △ 682 |
| 貿易収支 | 1,901 | 2,275 | 1,160 | 2,529 | 3,699 | 3,963 | 7,787 | 8,971 | 3,688 | 1,436 | 5,028 |
| 輸 出 | 8,332 | 9,641 | 10,231 | 12,751 | 15,679 | 18,969 | 23,566 | 28,032 | 36,264 | 54,480 | 54,734 |
| 輸 入 | 6,431 | 7,366 | 9,071 | 10,222 | 11,980 | 15,006 | 15,779 | 19,061 | 32,576 | 53,044 | 49,706 |
| 貿易外収支 | △ 884 | △ 886 | △ 1,172 | △ 1,306 | △ 1,399 | △ 1,785 | △ 1,738 | △ 1,883 | △ 3,510 | △ 5,842 | △ 5,354 |
| 移転収支 | △ 85 | △ 135 | △ 178 | △ 175 | △ 181 | △ 208 | △ 252 | △ 464 | △ 314 | △ 287 | △ 356 |
| 長期資本収支 | △ 415 | △ 808 | △ 812 | △ 239 | △ 155 | △ 1,591 | △ 1,082 | △ 4,487 | △ 9,750 | △ 3,881 | △ 272 |
| 基礎収支 | 517 | 446 | △ 1,002 | 809 | 1,964 | 379 | 4,715 | 2,137 | △ 9,886 | △ 8,574 | △ 954 |
| 短期資本収支 | △ 61 | △ 64 | 506 | 209 | 178 | 724 | 2,435 | 1,966 | 2,407 | 1,778 | △ 1,138 |
| 誤差脱漏 | △ 51 | △ 45 | △ 75 | 84 | 141 | 271 | 527 | 638 | △ 2,595 | △ 43 | 584 |
| 総合収支 | 405 | 337 | △ 571 | 1,102 | 2,283 | * 1,374 | * 7,677 | * 4,741 | △ 10,074 | △ 6,839 | △ 2,676 |
| 金融勘定 | 405 | 337 | △ 571 | 1,102 | 2,283 | 1,374 | 7,677 | 4,741 | △ 10,074 | △ 6,839 | △ 2,676 |
| 外貨準備増減 | 108 | △ 33 | △ 69 | 886 | 605 | 903 | 10,836 | 3,130 | △ 6,119 | 1,272 | △ 703 |
| その他 | 297 | 370 | △ 502 | 216 | 1,678 | 593 | △ 3,031 | 1,771 | △ 3,955 | △ 8,111 | △ 1,973 |

注）＊ SDR 配分額、70 年 122 百万ドル、71 年 128 百万ドル、72 年 160 百万ドルをそれぞれ含む。
出所）日本銀行「経済統計年報」各年版。

くるなかで，高度成長を続けていた日本の国際収支は，その国際競争力の強化を背景に明瞭に好転した（表 3-1）。1964（昭和 39）年以降貿易収支黒字は定着し，経常収支も 68 年には黒字基調に転じた。60 年代後半の貿易収支の好転は輸出入両面から生じたが，なかでも輸出の果たした役割が大きかった。アメリカのインフレ傾向にともなう同国の輸入急増が，日本の輸出伸張の主因となったのである。貿易収支黒字額は，64 年の 3 億 7,700 万ドルから，70 年には 39 億 6,300 万ドル，経常収支黒字も 64 年の 4 億 8,000 万ドル赤字から，70 年 19 億 7,000 万ドルの黒字となった。

このような国際収支黒字基調に基礎づけられて，それまで長期にわたって安定していた外貨準備高が，68 年の秋以

表 3-2 外貨準備高の推移 (1968-75年, 月別)

(単位：百万ドル)

| | 1968 | 69 | 70 | 71 | 72 | 73 | 74 | 75 |
|---|---|---|---|---|---|---|---|---|
| 1月 | 1,972 | 2,935 | 3,617 | 4,532 | 15,957 | 17,856 | 11,566 | 13,509 |
| 2 | 1,998 | 3,086 | 3,630 | 4,868 | 16,478 | 19,067 | 11,900 | 13,968 |
| 3 | 1,963 | 3,213 | 3,868 | 5,458 | 16,663 | 18,125 | 12,426 | 14,152 |
| 4 | 1,894 | 3,103 | 3,923 | 5,777 | 16,535 | 16,834 | 12,713 | 14,335 |
| 5 | 1,919 | 3,101 | 3,901 | 6,916 | 16,034 | 15,869 | 13,167 | 14,557 |
| 6 | 1,976 | 3,089 | 3,769 | 7,599 | 15,845 | 15,200 | 13,429 | 14,604 |
| 7 | 2,072 | 3,034 | 3,508 | 7,927 | 15,884 | 15,158 | 13,204 | 14,635 |
| 8 | 2,223 | 3,126 | 3,527 | 12,514 | 16,372 | 15,126 | 12,903 | 14,090 |
| 9 | 2,300 | 3,226 | 3,556 | 13,384 | 16,489 | 14,795 | 13,169 | 13,269 |
| 10 | 2,554 | 3,234 | 3,778 | 14,098 | 17,796 | 14,049 | 13,451 | 13,192 |
| 11 | 2,778 | 3,476 | 3,987 | 14,836 | 18,412 | 13,196 | 13,738 | 12,958 |
| 12 | 2,891 | 3,494 | 4,399 | 15,235 | 18,365 | 12,246 | 13,518 | 12,815 |

出所) 大蔵省資料。

降急激に増加するようになった。わが国外貨準備高は, 60年後半から68年前半までは20億ドル前後の水準で推移していたが, 表3-2に見られるように, 68年12月には28億9,100万ドル, 69年2月には30億ドルを突破, 同年末34億9,600万ドル, 70年末43億9,900万ドル, ニクソン・ショック直前の71年7月には79億2,700万ドルと, 3年の間に4倍もの急増を遂げ, 71年5月にはその準備高は西ドイツ, アメリカに次いで世界第3位となった。しかも, この急増は, 相当強力な外貨準備増加抑制対策が遂行された上でのものであった。外貨準備の急増は, 国内にインフレ圧力をかけ国内金融に悪影響を及ぼす, また, 日本の黒字不均衡を国際的に表面化させ諸外国からの通貨調整圧力を受ける, というのが増加抑制政策の論理であった。固定平価維持, 円切上げ回避という政策スタンスは, ニクソン・ショックの時点まで堅持されたのである。

## 2. 外貨準備増加抑制・短資流入規制政策の展開

### 1) 外貨準備増加抑制政策の開始と強化

1968 (昭和43) 年半ば以降の外貨準備の急増は, それまで長期にわたって存

続した「国際収支の天井」を取り払い，外貨不足時代を終焉させた。このため政策目標の重点は，60年代後半までの外貨準備増大という位置づけから，安定した経済成長の下でのモデレートな外貨準備の増加という方向に軌道修正され，さらには「外貨準備減らし」のための規制へと転換するようになった。

　外貨準備増加の抑制という政策課題が明示的に意識されるようになったのは，69年に入ってからのことであった。世界的に外貨準備の減少に悩む国が多いなかで，わが国の外貨準備高が急増することは国際的感触からも回避する必要があること，外貨準備増加の要因としての短資流入が，為替市場ばかりではなく国内金融市場に攪乱的影響を与え始めたことが，そのきっかけであったとされている。大蔵省内部での検討は68年末頃から始められており，69年3月には次のような外貨準備増加抑制の方策が立案された[14]。

1. 外貨余剰発生自体の抑制
    (1) 輸入制限の緩和
    (2) 海外投資規制の緩和
    (3) 中長期外資（インパクトローン，外債）流入の抑制
    (4) その他
2. 外貨余剰の外貨準備への集中抑制
    (1) 為銀部門改善による吸収
        イ　一般的国内円金融の緩和
        ロ　日銀資金ポジション指導の緩和による計画的円シフト
        ハ　輸入に対する日銀の制度金融の導入
        ニ　輸入ユーザンス期間の短縮又は輸出ユーザンス期間の延長
        ホ　外貨準備金制度，円転規制の強化，ユーロに対するガイドライン削減，外銀借入れ返済強制等
        ヘ　為銀とのスワップと為銀必要円の供給
        ト　現地貸枠の拡大
    (2) 政府外貨債務の繰上げ償還
    (3) 国債整理基金の外貨国債の運用保有

---

14) 大蔵省国際金融局短期資金課「外貨準備増加抑制の方策」昭和44年3月14日。

(4) MOF, 日銀による外貨国債又は非流動外貨資産等（本邦外貨債を含む）の取得
(5) 日銀保有外貨の為銀預託等

ただ，この時点では，日本の外貨準備高は国際的に見て高いとはいえず，輸入規模等から考えれば必ずしも大きすぎるとはいえないこと，日本の対外支払能力は全体としての対外ポジションで判断すべきであり，外貨準備がみかけ上好調に推移して

表3-3 輸入額と外貨準備高の国際比較
（単位：百万ドル，％）

|  | 輸入額 (A) | 外貨準備 (B) | (B/A) |
|---|---|---|---|
| ベルギー | 7,909 | 2,315 | 29.3 |
| フランス | 13,106 | 4,273 | 32.6 |
| 西ドイツ | 19,402 | 8,477 | 43.7 |
| イタリア | 10,017 | 4,855 | 48.5 |
| オランダ | 9,006 | 2,328 | 25.8 |
| スウェーデン | 4,956 | 878 | 17.7 |
| スイス | 4,332 | 2,996 | 69.2 |
| カナダ | 11,779 | 2,722 | 23.1 |
| アメリカ | 34,341 | 14,428 | 42.0 |
| イギリス | 18,610 | 2,707 | 14.5 |
| 日本 | 12,674 | 2,778 | 21.9 |

出所) IMF, International Financial Statistics, December 1968.

も，為銀の対外ポジションが悪化すれば無意味であること，といった判断がなされていたため，ここで立案された対策がすべて直ちに実施された訳ではなかった。事実，輸入規模に対する外貨準備高比率を国際比較すると，日本の比率は21.9％（68年11月，以下同）で，スイス（69.2％），イタリア（48.5％），西ドイツ（43.7％），アメリカ（42.0％）はいうまでもなく，フランス（32.6％），ベルギー（29.3％），オランダ（25.8％）と比べても低く，日本より低位にあったのは，主要国のなかではスウェーデン（17.7％），イギリス（14.5％）のみであった[15]（表3-3）。

一方で外貨準備増加の抑制を提起しつつ，他方で「外貨準備高が諸外国に比して低水準にあり金保有量も芳しいものではない」以上，結果的に外貨準備の積増しとなっても，「少なくとも輸入の増加に応じたrefinance借入れ，ユーロ資金の取入等の増加は，当然に認めるべき」，「為銀ポジションの改善は，それ自体が目的ではない（ので），……為銀の資産の増加の範囲内に負債増加を抑え，外貨準備とともにほどほどの国際収支黒字の配分が行われることが望ましい」というのが，当時の政策スタンスであった[16]。従って，この時点での外貨準備増加抑制策は，日銀による外為銀行に対するポジション指導面での配慮に

15) IMF, International Financial Statistics, Dec., 1968 より算出。

よる円シフト弾力化（69年4月開始，後述）を主内容とするものに限定されていた。

しかし，69年の下期以降も貿易の好調が続き，さらに70年に入ると，国際通貨不安，内外金利差等の要因によって短期外資の流入が目立つようになり，このまま放置すれば外貨準備高の急増は不可避となった。このため外貨準備増加抑制策は，69年下期以降短資流入対策を軸として徐々に強化されるようになった。69年9月，大蔵省は，「わが国が国際収支の大幅黒字のうちに金融引締め政策をとったことについて国際的に批判を受けている現在」，「より広範な外貨準備対策を推進する必要」があるとして，具体的に次のような対策を提示した[17]。第1，為銀対外ポジション改善策として，円シフトの推進（日銀ポジション指導のいっそうの弾力化，日銀による輸入金融の円金融化）やユーロ取入れ，円転規制の強化，第2，公的部門の外貨準備運用策として，日銀による一定の外貨資産の保有，MOF預金の増額，本邦外貨債の事前償還，ガリオアエロア・余剰農産物借款の期前償還，GAB拠出の増額。

こうしてまず，69年9月，日銀の買いオペ・外国為替資金特別会計のスワップ取引による円シフト促進策（＝円ドルスワップ）が新たに導入された。続いて，70年2月には，68年2月から開始されていた「円転規制」が強化され，円転換は原則不許可となった。さらに，同年5月には，それまで長期にわたって続いていた輸出金融優遇措置が，輸出関係金利引上げ，輸出金融制度一部改正によって是正され，6月には輸入金融の国内金融移行を図る輸入金融措置（＝新円ドルスワップ）が実施された。輸出金融優遇是正はその後も継続され，同年10月の公定歩合0.25％引下げ（6.25％→6.00％）に際しても，輸出関係金利は据え置かれ，11月には外国為替手形買取制度の改正（買取り限度額設定，海外金利から国内金利への金利基準改正）が行われた。

また，これと平行して外貨証券の購入，IMF債権の肩替り等による「外貨減らし」も進められた。まず，69年10月から12月にかけて，世界銀行融資

---

16) 大蔵省国際金融局短期資金課「短期資本の動きとその対策について」昭和43年12月16日。
17) 大蔵省国際金融局「外貨準備高の動向について」昭和44年9月19日。

参加証書の購入がなされた．ついで，同年12月，翌70年5-6月には，西ドイツ，イタリアのIMF債権肩替り，70年2-3月には日銀による世界銀行への貸付，同年1月，10月には米輸銀受益証書の購入といった措置が相次いでとられたのである．

こうして，69年4月の抑制措置開始以来70年11月に至るまでの外貨準備増加抑制額は，日銀ポジション指導による円シフト弾力化によるもの約5億6,000万ドル，円ドルスワップ2億8,000万ドル，新円ドルスワップ5億8,500万ドル，円転規制約5億ドル，世界銀行関係3億6,600万ドル，米輸銀関係1億2,100万ドル，IMF関係3億3,500万ドル，計27億4,700万ドルに達したのであった[18]．

## 2）貿易金融と短資流入

外貨準備増加抑制策が，短資規制として展開されたのは，1967（昭和42）年秋以降の国際通貨不安の激化のなかで，通貨投機としての短資流入が顕在化してきたことによるが，貿易金融に対する施策がそれと結びついて進展したのは，わが国の貿易金融それ自体のなかに短期外資依存の構造が存在していたためであった[19]．

まず，輸入金融について見ると，当時輸入金融の80％は外貨輸入ユーザンス方式がとられていた．これは標準決済期間内（輸入後4ヵ月以内）の範囲であれば外貨支払いを猶予するというもので，いいかえればこの期間に対応する外貨借入が行われるということを意味していた．この輸入ユーザンスには，当時は「本邦ローン」，「BCユーザンス」，「シッパーズユーザンス」の3方法が用いられていた．このうち，第1と第2の方法は，いずれもユーザンスを供与した本邦為銀の外貨調達が必要となり，調達はユーロの取入れか外銀からの借入によって行われたから，両者とも為銀の短期外資依存の増大要因となった．

次に輸出金融であるが，これも輸入金融と同様わが国独特の制度ないし慣行

---

18) 大蔵省「外貨準備急増抑制措置」昭和45年12月16日．
19) 藤田恒郎［1971］．

表 3-4 a  外国為替資金貸し・輸出手形買取高の推移

| 年　末 | 外国為替資金貸し<br>(億円) | 輸出手形買取り<br>(百万ドル) |
|---|---|---|
| 1968 | 6,066 | 171 |
| 69 | 8,543 | 213 |
| 70 | 11,601 | 328 |
| 71 | 35 | 216 |
| 72 | 0 | 0 |

表 3-4 b  外国為替資金貸し・貸付利子歩合の変更

(%)

| 年月日 | 外為資金貸し | 商手割引歩合 | 米国 BA レート |
|---|---|---|---|
| 1969. 8. 31 | 3.65 | 5.84 | 8.04 |
| 9. 1 | 4.00 | 6.25 | 8.14 |
| 70. 5. 15 | 5.00 | 6.25 [1] | 8.02 |
| 71. 8. 10 | 5.25 | 5.25 | 5.57 |
| 12. 29 | 4.75 | 4.75 | 4.45 |
| 72. 3. 29 | 廃止 | | |
| 73. 10. 28 | | 6.00 | |
| 74. 1. 20 | | 5.75 | |
| 5. 8 | | 5.50 | |
| 7. 28 | | 5.25 | |

注 1) 商手は 1970. 10. 28–71. 7. 28 の間，4 回引下げ。この間外為資金貸しは変更なし。
出所) 大蔵省資料。

が存在していた。「外国為替資金貸付制度（外為資金貸制度）」，「外国為替手形買取制度」という日銀の制度金融がそれであり，これらの制度金融の下で，輸出ユーザンスの供与，為替リスク等はいずれも本邦為銀の負担となっていた。外為資金貸制度は，1961 年 9 月に輸出金融優遇政策として，従来の外国為替引当貸付制度に代えて実施されたものである。本邦輸出業者振出の外貨建輸出手形を買い取った為銀が，これを引き当てとして円建約束手形を振出し，これを見合いにして日銀から円資金を借り入れるというのが，この制度の概要である。輸出ユーザンスの 80% 前後がこの制度で供与されており，その残高は輸出の伸張にともない増加し，65 年末の 3,829 億円から 68 年末には 6,066 億円，69 年末には 8,543 億円に達した（表 3-4 a，表 3-4 b）[20]。

　この制度の下では，為銀の為替ポジションは常に外貨買持へと傾斜する。というのは，為銀は外貨建輸出手形を買い取ってその期日まで輸出ユーザンスを提供するのに対し，それに対応して付けられる金融は日銀の円貸付だからである。この結果として生ずる為替リスクを回避するために，為銀は買持解消を図ることになる。買持解消は直物調整と先物調整とがあり，前者は，外銀からの外貨借入を行いこれを円に転換して外貨債務をつくるという方法がとられる。

---

20) 日本銀行 [1986] p. 267。

内外金利差の拡大等によって海外金融が割安になると，これがさらに進んで，輸出手形の買取資金をこれで調達し，外為資金貸制度の利用を避けるという（＝外銀リファイナンス），いわゆる輸出金融それ自体の「ドル・シフト」（後述）を生み出すことになる。後者の方法は，先物市場でのドル売りで，この結果としてドルの先物ディスカウントが生じてくる。先物ディスカウント幅が大幅に拡大したのは71年に入ってからのことであったが，69年，70年中でも3％を超える値開き（4-5カ月物先物相場／直物相場）がしばしば発生した。先物ディスカウント幅が拡大すると，今度はこれも「ドル・シフト」をつくり出す要因となる。つまり，為銀が，国内金融を利用するか海外のドル金融を利用するかは，資金の調達コストによって決まるが，先物ディスカウント幅が拡大すると，たとえ内外金利が同一であってもドル金融への移行が有利となる。例えば，ユーロ取入れ→「円転換」→国内コール市場放出というルートを考えてみると，為銀は先物で安いドルを買えるので，内外金利差がなくてもコール運用によってドル割安分だけ利益を受けることができるからである。

外為資金貸制度によって生ずる，以上のような為銀外貨買持への傾斜を是正するために，この制度の補完措置として65年12月に導入されたのが，「外国為替手形買取制度」であった。この制度は，為銀が円建約束手形のかわりにドル建為替手形を振出し，売戻し条件付で日銀に買い取ってもらうというもので，外為資金貸制度によって生ずる「ドル・円転換」を，「ドル・ドル」取引によって縮小しようというのが狙いであった[21]。実施当初甲種為銀12行のみに限定されていた日銀取引先は，その後拡大され，70年11月には19行77店となったが，買取額は同月のピークでも3億3,700万ドルで，外為資金貸の1割程度にとどまった。

以上のように，輸出金融においても，上述のような制度金融のゆえに短期外資依存の構造は存在しており，これが69-70年には，短資流入→外貨準備増加の大きなルートとして働くようになったのである。

---

21) 日本銀行『調査月報』昭和41年2月号，p. 25。

## 3）短資流入規制

それゆえ，1969（昭和44）年から70年にかけての短資流入規制は，外為銀行に対するポジション規制を軸としながら，内容的には，外資依存是正（ドル金融から円金融への移行の試み），輸出入金融についての新たな措置の実施，先物対策等，いくつかの措置を相互に関連させながら遂行された。

### ⓐ 円シフト弾力化──69年4月

まず，最初に実施されたのは，69年4月の円シフト弾力化であった。円シフトとはひとことでいえばドル金融から円金融への移行を意味し，業者段階では，輸入ユーザンスから一覧払い決済への移行，ユーザンス期間の短縮，円借りへのシフトといった形で行われ，為銀段階では外銀リファイナンス借入圧縮，短資取入れの減少となって現れる。

円シフトにかかる指導は，60年代半ば円シフト抑制の指導として開始された。外貨準備の増大が政策課題となっている限りは，シフト抑制はそれと整合的な政策である。従って，外貨準備政策が増加から抑制へと転換すれば，円シフトにかかる政策も，抑制から容認，促進へと転換せざるをえない。その第1歩が，この弾力化措置であった。大蔵省・日銀の協議のうえで，4月7日，日銀は為替銀行に対し，次のような指導を行った[22]。

(1) 最近の国内コール・レートと海外市中金利との関係からみて，為替銀行が今後その所要資金の一部を円資金取入れによって行うことは自然であり，またかかる円シフトは為銀の対外ポジションの改善にも資すると考える。
(2) これに伴う為銀の円資金ポジションの影響については，本行のポジション指導上必要に応じて適宜配慮する。ただし円ポジション指導上別枠とすることは認めず，また，とくにそのために本行の貸出を行うことは考えていない。
(3) 本件シフトは為銀の自主的判断にゆだねるが，一時に大量に行われることは適当でないので，ある程度秩序をもって進められることを期待する。

---

22) 日本銀行『調査月報』昭和44年5月号，p. 41。

第1節　外貨準備の急増と円切上げ回避政策　231

こうして，4月以降為銀に対する円シフト目標枠の提示という方法によって，円シフトの「自主的」推進が図られ，6億ドル近い円シフト（業者段階の4,000万ドルを含む）が実現された。ところが，同年8月に入ると，内外金利差の縮小，金融引締め基調への転換による為銀の円資金不足等により，円シフトは完全にストップし，逆シフトの様相すら見せるようになった（表3-5）[23]。

表3-5　円シフト実績
（単位：百万ドル）

|  | 総額 | うち業者段階 |
|---|---|---|
| 1969年4月 | 170 | — |
| 5 | 119 | — |
| 6 | 207 | — |
| 7 | 87 | 11 |
| 8 | 17 | 29 |
| 9月上旬 | 9 | 9 |
| 計 | 609 | 49 |

出所）大蔵省資料。

ⓑ　円ドルスワップ──69年9月

この事態に対し，大蔵省内部では，①日銀のポジション指導をいっそう弾力化するとともに，円金融にも配慮を加える，②輸入金融を円金融に移行させるための直接的金融方法を検討する，③ユーロ取入れ，円転規制を強化する，等の対応策が考えられたが[24]，日銀との協議の結果，円転規制の若干の強化（後述）とともに，日銀の買いオペ・外国為替資金特別会計のスワップ取引による円シフト促進策を新たに導入することになった。円ドルスワップと呼ばれるものがこれである。この決定に基づいて，9月22日，日銀は次のような申し渡しを為銀に対して行った[25]。

1. 現在の国際収支の状況等にかんがみ，為銀の対外ポジションを引き続き改善することが望ましく，従来からかかる方向でご協力願ってきたが，当局としては，今後とも為銀円シフトを進めていくのが適当と考えている。他方，今般の金融引締めの措置もあり，このところ為銀の円シフトは余り進展しておらず，先般ご通知した円シフトの目標枠にはなお相当の余裕を残している実

---

23) 大蔵省前掲「外貨準備高の動向について」，同国際金融局「貿易金融等における外貨金融依存から円金融移行の必要性」昭和44年9月20日。
24) 大蔵省前掲「外貨準備高の動向について」。
25) 日本銀行「為銀申し渡し要領」昭和44年9月20日。

情にある。
2．そこで，当局としては今般新たに次のような措置を実施することになった。すなわち，本行は売り戻し条件付買オペレーションによって為銀各行に対し直接コールレートなみの金利で円資金を供給し，為銀各行は当該円貨で外為会計からスワップ方式（直先フラット）により外貨を購入のうえ，ユーロマネーの返済ないしユーロマネーの放出を行うことによってシフトを進め，これにより対外ポジションの改善を図るという措置である。
3．本措置の実施によって，為銀としては円シフトに伴う所要円資金を，円ポジションの悪化を伴うことなく，しかも現在の外貨金利にくらべかなり割安なコストで供給されることになるので，現下の金融引締め下においても，支障なく円シフトを進めていただけるものとおもう。
　　（以下，略）

　以上に述べられているように，この方式は具体的には，① 日銀が為替銀行に対し，国債・政府保証債・金融債を，期間3カ月の売戻し条件付，金利コール・レートなみで買い取ることにより円資金を供給する，② 外国為替資金特別会計は，この円資金を対価として，期間3カ月，スワップ・レート直売りフラットという条件でのスワップ取引を行い，外貨を為銀に供給する，③ 為銀は，これにより取得した外貨を，ユーロ・外銀借入の返済等に充当する，というものである。日銀の買オペは為銀の円資金不足を補充する意味をもち，外為資金特別会計のスワップ取引は，先物コストの軽減，先物市場への圧力回避の意味をもった。この措置により9月から12月にかけて約3億ドルの外貨が供給されたが，70年に入ると，これも内外金利差のいっそうの縮小，為銀のオペ対象債券の不足等により十分に機能しなくなった（表3-6）。

ⓒ 円転規制の強化──70年2月
　以上のような，輸入金融にかかわる短資流入とならんで，円投機を目的とする短資流入も次第に顕在化してきた。この対策として70年2月に実施されたのが，円転換規制の強化であった（表3-7a）[26]。外為銀行を通ずる短資流入に

---

[26] 藤田恒郎［1971］（下）pp. 39-40,『外為情報』第3793号，昭和45年6月22日。

対する規制については，60年9月以降実施の直先総合為替持高規制（表3-7b），62年8月以降実施の外貨準備金制度，64年7月以降実施の海外短資取入規制（ガイドライン）等があったが（表3-7c），この時期基本となったのは68年2月に導入された

表3-6　円ドル・スワップ実績
（単位：百万ドル）

| 年　月 | 目途 | 実行額 | 使途 | | |
|---|---|---|---|---|---|
| | | | ユーロ返済 | ユーロ放出 | 借入返済 |
| 1969. 9 | 100 | 80.0 | 57.9 | 22.1 | - |
| 10 | 80 | 78.5 | 8.8 | 19.0 | 50.7 |
| 11 | 80 | 80.0 | 17.0 | 36.0 | 27.0 |
| 12 | - | 48.0 | 0 | 42.5 | 5.0 |

出所）大蔵省資料。

円転換規制であった。導入の契機は，当時外貨準備補強等の狙いから為銀の海外短資取入れ枠が増加されたが，これが67年秋以降実施された金融引締め政策の尻抜けとなるのを防ぐことにあったとされている。その内容は具体的には，次のようであった。

　まず，なにをもって円転換というのかについては，

直物持高−（日銀外為資金貸残高＋自由円預金残高）＜ 0

の状態を円転換と規定し，このマイナス額を円転換額とした。直物持高が買持の状態になっているときは，資金の面で円を投入して外貨資産を保有していることを意味し，また売持のときは，外貨を円に転換していることを意味する。日銀外為資金貸残高と自由円預金残高を直物持高から差し引いているのは，銀行の自己資金としての円と外貨の関係を見るためである。

　こうして算出された円転換額を規制しようというのが円転換規制で，68年2月の発足当初は，前年12月と同年1月の2カ月平均残高比103％の枠内に月中平均残高をとどめるよう義務づけた（＝平残規制）。この規制指導枠は，金額的には当初は6億3,900万ドルであった。その後，69年4月からの前述の円シフト弾力化により，4月から7月にかけて為銀直物ポジションの「円投入」が進み，この間「円転規制」は有名無実化した。

　だが，8月以降逆シフトの動きがでてくると再度円転規制の強化が課題とされるようになり，同年9月，上述した外為会計の円ドルスワップ開始とあわせて，円転減少・円投入増加の指導を強化することとし，規制の基準を「8月平残」に変更した。また，従来の「平残規制」とともに，月末実質残高規制も併

234　第3章　360円レートの終焉

**表 3-7 a　円転換額の推移**

(単位：百万ドル)

| 年　月 | 邦　銀 | | 外　銀 | | 備　考 |
|---|---|---|---|---|---|
| | 指導枠 | 実　績 | 指導枠 | 実　績 | |
| 1968. 2 | 643 | | | | 規制開始 |
| 69. 6 | 651 | 198 (12行平残) | | 249 (18行末残) | 7月内枠設定 (6月実施) |
| 12 | 651 | △ 302 | | 325 | 11月平残規制に月末規制併用 |
| 70. 2 | 651 | 不明 | | 399 | 円転禁止 |
| 6 | 651 | △ 317 | | 540 | |
| 12 | △ 817 | △ 782 (15行平残) | | 675 | |
| 71. 1 | △ 686 | △ 720 | | 736 | 外銀指導明確化 |
| 6 | △ 783 | △ 876 | | 843 | |
| 9 | 0 | △ 1,464 (15行月末残) | | 923 (21行) | 規制法制化, 強化 (毎日指導) |
| 12 | 0 | △ 620 (14行月末残) | | 1,006 (22行) | 平残規制に緩和 |
| 72. 3 | 0 | △ 784 | 1,104 | 1,032 (23行) | 外銀の円転増ストップ |
| 5 | 0 | △ 1,825 | 1,127 | 1,073 (25行) | 規制対象を全為銀に拡大 |
| 73. 12 | 0 | △ 4,617 | 1,351 | 833 (41行) | |
| 74. 8 | 0 | △ 2,366 | 2,075 | 1,460 (47行) | 外銀の円転枠拡大 |
| 75. 12 | 0 | △ 2,573 | 2,129 | 1,905 (50行) | |

出所) 大蔵省資料。

**表 3-7 b　直先総合為替持高限度額の推移**

(単位：百万ドル)

| 年　月 | 主要邦銀 | | 外　銀 | |
|---|---|---|---|---|
| | 買　持 | 売　持 | 買　持 | 売　持 |
| 1965. 12 | 184 | 162 | 21.2 | 12.9 |
| 66. 1 | 184 | 162 | | |
| 4 | 160 | 160 | | |
| 9 | 150 | 150 | 21.7 | 13.4 |
| 69. 4 | 150 | 150 | | |
| 12 | 169 | 169 | 22.2 | 15.6 |
| 70. 4 | 430 | 169 | | |
| 12 | 430 | 169 | 23.2 | 16.6 |
| 71. 3 | 430 | 169 | | |
| 5 | 430 | 169 | | |

出所) 大蔵省資料。

**表 3-7 c　海外短資収入規制 (ガイドライン) の推移**

(単位：百万ドル)

| 1965年12月 | 1,609 (12行) |
|---|---|
| 66年12月 | 1,166 |
| 67年12月 | 1,278 |
| 68年12月 | 1,387 |
| 69年12月 | 1,387 |
| 70年 6月 | 1,402 |
| 70年12月 | 1,581 (15行) |
| 71年 6月 | 1,620 |
| 71年 9月 | 1,663 |
| 71年12月 | 1,704 |
| 72年 1月 | 廃　止 |

出所) 大蔵省資料。

用することとした (=末残規制)。というのは, それまでの円転規制が「平残規制」であったため, 為銀は円資金繰りの比較的楽な月前半に円投入しておき, 円資金逼迫の月末に思い切って円転換を図るという操作を行い, このため輸出為替の為銀持込みが増える月末, 期末にドル為替相場の大幅軟化をみるな

どの，為替相場の大きな波乱要因となったからである。

　また，平残・末残規制に加えて，10月以降は実勢円投入も指導の対象とされた。実勢円投入額は，次のように算出され，為銀の実際の投入額を示すものとされた。

　　　　実勢円投入＝円投入－｛輸出手形－（資金借＋売渡外国為替）｝

　この指導により，12月には為銀外貨ポジションは，東銀を除き円投入ポジションとなった。

　70年2月実施の円転規制強化はこうした推移を経て実施された。従来の基準が各行の実績であったのに対し，各為銀一律の「円転ゼロ」を目標とすること，末残規制を強化することが，その内容であった。さらに，同年6月には輸入金融措置（＝新円ドルスワップ，後述）の実施にともない，二重金融防止と金融政策上における中立性維持の見地から，日銀輸入資金貸付に基づく為銀対MOF直買い残高（平衡操作）も円転要因に算入された。

　だが，この円転規制の強化は新しい問題を引き起こした。第1の問題は，末残規制の強化により，従来とは逆の，月前半に大幅の円転換を行い月末には多額の円投入を行うという事態が発生したことである。このためドル相場は月前半大幅軟化，月末急騰というパターンを描くようになり，為銀はユーロ金利，外銀借入金利等の動きに応じて弾力的に外貨資金を操作する余地がほとんどなくなった[27]。第2の問題は，輸入資金貸付にともなう外貨買入れについてである。この外貨買入れは，月中3回に分けて実行されるため，為銀はその都度円転平残の計算を行ってポジション調整をしなくてはならなくなった。為銀は，従来の持高調整，資金調整にさらに複雑となった円転調整を加えた為替操作を実行しなくてはならなくなったのである。円転規制の強化は，外貨準備増加抑制という目標に対しては有効に機能したが，為替市場の安定化に対してはむしろ攪乱的に作用したのであった。

---

27) 日本銀行「現行円転換規制の問題点および改訂の方向」昭和45年6月19日。45年5月の「平末乖離」は，月末の円投入額4億3,500万ドル（除く東京銀行）に対し，平残規制枠2億8,000万ドル（同上）で，1億5,500万ドルにのぼっていた。

ⓓ 輸出金融優遇措置の是正——70年5月

　さきに見たような輸出入金融制度の問題に対して，大蔵省内部ではいくつかの対応策が検討されたが，70年3月には国際金融局で大要次のような制度改正試案がまとめられ，日銀との協議に提出された[28]。

　　　　　輸出入金融制度の改正について（試案）
1. 最近のわが国の国際収支等の動向にかんがみ，輸出金融についてはその優遇措置の是正を図るとともに，輸入金融についても，外銀信用の大幅な依存度の改善，輸出金融とのバランス，輸入に対する incentive の増大などを図るため，この際何等かの国内措置を講ずる必要があるように思われる。
2. その方法としては，基本的には，将来における輸出入金融制度の在り方のほか，今後の金融政策運営との関連で輸出入金融の量的な取扱をどのようにするかなどの問題もあるが，今回は差当り，金利面に重点を置いた次の方法によるのがよいのではないかと考えられる。
    (1) 輸出金融
　　　　次のように輸出金融制度の金利を公定歩合なみに引上げることとし，その量的規制は，外貨準備へのはね返りを考慮して当面行わないこととするのがよいのではないか。
　　　輸出貿易手形制度
　　　　輸出前貸手形（現行レート）
　　　　　　　担保適格　6.75%　(4.5%)
　　　　　　　再割適格　6.25%　(4.25%)
　　　円建期限付輸出手形　6.25%　(4.25%)
　　　外為資金貸制度
　　　　円建約束手形　6.25%　(4.0%)
    (2) 輸入金融
　　　　輸入金融については，為替市場等に対する悪影響をできるだけ防ぐとともに，為銀の資金コストの軽減を図る措置として，為銀の供与する輸入ユーザンスの一定部分に対し，輸入為替買取制度を適用するのがよいのではないか。すなわち，

---

28) 大蔵省国際金融局「輸出入金融制度の改正について（試案）」昭和45年3月13日。

① 日銀は，為銀が輸入ユーザンスの一定部分を引当に振出した米ドル表示為替手形を買取ることにより，為銀に円資金を供給し，外為会計は，当該円資金を対価に為銀に外貨を売却する。
② 輸入ユーザンスの一定部分の決め方については次の方法が考えられる。
　　イ．為銀の新規に供与するユーザンスの一定比率（たとえば 20％）
　　ロ．為銀の新規に供与するユーザンスの一定期間（たとえば 1 カ月）
　　ハ．為銀の一定時の輸入ユーザンスの残高から一定額（たとえば 5 億ドル）を控除した額を超える額
③ 日銀の供与する円資金の金利は公定歩合（6.25％）
　　また，為銀の供与する輸入ユーザンスの金利は，本措置による為銀の資金コストの軽減に応じ決定する。

　この試案に基づいて，まず輸出金融の優遇是正措置が 4 月 7 日に発表され，5 月 15 日より実施された。その内容は，輸出関係金利の全般的引上げと輸出金融制度の一部改正で，金利については次のように改正された。輸出前貸手形（現行レート）は，担保適格貸付については 4.5％ から 5.5％，再割適格貸付については 4.25％ から 5.25％ に，円建期限付輸出手形は 4.25％ から 5.0％ に，外為資金貸は 4.0％ から 5.0％ に，それぞれ原則として 1％ 引き上げられた。3 月の国際金融局試案に比べて引上げ率が低かったのは，それまで公定歩合との差が 2％ 以上あったのを，一挙に同一水準にするのは摩擦が大きすぎると判断されたためであった。例えば，69 年 8 月をとってみると，公定歩合（商業手形割引歩合）5.84％ に対し，外為資金貸 3.65％，45 年 3 月でも 6.25％ 対 4.00％ と，2.19％-2.25％ の差が存在していた。
　また，輸出金融制度の一部改正は，輸出貿易手形制度の改正として行われ，従来，船積前輸出前貸手形と船積後期限付輸出手形が，事実上輸出貿易手形制度として一体化して運営されていたのを明確に区分し，船積後の円建期限付輸出手形の条件を外為資金貸制度並にするというものであった。金利改正で他の金利がすべて 1％ 引上げとなっているのに対し，円建期限付輸出手形のみが 0.75％ 引上げ（4.25％ から 5.0％）となったのはこのためで，円為替の利用によ

る円金融への移行という狙いが，この措置の背景にあった。

ⓔ 輸入金融措置（＝新円ドルスワップ）――70年6月

　この輸出金利の引上げに絡んで，業界等から輸入金融の優遇を求める声が高まり，一方政策当局の側でも，外貨準備増加の傾向がなおおさまらないなかで，その抑制策についてもう一段の強化が必要であるとの認識も強まった。前述のように3月の国際金融局試案では，輸入金融についても，「為銀の資金コストの軽減を図る措置として，為銀の供与する輸入ユーザンスの一定部分に対し，輸入為替買取制度を適用する」というプランが立案されていた。大蔵省・日銀の協議段階では，①業者段階のユーザンス金融を一部円金融に移行させ，その円手形を優遇する方式，②外貨の預託ないし貸付の方式，等の案も検討されたが，前者については引締め下に緩和感をもたらす惧れが強いうえ，制度金融の性格が濃く，さらに一部移行に伴う実務上の難点が多いなどの問題があり，後者についても中央銀行として外貨を使用することは不適当との建前上の問題があるということで，この時点ではいずれも見送りになった。

　この結果，輸入資金の供給については，次のような措置が新たにとられることとなり，5月22日大蔵省より以下の新聞発表が行われた。

　　　　輸入金融措置について　　　　　　　昭和45年5月22日
　本日，日本銀行は，外国為替公認銀行に対し，現在海外の信用に依存している輸入関係資金の一部を，日本銀行貸出によって供給する途を開くことを決定し，これに伴い大蔵省は，外国為替資金特別会計と外国為替公認銀行との間のスワップ取引により，上記の日本銀行貸出による円資金を対価として輸入決済に要する外貨を供給することとした。この輸入金融措置は本年6月1日より実施される。
　今回の措置は，最近における国際収支の状況および海外における高金利の情勢にかんがみ，わが国輸入金融の大巾な外銀信用依存の現状を是正するとともに，輸入業者の金利負担軽減を通じて輸入の円滑化に資するためにとられたものである。

輸入金融措置ないしは輸入資金貸付と呼ばれるものがこれである。この措置は，輸入ユーザンスを供与した為銀に対し，日銀がその一定比率相当額の円資金を貸付け，外為会計がこの円資金を対価としてスワップ取引により銀行に外貨を売却する，というものであった。つまり，従来ほぼ全額外銀信用でファイナンスされていた輸入ユーザンス金融の一部を国内金融に肩代りさせ，輸入金融面での外銀借入の減少を通じて外貨準備の増加を防ぐというのが，その狙いであった[29]。制度の概要は次の通りである。

(1) 貸付金額，金利，期間，担保等
 金額…為銀新規輸入ユーザンスの一定割合（15％，後改訂）
 金利…公定歩合なみ
 期間…4カ月以内（後1カ月以内）
 担保…債券担保の他，外貨表示期限付輸入手形も適格と認める
 貸付限度額制度上の取扱い…対象外の扱いとする
(2) 為銀の輸入業者に対するユーザンスについて
 供給方式…従来通り外貨建
 金利…国内金利と海外金利との加重平均により算出される金利を基準として，為銀間申合せにより所要の引下げを行わせる
(3) スワップについて
 為銀は本貸付の代わり金をもって原則として外為会計とのスワップ取引により所要の米ドル資金を調達する

見られるように，この措置は当初の国際金融局試案の輸入為替買取方式ではなく，日銀貸出という方式をとっている。これは，輸出金融における外為資金貸制度，外貨買取制度は，いわゆる制度金融として日銀信用を機械的に供与するという方式であるが，この方式は一国の中央銀行の業務のあり方としては変則的なものであり，その適用範囲を輸入金融にまで広げることは好ましいことではない，という日銀側の反対があったためであった。このため，この貸出は，日銀側からは一般貸出として行われることになった。とはいえ，為銀が輸

---

29) 大蔵省銀行局総務課・国際金融局短期資金課「日銀の輸入金融円滑化措置関係想定問答」昭和45年5月18日。

入ユーザンスを供与すれば15%の範囲内で自動的に貸付が行われること，貸付限度額の適用範囲外とされること，担保として外貨手形も適格となったこと等，一般の貸出とはかなり異なったものであったことはいうまでもない。

　外為会計のスワップ取引方式をとった理由は，69年9月の円ドルスワップ実施の際と同様で，為銀の外貨買持を軽減し先物ディスカウント幅の拡大を防ぐためであった。また，スワップ・コストは，内外金利および先物相場の動向に応じ決定されることになっており，発足当初は0.25%であった。

　この輸入金融措置の実施により，為銀は輸入ユーザンス供与のための外貨の調達を，外銀借入よりも割安にできるようになった。例えば，本措置実施直前の5月21日時点での外銀借入と本措置との調達コストを比較すると，外銀借入のコストがおよそ9.6%であるのに対し，輸入金融措置の場合は7%で2.6%の開きがあった。為銀は両者のコストを比較して，本措置が有利である限りは，限度いっぱい外銀借入を抑えることになる。また，本措置の採用は，輸入業者の金利負担も低下させることになる。為銀の総ユーザンス金利を同様に比較すると，下式のように，外銀借入の場合（＝［現行］）と本措置による場合（＝［実施後］）とで，およそ0.4%の金利低下となるのである。

［現　行］　8.125%（BAレート）＋1.5%（acceptance charge）＋1%（margin）
　　　　　＝10.625%
［実施後］　{6.75%（公定歩合）＋0.25%（swap cost）＋1%（margin）}×0.15（移行比率）＋10.625%×0.85＝10.23125%

　当初の計画では，この措置の採用により，約6-7億ドルの外貨準備増加抑制効果があると計算されていた（計算根拠，昭和45年度輸入額150億ドル，ユーザンス供与率79%，日銀貸付期間4カ月，ユーザンス供与期間平均3.3カ月）。実際には，この輸入金融措置による日銀貸出は，開始時点の70年6月末で468億円，同年末には1,886億円にのぼり，ほぼ当初計画通りの金額に達した（表3-8 a，3-8 b）。

### (f) 為銀海外業務円滑化——70年8月

しかし，同時に注目すべきは，この時期，外為銀行の海外業務の円滑化措置が実施されたことである。7月17日，大蔵省は，次のような新聞発表を行った[30]。

　　　　為替銀行の海外業務円滑化のための措置について
　　　　　　　　　　　　　　　　　　　　　　　昭和45年7月17日

金融国際化に対応して，本邦為替銀行の海外業務の円滑化に資するために，8月1日から次の措置を実施することとする。
(1) 本邦企業の円滑な海外活動に即応し得るよう，為替銀行の現地貸付及び現地借入保証に関する規制枠を撤廃する。
(2) 本邦為替銀行は，従来，ユーロ市場において主として取り手としての立場にとどまっていたが，今後は，資金の出し手としても活動し，もってユーロ市場におけるその機能の充実を図り得るようにするため，海外短資取入規制は，これまでの総額方式から，放出額を取入額から控除する正味残高方式に改める。

見られるように，この措置は直接には，本邦海外進出企業の海外資金需要への対応を意図したものである。本邦為銀の海外支店等による現地貸付については，同年2月に期間制限（従来は6ヵ月以内のものに限って包括許可）を撤廃しており，この規制撤廃を量的な面にまで拡大したのが，この措置だったからである。しかし，重要なのはこの措置が，為銀のユーロ資金の取入れを事実上弾力化することである。総額規制方式からネット規制方式への改正がそれである。

ユーロ資金の取入れについては，前述のように64年7月よりいわゆるガイドライン方式による規制が実施されていた。国際浮動資金としてのユーロ資金が急激に流入してくることは，為替市場の面でも国内金融の面でも望ましくないというのが，規制の理由であった。この規制方式は，当初は各行の毎月末の短資取入れ残高を一定の範囲内に収めるという指導であったが，65年7月以

---

30) 大蔵省「為替銀行の海外業務円滑化のための措置について」昭和45年7月17日。

**表 3-8 a　輸入資金貸付金残高推移**
(単位：億円)

| 年　月 | 輸入資金貸付金残高 | 年　月 | 輸入資金貸付金残高 |
|---|---:|---|---:|
| 1970. 6 | 468 | 75. 6 | 7,100 |
| 71. 6 | 2,582 | | 7,100 |
| 72. 6 | 7,192 | 77. 1 | 7,100 |
| 73. 6 | 14,708 | 11 | 8,000 |
| 7 | 15,501 | 12 | 8,900 |
| 11 | 13,619 | 78. 1 | 9,800 |
| 12 | 12,300 | | 9,800 |
| 74. 1 | 11,300 | 79. 5 | 8,900 |
| 2 | 10,000 | 80. 3 | (廃止) 0 |
| 3 | 8,700 | | |
| 4 | 8,050 | | |
| 5 | 7,400 | | |

出所) 大蔵省資料。

**表 3-8 b　新円ドル・スワップ実績（輸入資金貸し）**
(単位：百万ドル)

| 期間 (年月) | 直売り | 先買い | 期末残高 |
|---|---:|---:|---:|
| 1970. 6 | 131 | - | 131 |
| 7- 9 | 568 | - | 698 |
| 10-12 | 341 | 512 | 527 |
| 71. 1- 3 | 513 | 386 | 654 |
| 4- 6 | 604 | 536 | 722 |
| 7- 9 | 1,016 | 408 | 1,330 |
| 10-12 | 1,126 | 1,022 | 1,434 |
| 72. 1- 3 | 861 | 1,015 | 1,280 |
| 4- 6 | 2,100 | 1,011 | 2,369 |
| 7- 9 | 1,918 | 1,498 | 2,789 |
| 10-12 | 2,693 | 1,983 | 3,498 |
| 73. 1- 3 | 3,194 | 2,559 | 4,133 |
| 4- 6 | 4,470 | 3,055 | 5,548 |
| 7- 9 | 5,378 | 5,835 | 5,091 |
| 10-12 | 13,504 | 14,202 | 4,393 |
| 74. 1- 3 | 10,336 | 11,656 | 3,074 |
| 4- 6 | 8,113 | 8,640 | 2,547 |
| 7- 9 | 7,179 | 7,354 | 2,371 |
| 10-12 | 7,092 | 7,104 | 2,358 |

出所) 大蔵省資料。

31) 大蔵省前掲「外貨準備増加抑制の方策」。

降は為銀の対外ポジション指導の一環としての内面指導方式に改められた。これは，各行の短資取入れ残高につき四半期ごとに一定の基準を示して，若干の取入れ増を認めるという方式で，具体的には，67年10-12月には月1,000万ドル程度の増枠，68年1-3月には月2,000万ドルの増枠，同年4-6月には1,000万ドルの増枠が，それぞれ認められた。つまり，緩やかなユーロ取入れ増は，為銀業務にとってやむをえない，ないしは必要であるという判断が下されたのである[31]。しかし，68年半ば以降の外貨準備の急増のなかで，8月ユーロ取入れ規制の強化が外貨準備増加抑制のため必要と再度判断され，以後増枠はいっさい認めないこととなり，70年7月の時点まではこの方針が継続されてきた。

本措置は，明らかにこの方針とは不整合である。本措置の実施にあたって，「今後四半期ごとに，必要ある場合は期中においても適宜再検討する」という制限をつけ

たものの，当面 6,000-7,000 万ドル程度のユーロ資金の正味取入れ増を認めるという方針が提示されたのである。為替自由化政策の一環および本邦企業・本邦為銀の海外進出業務の支援であったが，この措置が他方で，この時期強化されてきた短資流入抑制政策に反する面をもっていたことは否定できないであろう。

#### ⓖ 日銀輸出金融制度の一部改正——70 年 11 月

70 年 5 月の輸出金融優遇是正措置によって，輸出金融制度が一部改正され，船積前金融と船積後金融が区分されたことは前述した。この措置後，輸出金融制度は，国内金利基準の外為資金貸と海外金利基準の外国為替手形買取の 2 本建で行われ，金利輸入者負担の外貨表示手形については海外金利を基準とする割引率で買取に応ずることとなった。しかし，70 年後半に入って海外金利が持続的に低下するなかで，買取金利と外為資金貸の金利とは実質上ほぼ同一水準になった。このためこの買取制度を国内金利基準の外為資金貸一本に統一し，輸入者金利負担のものについても同貸付制度の対象として取り扱うこととした。また，この措置の実施にともなう為銀の為替持高への影響を緩和するため，別途一定の限度内において為替市場の調節を目的とする外貨建期限付輸出手形の買取を行うこととした[32]。これが，11 月の日銀輸出金融制度の一部改正の内容である。輸出金融をできる限り外為資金貸に繰り込むことによって，輸出金融に対する規制を容易にしようというのが，その意図であった。

## 3．円切上げ回避政策の固守

### 1）ドル・シフトと証券投資

こうして 1969（昭和 44）年 9 月から 70 年いっぱいにかけて，さまざまな形態での外貨準備増加抑制措置が実施された。にもかかわらず，外貨流入の勢い

---

32) 日本銀行「本行輸出金融制度の一部改正」昭和 45 年 11 月 26 日。

はこれらの抑制措置の想定を上回り，71年に入ると外貨準備高は月3億ドル以上のペースで増加するようになった。外貨準備急増の要因は，貿易収支黒字，公社債株式等の証券投資，ドル・シフト等にあったが，なかでも緊急の対策が必要とされたのは，ドル・シフトと証券投資であった[33]。

　まず，ドル・シフトから見ることにしよう。ドル・シフトとは，前述の円シフトとは逆に，円金融からドル金融への移行を意味する。71年に入ってドル・シフトが急速に進行したのは，70年秋以降海外金利が急激に低下したためであった。ドル・シフト傾向はまず輸出金融に現れた。すでに見たように，本邦為銀の輸出ユーザンスの80％強は，日銀の外為資金貸によってファイナンスされていた。この場合の為銀の資金調達コストは，外為資金貸の金利(5％)に，先物ディスカウント幅を加えたものになる。これに対し外銀リファイナンスの場合は，為銀は先物カバーを取る必要がないため，借入金利が為銀のコストとなる。こうした輸出金融における内外金融のコスト差は，国内金融利用のコストが先物ディスカウント幅の拡大により上昇したのに対し，海外金融利用のコストはBAレートの低下により縮小し，71年2月にはついに逆転するようになった。これが為銀段階における輸出金融のドル・シフト傾向といわれるものである。

　同じことは，輸出業者段階でも生じた。わが国の輸出はその60％程度が本支店間取引である。輸出金融を本店が国内金融としてつける場合，その方法としては海外支店向けに期限付輸出手形を振り出し，これを為銀に割り引いてもらうということになるが，このコストは，先の為銀外為資金貸利用コストに為銀マージンを加えたものとなる。これに対し，海外支店が輸出金融に取組む場合は，本店との決済は一覧払手形で行い，これに要する資金を，邦銀海外支店からの現地借入か外銀借入によって調達することになる。この場合のコストは，プライム・レートに1％を加え，さらにときに一定額の歩積みを加味したものとなる。コスト比較は，この両者で行われるが，これも71年2月末には海外金融の方が有利となったのである。

---

33) 藤田恒郎 [1971]（中），pp. 26-9。

次いで、輸入金融の面でもドル・シフトの傾向が表面化した。前述のように70年6月実施の輸入金融措置は、輸入金融それ自体のドル金融から円金融への移行を図ったものであった。輸入金融措置のコストは、公定歩合にスワップ・コスト（0.25%）を加えたもので、外銀借入のコストは、BA レートにアクセプタンス・チャージ 1.5% を加えたものである。本措置導入時には、この輸入金融措置と外銀借入のコスト差はおよそ 2.6% あったため、為銀は外銀借入を抑制し、輸入金融措置は円滑に進行した。ところが、BA レートが急速に低下するにつれて、輸入金融措置の有利性は次第に失われ、70年末から71年年初に入るとドル・シフトへの動きが現れてきたのである。

ドル・シフトは、外貨準備増加に直結するため、これへの対策が緊急に必要とされ、71年2月には、国際金融局内部で次のような対策が立案された[34]。

　　　　　ドル・シフト対策　　　　　　　　昭和46.2.10
(1) 輸入金融
　(イ) 現在、輸入金融措置のコストは、リファイナンスの表面コストに比較して逆ざやとなっているが、為銀には引続きこれを利用するよう指導する。
　(ロ) BA レートが 4.0% まで低下したときには、外為会計のスワップを直先フラットとする。
　(ハ) その間、輸入ユーザンスの金利は、BA レート＋1.5% とすることとし、輸入金融措置利用による逆ざや分の輸入業者への転嫁は認めない。
　(ニ) なお、輸入ユーザンスの増加に伴なう外銀借入を抑制するため、日銀の輸入貸付比率の引上げを検討する。
(2) 輸出金融
　(イ) 業者段階でのドル・シフトは止むを得ないものとする。
　(ロ) しかし、為銀が、輸出業者に対しては資金貸制度利用を前提とする割引率を適用しつつ、米銀引受・再割を求めて為銀段階でシフトを行うことは行政指導上自粛するよう要請する。

しかし、海外金利の低下の速度とドル・シフトの進行は、政策当局の予想を

---

34) 大蔵省国際金融局短期資金課「ドル・シフト対策」昭和46年2月10日。

上回り，71年2月末には，BAレートは3.875%にまで低下，外貨準備増加も3月には4-5億ドルを越える勢いになった。このため，3月に入るとドル・シフト抑制のための新たな措置が改めて要請されるようになった。71年1月の段階では，年度末60億ドルと推定されていた[35] 外貨準備の増加が，3月には，「もし何等の施策を講じなかった場合には，……年度末で100億ドルを突破することも考えられる[36]」という局面に進んだのである。

こうして3月1日には，まず0.25%のスワップ・コストを直先フラットとすることにより，輸入金融措置のコスト軽減が図られた。この結果，輸入金融措置のコストは公定歩合並の6.0%となり，BAレート4.5%までは対抗できることになった。しかし，BAレートはすでに4%を割り込んでおり，この措置だけではドル・シフトを阻止できないことは明らかであった。

このため，3月5日，国際金融局の「外貨流入対策」が，輸入金融措置の拡充という方向で検討されることになった[37]。国際金融局は，ドル・シフトの現状を次のように把握していた。「(1)ドル・シフトは内外金利差の拡大により生じるものであり，海外金利の現状からは国内金利の引下げが好ましいが，若干の国内金利の引下げ（0.25-0.5%程度）では，ドル・シフトを防止することは困難である。(2)また，最近西欧主要国は米国の低金利にある程度は追随するにしてもまたある程度は自国の金融政策の独立性を確保する態度をとり，足らざるところは，為替政策等で補っている。米国の考え方（外交教書等）も同様のラインに立っている。(3)ドル・シフトはわが国の米銀借入を増加，すなわち，米国国際収支の赤字を招き，他方わが国の外貨準備の増加をもたらすが，これが急激かつ大量に起きることは国際金融情勢上好ましいことではない。(4)ドル・シフト対策としては，日銀の円金融の拡充もあるが，上記のような事情で困難と思われるので，増加する外為会計の保有外貨を活用することが，この際米銀の対日与信が現在より減少せしめることのないよう配慮し，かつ，輸出面の対策はかえって対外的批判を招くので，輸入金融の円滑化を図る方向で検

---

35) 大蔵省国際金融局短期資金課「外貨準備問題について」昭和46年1月8日。
36) 大蔵省国際金融局「外貨流入対策について」昭和46年3月5日。
37) 同上。

第1節　外貨準備の急増と円切上げ回避政策　247

討したい」。

こうした現状認識にたって，国際金融局は，3月8日，ドル・シフト対策の具体案として，次のような試案をまとめた[38]。

(1) 現行の輸入金融措置（為銀の供与する輸入ユーザンスの15％について，日銀が公定歩合による貸付を行い，外為会計がこの円資金を対価としてスワップにより輸入決済のための外貨資金を為銀に供給する措置）に基づく日銀貸付を今後行う場合には，その際，これと同額の外為会計外貨資金を供給する。(抱合せ matching ベース)
(2) したがって，輸入金融措置により為銀に供給される資金は，差当り，合計，輸入ユーザンスの30％相当額となる。
(3) 外為会計からの外貨資金供給の金利は，日銀貸付の金利と合わせた輸入金融措置全体の金利負担と海外金利とを比較衡量して決定する。
(4) 本措置は臨時の暫定的措置であるから内外金利差等情勢変化に応じ適宜改廃を検討する。

実施要綱

1．方式
　　期間4カ月の預託。手続きは現行輸入金融措置に合わせる。
2．金利
　　差当りの基準としては，日銀貸付（公定歩合）と合わせた金利が，米銀リファイナンス金利（BA レート＋1.5％）となるのを目途とする。
　　(例)
　　　　3.875＋1.5＝5.375％（3月6日現在米銀リファイナンス金利）
　　　　5.375 ＊ 2－6.0（並手担保公定歩合）＝4.75％
3．実施時期
　　3月中旬から実施するものとし，3月9日発表予定。
(備考) 金額見込み
　　1カ月 150-180 百万ドル程度，4カ月経過後は残高 600-700 百万ドル程度で推移。

---

38) 大蔵省国際金融局「輸入金融措置の拡充について」昭和46年3月8日。

翌3月9日，この方針は「輸入金融措置の拡充」として，新聞発表され，11日から実施に移された。抱合せ／matching が 15% とされたのは，輸入ユーザンスの1年後の残高を46億ドルと推計し，その15%の6.9億ドルは，今後の輸入関係外銀信用の増加額に匹敵し，15%でほぼ全額をカバーできると想定されたためであった。また，輸出金融についてもドル・シフトが進行しているにもかかわらず，同措置の対象としなかったのは，輸出金融については現在すでに100%制度金融となっていること，したがって日銀の制度金融と重複すること，輸出優遇措置として諸外国から批判の対象となるおそれのあること，等のためであった[39]。

実施に先立って，大蔵省は，為銀（二水会）に対し次のような連絡を行い，本措置への協力を要請した[40]。

1. ……この措置は，輸入金融措置全体としてのコストが海外金利に比較して割高となることを防ぐためのもので，先のスワップ・コスト（0.25%）撤廃について，輸入金融のドル・シフトを抑制するとともに，外銀借入の増加を防止しようとするものである。為銀として，当局の趣旨を了解され，よろしくご協力いただきたい。
2. また，輸出金融については，内外金利差の拡大により，各為銀が苦しい立場にあることは承知しているが，わが国国際収支の現状にかんがみ，まず為銀自身の企業努力により対処され，この面のドル・シフトを出来る限り抑制していただきたい。しかし，今回の措置により，外銀からの借入れが急減することは，為銀の今後の営業活動上支障を来すことも考えられるので，暫定的措置として，ある程度輸出手形を引当とする外銀借入れを認め，あわせて輸出金融の米銀への移行の防止に資するという方向で検討したいと考えている。

しかし，こうした措置をとったにもかかわらず，ドル・シフトはほとんど解消されなかった。71年3月末の輸入ユーザンス供与残高41億4,500万ドルのうち34億2,900万ドル，82.7%が外銀借入で，本措置利用による輸入預託は

---

39) 大蔵省国際金融局「想定問答（輸入金融措置拡充関係）」昭和46年3月8日。
40) 大蔵省国際金融局短期資金課「二水会発言要旨」昭和46年3月10日。

わずか 7,400 万ドル, 1.7% にすぎなかった。また輸出ユーザンス供与残高 43 億 2,500 万ドルのうち 32 億 5,400 万ドル, 75.2% は, 日銀外為資金貸で, これもドル・シフトを促進し, 先物ディスカウント幅を拡大させる役割をはたしたのである。

　次に, 外貨準備増加抑制のもう一方の柱, 証券投資対策について見よう。従来, 非居住者による対日証券投資については, 株式には取得額制限, 公社債・受益証券には保有期間制限といった為替管理上の規制はあったものの, その取得自体については原則自由となっていた。67 年 7 月の第 1 次資本自由化以降漸進的に進められた対内直接投資の制限撤廃とあいまって, 対内証券投資も漸増し, 株式投資は, 68 年度 3 億 9,300 万ドル, 69 年度 14 億 6,800 万ドル, 70 年度 10 億 2,000 万ドル（決済ベース取得額）と急増し, ネットでも 3 年間で 10 億ドル以上の増加を示したのである。これに対し, 公社債・受益証券の取得については, 同期間決済ベースで年間数千万ドルの少額にとどまり, 証券投資の 1 割程度を占めるにすぎなかった[41]。

　ところが, 71 年に入ると, 公社債・受益証券への投資が急増し始めた。それまで年間数千万ドルにすぎなかった同投資が, 1 月および 2 月には月 3,000-4,000 万ドル, 3 月, 4 月には 1 億ドルを上回るに至ったのである。この公社債等取得の目的は, 次の 3 点にあったといわれている[42]。第 1 は, 内外金利差による利鞘稼ぎ, いわゆるスワップ・インベストメントである。70 年後半から 71 年初めにかけて, 海外金利は前述のように大幅に低下し, 3 月にはユーロ市場における短期金利（3 カ月物）は 5% 程度, 中期証券の利回りも 7% 台となった。このため, 政府短期証券の表面金利（5.75%）, 利付金融債の応募者利回り（7.638%）は, いずれも国際的に割高となった。これに先物ディスカウントの拡大が加わった。従って, 非居住者が対日公社債投資を行うと同時に, 先物でドルを購入しておけば, 投資家は金利の他に先物ディスカウント分まで利益をえることができる。これが, スワップ・インベストメントである。売買

---

41)『大蔵省国際金融局年報』昭和 52 年度版, pp. 150-2。
42) 藤田恒郎 [1971]（中）, pp. 31-2。

実行時の株式相場が予想できない株式投資の場合には、このスワップ・インベストメントは困難である。政府短期証券の取得が急増した理由の第1は、ここにあった。

　第2は、円建債務を負っている非居住者のヘッジとしての公社債取得である。この代表的事例は、造船会社の輸出契約である。この契約はほとんど円建でなされているため、海外の船主は、船舶の引渡しを受けて決済代金の支払を行うまでの間、円債務を負うことになる。つまり、円相場変動のリスクを外国船主が負担することになるわけである。このリスク・カバーを取る手段として公社債投資が選ばれたのである。第3は、為替投機、すなわち円切上げをねらっての公社債取得であり、後述のように、これは71年5月のマルク投機以後急増した。

　こうした公社債投資の増大に対して、大蔵省は2月上旬から対策を検討していたが[43]、3月上旬わずか10日間で3,000万ドルの政府短期証券取得が行われるにおよんで、緊急の規制が必要と判断し、同月15日非居住者の政府短期証券取得を事実上不許可とする方針を決定した。それまで日銀の自動許可であった非居住者政府短期証券取得を、すべて大蔵省事前許可制とすることとし、外国の公的機関に限って取得を認めるという措置をとったのである。さらに、5月17日には、非上場の公社債および公社債投資信託受益証券の取得規制を実施した。後述の5月のマルク投機を契機に、非居住者による金融債等への投資が激増、内容的にも期近物に集中し、投機的色彩が強くなったことが、規制強化の理由であった。

　非居住者の自由円預金も、実際はこの証券投資と同様の性格をもっていた。自由円預金は、60年、円の対外交換性回復の第一歩として開設が認められたもので、64年末には6億ドルを上回る水準にまで達したが、その後海外金利の上昇により69年半ばには3億ドル程度に落ち込んでいた。しかし、海外金利の低落により、70年後半から自由円預金勘定は増加に転じ、71年2月には

---

[43] 大蔵省国際金融局外資課「非居住者の公社債取得に関する外資法・外為法上の取扱い（メモ）」昭和46年2月9日。

6億ドル，5月には8億ドルを上回るに至った。この自由円預金については，従来から海外短資取入規制および円転規制によって，その増加が規制されていた。ただ，自由円預金は，一面では，円取引を行う非居住者にとっては，対日輸入決済の円での支払，対日輸出代金の受領など不可欠の面があり，かならずしも厳密な規制が行われてきたわけではなかった。ところが，71年に入ってからの自由円預金残高の急増は，こうした実需関連のものではなく，むしろ採算，ヘッジ，投機といった証券投資と同様の内容をもつものが大部分となった。

　このため，大蔵省は3月8日，為銀に対し，「自由円預金金利を現行のガイドラインの規制金利の範囲内にある限りにおいては，各行が大蔵省に提出するとともに店頭に掲示する『預金金利表』に規制されず任意に決めてよい」と通達した。この通達によって，それまで国内預金金利と同一水準にあった自由円預金金利を引き下げることが可能となったのである。

**2）為替管理の緩和と欧州為替投機の勃発**

　一方，この時期には，民間外貨保有の自由化等によって，外貨準備の増加を回避する措置もとられた。1971（昭和46）年5月1日，大蔵省は，円切上げ圧力を避けるために為替管理を緩和し，「外貨債権保有期間の延長」，「商社外貨預金の制限緩和」，「一般渡航者外貨持出限度額の引上げ」といった措置を実施すると発表した[44]。この措置は，翌6月より実施に移された。

　だが，71年5月の欧州通貨不安の勃発によって，情勢は一挙に緊迫化した。5月6日には東京為替市場の銀行間直物ドル取引は3億4,900万ドルと史上最高を示し，8日には通常の6.7倍の6,600万ドルの直物取引があり，10日にはマルクの変動相場制移行にともない欧州為替市場での円買いが急増，ロンドンでは邦銀が円取引を停止するなどの事態となった。さらに，15日には再び東京為替市場で1億5,900万ドルの直物出来高となり，当日渡し相場は5カ月ぶりで357円30-35銭と上限にはりついた[45]。輸出前受金の大量流入（リーズ・

---

44) 全国銀行協会連合会『金融』第291号，1971年6月，pp. 55-6。

アンド・ラグズの動き），非居住者からの公社債買い注文，自由円預金開設申込殺到が発生したのである。この事態に対処するため，大蔵省は5月17日，次の規制措置をとることを発表し即日実施した[46]。

1. 輸出前受金等の増加を規制する措置
    イ．本邦主要外国為替公認銀行の現地貸付，現地借入れ保証自粛限度枠の復活

    　本件限度枠規制は昨年8月に廃止されたが，最近本邦法人の現地法人・海外支店が輸出前受金の原資調達のために，現地邦・外銀からの借入れ増加を図る動きが出はじめているので，これを防止するため限度枠規制を復活する。

    ロ．商社本社保証の新規許可の停止

    　上記イ.と同様の趣旨から，本邦商社が現地邦人・海外支店の借入れのために行う保証に関する大蔵大臣の許可を停止する。

2. 非居住者の公社債投資等の一部規制措置

    　非居住者の公社債投資のうち，非上場銘柄に対する投資および公社債投資信託に対する投資についての大蔵大臣の認許可を実質上停止する。

　このうち，第1の措置は，わが国在外商社・企業のリーズ・アンド・ラグズの動きを抑えることを目的とした。すなわち，わが国在外商社・企業は，マルク投機後円切上げ思惑も加わって，本邦為銀・外銀から早めにドル資金を現地で借入れ，それを輸入代金の前払いの形で送金するという，典型的リーズ・アンド・ラグズの行動をとった。その資金調達源を規制によって抑制するというのがこの措置であった。第2の措置は，公社債の外人買いを直接規制するものであった。とくに米国では，1年未満の対外証券投資は金利平衡税の対象からはずされていたこともあって，期間の短いものほど投資の対象となったが，これを原則禁止するというのがこの措置であった。また，自由円預金預入に対しては円転規制の運用の厳格化措置がとられた。

　さらに6月に入ると，日銀輸入資金貸付の移行比率引上げ（15%→30%）に

---

45) 同前，第292号，1971年7月，p. 80。
46) 日本銀行『調査月報』昭和46年6月号，p. 35。

ともなう外為会計の輸入スワップ拡大（＝輸入外貨預託の拡充）が行われ，上述の諸規制とあわせ，短資管理は全面的・本格的なものへと推転した。だが，これらの措置をとったにもかかわらず通貨不安はおさまらず，ドルの先行き不安も加わって先物ディスカウント幅はいっそう拡大し，円切上げ問題は，こうしてついに国内問題としても正面から登場するようになった。

### 3）円対策8項目と円切上げ論議

しかし，政府，産業界はいうまでもなく，ジャーナリズム，エコノミストも含め，当時は円切上げに否定的な見解が圧倒的であった。円切上げは，日本産業とくに造船，繊維，電気，自動車等の輸出産業に深刻な打撃を与える，国際収支の黒字不均衡は，制度的保護という条件下で発生しているものであり，制度改正をまず先行させることこそが必要である，切上げではなく公共投資の促進により内需を喚起し，国際収支黒字を圧縮すべきである，といった主張が，噴出したのである。

こうした状況のなかで，政府は1971（昭和46）年6月4日，福田蔵相，愛知外相，宮沢通産相，倉石農相，佐藤経企庁長官，保利官房長官らの関係閣僚会議を開催し，「1．輸入自由化の促進，2．特恵関税の早期実施，3．関税引下げの推進，4．資本自由化の促進，5．非関税障壁の整理，6．経済協力の推進，7．秩序ある輸出，8．財政金融政策の機動的運営」からなる総合的対外政策を決定した。

円対策8項目とよばれるものがこれである。円対策がこうした形で出された直接のきっかけは，5月末のミュンヘン国際通貨会議で日本に批判が集中したことにあった。同会議で中心的議題となったのは，いうまでもなくマルク・フロートの処理であったが，「ヨーロッパ一段落の後は日本だ」という雰囲気は共通しており，マルク問題討議のあと，「ドルに対して強い通貨は，いずれもドルに対する何らかの措置をとっているのに，日本は何もしようとしない」，「輸入制限，輸出振興など逆のことをやっている」，「日本だけ具体的なものがない」という非難が続出した[47]。この国際的な批判をかわすために眼に見える対応策を緊急に公表しなくてはならない，という判断が，8項目を決定させた

のである。この決定に基づいて，8項目それぞれについて，1-2カ月の間に，いくつかの措置がとられ，ないしは対応策が検討された[48]。

　円対策8項目は，政策当局間の見解の相違や対立を含みながらも，従来の政策に比べると，短期間に相当部分が実施に移された。ただ，この政策の内容からもあきらかなように，その基本線は，あくまで円切上げを回避するというところにあった。国際的な圧力の強い部分については自由化を加速し，国内の景気振興を図ることによって拡大均衡を維持しつつ国際収支黒字を圧縮するというのが，対策の基本的な体系だったのである。そして，この点では，産業界の意向もほぼ同様であった。例えば，7月27日に出された経団連の8項目「意見書」も，8項目個々の施策については，自由化のいっそうの繰上げ，政府開発援助GNP5%目標の明示，産業調整立法の立案など，政府方針よりも急進的な提起を含みながら，円切上げ回避という一点では，完全に政府方針と同一歩調をとっていたのである。

　円切上げ問題に関する見方は，71年5月以降，国内論調と海外論調との間で相当の乖離を示すようになった。先のミュンヘン国際通貨会議の議論が代表的なものであるが，ヨーロッパのマスコミでも，例えば，ロンドン『エコノミスト』は，日本の自由化が遅いことを指摘し，"smile politely, do nothing"と日本の対外姿勢を批判した。また，従来は穏健であったイングランド銀行も，「日本の円はan unusual animal in the boatだ」と日本の為替政策を皮肉るようになった[49]。

　国際的には，67年のSDR創出決定，68年の金二重制採用，69年のフラン切下げ，マルク切上げなどを契機に，通貨調整過程の改善の手段としての為替相場制度の弾力化の問題が，各国政策当局者の間で公式，非公式に議論の対象とされていた。例えば，70年9月のIMF総会では，同理事会によって，「固定為替相場制度の基本原則は健全であり，維持し強化すべきであ」り，改善の

---

47) 大蔵省「官房長主催総務課長会議」昭和46年6月10日。
48) 大蔵省大臣官房「8項目の推進状況と今後の処理方針について」昭和46年8月5日。対応策の具体的内容については，大蔵省財政史室編［1992］pp. 367-8参照。
49) 速水優［1982］pp. 11-7。

方向として「① 適当な場合における小幅かつ迅速な平価調整（small and bequent change），② 変動幅の小幅拡大（wider band），③ 平価維持義務からの一時的離脱（temporary floating）」などが考えられるという見解が表明されていた．

また，OECD経済政策委員会第3作業部会（/EPC/WP3，以下OECD/WP3と略記）でも，「切上げ，切下げは国家主権の問題」として公式の議題とはならなかったものの，非公式には，フローティング・レート問題についての，米英間，米独間，米仏間のバイラテラル・トークが，69年頃から開始されていた[50]。この時点では，アカデミズムやマスコミではフロート制移行論が多数を占めるようになっていたが，IMF理事会報告の場合でもOECD/WP3の非公式議論でも，各国の直接の政策担当者は，フロート制への移行についてはほぼ共通して否定的で，平価調整もできれば避けたいという雰囲気が一般的であった。円が国際的議論の中心のひとつとなったのは，71年に入って，年初のアメリカ大統領経済報告で黒字国責任論が従来以上に強調され，5月に円へのアタックが集中して以降のことだったのである。

こうした国際的な論調のなかで，国内でも，一部ではあるが円切上げの提案がなされるようになった。例えば，近代経済学者36人からなる為替政策研究会は，71年7月10日「円レートの小刻み調整について」という提言を発表し，政府の発表した8項目に対して，「① 本来，国際収支の状況いかんにかかわらず実施すべきもの，② 日本が単独で実施できないか，あるいは政策当局が直接コントロールできないもの，③ 国際収支対策としては効果が疑わしいもの，④ 国民経済的にみて望ましくない副作用をもたらすもの，のうち少なくとも一つに該当する」と明示的に批判を行い，「国際収支の均衡という政策目標に対しては，それにもっとも直接的効果を及ぼす為替レートの調整が最善の対策である」と主張した。そして，具体的には，① できる限りはやい時期からはじめ，② 1回の平価変更の幅は1%以内とし，③ 3カ月ないし5カ月に1回ずつ，従って1年間で2.4ないし4%程度の速度で，④ そのときどきの情

---

50) 村井七郎「昭和43～44年の国際金融局行政」大蔵省資料 Z108-10-3。

勢を考慮しながら、国際収支の黒字が解消し、累積した過大な外貨準備が減少するまで続ける、という提言を行った[51]。この提言に対して、大蔵省はただちに記者会見を行い、政府は現行平価堅持の方針に変わりはないことを表明した。

こうした国際批判の高まりや国内の切上げ論にもかかわらず、国内世論は圧倒的に360円死守であり、政府・通貨当局の基本的スタンスも一貫して360円堅持におかれていた。ただし、政策当局のなかで、平価調整の方向がまったく検討されてこなかったわけではなかった。大蔵省では、国際金融局内部で69年末頃、為替レート切上げの可能性とその効果についての検討が、内密に進められたことがあったし[52]、日銀でも、70年2月に、総務部・外国局・調査局3局の中堅幹部による円切上げの影響調査が行われていた[53]。しかし、これらの検討作業は、その後の圧倒的な切上げ反対論によって、表面に浮上することはなかったし、作業そのものも中断した。国際的・国内的影響への配慮から、「大蔵省や日本銀行からは切上げがありうるというような言質を一言たりとも与えられない[54]」という事情が強まったことも、内部作業の継続を押しとどめる役割をはたした。7月5日、内閣改造後初めての記者会見に登場した水田蔵相も、「安易に平価調整をするのは適当でない」、「私としては、固定為替相場制の下で安定を図ることが最も望ましいと思っている。ワイダーバンド制については、まだ積極的には賛成しかねる」と、断固固定平価維持の方針を表明した[55]。

もちろん、この大蔵大臣の見解表明は、一面では「切上げ国損論」の噴出という国内的雰囲気への対応という側面もあったが、基本的には政策当局自身の円平価を維持すべしという政策判断によるものであった。例えば、大蔵省内部では6月時点で、円問題について次のような判断が下されていた[56]。

---

51) 全国銀行協会連合会『金融』第293号、1971年8月、p. 74。
52) 林大造［1974］、林大造［1977］。
53) 日本銀行［1986］pp. 306-7。
54) 佐々木直［1978］pp. 204-10。
55) 大蔵省『ファイナンス』第69号、昭和46年8月、p. 102。
56) 大蔵省前掲「官房長主催総務課長会議」。

1．円の切上げは単純な経済問題ではなく，社会問題，政治問題である。あまりにも影響が大きすぎる。
2．アメリカ経済の弱体化，米ドルの弱体化が根源であり，若干の切上げでは効果は乏しい。変動幅拡大も，どこまでかの目途がたたない。
3．切上げの効果は，西ドイツの例に徴しても疑わしい。
4．黒字の定着が即，日本経済の体質が強いかどうか疑問であり，まず，裸にしてみることが先決である。余力があれば，国民福祉の向上に向けるべきだ。

日銀の判断もほぼ同様であった。6月14日の「円問題についての総裁の見解」は，円平価維持の必要性について次のように述べている[57]。

> 円が現在強い通貨であることは事実である。しかしその強さは精々ここ2，3年特に昨秋以来目立ち出した程度のものであり，西独のように十数年続いている強さとは本質的に違う。……わが国では厳重な為替管理が実施されており，また現在都銀は4兆円を超えるマネーポジションにあり，過剰流動性の状態にはない。仮に流動性が高まっても，日銀はそれを吸収する調節力を持っている。
> 円問題の本質は外貨準備が増えすぎたことにあるのではない。問題の核心は日本の輸出が年率3割というハイペースで増大していることにある。一番大切なことは海外産業界の反発を弱めるために輸出の伸びを穏やかなものにすることである。そのために，円切上げは手っとり早い方法ではあるが，西独と違って輸出の9割が外貨建てであり，全体として債権超過となった日本にとってその打撃は極めて大きい。特に，造船，海運，繊維，貿易商社，中小輸出業者の打撃は致命的であろう。それに西独の事例からみても切上げはインフレの抑制に余り役立ってない。古い経済学の論理からいえば，レート切上げは物価安定につながるはずだが，賃上げが必ずしも経済的要因で決まらない現在では為替レートを切上げても物価安定には余り役に立たない。それよりも残存輸入制限を自由化すること，輸入カルテルを廃止することの方が物価安定には有効である。

---

57) 日本銀行［1986］pp. 308-9。

以上から明らかなように，大蔵省・日銀はともに，わが国の数年来の国際収支黒字は，日本経済の根本的体質強化によるというよりは，厳格な対外管理と規制によっていると考えていた。それゆえ，まずとられるべきは，打撃が大きく効果も疑わしい円切上げではなく，日本経済を「裸にしてみる」こと，すなわち種々の管理と規制を緩和して自由化を促進し，同時に国内の景気浮揚策を推進して拡大均衡を達成することにあると判断していたのであった。そして，こうした政策が実施に移されているさなかに，8月15日，ニクソン・ショックが日本を襲ったのであった。

## 第2節　ニクソン・ショックと国際調整の難航

### *1*. ニクソン「新経済政策」とそのインパクト

**1）ニクソン「新経済政策」の発表と為替投機**

　1971（昭和46）年8月15日夜9時（日本時間16日午前10時），ニクソン米大統領は，全米向けのテレビ・ラジオ放送で，「平和のための挑戦」（The Challenge of Peace）と題する演説を行い，ドル防衛，雇用促進，インフレ抑制を主要課題とする経済緊急政策＝「新経済政策」を発表した。声明の中核をなしていたのは，いうまでもなく金ドル交換停止を軸とするドル防衛措置であった。同日，財務省は，1934年金準備法第9条に基づいて金売却停止を決定し[1]，同時に，IMFに対して8月15日以降国際決済のための金を自由に売買することを停止する旨通告するとともに，連邦準備制度理事会に対してもスワップ取極の利用停止を要請した。この措置の実施にあたって，ホワイト・ハウスは，「この措置は，外国為替市場に広まった投機的な動きと他国によるドルの金およびその他の準備資産への大量の交換およびその結果生じる米国準備ポジションへの影響を考慮してとられたものである。このような事態に至った背景には，長年にわたる米国の基礎的な国際収支および貿易ポジションの負担があったことが原因となっている」という趣旨の補足説明を行った[2]。

　声明は，日本に対してのみならず，ヨーロッパ諸国にもなんの連絡もなく突

---

1) 金準備法第9条は，「財務長官は公共の利益にもっとも有利と認める方法，相場および条件をもって金を国内においてまた外国において売却することができる。……ただし，財務長官は，米国の発行する通貨に対する準備あるいは担保として保有さるべき金については，当該通貨の金ドルパリティ維持に必要な範囲においてのみ売却することができる」としており，金売却停止は本条項を根拠に行われた。
2) 大蔵省国際金融局国際収支課「大統領経済計画に関する説明資料（ホワイトハウス）翻訳」昭和46年8月17日。

然発表された。このため,ボルカー財務次官は,翌16日主要国(イギリス,西ドイツ,フランス,イタリア)への説明のためロンドンに緊急に出張し,同日主要国通貨当局秘密会議が開催された。そこでのボルカーの説明は,「① 国内の景気動向については悲観的である,② 同時にインフレ心理も根強い,③ 国際収支はここ数カ月間,とくに悪い,④ したがって,これらを解決するには安直なパッチ・ワーク (quick and easy solution) では効き目はなく,そうかといって,動いている市場に対して,いきなり革命的な改革を行うことはできない。要はドルの信認と力を取り戻すことであり,漸進的に変えていくしかないと思う。そこで金交換の停止,輸入課徴金の実施など,一連の政策が必要だった」というものであった。

これに対し,欧州諸国は一斉に批判を浴びせたが,ボルカーは,「私は交渉にやって来たのではなく,採った措置を説明し反響を聞きに来ただけである。みなさんのご意見を聞きたい」ということに終始し,結局この会合は要領をえないままに終わった[3]。また,この会議のなかで西独エミンガー／O. Emminger ブンデスバンク副総裁より,「執ような円切上げ要請」がなされ,これにボルカー次官も同調した。非公式とはいえ,これが主要通貨国首脳より日本に対してなされた事実上最初の円切上げ要請であった。また,この会合では,ボルカー次官より,事態収拾のための閣僚レベルによる国際会議開催の提案が繰り返し行われた[4]。

ニクソン声明の発表後,ヨーロッパ諸国は声明の為替相場に与える影響を懸念し,翌16日より次々と為替市場閉鎖を決定,閉鎖は結局1週間継続した。市場閉鎖中に,各国当局は再開後にとるべき措置を個別に検討するとともに,19日 EEC 緊急閣僚理事会を開催,EEC としての共同の対応策を討議した。理事会に対する EEC 委員会よりの提案は,大要次の内容であったといわれている[5]。

---

3) 速水優 [1982] pp. 20-4。
4) 日本銀行 [1986] p. 336。
5) 大蔵省 [1972]。

1．EEC諸国通貨間では固定相場を基礎とし，変動幅を段階的に縮小する。
2．第三国通貨との関係は，変動幅の大幅拡大，二重市場制または両者の併用によって，ある程度弾力化する。
3．各国通貨当局による短資移動規制を強化する。
4．各国中央銀行の為替市場に対する協調的介入を行うこととし，これを可能とするため欧州経済協力基金を設置する。

しかし，この提案は合意に達しなかった。二重相場制を主張するフランスと，共同フロートを主張する西ドイツが激しく対立し，とくに西ドイツはマルクの新平価設定に強く反対したためであった。途中，ベネルックス3国が域内通貨の非公式暫定平価設定構想を妥協案として提出したが，これも合意に至らず，結局緊急理事会は長時間の討議の末，「国際通貨制度の改革は今後に期待しつつ，当面為替市場の機能を維持するに必要な諸措置をとることが適当である旨合意した」という抽象的コミュニケを発表したにとどまった。この結果，23日以降ヨーロッパ各国は，独自の方策で為替市場を運営していくこととなった。

8月23日の為替市場再開以後の各国の為替市場政策は，大別すると，フロート制を継続ないしはそれに移行した諸国と二重為替相場制を継続ないしはそれに移行した諸国の2つに分かれた。

前者を採用したのは，西ドイツ，オランダ，イギリス，北欧諸国，イタリア，スイス等であった。まず，西ドイツとオランダは，5月10日以降暫定的に実施していたフロートを継続すると発表した。ただし，オランダは，ベルギーとの間で為替変動幅を5月9日以前の上下各1.5％の範囲内に維持することとした。また，イタリアも従来の変動幅に固執しないと発表した。一方，イギリス，北欧諸国は介入下限を据置き上限を廃止するという限定的フロートに移行した。スイスは25日まで市場閉鎖を継続した後，26日固定相場制を一時停止する旨を発表して市場を再開，事実上のフロート制をとった。

後者の立場をとったのは，フランスとベルギーであった。フランスは，輸出入取引，輸出入に随伴するサービス取引および内外の公的機関の経常取引に

限って，フランス銀行の平価維持操作が行われる公定市場での取引を認め，その他は介入操作の行われない金融取引市場で取引を行わせることにした。また，ベルギーは従来の二重為替相場制を継続したが，オランダ・ギルダーとの間の変動幅を上下各1.5％に維持するとした結果，その他通貨との関係では公定市場についても事実上のフロート制に移行したのと同様となった。

　しかし，こうしたフロート制，二重為替相場制への移行によっても，短資流入を完全にくいとめることはできず，また将来予想される通貨調整における自国の変動幅への配慮も加わって，その後も各国中央銀行の介入は続けられた。このため，為替相場を通じる短資流入抑制効果は減殺され，ヨーロッパ各国は直接的な短資規制策を強化せざるをえなくなり，イギリス，フランス，イタリア，ベルギー，スウェーデン各国はニクソン声明直後から9月上旬にかけて，一斉に短資規制を実施した。

　また，ヨーロッパ諸国がニクソン声明後一様に為替市場を閉鎖したのに対し，日本は為替変動幅制限を暫定的に停止した8月27日まで，為替市場を2週間開き続けた。このため結果的には，この2週間の間に39億ドルにのぼる大量のドルを買い支えることになった。為替市場はなぜ閉鎖されなかったのであろうか。

　ニクソン声明が発表された8月16日は，時差の関係ですでに東京市場はオープンしていた。声明を聞いて，同日夕刻大蔵省財務官室において，大蔵省・日銀の緊急合同会議が開催された。会議の中心議題は，いうまでもなく為替市場をオープンにするかクローズにするかであった[6]。会議では，大蔵側・日銀側両者とも，オープン論，閉鎖論の両説が出された。

　閉鎖論の論拠は，ヨーロッパ諸国が為替市場を閉鎖し，今後の対策を模索する方針をあきらかにした以上，日本も同様に為替市場を閉鎖して情勢の推移を注視すべきであるというものであった。これに対し，オープン論の論拠は次の点にあった。

(1)　政府として円平価維持の方針を表明し続けてきたこと。

---

6）大蔵省財務官室「メモ」昭和46年8月17日。

(2) 自国通貨建取引が多いヨーロッパ諸国とことなり，外貨建で大半の取引が行われているわが国の貿易取引の構造から見て，為替市場閉鎖の輸出入業界にもたらす影響が著しく大きいこと。
(3) いったん閉鎖すると，再開した場合従来と同じ為替相場を維持することは困難で，結局円切上げを行わざるをえなくなり，しかも，どこまで円が上がるか予想できないこと。
(4) わが国は為替管理に長い歴史があり，為替市場を開いておいても，為替管理の強化によって投機資金の流入を抑制できること。

　こうした議論のなかで，大蔵側では，国際金融局を中心にオープン論を展開，日銀も「市場閉鎖は適当でない旨の意見を表明し[7]」，大勢はオープン継続に傾いた。ただ，フランス，イタリア，ベルギー，ルクセンブルグが16日は休日で休業であったため，いま1日様子を見ることになり，結論は翌日に持ちこされた。17日昼，再度大蔵・日銀の合同会議がもたれ，ここで水田大蔵大臣の裁断により市場継続オープンが決定，同日の緊急閣議で，①固定為替相場制度を維持するとともに現行円レートを堅持すること，②6月に決定された円対策8項目を完全に実施すること，が確認された。また，海外情勢の的確な把握のために，柏木前財務官の欧米派遣が決定された。

　以上がオープン継続の経緯であるが，継続決定の背景には，もうひとつ為銀の外貨買持ポジションの問題があったようである。というのは，政策当局はニクソン・ショック以前に円のレートを維持するために，為銀に対して「若干無理してドルをもってくれ」という協力要請を行っていた。このため，為替市場を一挙に閉鎖した場合，「協力を真剣にやってくれたところが一番大きな損をするという事態が発生する，これをできるかぎり回避したい」という暗黙の判断が，市場オープン論への傾斜をさらに強めたと考えられるからである[8]。

　しかし，ドル売りのテンポと規模は，大蔵省・日銀の予想を超えていた。また，23日からヨーロッパ諸国が，為替市場を再開することも明らかとなった。このため22日，水田蔵相の下で大蔵省幹部会議が開かれ，全体の情勢分析と

---

7) 日本銀行［1986］pp. 319-20。

景気政策，例えばボーナス減税の実施，15カ月予算の策定といった景気刺激政策の検討が行われ，あわせて為替相場についても激論が闘わされた。この会議では16，17日の会議とは逆に，ヨーロッパ諸国の対応が徐々に明らかになったこと，16日から19日にかけての4日間で22億ドルのドル売りが行われたこと等を理由に，フロート・アップやむなしという主張が有力となった。ただ，ここでは最終的なフロート・アップの結論は出ず，ヨーロッパ情勢についてのさらに詳細な情報が入るまで，さしあたりは，「① 従来方針の堅持 ② 切上げ ③ フロート」，この3つの方向いずれが出てもそれに対処しうる体制をとる，という方針が結論となった[9]。

翌23日，柏木前財務官が帰国し，同日夕刻大蔵・日銀合同会議がもたれた。パリで，ブロソレット／C. P. Brossolette 大蔵省国庫局長，レネップ／E. van Lennep OECD 事務総長，ワシントンで，コナリー財務長官，ボルカー次官，ピーターソン／P. Peterson 大統領特別補佐官，シュバイツァー／P. Schweitzer IMF 専務理事，マクラッケン／P. McCracken 経済諮問委員長等と会見した柏木前財務官より，① ヨーロッパの一般的観測は，問題の落着には相当の日時を要する，多角的調整が必要だがドルの実質的切下げが必要，円が最大の切上げをしなければヨーロッパ内では納得がえられない，② アメリカの主張は，アメリカとしてはやるべき措置はすべてとったのだから，以後は各国の協力にかかっており，協力の方法としては通貨調整だけではなく，貿易面あるいは防衛費の肩替りも当然パッケージに含まれる，日本のフロートによる大幅な切上げを期待している，という内容の報告が行われた[10]。

この報告を受けた討議の末，フロートおよび切上げやむなしという方針が決まった。ただ，日銀との意見調整は24日までかかった。仮にフロートに移行

---

8) 稲村光一「昭和45〜47年の国際金融局行政」大蔵省資料 Z108-10-3。この点は，為銀のドル売りと絡んで，後に国会で問題となった。佐々木直［1978］pp. 207-10。なお，この時期の大蔵省・日銀の為替政策に対する，即時フロート移行論の立場からの批判としては，小宮隆太郎・須田美矢子［1983］の第1章補論（pp. 32-9）を参照。

9) 細見卓「昭和46〜49年の財務官・顧問当時の諸問題」大蔵省資料 Z108-2-3，稲村前掲「昭和45〜47年の国際金融局行政」。

10) 柏木雄介［1972］pp. 134-40。

第 2 節　ニクソン・ショックと国際調整の難航　265

した場合に相場は相当円高になる可能性があり，将来平価の多角的調整が行われる場合に大幅な切上げに追い込まれる可能性が強い，介入しながら相場を小幅に調整していく方法をとるとかえって投機を刺激するおそれが強い，等の問題点を日銀が主張し，フロート移行に難色を示したためである。しかし，これらの問題点はかなり円高の相場が出たあとで相場を安定させるように介入すれば回避しうるということになり，25 日早朝の蔵相・総裁会談において，週末フロート，フロート率 7-8％，335 円程度を目途とするという方針が決定された[11]。しかし，金曜日 27 日に大量のドル売りがおこったため，フロート移行は大臣決定で 1 日繰上げ，28 日から実施された。

　8 月 27 日，大蔵大臣と日銀総裁は暫定的フロート移行についての談話をそれぞれ発表した。談話発表後の記者会見では，「暫定的」の意味，介入の判断と条件，為替管理の展望，EC との関係，ドル引下げの可能性，8 項目との関連等多くの質問が出された。大蔵大臣は，「国内的には，この措置で市場に落着きがみられてきたときに貿易取引も安定しようから，次の措置を講じて，早くこのような暫定的措置から離脱できるよう努力したい。また，国際的には，この措置を通じて国際的協調が進展し，新しい国際通貨体制が早期に出来上ることを期待している」，「今回は案外早く（国際的な）協力体制が出来るのではないかと思っている」と答え，フロート移行があくまで暫定措置であることを強調した[12]。こうして 12 月のスミソニアン合意までの 4 カ月におよぶ暫定フロートがスタートした。

## 2）ショック直後のドル売りと為替管理の法制化

　ニクソン・ショック以降のドル売りは，ショックの 1971（昭和 46）年 8 月 16 日から 19 日までの 4 日間に 22 億ドル，暫定的フロート移行の 27 日までの 12 日間に 39 億ドルに達し，この結果，わが国の外貨準備高は，7 月末の 79 億 2,700 万ドルから 8 月末には 125 億 1,400 万ドルへと，わずか 1 カ月の間に 45

---

11) 細見前掲「昭和 46～49 年の財務官・顧問当時の諸問題」。
12) 大蔵省［1972］。

億ドルも増加した。このドル売りの中身は，①商社，企業などによる輸出前受金の流入，②為銀の外貨ポジション調整，③上記以外のリーズ・アンド・ラグズ，通常の経常収支黒字によるもの，および若干の証券投資等によるもの，の3者であったが，大宗を占めたのは①と②であった。

　まず，輸出前受金によるリーズの動きについては，8月16日から27日までに5万ドル以下の小口のものおよび船舶代金の前受けも含めると18億ドルに達し，これは当初の予想をかなり上回っていた。輸出前受規制については，5月のマルク投機以降，本邦為銀の現地貸付，現地借入れ保証自粛枠限度の復活，商社本社保証の新規許可の停止といった規制措置がとられていた。この措置は8月においても継続され，このため主要為銀の8月中・下旬の現地貸付増加額は0.4億ドルにすぎなかった。にもかかわらず，このような巨額の前受金の流入が見られたのは，米国港湾スト等に備えて現地法人があらかじめ手許資金を厚目に積んでいたこともあるが，基本的には大手商社・企業の現地における資金調達力が予想以上に向上しており，外銀からの借入れが容易に行われえたためであった。

　こうした輸出前受金の大量流入に対し，為銀はこれをあげて国内為替市場に売却し，ポジション圧縮をはかったが，これに対して大蔵省は直ちに流入抑制措置をとった。まず，8月19日以降為銀・商社に対し為替検査を実施し，輸出前受けの実態調査を行って適正な処理の確保を図った。また，21日には通産省が為銀に対し輸出前受金であることの確認手続の厳格な実施を要請し，さらに23日には商社に対し自粛を要請する等行政上の指導を重ねた。しかし，これらの諸措置も結局大量の輸出前受金流入を阻止しえず，31日ついに全面規制に踏み切り，前受金の流入はこれ以降ようやくほぼ完全に停止するに至ったのである[13]。

　また，為銀のポジション調整については，これも前述の先物ディスカウントの拡大によって，為銀は先物売カバーが実際上とりにくいという状態が続き，ショック直前の8月14日には，主要為銀のネット・ポジションは9.4億ドル

---

[13] 同前。

第2節　ニクソン・ショックと国際調整の難航　267

表 3-9　外銀借入および海外短資取入れ・放出状況

(単位：百万ドル)

| 年　月 | 外国借入残高 | 同左増減 | ユーロマネー (a) | 自由円（除く本支店）(b) | 海外短資取入れ (a+b) | 同左増減 | 海外短資放出残 (c) | 海外短資ネット残 (a+b+c) |
|---|---|---|---|---|---|---|---|---|
| 1970. 12 | 3,638 | 607 | 1,527 | 485 | 2,012 | 8 | 296 | 1,716 |
| 71. 1 | 3,370 | △ 268 | 1,596 | 526 | 2,122 | 110 | 251 | 1,871 |
| 2 | 3,278 | △ 92 | 1,610 | 561 | 2,171 | 49 | 263 | 1,908 |
| 3 | 3,341 | 63 | 1,590 | 607 | 2,197 | 26 | 259 | 1,938 |
| 4 | 3,213 | △ 128 | 1,539 | 638 | 2,177 | △ 20 | 273 | 1,904 |
| 5 | 3,809 | 596 | 1,305 | 807 | 2,112 | △ 65 | 376 | 1,736 |
| 6 | 3,863 | 53 | 1,304 | 782 | 2,086 | △ 26 | 407 | 1,679 |
| 7 | 3,507 | △ 356 | 1,426 | 786 | 2,212 | 125 | 431 | 1,781 |
| 8 | 5,346 | 1,839 | 1,638 | 869 | 2,507 | 295 | 853 | 1,654 |
| 9 | 5,230 | △ 115 | 1,559 | 851 | 2,410 | △ 96 | 631 | 1,779 |
| 10 | 4,984 | △ 246 | 1,533 | 846 | 2,379 | △ 31 | 349 | 2,030 |
| 11 | 5,082 | 98 | 1,631 | 814 | 2,445 | 66 | 337 | 2,108 |
| 12 | 5,672 | 590 | 1,664 | 887 | 2,551 | 106 | 561 | 1,990 |
| 72. 1 | 5,028 | △ 644 | 2,386 | 951 | 3,337 | 786 | 422 | 2,915 |

出所）大蔵省資料。

の買持となっていた。この買持に対し，為銀は16日以降一斉に全力をあげてこの圧縮を図るとともに，さきの前受金の国内為替市場への売却を行い，16-19日の4日間だけで，主要為銀15行のドル売りは約20億ドルに達した。

　為銀の市場売却の原資（＝自己ポジション調整用）は主として外銀借入れに依存しており，8月中旬中の主要為銀15行の外銀借入れ増加額は16.5億ドルに達した（表3-9）。この外銀借入れについては，当初は外銀クレジット・ラインや米国対外投融資規制によって歯止めがかかるのではないかと考えられていた。しかし，7月末主要為銀の米ドル使用率は平均59％でかなり余裕があったこと，また使用枠が一杯となってもさらに臨時枠を設定して借り進んだことにより，結局外銀クレジット・ラインは歯止めの役割は果たせなかった。このため大蔵省は8月19日，為銀24行に対して外銀借入債務残高規制を実施，為銀の主要外貨調達ルートを断ち切ることに踏み切った[14]。

　一方従来からの円転規制は引き続き実施されており，16-23日には大量のド

---

14) 同前。

ル売りを行ったものの，規制基準を守るために為銀は市場からドルを買わざるをえなくなり，24，25日の両日にはドルの買超となった。このため為銀側は，「円転規制を守り先物売りカバーをとりきれない日銀資金借相当分を直物買持リスクとして残すことは輸出手形の買取り等の対顧客取引に著しい支障を来たすおそれがある」として，円転規制への非難を集中させ，円転規制上同額の直物買持を義務づけられている外為資金貸の弾力的返済を認めるよう日銀に対し強く要望するに至った。

「為替市場を混乱させたそもそもの原因は，円転換規制にあり，これに加えて先週から外貨借入れの水準をこれ以上増やしてはならないとの措置がとられたことも大きく響いている。したがって，為替市場を正常化するには，上述の二つの規制を撤廃することが必要である」（8月25日），「色々の規制措置がこれまでとられたが，今回円転規制の欠陥が完全に暴露されたと思う。そのために，当局は，円転規制に加えてリーズ資金の流入を阻止しようとして，為銀の外貨債務の水準を抑える挙に出た。この措置は為銀の海外支店の営業をまったく停止させ，さらに為銀の外貨ファイナンスを不可能にした。為銀としては，円切上げを目の前にみながらなお円転規制があるため，買わなくてよい時にドルを買い，売らなくてよい時にドルを売るという変則的なポジション操作を毎日はらはらしながら続けている」（同上）というのが，為銀からの批判であった[15]。

この批判と要望に対し，日銀は，為銀に円転規制の遵守を強く要請する一方，8月19日より外為資金貸返済容認の範囲を拡大し，さらに26日以降は期限前返済を原則的に自由とすることとした[16]。この結果，8月26，27日にはドル売りが再燃し，とくに27日には1日でじつに12億ドル，既往最高のドル売りとなった。かくて，27日以降再度為替管理の強化が必要となり，9月に入って一連の為替管理措置の法制化が実施された。なお，日銀外為資金貸残高は，7月末の24億7,200万ドルから，8月末には一挙に7億3,400万ドルへと

---

15) 経団連「第4回為替管理研究会」昭和46年8月25日。
16) 日本銀行［1986］pp. 323-4。

激減した。

　8月16日のニクソン声明以降，28日のフロート直後までの間に，大蔵省によって実施された各種の為替管理強化措置を，改めて日付順に整理すると以下のようになる。

1) 8月19日
　① 円転規制の遵守を各為銀に要請。
　② 外銀借入，自由円受入，ユーロおよびコール取入等の対外債務残高を，8月18日の残高以内にとどめるよう為銀に指示。
　③ 為銀および商社に対する為替検査実施，輸出前受金の実態調査開始。

2) 8月27日
　　暫定フロート移行決定にともない，非居住者による円投機を防止するために，28日以降の非居住者自由円預金残高を27日現在の残高以内にとどめるよう為銀に要請。

3) 8月31日
　　商社等の輸出前受金の流入を規制するための省令「対外支払手段又は外貨債権の本邦にある外国為替公認銀行への売却を制限するための貿易取引の管理に関する省令の臨時特例に関する省令」（第63号）を公布，施行（1万ドル以下の小口前受を除き，商社等が輸出前受金の形で受取ったドルを円に転換することを事実上禁止した措置）。

4) 9月1日
　　証券会社特別勘定の残高規制実施（証券会社6社の外貨特別勘定残高を8月1日から30日までの最高水準，合計約1億ドル以下に抑え，証券会社経由での外国人投機資金の流入を抑制する措置）。

　こうした規制措置をとらせるに至ったこの期間のドル売りについて，大蔵省は次のように捉えていた[17]。

---

17) 大蔵省国際金融局「今後の為替政策について」昭和46年9月6日。

1. 情勢分析
   (1) わが国の為替市場は，8月には対顧取引だけで30億ドル程度のドル余剰となった。このような大きなドル余剰は，今後輸出前受の規制等の措置によりある程度圧縮されるとしても，通常でも4-5億ドルに達している対顧取引のドル余剰の状態が，今回の変動幅制限の撤廃により早急に改善されるとは思われない。加えて，為銀についても，8月末現在で12-13億ドル程度の売余裕が残っており，為替市場における片為替の現状は，今後とも継続するものと考えられる。
   (2) とくに円についてかなり高率の切上げ予想が一般的となっている下では，現在程度の介入点の引下げでは，かえって思惑を激化するおそれもあろう。また今後の国際会議の成行きいかんでは，再び巨額のドル売りが発生する可能性なしとしない。
2. 基本方針
   (1) かかる情勢にかんがみ，今後の為替市場の平静を確保するためには，介入点の大幅な引下げを行うかあるいは為替管理の強化を実施するか，そのいずれかを採用せざるを得ない。その場合，前者が事実上の円大幅切上げとしてこれからの対外交渉上不利となるので取り得ないとすれば，当面，為替管理の強化により今回の変動幅制限の撤廃措置を補完しつつ，その目的を達成できるまで，現在程度の介入点の維持を図るという策を取らざるを得ないものと判断される。
   (2) ただ，為替管理の強化は，為銀の資金，為替操作を制約し，またその輸出手形買取りあるいは輸入ユーザンスの制限を通じて為替リスクの民間業者への転嫁が行われるなど，輸出入取引などにひずみを生ぜしめるが，変動相場制の下で為替リスクが大きな問題となっている情況下では，とくに中小企業問題など各界の批判が強まることは覚悟しなくてはなるまい。

この情勢分析と基本方針により，為替管理強化の具体的方策として次の5つの措置が提起された。①為銀に対する円転規制を行政指導から法令に基づく規制に改め，規制方法も平残ベースから毎日残高規制に変更する。②自由円預金の残高規制を法令に基づく規制に改める。③為銀の対外債務残高規制を行政指導から法令規制に改める。④輸出入金融制度の改正について日銀はじ

め関係部局と協議する。輸出金融については，外為資金貸制度を撤廃（とりあえず，現在の残高で規制）し，他方為銀が輸出業者に供与する円融資については日銀貸出上弾力的に配慮する。輸入金融については，外為会計による現在の輸入スワップを廃止するとともに，輸入金融を円金融に切りかえ，外銀借入れを削減する。⑤その他，当局の介入をできるだけ少なくして為替市場の安定を確保するために，上記方策のほか，市場におけるドル買い要因の造出あるいはドル売り要因の減殺を図る。その方法として，円シフト・スワップの廃止，輸入スワップの廃止，産投会計・MOFの直接外貨売却方式の市場経由方式への改正，等を検討する。

　これらの方策の提起に基づいて9月6日，大蔵省は，貿易外取引の管理に関する省令について改正を行ったうえで，翌7日，日銀総裁宛に通牒「外国為替公認銀行の外貨負債等に関する規制について」（蔵国第4743号）を発した。こうして円転規制，対外債務残高規制，自由円規制が法制化されたのである。これらの規制の具体的内容は次の通りであった。

① 円転規制

　円転規制は，70年2月，6月に強化されて以来，ニクソン・ショックに至るまで一貫して継続されていた。前述のように，これに対し為銀は強い不満を抱いており，とりわけフロート移行後は，「買わなくてよい時にドルを買い，売らなくてよい時にドルを売るという変則的なポジション操作」を強制されるという不満を強めていた。しかし，フロート移行後の「為替市場の混乱を回避するためには為替銀行による規制の遵守が絶対に必要」という判断を政策当局はもっていた。7日に出された通牒は，円転規制を次のように規定していた。

　　毎営業日終了時において外貨負債残高（外国為替公認銀行等の報告に関する省令別紙様式下180中直物売持計の欄に記載される金額をいう。）が，外貨資産残高（同様式中直物買持計の欄に記載される金額をいう。）から次の(1)から(3)までに掲げるものゝ残高の合計額を控除した額を上回らないこと
　　(1) 外国為替資金貸付制度による日本銀行からの借入金の引当てとなってい

る輸出手形
(2) 外為資金特別会計との間の直買先売（スワップ）により取得した外貨資産
(3) 非居住者自由円勘定

この通牒にあきらかなように，従来の規制との違いは，円転規制の遵守状況を「毎営業日終了時」にチェックするとしたこと，いいかえれば1日たりとも円転の状態を認めないとしたところにあった。月中平残ベースの規制では日々の円転換や円投入は規制できず，思惑による円転換や円投入の大きな波動が生じ，為替相場に好ましくない影響を与えかねない，というのが毎日残高規制への変更の理由であった。

② 対外債務残高規制

対外債務残高規制は，8月18日に行政指導ベースの規制として導入され，6日法令規制に改められた。規制の内容は次のとおりであった。

> 外貨負債残高（外国為替公認銀行等の報告に関する省令別紙様式下160中の負債科目の計から，ネット・アクチュアル・バランスの金額及びユーロ・マネーに放出している金額に相当する金額を控除した金額をいう。）及び自由円預金勘定残高（海外にある支店名義の勘定残高を除く。）の合計額が昭和46年9月6日営業終了時における当該合計額を上回らないこと。

③ 自由円規制

この規制は，8月27日行政指導ベースの規制として導入され，6日法令規制に改められた。「各為銀の非居住者自由円勘定残高が，昭和46年9月6日営業終了時の残高を上回らないこと」というのが，規制の内容であった。

実施にあたって，大蔵省より為銀に対して，「円転規制については規制強化といえるが，対外債務残高，自由円残高については，既に規制措置をとっていたものを確認したものである。今回の問題が国際金融面に於るわが国にとっての大事件とも言えるのでここ暫く，協力を要請したい」，「為替管理に関しての

規制措置を打出したのは，円平価調整の問題が長期化する可能性もあるので，その場合国益を考えて万全を期したいからである」，「これら規制の強化をいつまで続けるかについては，国益を考えて目下の処は持久戦に持込んだ間は続くものと了承願いたい」という説明が行われた[18]。

これら一連の為替管理強化措置によって，為替市場は一応の安定を見たが，円高の進行はとどまることなく続いていた。これに対しては，小刻みの円高移行，当時の表現を使えば円高へのソフト・ランディングが追求された。しかし，為替相場の誘導つまりソフト・ランディングの目標設定は，その目標値を思惑によって先取りされることが多く，市場介入はしばしば政策当局の当初予定を，金額面でも介入回数でも上回るという困難を発生させた。9月中旬以降の為替政策は，これへの対策が中心課題となっていくが，これについては項を改めて検討することにする。

ニクソン声明後，為銀の買持ポジション圧縮と商社を中心とする輸出前受金の流入激化によって為替市場はかつてない余剰を示し，このため16日からの1週間，インターバンク米ドル直物相場は357円37銭の底値膠着を続けた。その後，24，25日の両日は，前述の為銀の円転調整のための買戻し需要により，一時358円30銭と1月以来の高値をつけたが，これも26日には，日銀外為資金貸付期限前返済自由化措置によるドル売り殺到のために，再び357円37銭へと反落した。こうした状況下で，27日暫定フロートへの移行が発表されたのである。

暫定フロート移行初日の28日は，341円30銭，旧平価比で5.20％の円高水準となった。25日の蔵相・日銀総裁会談における，335円，7-8％までのフロートを当面の目途とするという方針の範囲内であった。5％台の円高水準は8月いっぱい維持され，31日も339円，平価比5.83％の円高にとどまった。初めてのフロート移行という状況のなかで，相場形成は事実上完全に政策当局にゆだねられた[19]。この間市場取引は，資金需給が空前の緩和となったために

---

18) 大蔵省国際金融局『昭和46年 二水会・為替会議事録』。
19) 日本銀行 [1986] p. 331。

16日以降連日活況を呈し，8月中の出来高は68.5億ドル，それまでの最高規模であった5月のマルク投機の際の16.5億ドルと比べて約4倍にも達した。

直物市場のこうした状況に対して，先物市場はニクソン声明以降，ドルの先行不安からほとんど買い手がない状態となり，米ドル先物ディスカウント率は，声明直前の4-5%台から，フロート移行直前の25日には4カ月物でじつに32%（12月渡318円）という驚異的相場となった。その後フロート移行による直物相場の急落によってディスカウント率は縮小に向かい，30日には3カ月もので5%弱（337円）と声明以前の水準に戻ったが，取引高は8月中は低迷したまま推移し，結局8月中の出来高は約4億ドルと前月比半減となった。

こうした為替市場の激変のなかで，為銀の対顧客相場に関する取扱いも二転，三転した。まず，17日から23日にかけてはドル相場のみが建値あるいは公示され，その他の通貨は直先ともにいっさい相場は建てられなかった。24日以降，スイス・フランを除く主要通貨について，各行独自で公示することとされ，さらに28日には，為替変動幅制限廃止にともない，取扱いは各行自由とし，対顧客相場に関する為替会申合せはすべて停止された[20]。

## 2．国際通貨調整の難航

### 1）国際通貨調整の開始と円切上げ論の台頭

1971（昭和46）年8月16日の主要国通貨当局秘密会議，19日のEC緊急閣僚理事会が不調に終わった後，IMFは，アメリカの新政策は世界的な通貨危機をもたらし，これを放置すれば世界的規模での通貨戦争・貿易戦争を引き起こし，保護主義・地域主義の台頭につながるおそれがあるという危機意識を強く抱くに至った。このため，8月23日のIMF理事会非公式会議で，はやくも各国の平価調整を含む通貨調整案が提出された[21]。IMFスミス・ペーパーと

---

20) 大蔵省国際金融局『昭和46年 二水会・為替会議事録』。

呼ばれるこの案は，多角的調整の際の各国の必要レート調整幅およびその実施方法について論じた最初のものであった。そこでは，主要国の国際収支（経常収支）調整目標の算出に基づいて，各国の米ドルに対する平価調整必要率案が提示されており，結論部分の平価調整必要率案のみを見ると，日本（15.3%），西ドイツ（12.5%），カナダ（11.2%），ベルギー・ルクセンブルグ（10.6%），イタリア（9.4%），フランス（8.7%），オランダ（7.3%），イギリス（7.2%）と，日本がもっとも大きな平価調整額となっていた。また，同案は，金価格の7%引上げ，すなわちドルの切下げも提起した。

しかし，この案はあくまでIMF内部の討議資料であった。IMF自身も，通貨の多角的調整といった問題は，経済問題というよりは高度に政治的な問題であって，10ヵ国蔵相会議のような主要国の政治折衝によって解決されざるをえない，と考えていた。こうしてIMFよりの強い働きかけもあって，9月3日，4日の両日，パリIMF事務所において最初の10ヵ国蔵相代理会議が開催された。12月18日のスミソニアン合意に至るまで，延々繰り返された一連の国際通貨会議の，これが始まりであった。以下，スミソニアン合意に至るまでの，10ヵ国蔵相会議（以下G10と略称），10ヵ国蔵相代理会議（以下G10Dと略称），中央銀行総裁会議といった一連の国際通貨会議，日米閣僚会議，日加閣僚会議といった日本の対外2国間協議の経緯を追っていくことにするが，会議が錯綜しているため，はじめにこれら一連の会議日程を記しておくことにする。

9月3-4日　　　　G10 D（パリ）
9月9-10日　　　日米貿易経済合同委員会（ワシントン）
9月13-14日　　　日加閣僚会議（トロント）
9月13日　　　　EC蔵相会議（ブリュッセル）
9月15-16日　　　G10（ロンドン）
9月25日　　　　G10 D（ワシントン）
9月26日　　　　G10（ワシントン）

---

21) 大蔵省［1972］。

| | | |
|---|---|---|
| 9月27-10月1日 | IMF年次総会（ワシントン） | |
| 10月18-19日 | OECD EPC/WP 3（パリ） | |
| 10月19-20日 | G10 D（パリ） | |
| 11月4日 | EC蔵相会議（パリ） | |
| 11月16-17日 | OECD EPC/WP3（パリ） | |
| 11月29日 | G10 D（ローマ） | |
| 11月30-12月1日 | G10（ローマ） | |
| 12月3-4日 | 独仏首脳会談（パリ） | |
| 12月6日 | 米加首脳会談（ワシントン） | |
| 12月13-14日 | 米仏首脳会談（アゾレス諸島） | |
| 12月16日 | G10 D（ワシントン） | |
| 12月17-18日 | G10（ワシントン） | |

　9月3，4日のG10 Dは，ヨーロッパ諸国とアメリカとの応戦に終始した。アメリカ側は，「やるべき措置はすべてとったのだから，以後は各国の協力にかかって」いるという立場を頑として譲らず，他方ヨーロッパ諸国は，「ドルの交換性停止の責任はアメリカにあり，アメリカは自国の責任においてその回復を図るべきである」という立場を共通してとったのである。これに対し，日本は当初は，ドルとの一蓮托生という考え方が強く，ドル価値の減価にヨーロッパ諸国ほどの強い関心がなかった。この考え方は早期に修正されたが，にもかかわらず，以後の国際会議で，おりにふれ対日批判——中心は西ドイツ——を引き起こすもととなった。

　G10 Dでの議題は，①多国間調整の前提となる各国の国際収支不均衡についての考え方，②金価格の引上げ（ドルの切下げ）を含めた通貨の多国間調整の可能性，③固定相場復帰の場合の変動幅の拡大，の3点であった。だが，この会議でのアメリカの態度はきわめて強硬で，①の国際収支調整については，アメリカは，自国の基礎収支の均衡を達成するためには，「2-3年は，基礎収支が20億ドル程度の黒字となることが必要」で，このためには経常黒字80億ドルを要する，しかし，現状は経常収支で50億ドルの赤字，基礎収支で

は誤差脱漏を含めると110億ドルの赤字となり，全体では130億ドルの調整を要するが，この調整はすべて黒字国によってなされるべきであると主張した。つまり，②はいっさい考慮しないと宣言したのである。これに対し，アメリカ以外の諸国は一様に，「このような大幅の調整の政治的影響は甚大で経済的影響は容認することができない」と批判し，アメリカを除く全員で「国際収支調整は黒字国のみならず赤字国も寄与すべきである」という合意を確認した[22]。結局，この会議では，各国の平価に関する具体的議論にはまったく立ち入れず，議論は入口にとどまったまま，9月15, 16日のロンドンG10に持ち越された。

それゆえ，ロンドンG10では，各国の非難はアメリカに集中した。会議は，まずオッソラ／R. Ossola 議長（イタリア中央銀行副総裁）より，9月3, 4日の代理会議に関する報告がなされた後，一般討議の形をとらず，各国の蔵相が次々にたって演説するという形で進められた[23]。各国の代表は「通貨危機の原因はアメリカのドルの垂れ流しにある」と強く非難した。「① 現在は危険な状態にあり，悪くすると各国を保護主義に追い込むだろう。② 米国に重大な不均衡があり，通貨の多角的調整が解決の一方法として必要である。特に米国の平価切下げは不可欠の要件である。ほとんどの国は，負担の分担に参加する用意がある。③ 米国の輸入課徴金および投資税額控除は，為替相場を歪曲するものであり，交渉のためにはこれらの撤廃が必要である。④ 固定平価を基礎とした新しい国際通貨制度をつくらねばならない」というのが，各国蔵相の共通の主張であった。

これに対し，アメリカのコナリー財務長官は，猛烈な勢いで反論した。「①輸入課徴金をいつ撤廃するのかは今のところいえない。② 防衛負担の問題，制限的貿易障壁の撤廃問題を提起しておく。③ 国内問題は，財政金融政策によるべきであり，その解決の手段として貿易あるいは輸出市場を利用すべきで

---

22) GROUP OF TEN, *Informal Record of the discussion of the Deputies of the Group of Ten meeting at the I. M. F. Office in Paris on 3rd-4th September, 1971*, 8th October, 1971.
23) 大蔵省 [1972]。

はない。④米国の莫大な赤字のため，どの国がどの程度のことをすべきかについて，米国としてはいう立場にはないが，まず，問題の規模が明らかにされ，負担の分担に参加する国の意向が明らかにされるべきである」という主張を，コナリーは展開したのである。こうして会議は，「ドルの切下げには絶対に応じられないというアメリカの強い主張と，ドル切下げも討議の対象に加え，必要な通貨調整は赤字国たるアメリカも分担すべしとする日本その他の国々の主張[24]」とが真っ向から対立した。

議論が膠着状態におちいるなかで，シュバイツァーIMF専務理事より，早急に当面解決を要する問題と，ある程度時間をかけて解決すべき中長期の問題とを整理して，検討を次の3段階で進めようという提案がなされた。

(A) 第1段階
   各国通貨の再調整
   金価格
   ある程度の為替変動幅の拡大
   アメリカの輸入課徴金の撤廃
(B) 第2段階
   アメリカの国際収支改善のための，為替相場以外の分野での措置
   ドルの交換性回復
   資本移動規制
(C) 第3段階
   国際通貨制度の根本的改革についての交渉

この提案に基づいて，「米国国際収支の必要調整幅とそれが他の加盟国へ及ぼす影響」に関する技術的・数量的検討を，OECD/WP3に依頼することが合意された。しかし，会議そのものは，結局「ドルの切下げ，金価格の変更という問題を議論の対象とするかどうかという点と，国際収支調整の方法として，通貨調整のほかに，貿易問題をどの程度からませるかの二点で，アメリカと他

---

24) 柏木雄介 [1972] pp. 6, 140-1。

の九カ国とが完全に対立し[25]」，通貨不安の収束についてはまったく目途がたたないまま，物別れに終わった。

　この間，この国際通貨会議と並行して，ニクソン声明後初めての日米間の公式協議が開催された。9月9，10日のワシントンにおける第8回日米貿易経済合同委員会がそれである[26]。この委員会において，ロジャーズ／W. P. Rogers 国務長官は，「日本が計画にそって自由化を進めてきたことは知っているが円の切上げを伴わない自由化の速度は日本の対外収支を合理的水準に保つには十分に速いものではない」，「日本が今後とも大幅に外貨準備を蓄積し続けることは日本の貿易相手国にとっても，国際通貨体制にとっても，又日本自身の必要にとっても明らかに両立しないものである」，「慢性的黒字国として，日本は輸入の増大，輸出振興策の撤廃，資本流出の促進，平価の切上げ等，世界的な国際収支を均衡させるために必要な措置をとる義務がある」と述べ，日本に対する第1優先順位の希望措置として，「ドルとの関係で円を大幅に切り上げる」ことをあげた。また，この要求にそって，非公式会談の場では，コナリー財務長官は「円の25％ぐらいの切上げ」を主張した。こうしたアメリカ側の主張は日本の予想を大きく超えたものであった。日本側は，「米国の国際収支に基礎的不均衡があるということは認めるが，日本の国際収支が基礎的不均衡の状態にあるというのは誤った先入観だ」，「日本の黒字は異常な事態の下に生じたもので，また23ないし24億ドルの黒字は対外援助の促進等からみて必要である」，「日本が8項目を完全に実施すれば国際収支調整は行い得る」と反論し，平価調整については，2国間協議のような場ではなく「マルティの場」で多国間調整として行われるべきと主張した。この委員会の場で，日本政府はアメリカのきわめて強硬な姿勢を初めて認識したのである。

　日米貿易経済合同委員会の終了後，水田蔵相とシュバイツァーIMF 専務理事との会談がもたれた[27]。シュバイツァー専務理事は，① IMF は米国の国際収支は基礎的不均衡の状態にあると考えており，その調整のためには80ド

---

25) 柏木雄介［1972］pp. 6, 140-1。
26) 大蔵省『第8回日米貿易経済委員会』昭和46年9月。
27) 大蔵省「水田大蔵大臣・シュバイツァーIMF 専務理事会見記録」昭和46年9月11日。

ルの改善が必要である，② 調整の大きな部分は米ドルの切下げによって行うのが望ましい，③ この負担は低開発国には負わせられず日本および EC に寄与してもらわざるをえない，④ 米国は短期間で問題を解決する意思はないようだ，といった説明を行った。これに対し水田蔵相は，① 平価調整による米国国際収支改善幅は 20 億ドル，多くて 30 億ドル位とすべきで，それ以上は平価調整以外の方法で改善すべきだ，② 米国はドルの切下げと輸入課徴金の撤廃という 2 つの態度を決めて G10 に望むべきだ，という意見を表明したが，日本はここでも事態の深刻さを改めて認識することになった。

こうして，9 月 3，4 日のパリ G10 D，9，10 日の日米合同委員会，11 日の水田・シュバイツァー会談，15，16 日のロンドン G10 を経過するなかで，円の切上げは不可避であり国内的にもこの方針を公表すべきであるとの判断がようやくなされた。一連の会議に出席して 18 日帰国した水田蔵相は，同日「円切上げ必要声明」を発表した[28]。

### 2）調整の難航——ワシントン G10 会議からパリ G10 代理会議へ

しかし，通貨交渉は 10 月から 11 月にかけて事実上膠着状態に陥った。前回の G10 から 10 日後に開催された 9 月 25 日のワシントン G10 D，翌 26 日の同 G10 は，前回シュバイツァー IMF 専務理事より提案された「今後の問題解決の手順」についての討議しかなされなかった。アメリカがドルの切下げについて討議することを完全に拒否したためである[29]。だが，代理会議でのオッソラ議長の調停により，ようやく「今後の問題解決の手順」については，次のような妥協が成立した[30]。

1. 当面解決を要する問題点を 4 つにしぼる。
   (1) 通貨調整の方法と幅の問題——方法の問題というのは，切上げのほかに

---

28) 大蔵省［1972］。
29) GROUP OF TEN, *Informal Record of the discussion of the Deputies of the Group of Ten meeting in Washington, D. C. on 25th and 26th September, 1971*, Paris, 19th October, 1971.
30) 柏木雄介［1972］pp. 141-2。

ドルの切下げを含むのかどうか，その切下げの方法として金価格の改定によるのか，SDR に対する切上げを考えるのか，IMF 協定 4 条 8 項にもとづく資産の評価替えの方法によるのか，等が対象に織り込まれた。
(2) ワイダー・マージン――今回の通貨調整にあたっては，ほとんどすべての国が大なり小なり対象になり，ことに通貨の取引の多い先進諸国間の通貨の調整を一度に行うことはかなり無理をきたす場合も予想されるので，当面暫定措置として 1％ の変動幅を，2-3％ に広げてはどうか。
(3) 輸入課徴金の撤廃――アメリカは輸入課徴金は当面の応急措置であって，アメリカの国際収支がよくなるメドがつけば，必ず撤廃すると説明しながら，具体的にその撤廃時期が明示されないため，常に不安を残していたのを，このさいはっきり何日から，あるいはどういう具体的条件が満たされれば撤廃するとの明示的コミットをえること。
(4) 国際収支改善のためのその他の施策，とくに貿易あるいは防衛費の肩替り問題についていかなる話合いをするかという問題。また，これをどの程度国際通貨調整などとからませるか。
2. 中・長期の問題としては，まず国際通貨制度の今後の改革のさい取り上げられるであろうと思われる主要点を把握すること。そしてそのうえで至急その改革に乗り出すこと。

そして，以上の合意に基づいて，蔵相代理会議構成メンバーに対して，① OECD/WP 3 の作業経過やその内容を考慮にいれて，当面解決を要する上記 4 点の問題点について早期に調査し，G10 に報告すること，② 次回 G10 で国際通貨制度の長期的改革についての中間報告を行うこと，という指示が出された[31]。

ここでいわれている OECD/WP3 の作業とは，9 月中旬のロンドン G10 で WP 3 に対して依頼された「米国国際収支の必要調整幅とそれが他の加盟国へ及ぼす影響」に関する技術的・数量的検討のことである。この検討結果は，9 月 25，26 日の G10 で中間報告 CPE/WP 3 (71) 16 として示され，10 月 18 日から 19 日午前にかけて，パリ G10 D に先立って開催された OECD/WP 3 に

---

31) 大蔵省国際金融局国際機構課「国際通貨会議の概要・その 2」昭和 46 年 10 月 7 日。

おいて一応の結論が出された。CPE/WP 3（71）17文書としてまとめられている報告の主な内容は次のとおりであった[32]。

1．各国の実勢ベース経常収支の1970-72年の実績と見通し
　　〈表 3-10 a　Actual and Cyclically-Adjusted Current Balances〉
2．米国の国際収支目標と他国の目標との関連
　　〈表 3-10 b　Alternatives in respect of Countries' Current Balances〉
3．米国の国際収支調整とそれが他の加盟国へ及ぼす影響
　　〈表 3-10 c　Adjustments required for U.S. "balance"〉
4．その他の主要問題

　まず，第1の「各国の実勢ベース経常収支の1970-72年の実績と見通し」については，表 3-10 a によれば，アメリカの経常収支は，1970年実績 22 億ドルの黒字が調整後には 2 億ドルの赤字となり，この赤字幅は，71年 10 億ドル，72年 20 億ドルと傾向的に増大する結果になっている。一方，日本は，1970年実績 21 億ドルの黒字が，調整後にはさらに大きな 34 億ドルの黒字となり，この傾向は，71年 42.5 億ドル，72年 50 億ドルと増大しつつ持続する。さらに，その他の主要国では，フランスが小幅ながら次第に黒字が拡大傾向を見せるほかは，ドイツを始めほぼ横ばいに推移する形になっている。アメリカの赤字と日本の黒字の趨勢的拡大という見通しを，WP 3 は提示したのである。なお，ここでの事務局の実勢ベース（cyclically adjusted balances, 季節変動調整済み）算出方法は以下の通りであった。① まず，国内および海外の鉱工業生産指数を説明変数とする輸出入関数を導出し，② この輸出入関数の変数にノーマルな経済水準（1961-69年の趨勢を 70年に延長した数値，例えば，アメリカについては失業率 4.5% の水準）を代入して，これを正常な需要圧力のもとでの輸出入とし，③ 実績値との乖離を循環的要因によるものとする。

　次に，第2の「米国の国際収支目標と他国の目標との関連」については，各国の国際収支目標を決定する前提として，まずアメリカの目標を確定する必要

---

32) 大蔵省前掲 [1972]。

表 3-10 a 実勢ベース経常収支の 1970-72 年実績と見通し

(単位：10億ドル)

| | 実勢値 | | 調整値 | | | |
|---|---|---|---|---|---|---|
| | 1970年 | 71年上期 | 1970年 | 1971年 | 1972年 | 70→72年 |
| アメリカ | 2.2 | 0.8 | △0.2 | △1 | △2 | △1.75 |
| イギリス | 1.8 | 2.0 | 1.0 | △1.5 | 1 | - |
| フランス | - | 0.4 | 0.3 | 1 | 1.25 | 1 |
| 西ドイツ | 1.7 | 1.4 | 2.9 | 2.25 | 2.5 | △0.5 |
| イタリア | 1.1 | 0.8 | 1.5 | 1.25 | 1.25 | △0.25 |
| ベルギー | 0.9 | 0.4 | 0.9 | 0.5 | 0.5 | △0.5 |
| オランダ | △0.5 | △0.2 | △0.3 | - | 0.25 | 0.5 |
| カナダ | 1.5 | 1.2 | 1.0 | 0.5 | 0.5 | △0.5 |
| 日本 | 2.1 | 4.8 | 3.4 | 4.25 | 5 | 1.5 |
| その他OECD | △1.4 | 0.2 | - | 0.25 | 0.5 | 0.5 |
| OECD計 | 9.5 | 11.8 | 10.5 | 10.75 | 11 | 0.5 |

出所）大蔵省資料。

表 3-10 b アメリカの国際収支目標と他国の目標との関連

(単位：10億ドル)

| | 各国1975年国際収支目標(a) | (a)を基準とした70年数値 | 米国60億ドル経常黒字前提 | 米国90億ドル経常黒字前提 |
|---|---|---|---|---|
| アメリカ | 10 | 5 | 6 | 9 |
| 他のOECD | 11 | 5 | 5 | 2 |
| イギリス | 1.5 | 1 | 1 | 0.75 |
| フランス | 1.5 | 0.75 | 0.25 | 0.25 |
| 西ドイツ | 2.25 | 1.25 | 1.25 | 0.75 |
| イタリア | 1.25 | 0.75 | 0.5 | 0.25 |
| ベルギー | 0.5 | 0.25 | 0.25 | - |
| オランダ | 0.5 | 0.25 | 0.25 | - |
| カナダ | - | - | - | △0.25 |
| 日本 | 4 | 2 | 1.75 | 1.5 |
| その他 | △0.5 | △1 | △0.5 | △1 |
| 計 | 21 | 10 | 11 | 11 |

出所）大蔵省資料。

があるとして，アメリカの国際収支目標が算定される。その場合算定の前提条件とされたのは，発展途上国に対する援助規模，長期資本収支の動向，基礎収支において一定程度の黒字余剰が必要かどうか，という3点であった。このうち，援助については，最近の米国の実績を見ると，GNPの約0.5%，55億ドル程度で，国際的に合意されている望ましい水準を満たしておらずいっそうの増加が必要であるという判断が，長期資本の流れについては，アメリカの経常

表 3-10 c　アメリカの国際収支調整と他国への影響
(単位：10億ドル)

| | 72年の期待経常収支額 | 72年予想実勢経常収支 | 要調整額 |
|---|---|---|---|
| アメリカ | 6 | △ 2 | 8 |
| イギリス | 1 | 1 | - |
| フランス | 0.5 | 1.25 | △ 0.75 |
| 西ドイツ | 1.25 | 2.5 | △ 1.25 |
| イタリア | 0.5 | 1.25 | △ 0.75 |
| ベルギー | 0.25 | 0.5 | △ 0.25 |
| オランダ | 0.25 | 0.25 | |
| カナダ | - | 0.5 | △ 0.5 |
| 日　本 | 1.75 | 5 | △ 3.25 |
| その他のOECD | △ 0.5 | 0.5 | -1 |
| OECD 計 | 11 | 11 | - |

出所）大蔵省資料。

収支の改善が明確な形で現れるまでは資本流出抑制措置を継続する必要があるという判断が，下されている。他方で，1972年のOECD全体の経常収支黒字幅として110億ドルが推計される。表3-10 b は，この2つの想定の上にたって，アメリカの経常収支黒字目標60億ドル（基礎収支の黒字を考慮しない場合），同目標90億ドル（基礎収支黒字30億ドル上積みの場合）とした場合の，それぞれの各国の国際収支目標を算出したものである。

　こうして第3の「米国の国際収支調整とそれが他の加盟国へ及ぼす影響」が計算できるようになる。表3-10 c に示される各国の必要調整幅は，レート変更が行われない場合の1972年の実勢ベース経常収支の見通し（表3-10 a）と，各国の経常収支のあるべき姿（表3-10 b）との差として示される。この場合，アメリカを除くOECD全体の調整額は80億ドルとなり，これを日本とECが折半して負担することとされた。

　第4の「その他の主要問題」は，このWP3の提案と，アメリカおよびその他の国々の主張との乖離の問題を検討したものである。上述のようにWP3は，80億ドルの国際収支改善を提案した。これに対し，アメリカは9月3，4日のパリG10D以来130億ドルを主張し続け，50億ドルもの乖離があった。他方，アメリカ以外の諸国の許容調整額の合計は20-30億ドルで，これもアメリカとは反対側で50億ドル以上の乖離があった。いいかえれば，WP3の提案は，両者の主張のちょうど中間の数値を示したものであった。同時に，平価調整の効果が現れるには2年程度の時間が必要で短期的に判断を下すべきではないこと，平価調整とあわせて適切な需要管理政策が必要であること，日本に

ついては，現在内需不振の状態にあり，景気を回復することにより現実の国際収支の黒字を大きく削減できること，等がここでは指摘されている。

　以上のようなWP 3 の提案に対して，日本側は，「①OECDの場では，ヨーロッパは，対米一律切上げないしは，米ドルの切下げで事足りるとし，日本のみが大幅切上げを強いられて，scape goat にされる危険性がある，②この場合，計数の議論に深入りして反論を加えようとすると，袋叩きにあうおそれがあり危険と思われる，③従って日本としては為替レート問題については，持久戦で望む構えを崩さず，一方，機をみて日米間の合意をとりつけるべく努力し，日米間の諒解を基礎として局面の打開を図ることが適当であろう[33]」という判断にたって，10月18, 19日のOECD/WP 3 では大要次のような主張を行った[34]。

1. 方法論についての基本的疑問
    (1) 計量モデルによる推計を無批判に政策決定に利用することは危険があり，OECD paperの方法論には疑問がある。
    (2) 具体的には，①cyclical adjustment および1972年への extrapolation の方法，②国際収支目標の設定，について問題がある。日本は，GNPの1％の対外経済援助に commit してきており，これをまかなうため current surplus として 25-30 億ドルが必要であると思っている。そのうえ，昨年来の日本経済の不況は，国際通貨情勢の不安もあって，なおかなりの期間継続すると思われ，cyclical adjustment を行う上では，上記数字を相当上回る surplus が必要であると思う。
    (3) いずれにしても，この資料の各国別アプローチの方法論には，大きな疑問がある。その結論を受け入れることはできない。
2. 国際収支節度（IMF原則）の問題
    (1) IMFの原則から考え，国際収支の不均衡はまず赤字国の国内政策の discipline の維持によって処理されるべきものであると考えており，この意味で米国が賃金・物価問題に関して真剣に取り組んでいることを歓迎してい

---

33) 大蔵省国際金融局「WP 3 及び G10 Deputies について」昭和46年10月16日。
34) 同上。

る。
　(2) このWP 3は国際収支調整のmagnitude及びそのimplicationsをとりあげるのだと解しており，これをレート調整でどの程度実現すべきかを論ずる場だとは思っていない。ただ，レート調整が各国の競争力の変化に即応して度々行われる場合には，競争力の弱化する国は，経常収支の赤字をレート調整によって防ぎ得ても，この場合には資本収支が必然的に赤字となり，従って，問題の根本的解決にはなり得ないということを指摘するにとどめたい。
3. レート調整と各国の景気局面について——timingの問題
　(1) 各国当局は，国内均衡の維持に重大な責任を持っており，国内均衡と対外均衡の両立に絶えず努力している。この意味で，ヨーロッパの一部の国が国内過熱と対外黒字を理由として切上げの道を選んだとしても，それに対して格別の異議を唱えるつもりはない。
　(2) しかし，現在の日本経済は深刻な不況に悩んでいる。このような状況下で，日本が，国内経済にデフレ・ショックを与え不況を一段と深刻化させるような円レート切上げを行うことに多大の抵抗感を有することは十分ご理解頂けると思う。
　(3) しかし，日本はIMFの国際協調の精神を体し，他国が政策上必要な程度の切下げを行った場合においてこれに追随するつもりはない。
4. Technicalな問題点について
　　（略）
5. 日本の可能調整幅（72年）について
　　わが国の可能調整幅は，0-10億ドルである。

　しかし，アメリカは，130億ドルの経常収支改善が必要であるという主張をまったく変えなかった。他方，ヨーロッパ諸国は日本とは異なった立場からではあったが，日本と同様，WP 3の調整必要計数を大きすぎると批判した。こうしてWP 3における計数の話し合いはまったく妥協点を見いだせないままに終わった[35]。
　このため引き続いて19，20日に開催されたG10 Dでは，平価調整の数字に

---

[35] 大蔵省国際金融局「平価調整の今後の進め方について」昭和46年11月2日。

ついてはいっさい討議が行われなかった。会議は，オッソラ議長の提起にそって，①通貨調整，②ワイダー・マージンの一時的採用，③輸入課徴金の撤廃，④その他の通商上の措置，⑤その他の為替市場措置，⑥中期的問題，⑦長期的問題，⑧開発途上国との連絡，が議事事項となった[36]。

　アメリカは，この会議でも各国に対し，依然として130億ドルの国際収支改善を主張し，OECDやIMF事務局の用意した平価の調整幅では満足できないとの態度をとり続けた。また，輸入課徴金の撤廃については，十分な通貨調整が合意され，その他の措置についての交渉手続きだけでなく具体的措置のスケジュールが決まらなければ撤廃しない，平価関係については，ドルに金兌換復活の可能性はなく，金ドル価格引上げの可能性も少ない，と言明した。これに対し，西ドイツは，「マルクがフロートの結果，EC内で不当に割高となっており，国内経済がかなりの打撃を受けている，このため早期に合意をえたい」という立場から，各国が共同歩調をとることを条件にOECDの数字を受け入れる用意がある旨を表明した。もっとも強硬だったのはフランスで，フランスはアメリカの主張を「過大な要求」として一蹴し，二重相場堅持の意向を強く表明した。

　結局，このパリG10Dも，アメリカの主張とその他の国々の主張との懸隔を埋めることはできなかった。①当面3％までのワイダー・マージンを採用すること，②国際通貨制度の根本的解決の前に，とりあえず各国通貨間の交換レートだけを対SDRで固定する中軸レート（pivotal rate）を設定する方向をさぐること，③11月下旬にG10を開催すること，の3点のみが，この会議で合意されたのであった。

　この膠着状況のなかで，11月に入って，日本は「ECがまとまって米国との協調が成立する場合には，日本が孤立してしまう惧れがあるので，わが国としては，一方において欧州の動きを注視しつつ，他方米国とのコンタクトを保ちながら，欧米協調の動きを探る必要があろう」，「日米間の合意が成立すれば，それが多角的調整進展の契機となるかも知れない。従って，米国との話し合い

---

36) 同前。

によって日米協調を図ることにより，これに寄与できる」という判断から，アメリカとの2国間協議に比重をかけることを試みた[37]。

しかし，この試みも順調には進まなかった。11月9日にはコナリー長官が来日，総理，大蔵，外務，経企庁，農林，通産各大臣と会見した。この会見の場で日本側は，「ａ．平価調整と『その他措置』はパッケージであるか，切り離せるか，ｂ．中軸レートにより通貨調整を行うことについての考え方，ｃ．ECとの調整の可能性（ドル切下げの可能性）」を問うたのに対し，コナリー長官は，①平価調整と「その他措置」はパッケージで切り離せず，円の大幅切上げ，貿易自由化，輸出抑制，防衛分担の増額をまず日本側が実施することを要求する，②金価格の引上げは，米国のめざす金廃貨の基本方向に反するので行わない，③輸入課徴金の撤廃は「その他措置」と一体のものであり，realignmentができたとしても撤廃はしない，③realignmentは，まったく歩み寄らないというわけではないが130億ドルの経常収支改善が可能な幅でなくてはならない，と「精力的な威圧行動[38]」を展開したのである[39]。

こうしたアメリカの強硬な姿勢に直面して，政策当局は国際通貨問題に対する基本戦略の再検討を要請されることとなり，11月15日大蔵省省議が開催された。会議では，まず国際情勢について，概略次のような認識が示された[40]。

①現在の米ドルの実質切下げ率は2.6％程度で，基礎的不均衡を解決するための切下げ幅としてはきわめて不十分である。他国のレート切上げによって，ドルの実質切下げを図ろうとする戦略には限界があるのは明らか。また，基礎的不均衡解決のためにother measuresも大きな解決にはなりえない。従って，なんらかの形での米側のアクションによるドルの切下げ（IMF協定4条8項でも可）が必要であろう。②しかし，米当局は上記をどこまで認識しているか。譲歩する用意はあるか。タイミングは？　幅は？　③ドル切下げを要求して，米国に対立しているのはフランス。しかし，フランスは孤立しているのではな

---

37) 同前，および大蔵省国際金融局「G10会議対処方針」昭和46年11月23日。
38) 細見前掲「昭和46〜49年の財務官・顧問当時の諸問題」。
39) 大蔵省前掲「G10会議対処方針」。
40) 大蔵省「当面の方針（メモ）」昭和46年11月15日。

い。オランダ，ベルギーはフランスに近い。スイス，イギリス，西ドイツ，日本も，この点はフランスに理解を示している。④従って，米がドル切下げの用意ありとの意向を示すまでは，「マルティ」の合意は成立不能。米国が軍事で脅しをかけたり，通貨問題を other measures とパッケージにしている間は，マルティの合意は生まれない。⑤米がドル切下げに同意すれば，急転（年内にも）マルティの合意が成立する可能性がある（可能性3割程度か）。この場合には，日本は合意に参加すべきである。⑥上記マルティの合意成立を促進するため，日本がとるべきアクションとして，(1)米に対し，ドル切下げが不可避なること，それが米国が自由世界におけるリーダーシップを確保する正道なることを説くのは可。(2)米に対し，マルティの合意成立を助けるため，レートで大幅譲歩の用意ありと切り出すのは，とられるだけになる可能性もあり，不可。⑦マルティもバイも成立しない場合，日本がユニラテラル（一方的）に相場を安定させることはある程度可能。

　続いて，国内情勢についても検討が行われ，次のような情勢把握がなされた。①不況と切上げ・通貨情勢不安とに基づく政治的・社会的・経済的不安定。②経済面では，不況克服のための有効な施策と，為替市場の安定化が必要。前者のための財政金融面での施策は進行中。③現在為替相場は328円台で（ドル）下落中。依然かなりの MOF 買いあり。輸出成約は回復しつつあり。不況が続く限り円レートがジリジリと上昇しても，貿易黒字はなかなか減りそうにない。現在，円の均衡レートは315-320円程度というのが市中評論家，ジャーナリズムの大勢。この水準も時の経過につれて次第に円高となる傾向が見られる。ユニラテラルにでもよいから，早めに相場を安定させたほうが，結果的には不当に大幅な円切上げになるのを避けるのに好都合なのではないか（相場の不安定感の除去は，民間投資活動を活発化させるためにもプラス。民間投資意欲の回復がないと不況感は本格的になくならない。ただし若干のタイム・ラグあり）。④産業界は「早期」「小幅」の切上げによる安定化を期待。為替管理緩和も併せて要望。「早期」「小幅」のどちらにウェイトをおくか？「早期」にウェイトがあるのではないか。⑤政界は産業界の意向もあり，微妙。

　以上のような情勢認識に基づいて，対外折衝案および為替相場政策につい

表 3-11　通貨調整幅の試算

(単位：％)

| | 10.16 試案 | 11.12 実勢 | A | B | C | D |
|---|---|---|---|---|---|---|
| ベルギー | 10.4 | 7.6 | 3 | 2 | 2 | 5 |
| フランス | 8.7 | 0.4 | 0 | 0 | 0 | 0 |
| 西ドイツ | 11.3 | 9.6 | 4 | 3 | 3 | 6 |
| イタリア | 7.5 | 2.0 | 0 | 0 | 0 | 0 |
| オランダ | 9.9 | 8.5 | 2 | 1 | 1 | 4 |
| イギリス | 6.2 | 3.9 | 0 | 0 | 0 | 0 |
| カナダ | 8.6 | 7.5 | 1 | 1 | 0 | 3 |
| 日本 | 14.6 | 9.6 | 7 | 6 | 5 | 9 |
| アメリカ | － | － | △7 | △6 | △5 | △5 |
| スウェーデン | 6.9 | ? | 0 | 0 | 0 | 0 |
| スイス | 11.9 | 9.4 | 4 | 3 | 3 | 6 |
| 米国際収支調整幅 | 80億ドル | － | 80 | 65 | 50 | 80 |
| (備考) | | | | | | |
| 金価格 | 35.00 | 35.00 | 37.63 | 37.23 | 36.84 | 36.84 |
| 円基準相場 | 314.14 | 328.90 | 315.79 | 321.43 | 327.27 | 315.79 |

出所）大蔵省資料。

て，次のような「当面の方針」が決定された[41]。

まず，対外折衝案に関しては，表3-11のようなA，B，C，D，4つの通貨調整幅が検討され，それぞれの案の具体的内容とその場合の相手の出方が，かなり詳細に検討された。検討の結果，望ましい可能性はB案ないしA案であって，「14-15％の切上げというのは，11月時点でのフロート・アップの現状からすれば，実質的にはプラス2，3％の切上げ」ですむので，B案ぐらいでヨーロッパ諸国と協議しよう[42]という結論が出された。これは，国際的な通貨会議の場で，日本側が提出しようとした初めての具体的数値であった。

また，為替政策に関しても，上記の折衝案と関連して，次のような方針が決定された。

(1) 相場安定化のテクニックは，a．当局がここで安定させるという意向を決め，民間にこれを理解させること（かなり早くドルを下げていって，ある水準

---

41) 同上。
42) 細見前掲「昭和46〜49年の財務官・顧問当時の諸問題」。

でトンととめる），b．同時にその水準で断固ドルを買い支えること，の二点の実行である。

安定のやり方には，一定水準固定と，変動速度の小幅化（たとえばドルの値上がりを年率 3.625% 以内とする）の二つがある。前者の方が簡明。ただし，後者の方が柔軟性に富む。外部環境が固まらない場合には，後者をある程度取り入れざるを得ない。

(2) 安定すべき水準については，小幅なほど，直接のデフレ圧力は少ない（輸出は確保される。為替差損が小さいので，企業の経理面，心理面でのショック小）。財政面でも税収等の歳入減は直接には小。

しかし，反面，小幅では海外からの圧力（円の切上がりを余儀なくさせた根本の力）は，解消しない。又市場の信認を得ることが難しい（レート調整は，一般の予想より大幅にやるのが常識）。市場でのドル買い支えの額も大きくなって，結局国の蒙る為替損失が大となるおそれも大。

結局両方を勘案して水準と時期を決め，(1)のテクニックを用いることになる。この場合，手がかりは，現行市場レート（328円），OECD・IMF案（315円前後），ワイダー・バンド（3% 以内），輸入課徴金（日本の場合レート換算 2-3% か）の有無であろう。

(3) 目標となる水準，タイミングが決まれば，当局の介入の当面の方針も決まる。

(4) 為替管理の緩和は，安定水準に到達するまでは，緊急のもののみにとどめる。安定水準到達後は，かなりの緩和をせざるを得まい。

(5) 安定水準いかんによっては，一時的に相当額のドル流出が見られるかもしれない。しかし，趨勢的には，少なくとも数年間は，ドルの弱体化が続き，ドル相場の漸落，外貨の流入（為替管理の緩和が前提），当局のドル買い支え，ペーパー・ドルの溜め込み，当局の為替差損負担といった現象が続く可能性が強い。したがって，厳格な為替管理によらず，しかも有効な資本流入抑制措置を工夫することが必要であろう。

以上のように，11月15日の省議では，315円（B案）から321円（A案）程度の水準で多角的通貨調整に応じよう，という方針が確認され，この方針にそって，翌日からの OECD/EPC において協調の道が探られることになった。

ヨーロッパ諸国は，国内的には不況色が強まるなかで，少なくとも域内での通貨安定については急いでおり，対米方針については，EC蔵相会議で，①ドル切下げ，②課徴金の撤廃，③再調整幅はOECD案，IMF案よりもやや小さめ（アメリカ＋5，西ドイツ－5，フランス0），というプランをほぼ固めていた。しかし，アメリカの態度はきわめて強硬で，解決への展望はこの時点ではなおほとんど見えなかった。

### 3）調整への突破口――ローマ G10

突破口が開かれたのは，11月も押し詰まってのことであった。11月30日と12月1日にローマで開催されたG10で，アメリカが初めてドルの切下げを匂わせたのである。前日のG10 Dでは，通貨問題解決のための具体的提案が，アメリカより会議の終了直前になされた。各国代表の反対により新聞発表はされなかったが，その提案の概要は次の通りであった[43]。

① 金価格は改訂しない。ドルの交換性について米国はコミットしない。資本取引の制限は緩和する。
② 次の5点をパッケージとして提案する。
　イ．10％輸入課徴金の廃止と投資税額控除における米国品優遇条項の削除。
　ロ．貿易問題についてあるものは早期に解決し，かつその他のものについては交渉継続を各国がコミットする。
　ハ．防衛支出についての負担の分担。
　ニ．米国以外のOECD諸国の対米平均11％の通貨調整。
　ホ．3％のワイダー・バンドとし，かつ，バンド内での過度の介入を行わないこと。また，二重市場を廃止すること。

翌日からの本会議[44]は，まず短い全体会議が行われ各国大臣が演説したあと，直ちに大臣・総裁だけの秘密会議となった。水田蔵相は全体会議で不当に大幅な切上げは受諾できない旨発言した。

---

43) 大蔵省［1972］。
44) 大蔵省国際金融局国際機構課「ローマ会議の概況」昭和46年12月8日。

第1日目の秘密会議では，アメリカが一方的に平均11％の切上げの各国別内訳を説明した。この案は各国の予想以上の大幅切上げであった。というのは，平均11％といってもIMF案の10％とはベースが異なり，IMF方式に引き直した場合，平均14％，改善幅110億ドルとなるからである。このため，アメリカ提案についてまともに受け答えする国は，西ドイツを除いてはまったくなかった。

　第2日目は，通貨問題と貿易問題をパッケージにすることを主張するアメリカと，通貨問題の先決を主張するヨーロッパ諸国とが対立したが，ヨーロッパ側が折れ，会議はレートの問題に戻った。会議には，あらかじめ2つの多角的調整案が用意されていた。ひとつはIMF事務局が作成したもので，他のひとつはオランダ銀行総裁のザイルストラ／J. ZijlstraがBIS総裁としてECの意向を代表する形で用意したものであった。両者の数字は，ほぼ同様で，ザイルストラ案を見ると「US＄－5，DM＋5，FF 0，サーチャージなし」というのがその概要であった。この討議の途中に，コナリーが「仮定の話であるという前提のもとに，もしドルの切下げ，金価格改訂をし，同時に輸入課徴金を撤廃するとすれば，どの程度の平価調整に各国が応ずるか示してもらいたい[45]」と意見を表明したのである。各国が懸念していたのは，通貨調整の幅と貿易上の譲歩とを絡ませることであった。しかし，この点についてアメリカ側は，併行審議というかたちでは絡ませるが，率には絡ませないとの説明を行ったため，ヨーロッパ諸国はアメリカとの貿易交渉に応ずることとなった。日本とカナダとの交渉を継続することも確認された。防衛費の肩替りについては，12月初旬のNATO会議で，年間10億ドルの防衛費の増額が決定され，この問題も一応片づく目途がついた。

　アメリカ側がこうした妥協案を打ち出した背景には，米国議会で10％ドル切下げ権限付与法案の提出があったこと（11月18日），ニクソン政権内部に金価格について譲歩し通貨調整の早期解決を求める意見が台頭してきたこと等もあった[46]。こうしてこの会議では，最終的には各国の調整率それ自体は決まら

---

45) 柏木雄介［1972］pp. 144-5。

なかったものの，通貨危機解決の方向性が初めてはっきりと示され，局面は12月のスミソニアン会議に向けて大きく前進したのであった。

---

46) Solomon, R. [1971] p. 201, Odell, *ibid*., pp. 282-3.

## 第3節　スミソニアン合意

### 1. フロート制への一時的移行と為替管理の強化

　1971（昭和46）年8月16日のニクソン・ショック以降，為替管理は矢継ぎ早に強化され，9月6日には，円転規制，対外債務残高規制，自由円規制が法制化されるに至った。これら一連の為替管理強化措置によって，為替市場は一応の安定を見たが，円高の進行はとどまることなく続いた。これに対しては，小刻みの円高移行，当時の表現を使えば「円高へのソフト・ランディング」が追求されたが，為替相場の誘導つまりソフト・ランディングの目標設定は，その目標値を思惑によって先取りされることが多かった。このため「為替管理のような直接統制手段によらず，流動性および利回りに対する干渉という市場原理に立脚した間接的手段によって海外からの過度の資本流入を抑止し，外貨準備の増大と為替レートに対する圧迫を避けるとともに，他方において国内の流動性および金利水準が海外の要因によって不当に攪乱されるのを防ぐ[1]」という観点から，9月中旬から10月にかけていくつかの対策が構想された。

　対外資本取引税，対外資本取引課徴金，外資預託制度などの構想がそれで，対外資本取引税（案）は，「① 海外からの資本流入に対し，対外資本取引税を課す。② 税率は，海外のその時の金利水準，国内均衡確保上必要な金利水準，内外通貨の強弱（先物市場における直先の開き等）を総合的に勘案して，法定の範囲内で政令の定めるところにより随時変更し得るものとする。③ 本制度は，国際通貨情勢が不安定な期間に限り適用される臨時の制度とする」というもの，外資預託制度（案）は，「海外からの資本流入についてその一定部分を外国為替資金特別会計に無利子で預託させる」というものであった[2]。

---

1）大蔵省国際金融局「対外資本取引税の要綱（案）」昭和46年9月30日。

この他にも，類似したいくつかの対策が立案され，それらの「利害得失」が，①為替投機の防止，②外準増加の抑制，③「国損」発生の防止，④国内金融政策の独立性の確保，⑤為替管理の自由化，⑥国際関係，⑦国内関係，⑧立法の要否・法律の複雑さ，⑨事務量の多寡，⑩執行機関，⑪賦課対象の選定，といった多面的な観点から検討された[3]。例えば，対外資本取引税については，「本税が資本取引の自由化を妨げるものとして諸外国から非難を浴びるおそれあり」，「国内関係者の抵抗が相当強いものと思われる」といった問題点が，また外貨預託制度については，「西独，スイス等の例もありそれほど抵抗はない」が「流動性の拘束という点で別の抵抗」があり，「制度の性質上，現実に資金の流入を伴う取引」しか規制できないという問題点などが指摘された。

しかし，これらの諸対策は，多角的通貨調整が決着をみるまで相当の日時を要するとの見通しが次第に強まるなかで，企業のフロートへの適応が漸次進んだこと，新規商談も次第に軌道に乗り，10月以降は輸出成約もかなりの回復を示したこと，等のために実施に移されるまでには至らなかった。

この間，政府は9月23日「米国の輸入課徴金制度の実施等に伴う当面の緊急中小企業対策について」の閣議決定を行った。これは，ニクソン・ショックおよびフロート移行に伴い，①輸出依存度の高い中小企業の打撃が大きく，②各地で輸出契約のキャンセル，輸出成約のストップ，操業度の低下が見られ，この救済問題が国会などでしばしば取り上げられたことへの緊急の対応として決定されたものであった[4]。この決定に基づいて，貿易・為替関連措置として，①9月25日以降，日銀による中小企業関係期限付輸出手形の買取，②10月18日以降，外為会計による中小企業輸出成約円滑化のための外貨預託，という2つの措置が実施された[5]。このうち前者は，従来の外国為替手形買取り制度とは別枠で，総額3億ドルを限度に，中小企業の製品輸出にかかわる期限付輸出手形を引当てとする為銀振出の外国為替手形を日銀が買い取るという

---

2) 同前。
3) 大蔵省国際金融局「諸対策の利害得失について」昭和46年9月30日。

ものであったが，金利の割高，手続きの煩雑さなどのためにほとんど利用されなかった。これに対し後者は，市場での先物ディスカウント率に比べかなり有利であったため，中小企業はこれを積極的に活用，利用総額は8億ドル強に達し，期近ものを中心に輸出成約を回復させる大きな要因となった[6]。

初めての経験であるフロート移行後，政府は円の切上げ幅を極力小幅にとどめようという強い意志の下に厳しい為替管理を継続した。また，日銀は「日々の相場水準については水田蔵相の指示を受け，具体的な市場運営については大蔵省と密接な連絡をとりながら，市場の秩序を維持しつつ，望ましい円レートに向けてソフト・ランディングを図ることを試みた。最終的にいかなるレートに収斂させるべきかについては，当時並行して行われていた一連のG10会議における通貨調整交渉の成り行き，あるいは許容可能な円切上げ幅の上限に関する国内世論の動きなどをにらみながら，他方で市場の反応なども織り込みつつ，模索が続けられた。当局のこうした相場誘導は積極的な介入操作と為替管理の強化をてことして行われた[7]」。

こうした通貨当局による厳しい為替管理に対し，民間側からの批判が次第に強まった。経団連は，同連合内に期間1年の機関として設置された為替管理研究会[8]を通じて，頻繁に政府の為替管理措置への批判を表明した。また為銀も，二水会，為替会を通じて為替管理強化措置に対する批判や要望を提出した。9月22日二水会は，現行の外為諸規制によって為替取引に種々の問題が

---

4）全国銀行協会連合会『金融』第296号，1971年11月，pp. 79-80, 88-89。その骨子は，① 政府系中小金融機関を通して特定の輸出関連中小企業に対し，滞貨，減産，転業資金として債務者1人当たり5百万円-1千万円の長期低利の特別融資（総額1,500億円）を行う，② 信用力の弱い中小企業に対し信用保険の限度枠を現行の倍額に広げ，また保険料率も3分の2に下げて信用補完の拡充を図る，③ 為替取引を円滑化するため，中小企業を対象に，為銀による外貨建期限付輸出手形の買取に見合うように，外為会計から為銀に対し外貨預託を行う，同時に，日銀による中小企業の期限付輸出手形の買取を行う，④ 欠損金の繰り戻し制度による還付を現行の1年から3年に延長し，予定納税額の減額承認，納税猶予などを活用する，⑤ 事業転換のため中小企業振興事業団の高度化資金と中小企業金融公庫の特別貸付を行う，の5項目からなっていた。
5）これらの措置は，いずれもスミソニアン合意の成立とともに廃止された。
6）日本銀行［1986］pp. 333-5。
7）同上，pp. 331-2。

生じているとして，次のような問題点の指摘と要望を行った[9]。

1．外為諸規制下の問題点
 (1) 円転換規制
  (イ) 輸出手形買取増，輸入ユーザンス供与による買持傾向からくる為銀のリスク負担には限界があるので，市場で外貨売りができない場合には顧客取引を制限せざるを得ない。
  (ロ) 毎日の残高基準を遵守するためには，借入金返済，ユーロ放出等により調整の要があるが，技術的に困難なことが多い。
 (2) 自由円残高規制
  (イ) 在外公館諸経費，コルレス先決済尻資金等必要正常資金の受入に支障を来たし，海外諸国の非難が強い。
  (ロ) 過去に取得した証券に係る売却，増資払込等に支障を来たしている。
 (3) 外貨債務残高規制
   新規借入が不可能なところから，輸出手形買取増，輸入ユーザンス供与増に円滑に応じられない。
 (4) 先物市場
   平価調整の帰趨が見通し難のため，先物予約が出来ず輸出成約が激減している。
 (5) その他
  (イ) 現地貸，スタンドバイの規制により正常要資調達不円滑化（海外店取引が外銀に移行）。

---

8) 経団連「為替管理研究会課題」昭和46年6月25日。この研究会は，ニクソン・ショック以前の1971年6月末，次の課題を検討する機関として設置された。
   I 当面の諸問題
    1．外貨の累増防止と蓄積外貨の活用
    2．現在の為替取引の改善策
    3．平価の変更，為替変動幅拡大とそれに対する対策
   II 長期的課題
    1．企業の海外活動の促進・円滑化のための方策
    2．円の国際的地位向上のための方策
    3．為替管理自由化と国内の金融政策
9) 大蔵省国際金融局『昭和46年 二水会・為替会議事録』。

㈑　輸出前受規制の影響（中小企業関係）
２．対当局要望事項
　（1）円転換規制
　　㈽　毎日の残高規制から，毎月，やむを得なければ毎旬平残ベース規制方式に改める。
　　㈑　自由円を円転規制対象から除外する。
　　㈻　外貨預託の増額
　　㈮　日銀輸入資金貸付の増額
　　㈰　日銀売切りオペ見合い MOF スワップの返済延長
　　㈸　日銀輸出手形買取制度の復活並に枠拡大
　（2）自由円残高規制
　　㈽　円建取引推進の観点からコルレス先運用資金については，既往平残推移等を参考とし一定の allowance 枠を設ける。
　　㈑　流動性預金には逆日歩又は手数料，固定性預金については付利禁止を規制化する。
　（3）外貨債務残高規制
　　㈽　輸出手形買取増，輸入ユーザンス供与増に伴う外貨債務調達増を容認する。
　　㈑　外貨債務残高につき一定の allowance 枠（例 上下10〜15％）を容認する。
　　㈻　対外投融資促進の観点から，画一的規制は撤廃し，特に既契約・未実行分のシンジケート・ローンの別枠扱（あるいはユーロ取入規制の緩和）とする。
　　㈮　現地貸，スタンドバイ枠の規制緩和（輸入課徴金納付資金，港湾スト等の影響に依る在庫資金，季節資金等正常要資増に応ずるため）。
　（4）先物市場の回復
　　　　先物市場に対する何等かの当局介入に依り早急に先物市場を回復せしめる。

「円転規制があるために市場で外貨を売れない，かといって為替リスクの問題があるのでこのまま放置しておけない，なんとかしてくれ」，「現地貸，スタ

ンドバイ枠の規制によって，銀行の海外支店の活動が非常に抑えられている」というのが，要望の主旨であった[10]。

　続いて，10月中旬経団連為替管理研究会と大蔵省との間に懇談会がもたれた。懇談の場で大蔵省側は，「われわれとても好きこのんで変動相場制を実施しているわけでなく，各国の利害が絡みあって，各国とも変動相場制をとっている現状では，わが国だけが簡単にリペックするのは難しい……したがって，われわれとしては，各国間で問題の決着をみるまでの間の持久力を養わなければいけない，と考えている」という基本的立場を表明したうえで，今後の見通しととるべき措置として次のような主張を展開した[11]。

1．民間側より「持久戦に相応しい為替管理体制をとるべきだという声……要するにギュウギュウ締めつけるばかりでなく，緩めるべきところは緩めて欲しいという」声があるが，これについては，①為替レート，②外貨準備水準，③為替管理という3つの関連を考えなくてはならない。今後とるべき措置は「上記の三つの面をどういう具合に按配していくかがポイント」で，この点を考えると安易な緩和は困難だ。
2．「とはいえ，確かに，為替管理のなかにはギコチない面もあるので，これは是正していきたい」。
3．「わが国の為替管理は出る方を抑え，入る方を歓迎するという仕組みになっているが，これを昨年11月ごろからは，法律は変えず，出る方を奨励し入る方を抑える方向で運営してきた。……今後も法律は直さずに運用で『暖房』を『冷房』に切り変えていこうと考えている。しかし実際には出す方を奨励しても，国際通貨不安下で円をドルに替えて投資するなどということは誰もせず，……他方，入る方は，為替差益を狙ってますます増えてくる」。短資も，「自由円預金の規制など緩めると，たちどころに流れ込んでくるだろう。自由円預金ならまず損をすることはないし，それだけにこれに関する規制緩和への圧力は強い。自由円預金の規制のため，外国でトラブルが生じていることは承知しており，緩めたいとも思うのだがどうしてもできない」。
4．「長期的には，他の先進国には類をみないきつい為替管理を緩和して，自由

---

10) 経団連「第7回為替管理研究会」昭和46年9月28日。
11) 経団連「第8回為替管理研究会」昭和46年10月14日。

な取引ができるようにすることは無論だし，その他に日本の経済力に相応しい金融・資本市場の育成とか円の国際化といった問題も検討しなければならないだろう」。

こうした大蔵省の主張に対して，経団連側は，「国際通貨体制が正常化すれば，為替管理の自由化を進めていくという方針はまことに有難い」。しかし，「通貨情勢が完全に落着くのを待っていては，いつまでたっても緩和できないので，今直ぐにでも為替管理は自由化すべきだという意見もある」，「（外為管理法の）運用が変っても，手続き的には同じように複雑であるという点に強い不満がある」，「先物市場については為銀の努力に期待するといわれたが，日銀が介入することはできないか」，「円建て輸出をしろといわれても，取引相手を円のヘッジができないような状態において，そのまま円建て契約を促進するのは無理だ」，といった批判を展開した。

こうした批判に直面するなかで，大蔵省の為替管理措置に対する姿勢も，強い為替管理措置の維持から為替管理の緩和へと次第に変化し，ローマG10直前の11月下旬には，大蔵省内部で次のような為替管理規制の緩和政策が提起されるようになった[12]。

今後の為替管理政策について

今後の為替管理政策をどうするかは，通貨問題の落ち着きの姿，相場政策のあり方，輸出入金融のあり方等のいかんにより，結論の異なってくる問題である。したがって，対象を差し当たっての問題点に限定して考えると次のとおりである。
(1) 円転規制
  (イ) 9月7日から実施した毎日残ベースの規制は可及的に速かに改めることが望ましい。
  (ロ) 日銀の資金借残高と自由円預金残高相当額の買持ちを強制するという規制の内容も適当な機会をとらえて再検討することが必要である。特に，早期に決着がつく場合には，決着後なるべく早い機会に検討すべきである。

---

12) 大蔵省国際金融局「今後の為替管理政策について」昭和46年11月27日。

(2) 債務残高規制

　円転規制がある限り，債務残高規制を撤廃しても，さしたる支障は生じないと思われる。一定時期（8月18日又は9月6日）における債務残高で固定して対外債務の増額を一切認めないという規制は，本来，異常事態における異常な規制としてでなければむしろ弊害のあるものであり，できるだけ早い機会に廃止するのが適当である。通貨調整が長びく場合でこの規制を一挙に廃止するのを適当としないような特別の事情がある場合であっても，差し当たり，年末にかけて輸出手形の買取りが制約されないよう，その弾力化を図るべきである。

(3) 現地貸し規制

　通貨調整の決着がつけば即刻廃止しても支障は生じない。調整が長びく場合であっても，前受金の許可制が続く限りは，この規制を廃止しても支障は生じない。

(4) 自由円規制

　投機的な自由円の流入を阻止しつつ，円建取引に支障の生じるのを回避するためには，現在の残高規制を緩和し，円建L/Cの残高の増加に見合う自由円残高の増枠を行う等の措置をとることが望ましい。

(5) 短資取入れ規制

　……円転規制，自由円規制のほかにこの種の規制を置く意味については再検討する必要がある。

(6) 前受規制

　早期に通貨調整の決着がついた場合には切上げ思惑による前受金の流入はなくなるので規制を撤廃しても支障はない。ただ，将来再び通貨不安が生じるような場合には大量の前受金流入が再び生ずる可能性があるので，そのようなことの生じないよう，①前受金の定義を厳密にして輸出とのつながりが一義的に明らかなものに限ることにするとか，②制度的に前受けを大幅に制限するとともに他のリスク・ヘッジの方法を講じるとかの措置が必要と考えられる。通貨調整が長びく場合には前受規制は現状のまま存続するしかないと考えられる。業界の要望は，前受規制の緩和よりも相場の安定に集中しているし，前受規制についても……弾力的な運営を行っているので，規制を存続しても，当面，問題は生じないと思われる。

ローマG10で国際通貨調整への突破口が開かれたため，上述の線にそった規制緩和方針の具体化が，12月に入るとともに進んだ。まず，12月8日には，銀行部門の規制について，「二，三年前までの規制は外貨節約型（弱型）」であったのに対し，「現在の規制は流入防止型（強型）」であり，これは「① 日本の対外為替差損，金利損失を避けるため，② 国庫の対外，対民間為替差損，金利損失を避けるため，③ 金融政策の機能保持等のため」のものであるから，「対外債権債務バランスさえ抑えれば」この目的は達成されるとして，これまでの為替管理措置を緩和し，対外債権債務残高規制のみを実施するという方策が提起された[13]。そして，この方策に基づいて，取るべき対策と当面の措置として，以下の具体案が検討されるまでになった[14]。

1．前提（略）
2．政策目標（略）
3．取るべき対策
 (1) 二重市場制の検討（フランスの状況について照会中）
  a) 意義　貿易面でレートが不当に高くなることを防止するとともに，過小評価されたドルが資本取引により大量に流入することをprice mechanismにより防止する。
  b) 問題点　① 外為法7条1項との関連
  　　　　　② 自由市場で調達した資金を輸入決済にあてること等をいかに防止するか。
 (2) 外貨準備金制度の導入（企画課で検討中）
 (3) 為替管理の自由化の推進（銀行局検討中）
  ① 短期取引のrisk coverのため，先物市場の発展をすすめる。このためある程度の短資規制の緩和が必要か。
  ② 対外取引の自由化及び簡素化の推進（企画課検討中，外為法改正は云うは易く，実現は困難である）。
 (4) 国内低金利政策の推進（銀行局検討中）。これと外貨準備金制度の導入を

---

13) 大蔵省国際金融局「銀行部門の為替管理規制緩和の考え方」昭和46年12月8日。
14) 大蔵省「今後の為替管理政策のあり方について」昭和46年12月。

まって標準決済制度を改正し，輸入も6ヶ月とすることを検討する。
- (5) 外貨運用
  - ① 米国株式の購入その他直接・間接投資のため，民間商社，メーカー，証券会社が必要な外貨資金の一部にあてるため，為銀に対してMOF預託する。
  - ② 米銀借入れ，かたがわりのための為銀に対するMOF預託。
- (6) 国内経済政策の再検討，方向転換，内外均衡をはかる。
- (7) 中小企業預託の処遇

4．当面とるべき措置
- (1) realignment が成立した場合
  - ① 短資規制を8月15日以前の状態にもどす。
  - ② 中小預託制度の廃止
  - ③ 為替管理の自由化
  - ④ 二重市場，外貨準備金制度等 price mechanism による control の検討。
- (2) realignment が成立せず，その見通しも立たぬ場合
  - ① レートの問題　単独切上げ，基準外国為替相場の改定，断固たる買い支え。
  - ② 二重市場制の導入
  - ③ 中小企業預託の廃止の閣議決定
  - ④ 為替管理自由化の推進
- (3) その中間　1月中旬に解決持越し
  年末金融対策，短資規制の一部手直しの他は現状の維持に留めるか。

　経団連あるいは二水会などの強硬な要求がここに反映されたともいえるが，他面では11月以降の為替市場の変化，とくに12月に入ってからの急速なドル売り＝買持ポジションの解消が進んだことが，こうした転換を可能にしたのであった。
　71年9月以降11月中旬頃までの為替市場は，為替変動幅制限の停止によって円高を進行させつつも，大きな波乱なく推移した。為替管理措置が強化されたこと，買為替が8月のリーズの反動等から沈静化したこと，為銀が対顧客取引で弾力的姿勢を見せたこと等が主要な理由であった。この結果，東京市場に

おける円レート（インターバンク直物）は8月末日の339円から，9月月央337円55銭，9月末日334円21銭，10月月央329円47銭といったぐあいに半月間当たりおよそ1％のなだらかなフロート・アップを続け[15]，その後は，10月末日329円30銭，11月月央328円65銭，11月24日328円35銭と，ほぼ横ばい気味に推移した。

　ところが，11月下旬以降に入り，G10での通貨調整の見通しがでてくるとともに，再度活発なドル売りが発生，為替市場は波乱に転じ，主要為銀14行の市場ドル売りは，11月下旬から12月中旬の間に，約15億ドルに達した。これは基本的には，商社・メーカーなどがあらゆる手段を尽くしてリーズ・アンド・ラグズを図り，これに対応して為銀が可能な限りの調整売りを行ったことによって生じたものであった。

　すなわち，為銀の買為替は，9月から11月の間前年比でおおむね1割以下の伸びで，低調に推移していたが，11月下旬以降，①現地子会社を利用した実需を上回る輸出成約が増加し，また，②船積みの繰上げ，輸出手形持込みの迅速化が大手商社，メーカーを中心に活発化し，さらに，③小口輸出前受金，造船代金の流入等も見られたために，11月下旬–12月中旬の買為替実績は前年比4割増の急増となった。これに対し，売為替のほうは，仕向送金や輸入決済の繰延べ等によるラグズのため，同期間の実績はほぼ前年並みの水準まで落ち込んだ。この結果主要為銀14行の対顧客買超過は，同期間に約8億ドルに達した。典型的なリーズ・アンド・ラグズであった。

　このような状況のなかで，為銀側はその買持圧力に対して11月半ば頃までは，為替シェア優先の立場から多少の買持増加もやむをえないとの態度をとっていたが，11月末以降通貨調整の見通しが高まるとともに，リスク回避の目的で買持を極力圧縮する方針に転換した。すなわち，大幅な対顧客買超については，債務残高規制枠余裕の取り崩し，手元資金の圧縮を行い，これを市場で売却してポジション・カバーを遂行したほか，一般輸出予約締結等によるポジション買持化に対しても，円投入規制および債務残高規制の許す範囲いっぱい

---

15) 日本銀行［1986］p. 332。

の直先ポジション調整売りを行った。こうして主要為銀のネット・ポジションは，11月末の1億9,800万ドル買持から，12月18日には1億200万ドル買持へと圧縮された[16]。

これに対し，政策当局は強力なドル買い介入で臨んだため，円レート自体は11月末日の327円65銭から，スミソニアン合意直前の12月18日320円60銭と，緩やかなフロート・アップにとどまった。しかしこの結果として，9月から12月にかけての政策当局の介入額は，30億ドルを上回る規模に達したのであった[17]。

## 2．スミソニアン合意に向けて

### 1）スミソニアンに向けての日本の方針

ローマG10で国際通貨調整への展望が切り開かれたため，大蔵省は，直ちにワシントンG10に向けての対処方針策定の作業に突入することとなり，1971（昭和46）年12月3日，次のような作業計画を決定した[18]。

1．情勢分析及び対処方針
2．市場対策
　(1)　G10までの対策
　(2)　市場閉鎖の検討
　(3)　G10以後の対策
3．為替管理のあり方
　(1)　G10前後の対処方針
　(2)　中長期の対処方針
4．相場変更に伴う問題
　(1)　基準相場改訂の可否

---

16) 大蔵省［1972］。
17) 日本銀行［1986］p. 332。
18) 大蔵省国際金融局「ワシントンG10対処方針作業日程（案）」昭和46年12月3日。

(2) 基準相場改訂に伴う問題
 5．調整結着時の大臣声明
 6．調整結着時の想定問答
 7．通貨調整のわが国経済に及ぼす影響

　この計画にそって大車輪で作業が進められ，1週間のうちにほぼ次のような方針が確定した[19]。まず，「1．情勢分析及び対処方針」については，12月9日，「① わが国として受入れられるような合理的な通貨調整がワシントンでまとめられるよう全力を尽くす。② ドルの切下げ問題については，わが方にとって経済的に重要なのは，対ドルレートであることに鑑み，従来通り，米国の通貨調整参加を呼びかけるにとどめる。③ 輸入課徴金については，米国自身その廃止をオファーした形になっているが，パッケージ・ディール全体につき不満であるとしてザイルストラ案の妥協案（通貨調整時に10％を5％に引下げる，73年1月1日全廃）のような提案を行ってきた場合には，最終的には，これを認めることを考慮する。④ レート調整幅については，国際機関の案程度を限度とし，これを超えた大幅な通貨調整にならないよう最大限の努力をする。わが国のレートを提示する場合には，出来るだけ対ドルレートの形でこれを提示する。対ドルレートが例えば13％切上げとなった場合には……端数がでるが，この点にはこだわらないことにする。⑤ 万一，要求の切上げ幅がわが国として受入れられる切上げ幅を大きく上回り，調整が不可能となった場合には，わが方としては，次の点を対外的に明らかにして通貨交渉を打ち切る。(イ)わが国として受入れられる限度まで円のレートを落とす。(ロ)その後は従来通り，フロートを続ける」。

　また，「2．市場対策」については，とくに調整時の市場閉鎖の可否が問題となった。当初は「円がすでに変動相場制に移行している現在，……市場の混乱を回避するという見地からは特別の措置をとる必要性はない」という意見が強かった[20]が，日銀との協議の結果，13日には「(イ)万一，大量のドル売りが

---

19) 大蔵省国際金融局国際機構課「10ケ国蔵相ワシントン会議対処方針案」昭和46年12月9日。

生じた場合，一定の相場で買い支えれば国損が生ずる，㈹国損回避のため介入を停止すれば，異常な円高相場が実現し交渉上不利になるおそれがある，という配慮から，欧州の状況をにらみつつ，市場の閉鎖を行うことも考えられる。……市場を閉鎖する場合，その範囲は上記目的に照らし，必要最小限にとどめるのが適当である」という方針案が定まった[21]。さらに，「3．為替管理のあり方」については，前項で見たように，通貨調整の成立いかんにかかわらず，「投機を防ぐために必要最小限の規制」を残しつつ，為替管理を「原則として自由化する」という方針が決められた[22]。

　このようにワシントン会議対処方針の策定を進めるなか，日本・アメリカ間の貿易問題についての妥協点を検討するため，12月11，12日の両日，ハワイで日米通商会談が開催された[23]。日本側は，大蔵，通産，農林，経企の各次官が，アメリカ側はエバリー主席代表，ペティ財務省次官補ほか関係省の次官クラスが，この会談に臨み，電子計算機，IC，自動車物品税等の関税引下げ，流通機構の国際化，資本自由化の促進，標準決済等非関税障壁の緩和等を討議した。以上のような取組みを進めながら，日本はワシントンG10に向けての体制を整えていった。

## 2）スミソニアン合意の発表

　1971（昭和46）年最後のG10は，12月17，18日，ワシントンのスミソニアン博物館で開催された。会議に先立って，まず16日午前，恒例のG10Dが開かれたが，前回のローマG10以来，コナリー長官の誘導によって，実質討議は各国蔵相，中央銀行総裁のみの秘密会議で決定されることになったため，代理会議の中身は情報の交換，会議資料の整備など形式的なものにとどまった。また，同日午後にはIMF理事全員と蔵相代理全員の合同会議が開かれ

---

20) 大蔵省国際金融局短期資金課「市場閉鎖の可否について」昭和46年12月4日。
21) 大蔵省国際金融局「通貨調整前後における為替市場対策について」昭和46年12月13日。
22) 大蔵省国際金融局短期資金課「通貨調整後の為替政策（メモ）」昭和46年12月4日，および大蔵省前掲「今後の為替管理政策のあり方について」。
23) 細見前掲「昭和46～49年の財務官・顧問当時の諸問題」。

た。通貨調整の最終的詰めの直前にこの種の合同会議が開催されたのは，「IMFや小国や開発途上国に一応の敬意を表」し，「最終的な結論に対し大方の支持を確保する」ためであった[24]。

だが，ワシントンG10の基本的枠組みは，13，14日，西大西洋のアゾレス島でもたれたニクソン・ポンピドー／G. Pompidouの米仏トップ会談でつくられていた。輸入課徴金廃止のかわりに金価格を38ドル（8.57％の引上げ）とする，ワイダー・マージンは2.0-2.5％とする，ドルの交換性回復については結論を急がない，という合意が，この会談で成立していたのである[25]。

このためスミソニアンに残された課題は，実質的には各国通貨のそれぞれの変更率のみとなった。G10の冒頭，アメリカは，金価格改訂と輸入課徴金の廃止を前提としたアメリカの期待する各国の対ドル切上げ率を提示した。会議の大部分の時間は，通貨調整の率に費やされ，とくに日本円とECのバランスが焦点となった。日本円について最初にアメリカが提示した原案は，対ドル19％切上げ，対ポンド・フラン10％切上げ，対マルク5％切上げというものであった[26]。これに対し，日本側は，「国際協力の見地から切上げを行う用意はあるがそれは適度のものでなければならない……。適度とは，輸入課徴金の廃止を前提としても14.5％である[27]」と主張した。しかし，この日本の主張に対しては，アメリカのみならずヨーロッパ諸国からも強い批判が浴びせられた。とりわけ強硬だったのは西ドイツで，シラー／K. Schiller蔵相は，日本と西ドイツの切上げ率の開き5％，最低限でも4％を強く要求した。西ドイツと日本の間では，なかなか妥協が成立しなかったが，結局コナリーの強引な運営で3％強で決着がついた。また，ワイダー・マージンは，3％を主張するアメリカ，西ドイツと，1.5％を主張するフランス，ベルギーの中間点2.25％で妥協が成立した。こうして，12月18日（日本時間19日），大要以下のスミソニアン合意が発表された[28]。

---

24) 柏木雄介［1972］pp. 12, 147-8。
25) 同上。
26) 同上，pp. 148-53。
27) 同上。

① 各国の為替相場関係については下表のとおり合意が成立した。これは，平価またはセントラル・レート設定のかたちで各国政府によって発表される。
② 新為替相場の上下に 2.25％ の変動幅を設ける。
③ アメリカ政府は金1オンス38ドルとするよう議会に提案する。
④ 輸入課徴金，雇用促進税額控除を直ちに撤廃する。
⑤ 国際通貨制度の長期的検討に直ちに着手する。

同日，日本政府は「『円レートの切り上げ』にあたって」と題する声明を発表し，①住宅，生活環境，公害，老人問題などの諸政策に重点を置いた国民福祉の充実，②当面の景気停滞を克服するための景気浮揚対策の実施，③総合的な対外経済政策の推進，④沖縄における経済振興開発と県民福祉向上施策の推進，という4つの施策を「強力に推進する」と表明した[29]。

これに従い，政府は，12月9日付大蔵省告示第134号により，円の対米ドル基準レートを従来の1ドル360円から308円に改めるとともに，IMFに対しセントラル・レートを1米ドル当たり308円とする旨通告した。対ドルレート 16.88％，対金レート 7.66％ の切上げであり，各国中もっとも大きな調整幅であった。また，相場の変動幅は 2.25％ に拡大されたため，円の対ドルレートは 314 円 93 銭から 301 円 07 銭の間で変動することになった。

こうして4カ月にわたった通貨危機は一応の決着がつき，12月20日，各国は市場を再開した。スミソニアン合意は，従来特権的位置にあった基準通貨のドルが動いたという意味で，また，複数通貨が多角的再調整を行った初めてのケースであったという意味で，ブレトン・ウッズ体制が実質的に崩壊したことを象徴的に物語る出来事であった。ただ，ECは，土管のなかのヘビ "snake in the tunnel" を基本方針としては維持しており，これが翌72年4月24日のECナロワー・バンド（スミソニアン合意の半分の変動幅）成立につながっていく。

スミソニアン合意成立の結果，ニクソン・ショック以降の一連の為替管理強化措置は，大幅に緩和されることになり，まず71年12月21日，次の緩和措

---

28) 大蔵省『第21回 銀行局金融年報』昭和47年版，p. 15。
29) 奥田良彦［1972］pp. 11-2。

置がとられた[30]。

1）円転規制

1971年9月7日以降毎日ベースの規制に強化されていたのを，従前の月中平残ベース規制に戻した。ただし，当分の間，円転換額は各行ごとに定められた一定の天井を超えてはならないものとした。

2）対外債務残高規制

1971年8月19日に行政指導ベースの規制として導入され，9月7日に法制化されたこの規制を廃止した。

3）現地貸規制

1971年5月17日ヨーロッパ通貨危機に際して行政指導ベースの規制として導入されたこの措置を廃止した。

次いで，72年1月6日には次の諸措置が実施された。

4）自由円残高規制

1971年8月27日に行政指導ベースの規制として導入され，9月7日に法制化されたこの規制を廃止した。

5）証券特別勘定残高規制

1971年9月1日に自由円残高規制の補完措置として，行政指導ベースの規制として導入されたが，自由円残高規制の廃止にともない，この規制も廃止された。

6）海外短資取入れ規制

1964年7月から実施されていたこの規制を廃止した。

7）輸出前受金の円転規制

1971年8月31日省令で規制したが，これを廃止した。

以上の一連の措置の結果，ニクソン・ショック以降の為替管理強化措置は，非居住者に対する非上場公社債の取得規制を除いてすべて廃止された。スミソニアン合意を受けた大蔵省の，規制緩和についての基本的立場は次のようであった[31]。

---

30）大蔵省国際金融局短期資金課「今後の為替管理政策について」昭和46年12月24日。

1．原則として自由化する。

　円滑な輸出入金融を促進し，また，相場の乱高下を防いで取引の安定を期する，という為替政策の目標に反しない限り，為替管理を自由化して行くことが私益，公益の双方のために望ましい。

2．為替政策の目標を達成するために必要な，基本的な為替管理措置は残す。

　セントラル・レートは決定されたが，金との兌換性は回復されず，また，変動幅の拡大も行われた。このような状況の下では，為替相場は従来より変動し易いものとならざるを得ないであろうし，また，それに目をつけた投機資金の活動の機会も多くなるものと考えられる。したがって，為替管理の基本的なものは今後とも残しておく必要がある。

3．為替管理の具体的内容は，今後の輸出入金融制度，相場政策のあり方によって変わってくるものと考えられるので，これら三者を総合的に検討する。

　こうして72年1月6日には，「今後の為替管理政策の根幹[32]」としての円転規制のみが残されることになった。しかし，政策当局の期待に反して，この規制解除直後から輸出前受金の大量流入が発生し，いったん緩和された規制は，2月下旬から3月にかけて再度の復活を余儀なくされるようになるのである。なお，外貨準備高は，71年末には152億ドルに達し，前年末に比べ108億ドル，同年8月末と比べても27億ドル増加した。

### 3）外国為替資金特別会計と日本銀行の為替差損問題

　スミソニアン合意による通貨調整の結果，基準外国為替相場が変更されたため，外為会計および日本銀行に多額の評価損が発生することになった。すなわち，これまで外貨は外為会計に集中するのが建前であり，日本銀行は政府（外為会計）との間で売買を行うことはあるが，民間とは大蔵大臣の代理人として，かつ外為会計の計算において為替銀行を相手に売買するにとどまっていた。しかし，外為会計は融通証券（外国為替資金証券）の発行限度が予算上限

---

31) 同前。
32) 大蔵省『第21回 銀行局金融年報』昭和47年版，pp. 14-6。

定され，円資金調達上制約があるため，またその他の理由からも，その保有外貨を日銀に対し売却することが多く，従来も公的部門保有外貨の3-4割を日銀が保有していた。とくに1968（昭和43）年度以降は，流入外貨増に外為証券発行限度の引上げが追いつかず，日銀の保有外貨は，公的部門保有外貨の半ばをこえるに至った[33]。

　ニクソン・ショック後のフロート制移行により，これら保有外貨資産の評価損の問題が表面化してきたが，71年度上期決算（9月末）においては，保有外貨の評価替えは行われなかった。これは，9月末の時点ではいまだ平価の変更は行われておらず，またフロート制下の評価方法については，企業会計審議会の意見も，評価替えを行うか否かについては企業の選択に任せる，というものであったためである。ただし，71年下期決算では評価替えが実施される可能性もあるとして，第67臨時国会における71年度補正予算により，日銀納付金は当初の1,411億円から713億円へと減額補正された。また，この補正予算により，71年度特別会計予算総則を改正し，この会計の一時借入金の限度額を8,000億円から1兆円に引き上げた。この引上げ額2,000億円は，10月12日に閣議報告された「昭和46年度経済見通しの改定試算」に基づいて決定されたもので，ニクソン・ショック後とくに顕在化した外貨日銀買取りについて，「際限なくこうした方法に依存することは，国際国内両面における金融政策の円滑な遂行を確保するうえで必ずしも好ましいことといえない[34]」というのが，改定の理由であった。

　フロート移行後の保有外貨資産の評価替えは以上のように処理されていたが，スミソニアン合意が発効するとともに，保有外貨の評価替えは不可避となった。この評価替えは次のように行われた。まず，外為会計保有分については，外国為替資金特別会計法第8条の規定により，外国為替資金に属する「外国為替等」の価額を新基準外国為替相場により改定し，それにより生ずる損失は，外国為替資金の評価損として整理することとされた。外為会計の評価損の

---

[33] 大蔵省主計局大蔵第2係『国際通貨問題と外国為替資金特別会計』昭和47年2月。
[34] 同上。

表 3-12 外国為替資金特別会計
・日本銀行の評価損
(単位：億円)

| | |
|---|---|
| (1) 外為会計分 | |
| 保有外貨分 | △ 1,697 |
| 　　外貨預け金 | △ 1,661 |
| 　　外貨証券 | △ 29 |
| 　　特別決済勘定貸 | △ 7 |
| 　　1971年度評価益 | 3 |
| 対日銀スワップ分 | △ 1,612 |
| 対為銀スワップ分 | △ 684 |
| IMF 出資 | △ 125 |
| 　　出資額 | △ 307 |
| 　　IMF 保有円 | 182 |
| SDR | △ 2 |
| 　　合　計 | △ 4,117 |
| (2) 日銀分 | |
| 　　合　計 | △ 4,508 |

出所）大蔵省資料。

額は，保有外貨分1,697億円，対日銀スワップ分1,612億円，対為銀スワップ分684億円，IMF出資分125億円，その他もあわせ約4,117億円が計上された（表3-12）。この評価損の処理については，「貸借対照表上の外国為替等の評価損は，それによって現金不足が生ずるわけでなく，直ちに，外為特別会計の運営に支障を生ずるものではないので，特別会計法第8条第2項の規定どおり，貸借対照表上の評価損として整理し，なんら特別の措置は講じないこと[35]」とされた。

また，日本銀行保有分については，同様の評価替えを行った結果，4,508億円の為替差損を生じ，日銀はこれを71年度下期において，保有海外資産の運用益などとあわせ期中3,657億円の純損金として計上，次いで諸準備金を利益金として戻入することにより1,376億円の損金を計上したうえで，それを別途積立金の一部取崩しで補塡するなどの会計処理を行った[36]。

---

35) 日本銀行［1986］p. 341。
36) 同上。

# 第4節　フロート制への本格的移行

## 1. 円再切上げの回避

**1) 進まなかったドルの還流と為替管理の再強化**

　スミソニアン合意によって，ニクソン・ショック以後4カ月あまり続いた通貨不安は一応の終止符を打った。しかし，通貨問題はこれで終わったわけではまったくなく，合意のコミュニケでも今後緊急に解決すべき問題として，次の諸点が指摘されていた[1]。

(1)　安定的な為替制度を守り，通貨制度の適度の交換性を確保するための各国の責任の分担
(2)　金，通貨準備，SDRの適切な役割と国際流動性の適正量
(3)　為替相場変動幅及び適度の弾力性実現のためのその他の手段の再検討
(4)　短期資金移動に関するその他の措置

　実際，一応は固定相場制に戻ったとはいうものの，ドルの金への交換性は回復されず，「IMFのわく組みの中で[2]」，どのような方向に向けて国際通貨体制を改革していくかについては，何も決められてはいなかった。

　1972（昭和47）年1月末，スミソニアン合意後初めて開かれたOECD/WP3では，通貨調整の効果が十分現れるには1-2年の期間を要する，その間米国の国際収支赤字等いくつかの問題を生ずるかもしれない，米国議会がドルの平価変更法案を早急に可決することが信認回復の重要な方法である，こうした問題はあるが通貨調整の合意自体への信認はゆらいでいない，といった点が強調された[3]。また，同じ1月に開催されたBIS月例会議でも，ドル切下げが米国

---

1)「共同コミュニケ」第7項，大蔵省［1972］。
2) 同上コミュニケ中の表現。

際収支を好転させるにはまだかなりタイム・ラグがある，市場関係者は様子見の態度を続けている，米国の金利は国際的に見て低い，等の点が指摘された[4]。スミソニアン合意によって事態は安定したという認識は，なおほとんどもたれていなかったのである。

　合意後，まず期待されていたのはドルのアメリカへの還流であった。71年中にアメリカから流出したドルは，公的決済ベースで約270億ドル，その半分強が投機性のものといわれていた。この投機的資金が還流することによって初めてドルが安定すると考えられていたのである。しかし，ドルの還流はほとんど進まなかった。アメリカの財政赤字が空前の規模に達するという見通しが発表されたこと，国内景気対策のため低金利政策を進めたこと，ドルの交換性回復の目途が立たないこと，ドルの平価変更法案の議会審議が手間取ったこと，などがその理由とされているが，要するに合意によってもドル不安が解消されなかったことがその根本的理由であった。合意直後は強含みに推移したものの，期待とは裏腹に，1月中旬頃から3月中旬にかけて，ドルは軟化の一途をたどった。72年に入るとともに，円，西ドイツ・マルク，オランダ・ギルダー，ベルギー・フランを中心にアタックがかけられ，投機筋よりいっせいにドル売りが始まった。

　このうち円については，72年1月6日の規制解除直後から，輸出前受金が大量に流入し，流入額は1，2月の2カ月で13億ドル強に達した。このため1月初旬には314円台（インターバンク直物）にあった円相場は，1月下旬には308円台，2月下旬にはワイダー・バンドの天井に近い301円90銭へと急騰した。

　スミソニアン合意後，政府は円切上げの経済におよぼすデフレ効果への配慮や，円再切上げの絶対回避という観点から，政策運営のスタンスを急テンポで拡大均衡論へと傾斜させていた。例えば，72年1月の通常国会における施政方針演説で，佐藤首相は経済運営に関連し，次のようにその所信を表明し

---

3）大蔵省国際金融局国際機構課「円切上げ後の国際通貨情勢」昭和46年9月18日，藤岡真佐夫［1972］。
4）速水優［1982］pp. 66-7。

た[5]。

　景気停滞の長期化によって，輸出圧力が高まり，輸入の伸び悩みが続き，せっかくの通貨調整にもかかわらず，国際収支の均衡回復が遅れたり，国内の産業調整が円滑に進まず社会的緊張が高まる事態を招くことは避けなければなりません。このため，積極的な財政規模の拡大など，政府の総力をあげて景気の回復に取り組んでまいります。このような政策を通じて，おそくとも四十七年度後半には経済を順調な安定成長の軌道に乗せたいと思います。

　景気浮揚による拡大均衡を通じて黒字不均衡を解消する，黒字不均衡の解消により円再切上げを絶対に回避する，というのが基本路線となったのである。

　こうした観点から，政策当局はこの間多額のドル買い介入を実施し，為替相場の安定に努めた。しかし，72年1月早々から巨額の短資流入が見られ，2月下旬にはワイダー・バンドの限界近くまで円が急騰するにおよんで，政策当局はついにいったん緩和した為替管理措置を再度強化せざるをえなくなった。こうしてまず，2月5日には輸出前受金規制が復活し，3月1日には在日外銀に対し円転規制が強化され，5月8日には，円転規制は月中残規制から毎日残規制へと再度強化され，スミソニアン以前の状態に戻された。

　このような為替管理の再強化に対し，民間側より強い批判が改めて登場した。経団連はスミソニアン合意以前から為替管理の自由化を要求していたが，為替管理再強化の動きが表面化してきた2月中旬に，「今後の為替管理のあり方についての意見」を発表し，大蔵省の為替管理政策を次のように批判した[6]。「……元来，為替レートはわが国の経済を世界経済に連結する接点であるから，極力その安定をはかる必要があることはいうまでもない。しかし，そのためには財政金融政策，通商産業政策などにより内外均衡の同時達成をはかることが基本となるべきであり，この基本をゆるがせにしてもっぱら為替管理の手段に頼るようなことがあるとすれば，それは本末転倒といわざるを得な

---

5）『第六十八回衆議院本会議議事録』第3号（2），昭和47年1月29日。
6）経済団体連合会「今後の為替管理のあり方についての意見」昭和47年2月16日，大蔵省主計局前掲『国際通貨問題と外国為替資金特別会計』所収。

い。国際収支調整過程における為替管理の役割はあくまで補助的なものにとどめるべきである」。そして，今後の為替管理のあり方として，「為替管理の補助的役割，ならびにわが国が現在直面している国際収支の黒字調整の必要から判断すれば，今後の為替管理のあり方としては，為替投機の防止と金融攪乱的な短資移動の抑制との二点にその政策目標を絞り，現行の為替管理を原則自由の体制に改めるべきである」と主張した。

貿易商社会（代表幹事・三菱商事）も，2月23日「為替管理自由化についての緊急要望」を，大蔵大臣，通産大臣，日銀総裁宛に提出し[7]，「わが国の貿易や対外投融資は経済規模の拡大に応じて増大することになるが，為替リスク回避の有効な方法が許されない限り，為替相場の変動や平価の変更によって，商社の経営は重大な脅威に曝されることになる。そもそも，現行為替管理法は少い外貨準備を有効に利用する目的で立法されたものであり，外貨準備が豊富となった現状では存続せしめる理由に乏しく速やかに廃止さるべきものと考える」と現行為替管理を批判し，為替リスク回避の具体的方法として次のような要望を提示した。

1．本邦先物為替市場の正常化のための措置
　(1)　為銀のポジション規制の緩和
　(2)　日銀の先物市場介入
　(3)　商社に対する短期外貨資金借入枠の設定
2．外貨建長期債権等のリスク・カバーのための措置
　(1)　外貨貸制度等の実施
　(2)　インパクト・ローン等の規制緩和
　(3)　為替損失保険制度の新設
　(4)　為替損失に対する準備金制度の新設

さらに，経団連は4月にも，「当面の景気対策と通貨問題に関する意見」を発表し[8]，予算の繰上げ実施，大幅減税，補正予算の編成等の景気振興策とと

---

7) 貿易商社会「為替管理自由化についての緊急要望」昭和47年2月23日。
8) 経済団体連合会「当面の景気対策と通貨問題に関する意見」昭和47年4月25日。

もに，為替管理の自由化を次のように要求した。政府は「思い切ってこの際，為替管理政策を自由化の方向に転換すべきである。先にわれわれは為替管理自由化の基本的な考え方を政府に提言したが，とくに民間に為替リスクをカバーする手段を与えるための現行規制の緩和ないし自由化は急いでこれを実行する必要があり，また，一方において為替変動に対処する保険制度や税法上の積立金制度を設けるなど，極力正常な貿易取引の安定を期するよう，為替政策に関するはっきりした方針を確立されたい。……また，資源保有国との協調を一層促進し，海外資源の安定的確保，蓄積外貨の有効活用を図る見地から，対外投融資のための外貨貸付，資源備蓄に対する外貨の活用なども積極的に推進すべきである」。

これらの批判に対して，大蔵省は，当面の改善措置として，ドル・コール市場を創設するとともに，戦後長期にわたってとられてきた外貨集中制度を廃止することによって，批判に応えようとした。

ドル・コール市場は，4月6日邦銀18行，外銀23行に対し，居住者間外貨貸付を包括許可することによって創設された。従来限定的にしか許可されていなかった居住者間の外貨建貸借の範囲をひろげることによって，外国為替の売買市場しかなかった本邦為銀に外貨の短期貸借取引の場を提供することを目的とするものであった。当初日銀は，資金取引の認められている主要為銀14行と長銀に参加行を限定することを主張したが，取引を活発化するためには参加行を増やした方がよい，参加行を増やしてもこれら銀行に円転規制を課するのでわが国全体としては短資流入はない，居住者間の取引であるから外銀からのクリーン借入・ユーロ取入等のように過当競争からくる弊害はない，といった大蔵省側の主張が通って，市場参加行はコルレス契約の包括許可を受けた銀行全体に拡大された[9]。4月17日の発足以来，ドル・コール市場の1日平均取引高（4月17日-5月13日の平均）は1,363万ドルに達し，当初予想を大幅に越えた取引高となった（表3-13）[10]。

---

9) 大蔵省「ドルコール取引の包括許可について」昭和47年4月10日。

10) 大蔵省「ドルコール市場参加銀行の拡大について」昭和47年4月24日。

表 3-13 東京ドル・コール出来高
(単位：千ドル)

| 月　日 | 出来高 |
|---|---|
| 1972. 4. 17 | 14,550 |
| 18 | 5,500 |
| 19 | 10,000 |
| 20 | 11,500 |
| 21 | 6,750 |
| 22 | 1,000 |
| 小　計 | 49,300 |
| 24 | 5,700 |
| 25 | 16,600 |
| 26 | 22,500 |
| 27 | 11,000 |
| 28 | 25,900 |
| 小　計 | 81,700 |
| 5. 1 | 12,500 |
| 2 | 20,300 |
| 4 | 17,000 |
| 6 | 4,800 |
| 小　計 | 54,600 |
| 8 | 12,900 |
| 9 | 14,500 |
| 10 | 23,300 |
| 11 | 11,000 |
| 12 | 31,800 |
| 13 | 7,200 |
| 小　計 | 100,700 |
| 合　計 | 286,300 |
| 1日当たり | 13,633 |

出所）大蔵省資料。

　また，外貨集中制度の廃止については，大蔵省は，2月の段階ですでにこの廃止方針を明らかにしていたが，4月25日の「外国為替管理令の一部を改正する政令」の閣議決定に基づいて，5月8日，(1)居住者の外貨集中制度の廃止，(2)一般居住者の外貨預金勘定の開設，(3)非居住者の外貨預金勘定の開設，が実施に移され，戦後長期にわたった外貨集中制度はここに廃止された。

　外貨集中制度は，もともとは「外貨の乏しい時代に外貨の有効利用を図ると共に，為替管理を効果的に行うため……為替管理の根幹をなすもの[11]」としてとられた制度で，1950年6月30日公布施行の外国為替等集中規則を根拠とするものであった。ただ，当初の外貨集中方針がその後も一貫して堅持されたわけではなく，内容的には，①当初の全面集中形態から持高集中形態への移行，②対象範囲の拡大，保有限度の引上げ，③集中猶予期間の10日から1カ月への延長，④渡航持ち帰り外貨，収集用外貨の一定限度での自由保有認可等，外貨事情の改善とともにこの方針は漸次緩和が進められていた。外貨集中制度の廃止は，実質的にはこれら一連の緩和措置の追認にすぎなかったが，戦後長期にわたった「為替管理の根幹」が廃止されたという意味では，為替管理政策の転換を象徴する出来事であった。

　だが，こうした若干の改善措置をとったものの，経団連や貿易商社会がもっとも強く要求した為替リスク・カバーのための諸施策については，大蔵省はきわめて慎重な対応を示した[12]。まず，先物為替市場の育成強化ないしは正常化

---

11) 大蔵省国際金融局「外貨集中制度の廃止について」昭和47年2月17日。

については，「それ自体としては大いに結構なことである」，「ただ，先物市場発達のためには，円転規制を撤廃又は大幅に緩和する必要がある。……これ以上，現在の円転規制を緩和すると，短期外貨が（投機的資金も含めて）大量に流入することが予想される」と，円転規制との関係で難色を示した。また，外債発行とインパクト・ローンの取入れ認可については，「外貨債権を持っている者全てに自由にインパクト・ローン等の外貨取入れを認めると，現在の情勢下においては，外貨が大量に流入し外貨準備の急増を招くことになる」と，外貨準備増加対策の面から問題があると主張した。保険制度についても，「西ドイツで検討中の例などを見ても，純民間ベースでは料率が極めて高くなることが予想され，政府保険の場合には巨額の財政負担を要することになる。税制等において輸出優遇措置が問題となっている現在，政府保険により，これまた輸出のために巨額の財政資金を注入することはいかがなものかと考える」と，反対論を展開した。

さらに，外貨貸し構想についても，「外貨準備というものは，国民が稼得した外貨を政府が円を対価として買い上げたものであり，国民が対外支払を行う際には何時でも円を対価として外貨を売り渡せるように政府が保有していなければならないものであり，対外支払準備の意味を持つものである。従って，外貨準備はその性質上，運用方法が自ずから限られている」と，正面からこれに反対した。この外貨貸し構想は，71年6月の第1次円対策8項目のなかで，対外投資促進の一方策として通産省より提起され，大蔵省との見解の対立によりペンディングとなっていたものである。その後，この構想はほぼ沙汰止みとなっていたが，72年2月8日の経済関係閣僚協議会終了後，田中通産大臣発言（外貨貸しの実現促進についての発言）により再燃，いわゆる「第二外為会計」構想へとつながっていくが，この点については後述する。

---

12) 大蔵省国際金融局国際収支課「経済団体連合会の『今後の為替管理のあり方についての意見』(47.2.16)に対する大蔵省の見解（案）」昭和47年2月23日，大蔵省主計局前掲『国際通貨問題と外国為替資金特別会計』所収。

**2) 外貨準備の累増と諸外国からの対日批判**

　以上のような短資流入もあいまって，1972年（昭和47）に入ってもわが国の外貨準備は累増を続けた。外貨準備純増額は，72年1月7億2,200万ドル，2月5億2,100万ドル，3月1億8,500万ドルに達し，3月末の外貨準備高は166億6,300万ドル，71年7月末の79億2,700万ドルと比較すると，87億3,600万ドルもの激増をとげた。貿易収支の黒字幅が減らず，外貨準備が累増していくという事態が，72年前半も続いたのである。

　こうした状況の下で，諸外国からの対日批判の声が次第に高まってきた。3月末に開かれたOECD/WP 3は，スミソニアン体制を堅持するという1月末の合意を確認するとともに，各国の調整過程や国際通貨制度改革の方向を検討する最初の場となったが，そこで最大の問題とされたのは，アメリカの赤字不均衡と日本の黒字不均衡であった[13]。

　前者については，ヨーロッパ通貨投機との関連で，スミソニアン合意直後からすでに問題となっており，1月12日のEC委員会は，同閣僚理事会に対し，「国際通貨制度において完全交換制と安全性を基盤とする通貨圏を創造するため」域内交換幅をスミソニアンで決定された変動幅の半分以下（2％）に縮小する提案を行っていた。この提案は，3月上旬のEC 6カ国蔵相理事会で承認され，従来の半分（2.25％）に域内変動幅を縮小することが決定された。ドルの特権的地位を排除し過度のドル依存態勢を是正することで通貨危機を回避する，域内農産物価格の変動・取引平等条件の阻害といったワイダー・バンドによる弊害を除去するというのがその趣旨であった[14]。このナロワー・バンドへの移行は，4月24日より実施された。

　このように，ドル対策がある程度実施されていたために，焦点は日本の黒字不均衡の問題となった。「日本の経常黒字は，米国の赤字のカウンター・パートであるので，日本の政策は国際均衡に対し特別の責任を負っている」（西ドイツ），「日本の景気刺激策は充分であるとはいえず，歳出面のみならず減税も

---

13) OECD藤井参事官「73回経済政策委員会第三作業部会議事概要（3月28，29日）」昭和47年3月30日。
14) 全国銀行協会連合会『金融』第302号，昭和47年5月，pp. 81–2。

考慮すべきである」(OECD事務局次長),「日本の金利水準は,その黒字幅の大きさと対比した場合,国際的に目立って高い。制度的硬直性から金利の低下が少ないことは調整過程にとってさほど重要でないとする日本の意見は,理解しうる面があるにしても残念である」(西ドイツその他),「日本は資本移動についていまだに規制があり,また輸入支払についても標準決済規制などによる制約がある」(アメリカ)といった批判が一斉に浴びせられたのである[15]。

こうした批判に対して,3月24日には世銀WB (IBRD)に対する1,000億円の円資金貸付実施,29日には輸出優遇政策として批判の強かった外為資金貸付および外為手形買取りの取扱停止,4月1日には輸入促進策としての外為公認銀行に対する輸入資金貸付の移行比率引上げ(従来の30%から50%に),といった措置が緊急対応策としてとられた。しかし,日本だけがOECDの黒字を独り占めしている,日本の黒字解消が国際通貨問題解決の鍵である,という批判はその後もおさまらず,4月末のOECD経済政策委員会では,「通貨調整の効果をあげるためにも,日本は景気政策を推進し,内需の拡大をはかるべきである」と指摘されるまでになり[16],5月24日から開催されるOECD閣僚理事会でも,この問題が取り上げられることは必至となった。5月下旬に政府によって決定された第2次円対策7項目は,こうした批判への直接的な対応策であった。

### 3) 第2次円対策7項目

1972 (昭和47) 年5月20日,政府は対外経済政策推進関係閣僚懇談会を開催し,次の7項目からなる対外緊急経済政策を決定した[17]。いわゆる円対策7項目である。この緊急対策は,前年の「総合的対外経済政策」(円対策8項目)の基本方向の延長線上にあったが,その前文で「取り敢えず,下記の諸対策を緊急に実施することとする」と述べられていることからも明らかなように,対

---

15) OECD藤井前掲「73回経済政策委員会第三作業部会議事概要」。
16) 大蔵大臣官房調査企画課「『対外経済緊急対策の推進について』の説明資料」昭和47年5月23日。
17) 『ファイナンス』第79号,昭和47年6月,p. 90。

外的アナウンスメントとしての性格も強かった。

　緊急対策の発表後，大蔵省は 5 月 22 日，「対外証券投資の拡大及びわが国資本市場の国際化のための諸施策について」を発表し，対外証券投資の自由化拡大，新発外国証券のわが国での販売制度の整備の措置をとった。従来，対外証券投資の自由化の範囲が上場証券に限られていたのを，非上場の既発行証券にまで拡大する，外国市場新規発行証券の国内募集の制度を整備する，というのがその内容であった。また，25 日には，大蔵大臣より臨時金利調整法に基づく預金金利引下げが発議され，一連の金利引下げへの口火となったが，郵便貯金金利引下げの難航と絡んで，公定歩合引下げが実施されたのが 6 月 24 日，預金金利引下げは 7 月 17 日，郵貯金利引下げは 8 月 1 日と，金利引下げは当初予定より大幅に遅れてしまった。さらに，6 月 8 日には，海外不動産取得と対外直接投資に関する許可手続きを簡素化した。このうち海外不動産投資については，前年の 7 月 1 日円対策 8 項目の一環として条件付で自由化されていたが，今回の措置ではこの条件を取り払い，また，対外直接投資については，それまでの投融資の対象範囲制限（外国法人で本邦資本の比率 25% 以上で常勤役員を派遣するもの）を撤廃するという措置であった[18]。

　また，政府は 5 月 26 日，この緊急対策のうち法律改正の必要なものを対外経済関係調整特別措置法として一本にとりまとめ，国会に提出した。前年の円対策 8 項目と比較しての緊急対策の特徴は，外貨の活用対策が項目として独立し，しかも「外国為替公認銀行に対する外貨預託」，「日本輸出入銀行による輸入金融および海外投資金融拡充」といったかたちで，具体的方策が明示された点にあった。特別措置法案は，主としてここにかかわる法改正をはかるものであったが，第 68 通常国会では付託する委員会の決定が延び，結局提案理由説明も行われないまま，審議未了で廃案となった。

　この特別措置法案は，第 1 条（目的），第 2 条（日本輸出入銀行の業務），第 3 条（外貨の多角的活用の促進），第 4 条（海外経済協力基金の業務），第 5 条（外国政府が発行する円貨建債券に係る利子所得に対する源泉徴収の不適用），第 6 条

---

[18] 全国銀行協会連合会『金融』第 304 号，昭和 47 年 7 月，pp. 71-2。

(輸出に関する勧告等)，の6条からなっていたが，各条の性格は区々であり，所管官庁も第2，3，5条が大蔵省，第4条が経済企画庁，第6条が通産省と分かれていた[19]。

　特別措置法案が，こうしたかたちで提出されるに至った背景には，前年以来の「外貨貸し構想」や，72年4月に新たに登場した「第二外為会計」構想をめぐる大蔵省と通産省の綱引きがあった。この問題は，前述のように72年2月の田中通産大臣発言によって再燃した。通産省より，「非鉄金属原料の輸入に関し，為銀に外為会計より期間4カ月，金利5%の条件で計560百万ドルを預託し，同額を期間1年間，金利5.5%の条件で業者に貸し付ける[20]」という外貨預託案が提起され，あわせて海外資源開発等を目的とする「外貨貸し構想」が再出した，というのが直接の経緯であった。また，経団連や貿易商社会も，外貨貸しの実現を要請していたのは，さきに見たとおりである。

　この「外貨貸し構想」を引き継いで，通産省は4月17日「外国為替等運用特別会計（いわゆる第二外為会計）」案をうちだした[21]。「政府保有外貨を有効に活用するとともに，国際収支の早期均衡回復に資するため，資源開発を中心とする海外投融資の促進，経済協力の拡充，輸入促進等に必要ないわゆる外貨貸し，あるいは外貨預託を積極的に実施する必要がある。しかし，現在の外国為替資金特別会計では，①外国為替資金は，外国為替等の売買に運用されるものであり，かつ，②外国為替等の預入・貸付先は外国為替公認銀行または，外国銀行に限られる，との制約があり，海外経済協力基金，日本輸出入銀行，石油開発公団，金属鉱物探鉱促進事業団等を通じて民間企業等に対する長期外貨貸付けを行うことは困難である。したがって，現在の外為会計から切り離して外国為替等運用特別会計（第二外為会計）を創設する必要がある」というのが，その趣旨であった。現行の外為会計では認められない海外援助，資源開発

---

19) 中田一男 [1972] p. 24。
20) 大蔵省国際金融局「外貨貸し構想の再燃と鉱産物引取り用外貨預託について」昭和47年2月9日，大蔵省主計局前掲『国際通貨問題と外国為替資金特別会計』所収。
21) 通産省「外国為替等運用特別会計（いわゆる第二外為会計）の設置について」昭和47年4月17日，同上所収。

などの長期貸付を，別個の特別会計を創設することによって実現しようというのである。

具体的には，この第二外為会計構想は，外貨の運用対象として次のようなものを想定していた[22]。

1．海外資源・確保
　① ADMAの株式を10％取得し，シェアに応じて探鉱，開発費を負担し，原油引取を行う。（預託先　石油開発公団　所要外貨　約3億ドル）
　② 開発原油をわが国が優先的に引き取ることを条件として，ビルマ，ペルー，インドネシア等の政府機関等に対し探鉱資金を融資する。（預託先　石油開発公団　所要額　約0.9億ドル）
　③ 石油，非鉄金属の採取に必要な外貨資金の貸付けを行う。（預託先　輸銀および為銀　所要額　5.8億ドル）
2．重要資源の備蓄
　1979年頃から需給ひっ迫が予想される濃縮ウランを，供給力が超過している現在において，リザーブしておくこととする。方法は，長期債券の購入または輸入前払い方式を検討中。（所要外貨　鉱石代込みで約4億ドル，分離作業のみで約2億ドル）
3．経済協力の推進
　① 開発途上国の開発事業に要する外貨資金を外国政府機関等に対してアンタイドで貸し付ける。（預託先　海外経済協力基金　所要外貨　約24億ドル）
　② インドネシアのプルタミナ（国営石油会社）に対し，アンタイド政府ベースの外貨借款を供与する。（預託先　海外経済協力基金　所要外貨　約2億ドル）
　③ ペルーのミチキジャイ，鉱山開発に関連してペルー政府に対して，インフラストラクチュア投資のための借款を供与する。（預託先　海外経済協力基金　所要外貨　約1億ドル）
4．外国為替公認銀行等によるバンクローン（所要外貨　約10億ドル）
5．中小企業の海外投融資の促進
　家具，紳士服等縫製，豆電球等の工場団地を中心とした中小企業の開発途

---

[22] 同前および同前別紙「外貨運用内容の概要」による。

上国向け，対外投融資を促進するため，所要外貨資金を貸付ける。(所要外貨 約2億ドル)
　6．外国銀行借入れの肩代り等
　　輸入に必要な外貨資金の貸付けおよび外国銀行からの借入金の返済にあてるため，本邦外国為替公認銀行に貸し付ける。(所要外貨　約25-30億ドル)

　この第二外為会計構想は，大蔵省の従来の見解と真っ向から対立するものであった。このため，大蔵省は，「政府，日銀の保有外貨は，民間の受取外貨を必要に応じ円対価で買いとったものであり，再び民間で外貨を必要とする際には，求めに応じ何時でも売却すべき性質のものである。従って，安全性，流動性の維持を基本とし，さらに収益性もできるだけ確保して運用することが必要である[23]」という従来の原則にたったうえで，以下の問題点を指摘して同構想を批判した[24]。

　公的保有外貨の一層積極的な活用を図るため，第二外為会計を新設し，同会計が現行外為会計から外貨の預託を受けて，その原資とする構想が通産省から出されているが，これについては，次のような問題がある。
(1)　第二外為会計を設けても，その原資が現行外為会計からの預託により賄われるというのでは，両会計は，形式的に独立しても実質的には一体であるから，これだけの理由で新規会計を設けることは，適当でない。
(2)　現行外為会計が保有する外貨は，外為証券（期間60日）の発行により調達した円を対価として，民間から購入したものであるから，外貨資産の裏には常に円負債がある。従って，第二外為会計を新設し，外貨の保有・運用を行うためには，何らかの形により円資金を調達して，外為会計から外貨を買い取るという形式をとらなければならない。
(3)　仮に円資金を起債による場合には，第二外為会計の運用資産は中長期のものに限られるから，中長期国債の発行によるべきであるが，こうしたときには，その資金コストの関係上第二外為会計の貸付けはかなりの金利にならざ

---

[23) 大蔵省国際金融局「外貨準備対策について」昭和47年4月19日，大蔵省主計局前掲『国際通貨問題と外国為替資金特別会計』所収。
[24) 大蔵省国際金融局「外貨貸（外貨預託）に関する若干の問題」昭和47年4月26日，同上所収。

るを得ないと思われ、低利による外貨貸付けという本構想の魅力が少なくなるであろう。そこで、コストを引き下げるため一般会計から利子補給ないし一般会計による全面的肩代りを行う場合には、外貨の貸付け対象は、真に公共的なものとして国民の合意を得られるものであることが厳に要求されよう。いずれにせよ、このような形での第二外為会計創設の是非は、予算や財投と同一のレベルにおいて、相互の関連を考慮しつつ検討されるべきであって、単なる外貨活用の一方策として考えることには、問題がある。

(4) 預託によるか外貨の買取りによるかを問わず、第二外為会計を創設するためには、補正予算を必要とするが、特に預託の形で第二外為会計を創設することについては……必要性が乏しいと思われる。

(5) 外貨貸し構想は、外貨準備の急増という異常な事態に対処するための臨時措置として、本来、唱えられていたはずである。従って、そのための機関として第二外為会計といった永続的な機構を設けることは、……不適当であろう。これを制度化すれば、一旦短期に大量の貸付を行った後、管理会計になってしまうことになりかねない。

(6) 第二外為会計を設けて、現行外為会計から預託しさえすれば、第二外為会計がその預託外貨を実際に貸付けるか否かにかかわらずその分だけ外準から落ちるから心理的安心感が生ずるとの主張もなされているが、現実には第二外為会計に預託されただけでは公的外貨の流動性に何らの変化がないため外準計上から落ちるとは考えられず、また国際的にも外準から除外することについて納得を得られないであろう。

(7) 第二外為会計が大々的に外貨運用を行うためには、現在日銀が保有している外貨をもその対象とする必要があると思われる。第二外為会計が円を対価として日銀から外貨を購入する場合には、日銀として何ら問題はない。しかし、日銀保有のまま外貨運用をする場合には、日銀法の目的および外貨の日銀券発行準備としての性格に照らし、その運用許容範囲は限定されており、輸入・海外投資等一定の政策目的に結びついた第二外為会計への外貨預託が可能かどうか問題がある。

このような大蔵省の批判に対して、通産省は「制度創設の政策目標としては、①外貨準備を減らして円圧力を回避する、②蓄積外貨をこの際活用して

資源確保を強化する，③減価の可能性のあるドルを換物する，④海外援助，国際協調に資することになる，⑤企業の対外活動が為替レート不安によって沈滞傾向にあるがこれを解消し或は企業の為替リスクを除去できる[25]」などの理由をあげ，あくまで第二外為会計の創設を主張した。

「蓄積外貨の活用」については，大蔵省もすでに「外貨準備が現在のように大きなものとなった以上，そのうちかなりの部分については，流動性の考慮よりも収益性その他の考慮を優先させて運用することが可能になっている[26]」という観点から，①従来すでに実施している輸入外貨預託（3月末現在15億ドル）を増額し，貿易金融に政府保有外貨を活用することにより，海外借入れの増加を回避し，さらに一部の返済を可能にする（72年度，25億ドル程度），②日銀において外貨建中長期債の保有を増加させるほか，政府として為銀を通じ収益性の高い運用を行う（同，30-50億ドル），③輸入金融について，外為銀行に対する輸入資金貸付の移行比率を従来の30％から50％に引き上げ，海外からの短期借入れ増加の抑制を図る（4-7月，8-9億ドル），④日銀より世界銀行に対し1,000億円（3.3億ドル）の貸付を実行する，といった措置を実施ないしは決定していた。したがって，問題は，第二外為会計という新たな機構をつくり出すことそれ自体の是非と，外貨運用の具体的中味の是非となった。そして，この点について大蔵省は，第二外為会計構想は，制度的にも，公共性という観点からも，また実態的な機能の面でも問題があるという立場を崩さなかったのである。

以上の経過から明らかなように，第2次円対策における特別措置法案は，大蔵省と通産省の妥協の産物であった。この問題は，72年7月の田中新内閣成立後も続いたが，結局第二外為会計設立には至らず，72年8月「外貨貸し制度」の発足で決着がついた。

---

25) 大蔵省主計局大蔵2係「第2外為特会創設論について」昭和47年7月20日，大蔵省主計局前掲『国際通貨問題と外国為替資金特別会計』所収。
26) 大蔵省国際金融局前掲「外貨準備対策について」，同上所収。

## 2．続く通貨調整後の不安定

### 1）ポンドのフロート移行

　1972（昭和47）年年初以来波乱含みであった国際通貨情勢は，2月下旬から3月上旬にかけての西ドイツ（現金預託 Bar-depot 制度導入），スイス（非居住者預金に対するネガティブ・インタレスト賦課）による短資流入規制[27]や，4月24日の EC ナロワー・バンド移行によって，いったんは小康状態を保ったものの，6月半ばに至って再び波乱局面を迎えた。ポンドが激しい売り投機にさらされ，6月23日にはフロートに追い込まれたのである[28]。

　激しいポンド売りの直接の原因は，6月中旬の港湾労働者の山猫ストと，ポンド早期切下げは不可避という野党労働党ヒーリーの発言（19日）にあったとされている。イギリス国際収支の先行き不安，インフレ再加速の懸念などによるポンド再切下げ思惑が大量のポンド投機を引き起こしたのである。ポンド売りの主体は必ずしも明らかではないが，「① 英国の大企業が対 EEC 投資かたがた切下げヘッジのため保有資金を EEC 諸国へ移動し始めたこと，② 昨年英国に流入して国債市場や parallel market などで運用されてきた短期資金が先行き不安から大量流出に転じたこと，③ 6月中旬にはいり多国籍企業がポンド切下げ必至とみてユーロ・ポンド借入れによるポンド売り操作をしきりに行ったこと[29]」などによるといわれていた。

　ポンド売り投機が激化した22日，イングランド銀行は，公定歩合1％引上げを実施してポンド防衛を図ったが，投機沈静の効果はなく，同行を含む EC 諸国中央銀行は，ナロワー・バンド維持のため引き続き巨額のポンド買い支えを余儀なくされ，この結果市場介入額は15-22日の間に26億ドル，当時ポン

---

27) Bar-depot 制度とは，企業など銀行以外の機関が外国から借り入れた資金に対して，一定の比率で強制的に預金を行わせるという制度，ネガティブ・インタレスト賦課とは，預金に対してマイナスの利子を課すもの。
28) 「ポンドの変動相場移行について」日本銀行調査局『調査月報』昭和47年7月号，pp. 48-55。
29) 同上，p. 49。

ド圏諸国が保有していたポンド残高70億ドルの3分の1強に達した。翌23日朝，英国政府は，①ポンドの一時的フロート移行とECナロワー・バンドからの一時的離脱，②従来居住者扱いとされてきた海外スターリング地域への為替管理の適用，③上記新措置導入のためのロンドン為替市場の一時閉鎖（23日および26日），を発表した。ポンドのフロート移行である。

ロンドンの市場閉鎖に追随して，ヨーロッパ市場はほとんどが閉鎖され，日本も24日東京市場を閉鎖，28日まで再開しないと発表した。EC諸国は，24日EC通貨委員会，中央銀行総裁会議，26日閣僚理事会を緊急に開催，対策を協議し，スミソニアン合意とナロワー・バンドの堅持，イタリアへの特別措置適用，為替市場の28日再開，などを決定した。そして，市場再開にあたって，次のような為替管理強化措置が，各国ごとに実施された。まず6月27日には，イタリアにおいて，イタリア銀行券等のイタリア銀行への貸記禁止，為銀対外ポジション規制が実施され，同日スイスでも，証券および土地取得が禁止され，翌28日には，西ドイツにおいて，現金預託制度が強化された。また，フランスにおいても，7月13日預金準備率の引上げが実施された[30]。わが国も，6月29日，①証券会社名義特別勘定を円貨勘定と外貨勘定に2本化，投機的資金の円勘定への流入防止を図るとともに，②輸出前受金規制の対象からはずされる小口の限度額を1万ドルから5,000ドルに引き下げ，③7月1日非居住者自由円預金に対する増加額基準準備率をそれまでの25％から50％に引き上げる等の措置をとった。

しかしこうした短資規制の強化によっても，ポンド以外の通貨もフロートに移行するのではないかという思惑を抑えることはできず，市場再開直後から大量のドル売りが発生，結局6月23日から7月14日までの間に，主要国全体で総額60億ドルを超える巨額のドル売りが行われた。この間，円相場もポンド不安とともに騰勢を強め，市場閉鎖直前の6月23日には302円15銭，再開後の29日にはワイダー・バンドの天井の301円10銭にまで上昇し，その後年末近くまでこの水準に張りついた[31]。こうしてポンドのフロート移行は，スミソ

---

30) 大蔵省国際金融局「ポンドフロート後各国のとった措置」昭和47年10月12日。

ニアン体制の脆弱性を改めて認識させ，国際通貨体制再建の緊急性を印象づけることになったのであった。

## 2）IMFC20の発足とIMF総会

しかし，国際通貨体制再建の動きはなかなか進まなかった。1-2月の通貨波乱の際も，6月のポンド・フロートの際も，アメリカはスミソニアン・レート維持のための積極的行動をまったくとろうとしなかった。G10に対してアメリカは，「国際通貨問題に対するヨーロッパの発言権が強すぎる」，「10カ国蔵相会議の前に自分達だけの会議をもって意見調整をはかり共同戦線を張ろうとする」といった不満を抱いていたのである[32]。例えば，3月のOECD/WP 3においても，ボルカーは，「国際通貨体制改革を討議する場（forum）として，アメリカは，現在あるIMF，G10等の各forumはいずれも不適格と考える」として，「①20カ国を限度とする新しいforumを設置する，②そこには主要国を全部含め，後進国代表もでる，また通貨だけでなく貿易，防衛費分担も討議できるようにする，③しかるべき機関をうまく行使できる小数のスタッフを加える，④大臣クラスの会議とする」という内々の見解表明を行っていた[33]。また，開発途上国の側も，「かつてのSDR創設の場合も，今回の国際通貨制度改革の場合も，先進国側は，10カ国だけが集まって先に討議し，結論だけを押しつけてくる」という強い批判を抱いていた。さらに，先進国の内部でも，G10の構成メンバーとならなかったオーストリアやオーストラリア等から，G10に対する強い非難が表明されていた。

こうしたアメリカの不満とG10非メンバー国，開発途上国からの批判は，1972（昭和47）年5月のOECD閣僚理事会において噴出し，フォーラム問題をめぐって激しい議論が交わされ，結局，通貨と貿易の関連事項に関しては新しいフォーラムはつくらない，国際通貨制度の改革についてはIMF総務会のなかにアド・ホックなコミッティをつくりそこで議論する，という合意がえら

---

31) 日本銀行［1986］pp. 347-9。
32) 柏木雄介［1972］pp. 272-3，また同書，pp. 60-2も参照。
33) OECD藤井参事官より細見財務官・稲村局長宛「電報」，昭和47年3月30日。

れた。いわゆる20カ国委員会（C20）の設立がここで合意されたのである。こうして，7月28日のIMF総務会において，「国際通貨制度改革および関連事項に関する総務会委員会」（C20）の設立が決議された。構成メンバーは，5大任命理事国の5人の総務と，15の選挙理事を選ぶ選挙母体諸国を代表する15人の総務計20人で構成する，各国総務は蔵相クラスとする，実質討議は40人の総務代理で構成するC20代理会議で行う，等が決議の主要な内容であった。この決議に基づいて，9月28日ワシントンでのIMF総会の最中に，第1回のC20が開催された。構成メンバーは，米，英，独，仏，日，伊，加，豪，ベルギー，ノルウェー，オランダ，エジプト，インドネシア，インド，シエラレオネ，イラン，オートボルタ，ホンジュラス，ブラジル，チリの20カ国で，第1回委員会において，議長にアリ・ワルダナ／Ali Wardhanaインドネシア蔵相が選出され，下部組織である代理会議議長には，モース／J. Morseイングランド銀行理事が選出された。

また，この総会に先立って，9月5日，IMF理事会は「国際通貨制度の改革に関する理事会報告書」を提出した。「報告書」は，前年1971年のIMF総会決議を受けてまとめられたもので，「序文　I 改革の必要性　II 為替レート調整メカニズム　III 交換性と国際収支不均衡決済　IV 諸準備資産の役割　V 攪乱的資本移動の問題　VI 国際通貨制度改革と発展途上国」という構成をとっていた。その概要をごく簡単に述べれば以下のようである[34]。まず，Iでは，従来のブレトン・ウッズ体制の問題点と，将来実現されるべき新制度の政策目標が各国国際収支調整と国内政策との関連から論じられ，次いで，IIでは，平価決定の基礎，平価変更の責任の分担，為替相場制度におけるIMFの役割，変動幅拡大，平価遵守義務からの一時的離脱等が論じられた。また，IIIでは，金，SDR，IMFポジションなどの準備資産によって国際収支不均衡を決済するいわゆる資産決済の是非，複数通貨による介入制度等が論じられ，IVでは，資産決済との関連での諸準備資産の役割が検討された。さらに，V

---

[34]「国際通貨制度の改革・IMF理事会報告書要旨」昭和47年9月5日『ファイナンス』第83号，昭和47年10月，pp. 63-70。

では，短資移動によって引き起こされる問題とこれを抑制する方法，国内・国外への影響を緩和する方法等が検討された。最後のⅥでは，発展途上国の立場と利害，とくに開発資金の供給不足と SDR リンク等が論じられた。その序文で「国際通貨制度改革について一つのまとまった結論なり方向づけを行うことを目的としたものではなく，改革について考えられるいろいろな選択を示すことを目的とした中間報告」と述べているように，この「報告書」は，結論や方向性を明示するものではなかったが，上述のように国際通貨制度改革の主要論点をほとんど網羅しており，発足した C20 に対して，検討の参考資料として付託された。

　25日から5日間にわたって開催された IMF 総会では，コナリー前長官に代わったシュルツ米財務長官が，米国を代表して国際通貨制度改革に対するアメリカの見解を表明した。その概要は，「① 外貨準備の急激な増加は黒字国の責任であり，外貨準備が均衡を失した場合は速やかな調整が必要である，② レート調整，貿易障害の撤廃，対外投資の制限緩和等の総合的な措置をとらずして，尚黒字幅が余りある場合，輸入課徴金を付する制裁措置を定める，③ SDR が今後重要性を高め，新しい制度の公的基準になるだろうが，公的保有金が一夜にして消え失せるものではない[35]」等，「黒字国責任論」を再論したものであったが，① 慎重な前提をおきつつも，米ドルの交換性回復につき明言したこと，② 為替レートを唯一の国際収支調整手段として強調しなかったこと，③ 一般的には通貨と貿易のリンクを主張しつつ，実際には新国際ラウンドと通貨改革交渉を切り離したこと，等「一般に予想されていたよりは妥協的かつ建設的な意見[36]」を初めて表明した点に特徴があった。このアメリカ提案に応えて，ジスカールデスタン／V. Giscard d'Estang 仏蔵相演説，シュミット／H. Schmidt 西ドイツ蔵相演説も，通貨制度改革に向けての「共同の努力」「協力と妥協への共通の努力」を強調するものとなった。こうして，9月の IMF 総会では，できれば両3年以内に国際通貨制度改革を実現するという国

---

35) 全国銀行協会連合会『金融』第 308 号，昭和 47 年 11 月，pp. 83-4。
36) 天野可人 [1972] p. 22。

際的合意が成立し，C20の設置とあいまって，国際通貨制度再建の具体的方向が提示されたかのように見えた。

しかし，市場の動きはこうした期待を裏切った。とくにその動きは円について著しく，ニューヨーク市場では，夏の時点から円再切上げ必至論が蔓延し，秋口に入るとともに国内でも「市場および一般の空気は，本年中にでも政府は再切上げに追い込まれるであろうとの不安が支配的[37]」となった。多額のドル買い介入により為替相場の維持を図ってきた日銀関係者の間ですら，「もはやスミソニアン・レートの維持は困難であるとの感触が47年秋ごろから強ま[38]」ってきたのである。さらに，11月初旬には，連日1億ドルを越えるドル売りがあり，ドル先物相場も3カ月物で291円，6カ月物で281-2円にまで低下した。

この間，日本政府は円再切上げ絶対阻止の方針を堅持し続けていた。72年7月7日に発足した田中新内閣は，「日本列島改造論」を掲げて積極拡大政策を推進した。8月9日，中曽根通産大臣は「日本経済はいま円再切上げか，調整インフレかどちらかの選択を迫られている。私としては，円再切上げは絶対回避すべきで，そのために景気を一層刺激し……」と，調整インフレ論を展開した。また，9月30日には，訪中を終えて帰国した田中総理大臣が，「円再切上げには，中小企業などはとても対応できぬという体制が現状であり，国内政策を行うべきだ。……国内対策をやらぬまま，いろいろな問題を他動的に受けることになっても困る。これは政治の責任だ」と，円再切上げを回避することは政治責任であるとの見解表明を行った。

こうした立場から，政府は7月の日米通商協議においても，8月末の日米首脳会談においても，円再切上げ圧力を避けるという点に最大の重点をおいて協議に臨んだ。すなわち，7月25-27日に箱根において開催された日米通商協議では，①新国際ラウンドを中心とした多国間問題，②日米間の貿易不均衡是正問題，が議題となったが，この場でアメリカ側より，日米間の貿易インバラ

---

37) 大蔵省国際金融局「大臣事務引継資料」昭和47年12月。
38) 日本銀行［1986］p. 397。

ンスが膨大な額になっており（アメリカ側試算72年度40億ドル，日本側同試算35億ドル），平価調整の効果がほとんど現れていない，それゆえ日本は不均衡是正のいっそうの努力をすべきである，との強い要求が出された．具体的には，①輸出制限，②農産物輸入政策，③関税，④流通業の対日直接投資の自由化，⑤外国投資信託，⑥標準決済方法の是正，⑦小口輸入等の手続の簡素化，がそれぞれ個別に検討項目とされ，日本側は各項目について相当の譲歩を余儀なくされた[39]．

また，8月31日，9月1日の両日ホノルルにおいて開催された日米首脳会談でも，アメリカ側は，日本が年10億ドルずつ2年間で20億ドルの黒字を削減することを，その具体策も含めて要求した．当初日本側は時期や幅などの具体策の提示は拒否したものの，結局貿易収支不均衡の改善に資する短期的措置（緊急輸入措置）として，2年間で11億ドルの米国製品および役務の購入を行うことを了解した．内訳は，農林水産物関係440百万ドル，エアバス等民間航空機購入320百万ドル，濃縮ウラン加工料320百万ドル，ヘリコプター・航空関連施設役務20百万ドルで，この内訳は，9月1日鶴見・インガソル／R. S. Ingersoll 会談の結果として発表された．また，首脳会談で，日本側は，ここ3年以内に経常収支黒字額をGNPの1％に抑えるよう努力する方針を説明し，アメリカ側の了承を得た．こうした一連の譲歩は，円再切上げを避けることこそを最大の政策目標としたために他ならなかった（表3-14）．

### 3）外貨貸し制度の発足と第3次円対策5項目

上述の日米協議において，アメリカ側が貿易収支不均衡是正を強く要求した背景には，日本の黒字が一向に減少しないという事態があった．平価調整は当初はJカーブ効果が働く，その効果が定着するには2年ほどの期間を要する，といった点については一応の国際的了解があったとはいえ，1972（昭和47）年1-3月の貿易収支は対前年比で20％を越える大幅な伸びとなり，その後伸び率は鈍化したものの，1-6月の貿易黒字額は37億200万ドル，1-9月のそれは

---

39) 全国銀行協会連合会『金融』第306号，昭和47年9月，pp. 83-4．

表 3-14 わが国の対米国際収支の推移
(単位：百万ドル)

| 年 | 1969 | 70 | 71 | 72 | うち 1-6 月 |
|---|---|---|---|---|---|
| 経常収支 | 1,270 | 857 | 2,756 | 3,351 | 2,191 |
| 貿易収支 | 1,641 | 1,465 | 3,374 | 3,950 | 3,702 |
| 輸　出 | 4,990 | 6,000 | 7,547 | 8,903 | 12,454 |
| 輸　入 | 3,349 | 4,535 | 4,173 | 4,953 | 8,752 |
| 貿易外収支 | △ 411 | △ 644 | △ 674 | △ 533 | △ 1,145 |
| 移転収支 | 40 | 36 | 56 | △ 66 | △ 366 |
| 長期資本収支 | 304 | △ 218 | 233 | △ 1,729 | △ 1,530 |
| (基礎収支) | 1,574 | 639 | 2,989 | 1,622 | 661 |

出所）大蔵省資料。

63億2,200万ドルで対前年比17.2％の伸び（前年同期黒字額52億9,200万ドル）を記録した。このため，72年3月末に166億6,300万ドルに達して後，4月からいったんは減少に転じていたわが国の外貨準備は，7月以降再び増勢を示すようになった。

こうした状況の下で，大蔵省は8月18日，外貨の活用，輸入促進と海外投資促進を目的として，従来からの議論の対象となってきた外貨貸し制度を発足させた。その概要は次の通りであった[40]。

　　日本輸出入銀行等の政府関係機関及び外国為替公認銀行の対居住者外貨貸しについて

昭和47年8月18日　大蔵省

　　最近における国際収支の状況にかんがみ，海外投資の活発化のための外貨資産の多角的活用が期待されているところ，従来ともすれば為替リスクの点から海外投資を手控えようとする向きがあるので，日本輸出入銀行等の政府関係機関及び外国為替公認銀行が海外投資を行おうとする居住者に貸し付ける資金の一部について外貨による貸付を認めることにより，資源開発を含む海外投資の一層の促進をはかることとする。また合せて現在緊要とされている国際収支均衡回復の一助とするための緊急輸入についてもこの制度の利用を可能ならしめることとする。

　　なお，日本輸出入銀行等の政府関係機関については，円を対価として購入す

---

40) 岩崎文哉 [1972] pp. 17-24。

る外貨を原資として外貨貸付けを行うこととする。

　本措置は現在の保有外貨の状況及び国際通貨情勢の下で当分の間に限り実施される措置であって恒久的なものではない。

実施要領

1　外貨資金の貸付け対象
　(1)　日本輸出入銀行
　　　海外投資資金及び特定の重要物資の輸入前払資金の貸付。
　(2)　石油資源開発公団，金属鉱物探鉱促進事業団
　　　海外における石油，金属鉱物探鉱資金の貸付
　(3)　海外経済協力基金
　　　一般案件のうち海外投資資金の貸付
　(4)　外国為替公認銀行
　　　海外投資資金及び特定の重要物資の輸入資金の貸付（日本輸出入銀行との協調融資を含む）。
　　備考…政府借款については外貨貸しは認めない。

2　許可基準
　上記の貸付のうち政府関係機関または，外国為替公認銀行の審査を経たものでかつ下記の条件を充たすものについて外国為替管理令第一三条の許可を与えることとする。
　(1)　外貨貸しによらなければ実施が困難なものに限ること。即ち，本制度によってはじめて外貨の流出または将来の外貨流出の繰り上げが行われるような案件が対象になるのであって，円金融によっても外貨流出が期待されるものは除かれる。
　(2)　貸付けられた外貨は，必ず国外に持ち出されること。したがって投資資金のうち本邦からの輸出に充てられることが明らかなものは除かれる。
　(3)　円金融を阻害しないため，原則として貸付けは一部円貨，一部外貨による。

　この大綱発表後，実施の細目について関係各省間で細目の詰めがなされ，9月29日同制度適用の第1号が許可された。しかし，その後の許可実績は，73年1月末までに，プロジェクト件数234，外貨貸付額1億8,500万ドル，円貨

貸付額を含めても2億6,500万ドルと，当初の予想を大幅に下回った。貸付実績が低位にとどまった理由は，「(イ)日本からの輸出に結び付いているものは外貨貸しの対象から除かれているため企業としては輸出面のうまみがない。(ロ)企業支配的直接投資は，採算性の検討等計画が具体化するまでに時間がかかる。(ハ)輸銀等の貸付けについては，海外資源開発投資の場合担保の確保が困難であること，その他償還確実性の裏付けが十分でないという事情がある[41]」といった点にあったとされている。紛糾の末実施されたものの，この制度は，外貨減らしという点では，その役割をほとんど果たさなかったのである。

こうして日本の経常収支黒字の増加，外貨準備の増勢への反転という事態が進行するなかで，アメリカ以外の諸国からの対日批判も，72年半ば以降急速にそのトーンを強めるようになった。例えば，72年6月のOECD/WP3では，「日本が，いつまでも経常収支の大幅黒字を続けることは，国際的にみてあまりにも攪乱的であって容認できない。今後6カ月位のうちに顕著な改善が行われることが必要」といった意見が大勢を占めた。さらに9月のWP3になると，「日本の経常の黒字は異常な大きさであり，これでは世界の国際収支調整が充分に機能するかどうか根本的に疑問がある。日本はいったいどのような対策を採ろうとしているのか。国内経済政策だけでは貿易に及ぼす効果は遅すぎるので，何らかの適切な対策を採る必要がある」，「日本が現在の不均衡を是正するためには，さらに内需を喚起して需給ギャップを埋めることが必要であり，このため，減税等の財政面からの景気対策及び輸入の自由化を促進する必要がある」といった意見が続出し，これらの意見を受けて，議長は「日本の黒字が米国の国際収支の改善を妨げており，そのため，世界的なドル問題の解決が困難になっている」と指摘，「各国代表とも本件の急速な解決を望んでいるので，次の11月の会合において，具体的改善策について日本の説明を求める」と要請して，会議を締めくくった[42]。

これらの会議の場で，わが国は「(a)(国際収支)調整過程は，平価調整に重

---

41) 大蔵省国際金融局「外準活用の問題点」昭和48年2月，大蔵省主計局前掲『国際通貨問題と外国為替資金特別会計』所収。
42) 大蔵省国際金融局国際機構課前掲「円切上げ後の国際通貨情勢」。

表 3-15　主要先進国の経常収支

(単位：百万ドル)

| 年四半期 | アメリカ | イギリス | フランス | 西ドイツ | 日本 |
|---|---|---|---|---|---|
| 1971 年計 | △ 2,800 | 2,526 | 530 | 323 | 5,821 |
| 1972 年計 | △ 8,350 | 199 | 284 | 1,041 | 6,624 |
| 1972 年 I | △ 1,852 | △ 38 | △ 325 | 135 | 959 |
| II | △ 2,471 | 478 | 445 | 78 | 1,212 |
| III | △ 3,330 | △ 375 | △ 3 | △ 306 | 2,085 |
| IV | △ 697 | 134 | 167 | 1,135 | 2,369 |
| 1973 年計 | 453 | △ 2,730 | △ 694 | 4,576 | △ 133 |
| 1973 年 I | △ 261 | △ 903 | △ 223 | 596 | 497 |
| II | △ 869 | △ 462 | 281 | 1,177 | △ 416 |
| III | △ 1,074 | △ 525 | △ 546 | 852 | 101 |
| IV | 2,656 | △ 840 | △ 205 | 1,951 | △ 315 |

出所) IMF, International Financial Statistics.

点をおきすぎて議論されてきたきらいがあるが，むしろ各国の財政・金融政策，構造政策等の国内諸政策を総合的に考えなければならない，(b)国際収支目標を国際的に検討することは望ましいが，各国が合意しうるような目標を設定することは困難である，(c)客観的指標を作ること自体が容易でなく，たとえそれができたとしても自動的・機械的に適用することが困難である[43]」といった主張を行ったにもかかわらず，これらの批判を説得することはできなかったのである（表 3-15）。

こうした諸外国からの強い対日批判は，日本の政策当局に，「米国及び欧州の共通の態度は，極めて近い将来において，わが国の国際収支の異常な黒字が実際に減少することを求めているものであって，その方法は，必ずしも問題にしていない。輸入の自由化であれ，減税であれ，その他どのような方法であれ，わが国の黒字の減少が実績数値であらわれることを問題にしている」，「上記の宿題を解決できなければ，主要先進国のなかで完全孤立の状態に置かれる恐れが極めて濃厚である。米国その他の諸国がしびれをきらしていることは，最近のボルカー・ミルズ発言からも明らかであり，対策については，今すぐ準

---

43) 大蔵省前掲「大臣事務引継資料」昭和 47 年 12 月。

備するのでなければ間に合わない[44]」という危機意識を抱かせしめた。11月のOECD/WP 3および同月のIMFC 20より前の10月20日，5月の第2次円対策7項目に続いて第3次円対策5項目が決定されたのはこのためであった[45]。

この決定に基づいて，同日5,030億円の財政投融資の追加，続いて11月13日に補正予算による5,365億円の公共投資追加が決定され，また11月中に，輸入面では，①対前年比30％増以上の輸入割当枠の拡大，②輸入金利引下げ，輸入金融対象物資の拡大など，日本輸出入銀行の輸入金融の拡充，③鉱工業品および農産加工品の関税の原則一律20％引下げ（1,856品目），④加工再輸入減税品目の拡大，⑤携帯品免税限度の5万円から10万円への引上げ，⑥輸入手続の簡素化が，輸出面では，①日本輸出入銀行の輸出金利の1％引上げ，②海外市場開拓準備金制度の期限（74年3月末）前廃止が，海外投資，経済協力についても，①日本輸出入銀行の海外投資金融の拡大，②援助のアンタイイング化などの措置がとられた。このほか，資本の自由化，為替管理の緩和，福祉対策の充実なども漸次実施に移された。

ただ，為替管理の制限緩和については，一方で，渡航外貨の持ち出し，著作権等の対価の支払，非居住者の出国時の外貨への再交換，個人の少額送金等についての制限緩和措置がとられたものの，他方で，「思惑的性質を持つ外貨資金の流入を阻止し，かつ，対外証券投資による外貨の流出を促進するため」，「(1)非居住者による本邦への証券投資は，非居住者による証券の売却金額の範囲内にとどめることとする，(2)外国為替公認銀行の行う中長期の現地貸付については，現在の包括許可を個別許可に改める，(3)本邦から輸出される中古船等に係る用船契約等については許可を要することとする[46]」といった規制強化が行われた。またこの時期，輸出適正化のための臨時・緊急の措置として，大蔵省によって輸出税創設の構想が打ちだされたが，通産省や輸出業界の反対

---

44) 大蔵省国際金融局国際機構課前掲「円切上げ後の国際通貨情勢」。
45) 『ファイナンス』第84号，昭和47年11月，p. 81。
46) 「為替管理による国際収支対策」『ファイナンス』第85号，昭和47年12月，pp. 19-26。

もあって実施には至らなかった。なお，第3次円対策は，項目によっては，租税特別措置法，関税暫定措置法，日本輸出入銀行法，海外協力基金法の法改正を必要としたため，これらの改正法案を対外経済調整法改正案として一本化して国会に提出し，同法案は11月13日に成立した。

　当時の説明によれば，この円対策5項目の基本的考え方は，「先の円切上げの効果を充分にわが国経済に浸透させ，国民の消費生活における選択の自由を拡大し，国際分業を促進して，経済構造の転換に資する」，「国民生活の負担の上にしくまれた対外競争力という経済のアンバランスを解消し，『外のみならず内にも強い』経済を実現していくことが『円再切上げ』を回避する大道である」というところにあった。こうした考え方に対して，少数ではあったが，国内でも当時次のような批判が存在していた。ひとつはアカデミズムを中心とした，対外不均衡の是正，経済構造の変革のための政策手段は為替レートの変更であり，その実行をいたずらに回避しようとすべきではないという批判であり，もうひとつは産業界とくに輸出業界を中心としたこれとは逆の，自由化，関税の引下げなど国内の関係産業に大きな影響を与える措置をとるよりも，輸出価格を引き上げ国際競争力を相対的に低下させることによって，すなわちいわゆる調整インフレによって対外均衡を実現する方が望ましい，という批判であった。

　これらの批判に対して，大蔵省は，まず前者については，「(1)為替レートというものは公定歩合のように機動的に上下させるべきものではないこと，(2)昨年末の切上げの効果が出ない内に再切上げの必要性を論ずることの軽率さ，(3)従来型の制度慣行を残したまま再切上げをしてもその効果は制限されること，(4)そして何よりも，再切上げを行った場合国民の福祉水準の遅れはますます拡大せざるを得ないであろうこと」という反論を，後者については，「インフレを適度にコントロールすることは現実の政策として不可能であ」るという反論を行った[47]。円再切上げの回避を最優先課題としていたことが，この反論からも如実にうかがいうる。

---

47) 田辺博通［1972］pp. 2-11。

国際的には，この第3次円対策は，それまでの強い対日批判をやわらげる役割を一定程度果たした。まず，11月15日から17日にかけてOECD/EPCおよびWP 3においては，日本は「(第3次)円対策の効果が十分に生ずるならば，1973年度の経常収支黒字はOECD事務局の当初推定額（65億ドル）を大幅に下回る45億ドル程度に縮小することも可能であると強調」し，「これに対し，関係諸国は日本が国際収支黒字の縮小に本気で取り組みつつあることを評価しつつも，貿管令による輸出規制を強力に発動すること，輸入および資本の自由化措置を早期かつ大幅に実施することを強く期待し，これらの総合的な国際収支対策の効果が具体的にわが国国際収支の数字にあらわれるのを見守る」という態度をとった。ついで27日から29日にかけて開催されたIMFC 20代理会議では，「① 通貨調整による国際収支の不均衡の是正にはこれまで考えられていたよりも長期間を要すること。② したがって，国際収支調整策として為替レート政策に偏重することに反省が生まれ，総需要管理政策，対外経済政策（貿易，投資，対外援助政策等）を含めた総合的活用をより重視すべきであること」が新たに確認された[48]。

この結果，これらの国際会議においては，関係諸国がいわゆる黒字国責任論に基づいて，日本に強い圧力をかけるという事態は一応回避された。これらの動きを反映して，東京市場の為替レート変動も比較的平静となり，先物ドル相場も3カ月物で，296-297円の水準を維持するようになった。当面再切上げは遠のいたという感触が，市場にひろがったのである。だが，この落ち着きはほんの一時のことにすぎなかった。翌73年に入るとともに，為替市場は国際的に大波乱を迎え，ついにスミソニアン体制は最終的に崩壊，完全フロートへと移行するに至るのである。

---

48) 大蔵省「今後の対外経済政策推進の方途について」昭和47年12月18日。

## 3．フロート制への全面的移行

### 1）ヨーロッパ通貨危機の再燃

　1973（昭和48）年は通貨危機による幕開けとなった。まず，1月20日，慢性的政情不安，インフレ懸念，ECのリラ特別支援の期限切れなどによる短資流出に悩んでいたイタリアが，二重市場制[49]導入を決定，22日から実施に移された。これにともない，22日，スイスは大量のドル売りに見舞われ，翌23日スイス中央銀行は，情勢が落ち着くまで当分の間米ドルの買い支えを停止すると発表，スイス・フランは事実上フロートに移行した。さらに，24日にはアメリカ商務省が72年の貿易収支を発表したが，これによりアメリカの貿易赤字額が前年の20億ドルから64億ドルと3倍余りに拡大したことが明らかになり，これがきっかけとなって，24，25日の両日，ニューヨーク市場でドル相場が急落，FRBはマルク売りによる大規模なドル買い支えを余儀なくされた。

　これらが直接の契機となって，2月に入るとともにヨーロッパ市場は激しい通貨投機の波に襲われることになった。2月1日，ヨーロッパ各地の為替市場は予想外のドル売りに見舞われ，ベルギーが市場介入をしたのをはじめ，西ドイツのフランクフルト市場も大量のドル売りを浴び，ブンデスバンクは2億ドル以上のドル買い支えを行った。投機資金は，固定相場制を維持している強いマルクに集中し，翌2日には，マルクは8億2,400万ドルもの買い支えを余儀なくされたため，西ドイツ政府は対外経済法23条を発動して，対外借入れ，非居住者の株式取得，直接投資を許可制として短資流入規制を強化するとともに，連邦議会に現金預託法改正案を提出し，ブンデスバンクに対する外国からの短資凍結限度（預託率）を現行の50％から100％へと引き上げた。この動きは日本にも波及し，東京市場は，1日1億400万ドル，2日1億8,200万ド

---

　[49] 為替市場を貿易等経常取引の決済のための公定市場と資本取引の決済のための自由市場とに分離して，前者は固定相場制を適用し，後者はフロートさせる制度。

ル，3日2億8,600万ドルの大量のドル売りが発生した。3日のドル売り＝ドル買い支えは，71年8月28日のフロート以降最大の規模であった。このため，4日の日曜日に愛知蔵相は東京為替市場の一時閉鎖も考慮したが，72年6月のポンド・フロートの経験を見ても，いったん閉鎖したら再開した場合にもとの状態を維持することはできないと判断し，この時点での閉鎖は見送られ，かわりに5日から為銀検査を実施することとした[50]。

週明け後の6日（火），ふたたび西ドイツにおいて16-17億ドルものドル売りが発生，西ドイツ政府はG10の在独大使を集め，現行の為替相場を断固守り抜く旨説明し，翌7日には国内の過剰流動性吸収のため市中銀行の再割引率を従来の60％に削減した。しかし，こうした措置をとったにもかかわらずドル売りの嵐はおさまらず，ブンデスバンクは，8日には16億9,500万ドル，9日には16億3,300万ドルの買い介入を余儀なくされ，西ドイツの買い支え額は，2月1日から9日の間で，じつに59億ドルの巨額にのぼった[51]。国際通貨情勢は危機的局面に突入したのである。

こうした情勢のなかで，アメリカ国内では，通貨危機打開のための能動的行動をとるべきである，という主張が強まっていた。6日，上下両院合同委員会において，ロイス下院議員が，スミソニアン協定見直しのための多国間会議の開催，大幅黒字蓄積国に対する選別課徴金の賦課の必要性を強調，7日には，ミルズ下院歳入委員長が，ドルの切下げを含む通貨の多国間再調整と，課徴金賦課の必要を訴えた。さらに，8日には，上院本会議でジャビッツ上院議員が，日米貿易の不均衡，日本の外貨保有の増大は受け入れ難いとして，日本円および西ドイツ・マルクの切上げについて，両国政府の切上げ反対の態度の緩和を要望すると演説した[52]。また，ヨーロッパ諸国の間では，今回の通貨危機の根源は日本にあるという見解が強まってきた[53]。9日，イギリス『フィナンシャル・タイムズ』は，「責任は日本にある」と題して，今回の国際通貨危機

---

50) 大蔵省国際金融局総務課「国際金融問題懇談会記録」昭和48年2月19日。
51) 大蔵省大臣官房調査企画課［1973］。
52) 細見卓［1982］pp. 22-4。
53) 大蔵省主計局前掲『国際通貨問題と外国為替資金特別会計』。

は「一見"ドイツ・マルク危機"の様相を呈しているが、その本質はあくまで"ドル・円危機"というべきものである。すなわち、現在国際収支の大きな不均衡を抱えている国は西独ではなく、アメリカと日本であり、フランクフルトが東京に比し大量のドル売りに見舞われているのも、円が為替管理により厳重に保護されているからにほかならない。……日本は非常に長期間にわたり、自分が世界の諸国に及ぼしつつある迷惑に無関心であったし、また今日なお手厚く保護している経済の実情は、貿易相手国の自由貿易主義から享受している恩恵とハッキリした対照をなしている」と、強く日本を非難した。また、10日のフランス『ル・モンド』も、「円切上げへの要望は、昨年秋以来高まっている。現在の混乱を解く最も重要なカギは田中首相の手中にある」と、日本の円切上げへの決断を要請した。こうして円の切上げ、ドルの切下げ問題が、国際的に再度正面に登場するようになったのである。

　じつは、72年の年末から73年の年初にかけて、国内的にも円再切上げ論あるいは再調整論が登場していた。その論拠は、切上げのデフレ効果によって物価安定を達成するという立場、国際世論とルールを重視すべきであるという立場等種々であったが、いずれにせよ、そのほうが切上げ幅の拡大を防ぐことになる、という考え方から出てきたものであった[54]。大蔵省の内部にも、昭和48年度予算編成案の確定以前に再切上げを行うべきであるという主張が現れ、72年12月、第2次田中内閣で新たに蔵相に就任した愛知大蔵大臣も、就任直後、円再切上げについての検討を省内に指示していた。しかし、省内の議論では、「スミソニアンの効果をもう少し待つべきである」、「予算案の審議される期間を通じての適正レート」を見出すことは不可能である、予算の成立までは円に手をつけるべきではない、といった意見が多数を占め、この時点では結論が出ないまま、結局当面は事態の推移を見守るということになった[55]。

　こうした状況のなかで、2月8日昼、突然、ニクソン大統領より田中首相宛に、通貨問題で緊急協議のため財務次官ボルカーを派遣する旨の親電が届けら

---

54) 細見卓［1982］p. 26。
55) 稲村前掲「昭和47〜49年の財務官当時の諸問題」。

れた。ボルカー訪日は同日夜という差し迫ったものであったため，即刻緊急の省議が開催され，おおよそ次のような方針が固められた[56]。

　一，四十八年度予算の成立前に円レートを改定することはできない。
　一，ドイツ等主要国（少くとも西独）と同時又はその後でなければアクションは起こさない。
　一，日本としては，現在円レートの改定を直ちに行う必要はないが，国際協調という面から関係国等が為替市場を閉鎖し，フロートに踏み切る場合には，これに同調する用意がある。
　一，ドルについても適切な措置（切下げの含み）がとられることが前提となる。
　一，フロートの仕方（為替管理・介入等）は，日本の実情に応ずるやり方になる。
　その他
　　㈠　交換性の問題には深入りしない。
　　㈡　ヴォルカー・ペーパーを押しつけるようであれば将来の検討事項として断わる。

　見られるように，切上げ要求は拒否する，最大限譲歩して実現可能な方式はフロート移行である，フロート移行の場合も市場介入を行う自主性を確保する，という方針がここで決められた。この方針にそって，同日夜9時30分から翌日午前2時15分までの5時間近くにわたって，愛知蔵相・ボルカー次官の秘密会議がもたれた。会談の出席者は，日本側が，愛知蔵相，細見大蔵省顧問，稲村財務官，栗山官房参事官の4名，アメリカ側は，ボルカー次官と随員2名，およびインガソル大使の4名であった。ボルカー次官は，「アメリカの国際収支の赤字が混乱の根源である。アメリカの赤字は日本の協力なしには改善できない。したがって，アメリカの抱く事態収拾策は，米ドルの切下げとほぼ同率の円切上げ，ヨーロッパ通貨の据え置きという多角的調整である」として，ドル9％切下げ，円9％切上げのレート再調整を要請した。これに対し，蔵相は「大幅な切上げは問題にならぬとして，日本の従来の国際収支対策とそ

---

56)　「省議資料」大蔵省資料 Z108-2-3。

の期待効果について力説」，つき合える限度は円をフロートさせることだと答え，対ヨーロッパ調整と平行して交渉を継続することのみを合意して，交渉は決裂，ボルカーは，そのままヨーロッパに向かった[57]。

## 2）円フロートへの決断とEC共同フロートへの移行

　ヨーロッパに向かったボルカー次官は，11日パリで，独，仏，英，伊の4カ国蔵相との緊急5カ国会議をもった。会議では，米国と日本がフィフティ・フィフティの原則でドル切下げと円切上げを行う，というボルカー提案にそって議論が進められ，「現在の通貨混乱の最大の原因は米国の大幅な国際収支赤字であ（って），……米ドルの少なくとも八％の切下げが絶対必要である」という点，「この構想の成否はすべて日本にかかって（おり），……円ドル・レートの関係が相当程度変更されねばならぬという点」で，欧米5カ国の意見が一致した。会議での最大の話題は日本であり，円の対ドル切上げ率について，「会合では一七％という者と一八％という者と二〇％という者があったが，それ以下の数字は出」ず，「円は対金八～九％切り上げるべきであり，当面はその辺までフロートさせ，後日固定する」というボルカー案に対して，「EC四国は日本がダーティー・フロートをやらないという条件でボルカー案を受け入れ」るというのが，会議の結論となった[58]。この結論にそって，同日深夜，ボルカー次官よりインガソル大使経由で大蔵省宛に，「ドル10％切下げ，円10％切上げ，欧州スタンド・スティルで合意，従って，日本はこの条件をのんで欲しい」との連絡が入ったが，日本は従来の立場を堅持してこれを拒否した[59]。

　一方，日本は，10日主要国に先駆けて東京為替市場を閉鎖した。閉鎖の理由は，愛知蔵相の記者会見[60]によれば，「今朝の欧州の情勢は，英独仏三か国蔵相会議は日本時間午前6時に終了したにもかかわらず，なにも発表はなく，同時にいろいろのルーマーが乱れ飛んでいた。土曜日に市場を開くと，海外は

---

57) 細見卓［1982］pp. 28-9。
58) 細見卓［1983］pp. 45-8。
59) 稲村前掲「昭和47～49年の財務官当時の諸問題」。

週休二日制であるので，日本は世界中で開かれている唯一の市場となる。市場を開いても，もちろん大丈夫という自信はあったが，混沌たる情勢のなかで不測の事態が生ずることを警戒して，市場閉鎖を決心した[61]」というものであった（表3-16）。

また同日夜，ヨーロッパ情勢の把握とボルカー次官との接触継続のため，細見大蔵省顧問の現地派遣が決定され，同顧問は，翌11日深夜ヨーロッパに向かって出発した。細見顧問はまず西ドイツ大蔵省との会談を予定していたが，ボルカー次官の強引な要請により，それに先立って現地時間の12日午後，ボンでボルカー・細見会談がもたれた。会談でボルカー次官は，「ニクソン大統領は今日中に発表を行うことを強く希望している」，「発表文は『円は，不当な政府介入なしに，日本の国際収支の均衡回復に合致するよう，フロートする』という趣旨にしたい」，ただし「このような発表の裏には，特定の円・ドルレートについて日米間に明確な合意のあることが必要だ」として，10％プラス10％の1ドル＝250円を受け入れるよう強く要求した[62]。この要求に対しては，日本側は従来方針を主張して拒否したが，その後のシュミット蔵相，ペール／K. O. Pöhl次官との会談や，イギリス，イタリアなどの日本大使館からの情報により，アメリカのみならずEC諸国も共通して，日本に対してきわめて強硬であることが判明，大蔵省省議，総理・外相・蔵相協議などを経て同日深夜再度のボルカー・細見会談がもたれ[63]，最終的には，13日朝，「ドル10％切下げ，円6％強切上げによる264円」まで譲歩すること，この案を外交ルートでワシントンに連絡することが，東京で決定された[64]。この日本側の最終決定に対して，アメリカ側は，「従来主張してきた10：10は降ろすが，ぎりぎりの限度として10：8の257円」を主張した。この日本側の264円とアメリカ側の257円という開きについては，結局，日本時間の13日午前11時，

---

60)「愛知大蔵大臣の記者会見における発言要旨」昭和48年2月10日，大蔵省大臣官房調査企画課［1973］。
61) 稲村前掲「昭和47～49年の財務官当時の諸問題」。
62) 細見卓［1982］pp. 35-6。
63) 細見卓［1983］pp. 48-9。
64) 稲村前掲「昭和47～49年の財務官当時の諸問題」。

表 3-16　東京為替市場の動き

(単位：百万ドル，円)

| 年月日 | 直物出来高 | 中心レート | 年月日 | 直物出来高 | 中心レート |
|---|---|---|---|---|---|
| 1973. 1. 20 | 12 | 302.60 | 1973. 2. 19 | 21 | 264.40 |
| 22 | 11 | 302.65 | 20 | 36 | 265.50 |
| 23 | 21 | 302.10 | 21 | 24 | 264.50 |
| 24 | 26 | 302.00 | 22 | 21 | 264.00 |
| 25 | 23 | 302.05 | 23 | 28 | 265.30 |
| 26 | 17 | 302.00 | 24 | 27 | 264.90 |
| 27 | 34 | 302.40 | 小　計 | 157 | |
| 小　計 | 144 | | 26 | 41 | 264.00 |
| 29 | 36 | 302.60 | 27 | 22 | 265.00 |
| 30 | 53 | 301.50 | 28 | 89 | 270.00 |
| 31 | 49 | 301.15 | 3. 1 | 65 | 268.00 |
| 2. 1 | 104 | 301.10 | 2 | 閉　鎖 | |
| 2 | 182 | 301.10 | 3 | 閉　鎖 | |
| 3 | 286 | 301.10 | 小　計 | 217 | |
| 小　計 | 710 | | 3. 5 | 閉　鎖 | |
| 5 | 53 | 301.10 | 6 | 閉　鎖 | |
| 6 | 38 | 301.10 | 7 | 閉　鎖 | |
| 7 | 268 | 301.10 | 8 | 閉　鎖 | |
| 8 | 136 | 301.10 | 9 | 閉　鎖 | |
| 9 | 247 | 301.10 | 10 | 閉　鎖 | |
| 10 | 閉　鎖 | | 小　計 | 0 | |
| 小　計 | 742 | | 12 | 閉　鎖 | |
| 2. 12 | 閉　鎖 | | 13 | 閉　鎖 | |
| 13 | 閉　鎖 | | 14 | 閉　鎖 | |
| 14 | 265 | 271.20 | 15 | 閉　鎖 | |
| 15 | 105 | 265.50 | 16 | 閉　鎖 | |
| 16 | 51 | 263.50 | 17 | 閉　鎖 | |
| 17 | 17 | 264.30 | 小　計 | 0 | |
| 小　計 | 438 | | | | |

出所）大蔵省資料。

「日本は264円でアクセプタブル，アメリカは257円でアクセプタブルということで今は決めない」という妥協案により，ようやく合意が成り立った[65]。

こうして13日午後12時30分（米国東部標準時12日午後10時30分），シュ

---

[65) 同前。

第 4 節　フロート制への本格的移行　351

表 3-17　アメリカのドル切下げに対する主要国の対応（1973 年 3 月）

| | 措置 | 対金切上げ率 | 対ドル切上げ率 | 対ドル新レート | 対ドル旧レート | 備考 |
|---|---|---|---|---|---|---|
| アメリカ | 対 SDR 10%切下げ | △10.00 | / | / | / | |
| イギリス | フロート継続 | - | - | - | - | 72. 6. 23 よりフロート |
| フランス | 金平価維持 | 0.00 | 11.11 | 4.604140 | 5.115700 | 二重市場制 |
| 西ドイツ | セントラル・レート変更 | 0.00 | 11.11 | 2.900300 | 3.222500 | |
| イタリア | フロート移行 | - | - | - | 581.500000 | 73. 1. 22 より二重市場制 |
| ベルギー | セントラル・レート変更 | 0.00 | 11.11 | 40.334300 | 44.815900 | 二重市場制 |
| オランダ | セントラル・レート変更 | 0.00 | 11.11 | 2.920200 | 3.244700 | 証券市場は自由 |
| スウェーデン | セントラル・レート変更 | △5.01 | 5.55 | 4.560000 | 4.812700 | |
| スイス | フロート継続 | - | - | - | - | 73. 1. 23 よりフロート |
| カナダ | フロート継続 | - | - | - | - | 70. 6. 1 よりフロート |
| オーストラリア | 金平価維持 | 0.00 | 11.11 | 0.705885 | 0.784317 | 72. 12. 23　4.58%切上げ |
| 日本 | フロート移行 | - | - | - | 308.000000 | |

出所）大蔵省資料。

ルツ財務長官は，ドルの対 SDR 平価 10% 切下げを発表，同 1 時 30 分，愛知蔵相も翌 14 日からのフロート移行を発表した[66]。

　フロート初日 14 日の円相場は 271 円 20 銭（直物中心相場），翌 15 日は 265 円 50 銭を記録し，その後 27 日まで，円相場は 263-265 円で推移した。直物出来高は，14 日 2 億 6,500 万ドル，15 日 1 億 500 万ドルと大きかったものの，16 日以降は 2,000 万ドル前後に落ち着いた。この間，日銀は 2 億ドル以上の買い介入を行って，日米合意の上限である 264 円水準への相場誘導をはかった[67]。しかし，市場の落ち着きは 2 週間ほどしかもたなかった。月末接近とともに，ふたたびヨーロッパ市場でドル売りが大量に発生し，3 月 2 日，ヨーロッパ主要国と日本は，為替市場の再閉鎖に踏み切ったのである（表 3-17）。

　2 月 12 日（日本時間では 13 日）のドル再切下げ後，ロンドン自由金市場の金価格は加速的に上昇した。金価格は，71 年 12 月のスミソニアン合意直後の 40 ドルからすでに相当上昇していたが，再切下げ後 20 ドルも急騰し，22 日には一時 90 ドル台，翌 23 日には 95 ドル台を記録するなど，過熱の様相を示した。こうした金価格の急騰は，通貨不安と表裏の関係にあったが，切下げにも

---

[66]　「愛知大蔵大臣の記者会見における発言要旨」昭和 48 年 2 月 13 日，大蔵省大臣官房調査企画課［1973］。
[67]　大蔵省主計局前掲『国際通貨問題と外国為替資金特別会計』。

かかわらず通貨不安が解消しなかった理由はどこにあったのだろうか。その理由はいくつかあるが、もっとも根本的な要因は、ドルの信認がほとんど回復されなかった点に求められる。

すなわち、切下げに際して、シュルツ／G. Schultz 財務長官は、利子平衡税および対外投融資規制を緩和し、遅くとも 1974 年末までにこれを廃止すると発表したが、この発表は逆に、ドルの流出は依然解消されないのでは、という市場の反応をもたらした。また、73 年年初以来、アメリカのインフレは加速傾向を強めており、安易な再切下げは、インフレの進行とともに再々切下げを不可避とするのではないか、と予測させることになった。さらに、2 月 22 日バーバー／A. Barber 英蔵相やカルリ／G. Carli イタリア銀行総裁が、相次いで EC 共同フロートに前向きの発言を行ったことも、ドル不安をいっそう強めることになった。

こうしたドルの信認の弱化に対して、27 日米上院銀行委員会において、ボルカー次官は「第三の切下げはありえない」と発言、バーンズ／A. Burns 連邦準備議長も「スミソニアン調整と今回のドル切下げでアメリカの対外競争力は大幅に改善された」と発言し、ドル不信の払拭をはかった[68]。しかし、こうした発言にもかかわらず、ドルの軟化は 2 月末、急速に進行し、3 月 1 日にはヨーロッパにおけるドル売りは一挙に激化、各国中央銀行は、西ドイツを筆頭に総額 25-30 億ドルと推定されるドル買い介入を余儀なくされた[69]。

この事態に直面し、3 月 1 日、西ドイツ、イギリス、ベルギー、オーストリア、オランダは、一斉に翌 2 日からの市場閉鎖を決定、日本もこれに対応して東京市場の閉鎖を決定した。フランスのみは市場をオープンしたが、翌 2 日市場開始とともに大量のドル売りに直面、同国も同日閉鎖に移行した。ヨーロッパ、日本の市場閉鎖は当初は数日の予定であったが、実際にはその後 2 週間余りも続くことになった。

主要為替市場の一斉閉鎖後、各国は事態収拾のため直ちに協議に入った。ま

---

68)「円の変動相場制移行後の通貨情勢」大蔵省大臣官房調査企画課［1973］。
69) 大蔵省主計局前掲『国際通貨問題と外国為替資金特別会計』。

ず4日，前日のEC通貨評議会に続いてEC蔵相会議が緊急に開催され，共同フロート移行などを含めたECの共通態度を検討したが結論が出ず，9日まで市場閉鎖を継続すること，9日にパリで，G10諸国とECとのいわゆる拡大G10を召集することが決定された。9日の拡大G10では，EC側より，通貨危機収拾のための「1．外国為替市場への介入措置　2．EC域内および国際流動性の規制，改善措置　3．資本移動規制」の3点についての共同提案がなされ，とくにアメリカに対して，為替レート維持のためのドルの買支えが要求された。これに対し，シュルツ財務長官は，逆にEC側が実行すべき対応策の明示を求めたため，会議は決着がつかず，引き続き16日に再度拡大G10を召集することのみを合意して解散となった[70]。

こうした事態のなかで，11日，EC諸国は，ついにアメリカ側の譲歩に見切りをつけ，共同フロートへの移行を決定した。同日のEC蔵相会議における決定の大要は，次の通りであった[71]。

1．西ドイツ，デンマーク，オランダ，ベルギー，ルクセンブルグ，フランスの6カ国は，域外に対して共同フロートを行う。
2．イギリス，アイルランド，イタリアは，個別フロートを継続するが，可及的速やかに共同フロートに参加するよう努力する。
3．ドイツ・マルクは，対SDRで3％切り上げる。
4．攪乱的短資移動に対しては，1972年3月21日指令（ECのnarrower marginや介入の結果による貸借尻の決済手続きを定めたもの）を強化して補完措置を行う。
5．6月30日までに短期金融協定と準備資産の段階的協調化を行うことを促進する。

ECが共同フロートの実施を決定したことにともない，通貨問題討議の焦点は，アメリカ側がドルの信認回復のためいかなる対策を示すか，フロートをいかに運営していくかに移ったが，16日の拡大G10で，アメリカは事実上ドル

---

70) 前掲「円の変動相場制移行後の通貨情勢」大蔵省大臣官房調査企画課［1973］。
71)「主要通貨情勢日誌」昭和48年3月17日，大蔵省主計局前掲『国際通貨問題と外国為替資金特別会計』所収。

の買支えに同意し，ようやく事態収拾の合意が成り立った。確認された内容は次の通りであった[72]。

1．各国は，秩序ある為替相場制度を共同して確保する。為替市場における公的介入は，適当な時期に行われる場合には，秩序維持を促進するうえで有益でありうるとの点について，原則的に合意する。各国とも必要かつ望ましい場合には，自国市場において，自己のイニシアティブに基づき，市場の状況に照らし，弾力的に行動しつつ，かつ売買される通貨の国の当局と緊密な協議のうえ，市場に介入する用意がある。
2．このような介入操作に必要とされる資金を十分に確保するため，既存のスワップ・ファシリティの一部の拡大を考慮する。
3．アメリカの対外投資規制の段階的撤廃は，為替市場と国際収支の動向を考慮に入れる。
4．各国は，投機的資本移動の規制策として，ユーロ市場への公的準備の放出規制，外貨預金に対する準備率の適用を検討する。アメリカは，ユーロ・ダラーの還流促進措置を検討する。
5．各国は，公的通貨残高の借換または固定化（コンソリデーション）について緊急に検討する。
6．各国は，国際通貨制度改革の作業が急がれることを確認し，この作業はIMFC 20の枠組みのなかで促進され，早期に結論に達することを希望する。

こうして1月下旬以来の国際通貨不安はようやく収束し，2週間以上閉鎖されていた為替市場は3月19日いっせいに再開された。この合意によって，主要国は，すべて米ドルに対してフロートすることとなったが，続いて3月下旬に開催されたIMFC 20においても，「改革後の制度の下でも為替相場制度は安定的なしかし調整可能な平価に基礎を置くべき」ではあるが，「特定の場合には，フローティング・レートも役に立つ手法である」ことが確認され[73]，フロート制は国際的かつ公的に有効な制度としてここに公認された。

---

[72]「G10およびEEC合同蔵相会議コミュニケ」1973年3月16日，大蔵省大臣官房調査企画課［1973］より要約。
[73]「二十か国委員会コミュニケ（3.27）」大蔵省大臣官房調査企画課［1973］。

第4節　フロート制への本格的移行　355

　かくて戦後30年近く続いたブレトン・ウッズ固定平価体制は名実ともに終わりを告げ，世界は全面フロートの時代に突入した[74]。そして，このフロート制は，3月16日の合意からも明らかなように，フリー・フロートというよりはマネジド・フロートとして運営されることになった。3月19日の市場再開後の円相場は264円10銭で始まり一時は263円20銭まで上伸したが，月末にかけて漸次安定化し，その後73年秋の第1次石油危機の発生に至るまでおおむね264-266円台で推移した。

　73年2月14日のフロート移行後，政府は「フロートによる円高に伴う輸入物価の安定効果を最大限発揮させ，そのメリットを国民全体に還元させていくことが重要な課題であ（り）……今後の経済運営の課題は，福祉社会建設の観点から，①長期的には，経済構造の福祉型への転換，経済の開放化等構造対策の一層の推進に置かれるべきであることはいうまでもないが，②当面の課題としては，対外経済政策の強化，物価対策の推進が問題となろう」として，対外的には，輸入自由化，資本自由化をいっそう促進し，対内的には，内需拡大，輸出の内需化，社会資本の整備拡充をはかる，という方針を表明した[75]。政府は，この時点ではなお，従来の円対策と同様，構造政策基軸の内需拡大方針をとっていたのである。実際，フロート移行が事実上の円再切上げを意味するとして，新たな景気対策を要望する声は経済界では決して小さくなかったし，フロート移行によって，輸出関連の中小企業はかなり大きな打撃を被るという見解も強かった。

　こうした主張への対応として，政府は3月14日，「国際通貨情勢の変化に伴う緊急中小企業対策」を閣議決定し，①商工中金等政府関係中小企業金融3機関による2,200億円の緊急融資の実施，貸付金利引下げなどによる融資条件の緩和，融資限度の別枠設定，②米国輸入課徴金実施に伴う緊急融資，繊維

---

74) しかし，国別でみると，数多くの国々は，この後も依然として，特定通貨への自国通貨のペッグ（釘付け）などによる固定相場制ないしは為替安定化システムを採用し続けた。10年後の1983年のIMF調査では，調査対象145ヵ国のうち70％近い93ヵ国がペッグ制をとっている。この点につき詳しくは，伊藤正直［2007］を参照。
75) 「当面の財政金融政策の進め方について（2. 20）」大臣官房調査企画課［1973］所収。

関係特別融資，設備近代化資金などの既往融資の返済猶予（1-2年），③保険特別措置の新設，財政措置などによる信用補完措置の拡充，④欠損金繰戻し期間の延長など税制上の特別措置の実施，⑤事業転換円滑化のための改善措置の実施，⑥上記施策実行のための立法措置，を講ずることとした[76]。

　しかし，インフレが急速に進行するにおよんで，政府は，これまでの拡大政策に行きすぎがあったことを認め，金融引締めと財政支出の調整へと軌道を修正した。3月16日の国会において，田中首相は，従来中小・零細企業などへの悪影響を憂慮するあまり，多少の物価上昇はやむをえないとして，財政・金融両面で緩和政策をとってきたが，日本経済は切上げに耐えうる体質を予想以上にもっている，現在最大の問題である物価抑制のためには，金融引締めと財政支出の調整による需要の抑制をはかっていきたい，との発言を行った。同日日銀は，1月に続いて預金準備率の再引上げを実施，さらに31日には0.75％という戦後最高幅の公定歩合引上げを行い，金融引締めはようやく本格化したのであった。

　また，フロート制への移行にともなって，外為会計および日銀の保有外貨資産の評価問題が，再度表面化した。73年2-3月の第71国会で，外為会計保有外貨の評価替え問題が取り上げられたのである。71年12月のスミソニアン体制への移行に際して生じた，外為会計および日銀保有外貨資産の評価損問題については，前節で検討した。その後72年度に入っても，経常収支の黒字累積，為替相場安定化のための市場介入の継続によって，わが国外貨準備および公的保有外貨は累増し，フロート移行直後73年3月末現在の外貨準備高は181億2,500万ドル，外為会計および日銀の保有外貨額は255億1,000万ドルに達していた。外貨準備のうち日銀保有分は，154億7,700万ドル，外貨準備総額の85％を占めたが，こうした事態が生じたのは，外為会計の資金不足に起因していた。すなわち，外為会計は，一時借入金の限度額を72年度予算で1兆円から2兆4,000億円に増額したが，にもかかわらず，資金不足を生じ，この資

---

[76)]「国際通貨情勢の変化に伴う緊急中小企業対策について」昭和48年3月14日，大臣官房調査企画課［1973］所収。

金不足分を，72年8月までは，日銀へのアウトライト方式（売買とも一方的取引の方法）によるドル売りも併用して調達していたのである[77]。この売買方式は，日銀よりの要請によって72年9月以降すべてスワップ方式に改められ，スワップ取引は，71年度31億ドル，72年度32.5億ドルにおよんだ。なお，この評価損問題については，今回は，スミソニアン合意のときとは異なり，「円の相場がフロートしても，基準外国為替相場は変更していないので，保有外貨の価額を改定し，評価損を出す必要はない」として，評価損益を計上することなく処理された[78]。

---

77) 大蔵省主計局前掲『国際通貨問題と外国為替資金特別会計』。ただし，昭和47年4月からは買い戻しのみであった。
78) 同上。

## 第5節　第1次石油危機と管理フロートへの移行

### *1*. フロート制への対応と「265円レート」の為替政策

#### 1）国際通貨制度改革論議とIMFC20の活動

　全面フロートへの移行後，1973（昭和48）年3月26，27日の両日，ワシントンにおいて開催されたIMFC20は，会議後のコミュニケで次のような合意を確認して，フロート制を公的に「認知」するとともに，国際通貨改革の概要案を9月のIMFナイロビ総会を目標にとりまとめたいと発表した[1]。

1. 安定したしかし調整可能な平価制度の原則（フローティング・レートの位置づけ，評価）
2. 調整過程における国際的協力と協議の強化，国内政策の重要性強調（指標についての委員会設立）
3. 準備資産の中でのSDRの役割増大（交換性回復のための諸条件の検討）
4. 攪乱的資本移動に関する集中的検討の開始
5. 開発途上国の問題の重要性

　この合意に基づいて，IMFC20は，7月末のC20までに数回の代理会議を開いて，国際収支調整過程，為替市場への介入と決済方法，準備資産と交換性の回復，過剰ドルの流動化防止，開発途上国に対するSDRのリンクと実物資産の移転など，通貨制度改革の主要項目全部について検討を行うことを決定した。この合意とくにフロート制についての日本側の受けとめ方はどのようなものだったか。

　愛知蔵相は3月29日の帰国時記者会見において，早期の固定相場制復帰について，「各国それぞれの立場の問題としてありえないことではないが，フ

---

1）前掲「二十か国委員会コミュニケ（3.27）」。

ロートであっても国際協調のなかで相互に理解し合っていこうという気運が強くなってきており，世界的な規模で固定相場制に復帰することが，そう早く実現するとは思えない」と悲観的な見通しを述べたうえで，現行フロート制の理解について，「『ステーブル・バット・アジャスタブル』とコミュニケに書かれているが，アンドでなくバットが使われていることから理解を深めて頂きたい。固定相場制が基本で，調整可能は副次的であるという考え方であって，パー・バリューか否かというように二者択一的に割り切るべきではない。つまり，固定制とフロート制の考え方は非常に接近していると思う。フロート制を続けていっても，そのやり方についてルールが確立されていれば，実質は固定相場制に非常に近くなるし，固定相場制であっても，変動幅を拡げれば，フロート制の考え方に近づいてくる」と述べた[2]。つまり，フロート制が相当期間続くという前提にたって，固定相場制への復帰を展望しながら当面はマネジド・フロートを遂行していく，という立場を表明したのである。10月の第1次石油危機勃発直前まで，わが国為替相場（直物）が265円前後の水準で「安定」したのは，この政策の反映に他ならなかった。

　この3月のC20合意に基づいて，5月21-25日に第5回C20代理会議がワシントンで開催された。だが，この会議では，4月から5月初めにかけて，世界の為替市場が予想以上に安定的に推移したため，通貨面の危機感が薄らぎ，ナイロビまでに是が非でも改革案をまとめなくてはならないという切迫感は希薄となった[3]。

　ところが，5月に入ると，それまでのインフレの高進にウォーターゲイト事件の深刻化があいまってドル不信が醸成され，5月中旬以降ヨーロッパ外為市場で，ドルが各国通貨に対して一斉に下落するようになった。これに対応して，自由金市場における金価格が暴騰するとともに，マルク買いが活発化し，5月中旬にマルクは対ドル・セントラル・レートをこえ，6月初旬にはいわゆるスネークの上限に達した。また，反対にリラは落勢著しく，これに対して

---

[2]「愛知大蔵大臣の記者会見における発言要旨（3.29）」大蔵省大臣官房調査企画課 [1973] 所収。
[3] 藤岡真佐夫 [1973] p. 2。

40億ドル以上の国際支援措置が急遽とられた。こうした状況のなかで，西ドイツ政府は6月15日為替管理の強化措置を実施，他方アメリカ政府は，6月13日，60日間の物価再凍結を軸とした新インフレ対策を発表したが効果はほとんどなく，6月後半に入ると，マルクは従前の対ドル・セントラル・レートに対し10%も高くなった。このため西ドイツ通貨当局は，6月下旬の12日間，フランス・フラン，ベルギー・フラン，オランダ・ギルダー，デンマーク・クローネなどの域内通貨総計40億マルク以上を買い支えたが，EC共同フロート維持のために，29日ついにマルクの対SDR 5.5%切上げを余儀なくされた[4]。

しかし，マルク切上げ後も為替市場は安定せず，ドル相場は連日安値を更新，7月8日BIS中央銀行総裁会議は，応急措置として当局が機動的に市場介入を行うことを再確認，これを受けて7月10日，アメリカは各国とのスワップ網を，従来の117.3億ドルから179.8億ドルに拡大，さらに18日「7月10日以降ニューヨーク市場で介入を実施している」ことを明らかにした[5]。

この結果，ドル相場はようやく落ち着いたが，この為替市場の動揺は，ヨーロッパのみならずアメリカにおいても通貨改革の緊急性の認識を高めることになり，7月30，31日のC20では，11-13日の代理会議を受けて，(1)調整過程と交換性，(2)第1次準備資産，(3)SDRと開発援助のリンク，の3つの論点にしぼって，問題提起 (exploration) のレベルではなく，具体的交渉 (negotiation or bargaining) のレベルで協議を行うこととなった。

こうして開催された7月末のC20は，「何が改革されなければならぬかという問題意識については，おおむね意見が一致」していたものの，「赤字国でありながら資本輸出国たるアメリカと，黒字国であり資本輸入抑制国たる先進工業国と，赤字国であり資本よりも援助の流入を期待する発展途上国」との，三つ巴の対立の場となった[6]。

---

4) 全国銀行協会連合会『金融』1973年8月，pp. 55-6,「海外経済の回顧と展望」日本銀行前掲『調査月報』昭和49年1月号。
5) 同上。
6) 細見卓 [1982] pp. 63-72。

第1の論点では，まず，調整過程については，① 外貨準備等の客観的指標で一義的に判定すべしというアメリカ案と，② 短資や景気の違いによって変動する外貨準備等ではなく，いわゆる基礎的不均衡等を重視して総合的に判断すべしという EC 案とが対立した。また，交換性の問題については，③ IMF を通じて全額義務的に資産決済を行うべきであるとする EC 案と，④ 黒字国が交換を要求した範囲で赤字国が交換に応ずればよいというアメリカ案とが対立した。調整過程と交換性の問題は不可分であって，論理的には ① と ③，② と ④ がセットになるはずであるのに，赤字国のアメリカが ① と ④，黒字国の EC が ② と ③ を主張した点に特徴があった。さらに，調整措置を実施しない国に対する強制圧力として，アメリカは課徴金や輸入制限などの貿易措置を含めるべきであると主張し，他の国はこれに対して強い反対を繰り返した。

第2の論点では，将来の通貨制度においては SDR が準備資産の中心となることについては合意ができていたが，SDR の価値を各通貨価値の平均程度とするか，平均以上のものとするかで見解が対立した。第3の論点では，開発途上国側は一致してリンクを導入すべきこと，その方法は通常以上の大きな配分を認める方針によるべきことを主張，これに対して先進国側は，リンクの必要は認めつつ SDR に対する信認との関係で慎重にすべきことを主張し，これについては結局結論を出すことはできなかった。

3つの論点をめぐってこのような対立が生ずるなかで，日本は全体としては EC 案に近い立場に立ちながら，積極的な調整の役割を果たすことを試みた。とくに，調整過程と交換性の問題については，愛知蔵相の意欲的コミットによって，「合意達成が可能だという印象[7]」が強められ，9月上旬に再度 C20 代理会議を開催して具体案の検討を行い，9月下旬の IMF ナイロビ総会に間に合うように改革概要案を準備することが決議された。1972年7月の IMF における C20 設置決定以降，3回の大臣会議と6回の代理会議を経て，ようやく改革概要案提出の目途が立ったのであった。

こうした経緯を経て，9月24日から28日の5日間にわたって IMF 総会が

---

7) 藤岡真佐夫［1973］p. 7。

開催された。総会の焦点は，いうまでもなく国際通貨制度改革問題であった。C20は総会の前日に開催されたが，そこでワルダナ議長報告付属文書として発表された第1次概要案の主要な内容は，次の通りであった[8]。

1. 各国は自国の国際収支を常に均衡させるよう政策努力を行う。
2. 為替レートについては，安定的な調整可能な平価制度をとり，特別な場合はフロートも調整政策として認める。
3. 国際収支の赤字・黒字の調整を行う必要があるかどうかはIMFの場における協議により総合的に判断する。この際その国の外貨準備の動き等の客観的な統計数字の動きを重視する。是正策の内容は各国の選択に委ねる。ただし，どのような仕組で客観的な統計数字の動きを使用するかは今後検討される。
4. 調整政策の採用が必要であると判断されながら，適当な調整政策を採らない国には種々の強制措置を課す。しかし，強制措置の具体的内容やこの措置を発動する仕組については今後検討される。
5. 国際収支の不均衡額は今までのようにドル等の通貨ではなく，SDRのような準備資産で決済させる。この決済の仕組をどうするか，即ちどの程度この原則をつらぬくか，また，この原則を緩和する場合どのような方法によるかは今後検討される。
6. SDRを交換のための中心的資産とする。このためSDRは充分魅力あるものとする。
7. 通貨体制における金の役割を縮小する。その方法については今後検討される。
8. 開発途上国に対する実物資源の流れを活発にする取極を新制度に含める。

見られるように，この概要案は，基本的な改革の方向性についてはかなり明瞭に打ち出されているものの，具体的な細目については各国の利害の対立が未調整のまま提示され，「今後の検討」に委ねられたものが大部分であった。こうした対立に対して，日本はそれまでのC20の場と同様に，引き続き改革促進の必要性を強調し，積極的な調整を図った。この調整の効果もあって，総会

---

8) 大蔵省国際金融局『第72国会 一般想定問答』昭和48年12月。

では，従来相互に対立することの多かったアメリカとフランスが，ともに「来年の総会において IMF 協定の改正案を採択できるよう目指すのは誤りであろうか」（シュルツ米財務長官），「来年 7 月末という期限を提唱したのは自分である」（ジスカールデスタン仏蔵相）と，改革推進に向けての積極的な発言を行い[9]，改革案は討議を経て第 1 次概要として了承された。さらに，総会では，翌年秋の IMF 総会を制度改革の期限とする，それに間に合うよう来年 7 月 31 日までに実質的合意をまとめる，その実現のため，来年 1 月・春・7 月の 3 回にわたり大臣レベルの C20 を開催するという明確な日程も採択された。このため，これらの「今後の検討」課題を具体的につめていく機関として，①調整過程，②介入制度と国際収支尻の決済，③国際流動性と過剰ドルの処理，④開発途上国への実物資源の移転，の 4 つの作業部会を C20 のなかに設けることが決定された。

　こうしてナイロビ総会では，将来の国際通貨制度の基本線について一応の合意ができあがったが，この総会に関連して重要なことは，この時点で 5 カ国蔵相会議（G5）が既成事実化されたことである。C20 大臣会議前夜の 22 日，愛知蔵相の主催により，米，英，独，仏の代表団主要メンバーに，ワルダナ C20 議長，モース同代理会議議長を加えた晩餐会が開催され，晩餐会終了後 5 カ国蔵相の会合がもたれたのである。会合は正式の会議ではなかったが，明年 7 月 31 日を改革案作成の最終日とすること，この種の限られたメンバーでの会合を 11 月頃ふたたび開催すること，がこの場で合意された。この 7 月 31 日を最終期日にするという目標は，上述のようにナイロビ総会の全体合意にまでなった。この意味では，22 日の 5 カ国蔵相会合は実質的役割を果たしたのであり，その後の国際通貨制度改革に重要な意義をもつ G5 は，事実上ここで発足したといえる[10]。

　以上のように，この時期日本は，国際通貨制度改革に対しては，「愛知通貨外交」と称されたほどの，積極的役割を果たした。しかし，この間，国内的に

---

9）松川道哉［1973］。
10）稲村前掲「昭和 45〜47 年の国際金融局行政」。

表 3-18　国際収支表（1972 年第 1 四半期-73 年第 2 四半期）

(単位：百万ドル)

| 年四半期 | 1972 I | 同 II | 同 III | 同 IV | 73 I | 同 II |
|---|---|---|---|---|---|---|
| 経常収支 | 1,465 | 1,367 | 1,661 | 1,948 | 1,184 | △ 139 |
| 貿易収支 | 2,195 | 2,139 | 2,214 | 2,240 | 1,740 | 870 |
| 輸　出 | 6,510 | 6,543 | 7,119 | 7,667 | 8,122 | 8,649 |
| 輸　入 | 4,315 | 4,404 | 4,905 | 5,427 | 6,382 | 7,779 |
| 長期資本収支 | △ 759 | △ 738 | △ 1,158 | △ 1,832 | △ 2,231 | △ 2,230 |
| （基礎収支） | 706 | 629 | 503 | 116 | △ 1,047 | △ 2,369 |
| 短期資本収支 | 827 | △ 204 | 434 | 909 | 996 | 580 |
| 総合収支 | 1,482 | 574 | 1,115 | 1,387 | △ 109 | △ 3,045 |
| 外貨準備増減 | 1,428 | △ 818 | 644 | 1,876 | △ 240 | △ 2,925 |
| 外貨準備高 | 16,663 | 15,845 | 16,489 | 18,365 | 18,125 | 15,200 |

注）IMF 季節調整済みの数値。
出所）大蔵省資料。

は日本経済は，景気が急速に上昇するなかでインフレが顕在化するとともに，国際収支が大幅に悪化しつつあった。

　72 年には各四半期ごとに 14 億ドルから 19 億ドルの水準にあった経常収支黒字額が，73 年第 1 四半期には対前期比で一挙に 8 億ドルも縮小した。黒字幅の縮小はその後も続き，第 2 四半期にはさらに 12 億ドル弱縮小して，黒字幅はほぼゼロとなり，第 3 四半期には 3 億 7,700 万ドルの赤字，第 4 四半期には 10 億 2,200 万ドルの赤字に転落，73 年中の経常収支の対前年比減少額は，67 億 6,000 万ドルに達した。総合収支で見るとこの傾向はいっそう増幅され，73 年の赤字額は 100 億ドル，対前年比では 148 億 1,500 万ドルもの悪化を示したのである。10 月以降の赤字を，第 1 次石油危機による影響と見て除外しても，総合収支赤字額は 55 億ドルに達し，73 年における国際収支の悪化はきわめて急速かつ顕著であった（表 3-18）。

　この国際収支の悪化は，経常収支の悪化と長期資本収支赤字の急増とがからみあって進行した。経常収支の悪化は，さしあたりはフロート移行による事実上の円切上げ効果と国内インフレの結果として理解しうる。長期資本収支赤字の大幅増大は，本邦為銀の海外業務の活発化，円高による海外資産・株式の取得の容易化，為替相場の先行き予測による各種借入れの返済などの要因が複合して生じた[11]。また，前述の一連の円対策の一環としての資本流出促進・資本

流入抑制の政策効果もこれを促進したが,この時期に実施された措置としてガリオア債務・余剰農産物債務の繰上げ償還をあげることができる。ガリオア債務とは,1945年9月から52年4月までにわが国が米国より受けた占領地救済物資の代金債務であり,余剰農産物債務とは,「農産物に関する日本国とアメリカ合衆国との間の協定」に基づき,日本が米国より購入した農産物の代金債務である。この償還については,いずれも産投特別会計が一定の返済計画により返済してきた。計画によれば,ガリオア債務は,63年から77年までの間,余剰農産物債務は,第1次が58年から95年まで,第2次が59年から95年までの間に返済することになっていたが,わが国の外貨準備や国際収支の状況から,残額の全額一括返済を行うこととしたのである。5月1日現在の両債務の未償還額は2億500万ドルであったが,折衝の結果,将来の償還予定額の金利算定分などを差し引いた現在価値約1億7,500万ドルを償還することになり,5月1日全額が繰上げ償還された[12]。

### 2)「265円レート」の市場介入

こうして1973(昭和48)年第1四半期から第3四半期にかけて国際収支が大幅に悪化したにもかかわらず,対ドル為替レート(直物)は,全面フロート移行後の3月下旬から第1次石油危機の勃発直前に至るまで,ごく一時期を除いて,ほとんど264-266円の水準に安定していた。直物レートがこのように長期間にわたって安定したのは,いうまでもなく政策当局の徹底した市場介入によるものであった。フロート移行後,為替市場はドルへの超過需要に転じていたから,従来とは逆の巨額の売り介入が遂行されたのである。

この徹底した市場介入は,どのような判断の下に行われたのであろうか。3月30日,衆院予算委員会での「変動相場制をいつまで続けるのか」という質問に,愛知蔵相は次のように答えている。「わが国としても,なお,かなりの間は,フロートを続けざるをえないと考えるが,その期間を具体的にいつまで

---

11) 小宮隆太郎・須田美矢子[1983]第2章「265円レート」の政策,参照。
12) 岩崎文哉[1973] p. 27。

と申し上げることはできない。もとより，通貨制度としては，長期的には，固定相場制の方が望ましいと考えているが，適正な相場水準を見出せないまま徒らに固定相場制への復帰を急ぐことは得策ではないと思う。したがって，今後の通貨情勢の推移と為替市場の動向を見守り，円の相場の適正な水準を見出した上で適当な時期に固定相場制へ復帰することになろう[13]」。つまり，固定レート制への復帰を展望しつつ，それに近い形でマネジド・フロートを運営していくというのが当時の基本的考え方だったのである。

　また，より直截な動機としては，国際的な批判をかわすために，急増した外貨準備をある程度減少させる必要もあった。わが国外貨準備高は，フロート移行時の73年2月末には190億6,700万ドルに達しており，ニクソン・ショック時の125億1,400万ドルはいうまでもなく，スミソニアン合意時71年12月末の152億3,500万ドルと比べても，38億ドルも増加していた（表3-19）。これを緩やかに減少させることが，国際協調を進め，国際通貨制度改革を促進するためにも必要と判断されたのである。265円がさしあたりの市場介入点として選択されたのは，前節で見たように，フロート移行にあたっての日米合意が，1ドル257-264円を適正レートとしており，その円安上限へのドル買い介入による誘導が，2月下旬に実行されたためであった。

　こうして73年3月以降強力なドル売り介入が始められた。当局の対市場外貨売却額は，ドル平衡売り分が，3月6億5,400万ドル，4月6億7,600万ドル，5月8億3,100万ドル，3カ月合計で21億6,100万ドル，これに対為銀スワップ売り分，3月2億3,300万ドル，4月6億8,600万ドル，5月3億5,600万ドル，計12億7,500万ドルを加えると，合計34億3,500万ドルの多額にのぼった[14]。そして，この市場介入額は，当時の直物市場出来高の60%から80%にも達した。この結果，わが国の外貨準備高は，73年2月末をピークに，3月9億ドル，4月13億ドル，5月10億ドル減少し，5月末にはその残高は158億6,900万ドルとなった（表3-20）。

---

13) 大蔵省大臣官房調査企画課 [1973]。
14) 大蔵省主計局前掲『国際通貨問題と外国為替資金特別会計』。

第 5 節　第 1 次石油危機と管理フロートへの移行

表 3-19　外貨準備・保有外貨の推移

(単位：百万ドル)

| 年月末 | 外貨準備 外為会計 増減額 | 外貨準備 外為会計 在高 | 外貨準備 日本銀行 増減額 | 外貨準備 日本銀行 在高 | 外貨準備 計 増減額 | 外貨準備 計 在高 | 保有外貨 外為会計 増減額 | 保有外貨 外為会計 在高 | 保有外貨 日本銀行 増減額 | 保有外貨 日本銀行 在高 | 保有外貨 計 増減額 | 保有外貨 計 在高 |
|---|---|---|---|---|---|---|---|---|---|---|---|---|
| 1972. 1 | 324 | 1,771 | 398 | 14,187 | 722 | 15,958 | 53 | 3,277 | 388 | 14,580 | 441 | 17,857 |
| 2 | △ 209 | 1,562 | 729 | 14,916 | 520 | 16,478 | △ 94 | 3,183 | 751 | 15,331 | 657 | 18,514 |
| 3 | △ 159 | 1,403 | 344 | 15,260 | 185 | 16,663 | △ 254 | 2,929 | 530 | 15,861 | 276 | 18,790 |
| 4 | 98 | 1,501 | △ 225 | 15,035 | △ 127 | 16,536 | △ 9 | 2,920 | △ 163 | 15,698 | △ 172 | 18,618 |
| 5 | △ 92 | 1,409 | △ 410 | 14,625 | △ 502 | 16,034 | 163 | 3,083 | △ 418 | 15,280 | △ 255 | 18,363 |
| 6 | 269 | 1,678 | △ 457 | 14,168 | △ 188 | 15,846 | 319 | 3,402 | △ 457 | 14,823 | △ 138 | 18,225 |
| 7 | 589 | 2,267 | △ 551 | 13,617 | 39 | 15,884 | 1,199 | 4,601 | △ 559 | 14,264 | 640 | 18,865 |
| 8 | 585 | 2,852 | △ 96 | 13,521 | 488 | 16,373 | 1,093 | 5,694 | △ 103 | 14,161 | 990 | 19,855 |
| 9 | 489 | 3,341 | △ 373 | 13,148 | 117 | 16,489 | 977 | 6,671 | △ 314 | 13,847 | 663 | 20,518 |
| 10 | 75 | 3,416 | 1,233 | 14,381 | 1,308 | 17,797 | 345 | 7,016 | 1,262 | 15,109 | 1,607 | 22,125 |
| 11 | 721 | 4,137 | △ 105 | 14,276 | 616 | 18,413 | 1,237 | 8,253 | △ 73 | 15,036 | 1,164 | 23,289 |
| 12 | △ 27 | 4,110 | △ 21 | 14,255 | △ 48 | 18,365 | 431 | 8,684 | 42 | 15,078 | 473 | 23,762 |
| 73. 1 | 238 | 4,348 | △ 747 | 13,508 | △ 509 | 17,856 | 702 | 9,386 | △ 707 | 14,371 | △ 5 | 23,757 |
| 2 | △ 368 | 3,980 | 1,579 | 15,087 | 1,211 | 19,067 | △ 44 | 9,342 | 1,604 | 15,975 | 1,560 | 25,317 |
| 3 | △ 1,332 | 2,648 | 390 | 15,477 | △ 942 | 18,125 | △ 154 | 9,188 | 347 | 16,322 | 193 | 25,510 |
| 4 | 455 | 3,103 | △ 1,746 | 13,731 | △ 1,291 | 16,834 | 509 | 9,697 | △ 1,667 | 14,655 | △ 1,158 | 24,352 |
| 5 | △ 1,062 | 2,041 | 97 | 13,828 | △ 965 | 15,869 | △ 1,065 | 8,632 | 112 | 14,767 | △ 953 | 23,399 |

出所）大蔵省資料。

表 3-20 外為会計対市場・対日銀取引の推移

(単位：百万ドル)

| 年 月 | 平衡売買 | | | | 対日銀取引 | | | |
|---|---|---|---|---|---|---|---|---|
| | 買 い | 売 り | 差 引 | 累 計 | アウトライト売り | アウトライト買い | 差 引 | 累 計 |
| 昭和47. 1 | 469.2 | 172.3 | 297.0 | 297.0 | 550.0 | − | 550.0 | 11,107.4 |
| | | | | | − | (250.0) | (△ 250.0) | (2,200.0) |
| 2 | 508.0 | 17.7 | 490.3 | 787.2 | 1,520.0 | − | 1,520.0 | 12,627.4 |
| | | | | | − | (840.0) | (△ 840.0) | (1,360.0) |
| 3 | 87.0 | − | 87.0 | 874.2 | 1,830.0 | − | 1,830.0 | 14,457.4 |
| | | | | | − | (1,360.0) | (△ 1,360.0) | (0.0) |
| 4 | − | 36.9 | △ 36.9 | 837.3 | − | 200.0 | △ 200.0 | 14,257.4 |
| 5 | − | 73.4 | △ 73.4 | 764.0 | − | 500.0 | △ 500.0 | 13,757.4 |
| 6 | 224.4 | − | 224.4 | 988.4 | − | 500.0 | △ 500.0 | 13,257.4 |
| 7 | 858.8 | − | 858.8 | 1,847.2 | − | 600.0 | △ 600.0 | 12,657.4 |
| 8 | 682.6 | − | 682.6 | 2,529.9 | − | 200.0 | △ 200.0 | 12,457.4 |
| 9 | 770.6 | − | 770.6 | 3,300.4 | − | 360.0 | △ 360.0 | 12,097.4 |
| 10 | 1,546.5 | − | 1,546.5 | 4,846.9 | 344.0 | − | 344.0 | 12,441.4 |
| | | | | | (900.0) | − | (900.0) | (900.0) |
| 11 | 1,216.1 | − | 1,216.1 | 6,063.1 | − | − | − | 12,441.4 |
| | | | | | (650.0) | (800.0) | (△ 150.0) | (750.0) |
| 12 | 855.0 | 41.5 | 813.5 | 6,876.6 | − | − | − | 12,441.4 |
| | | | | | − | − | − | (750.0) |
| 昭和48. 1 | 43.9 | 47.9 | △ 4.0 | 6,872.6 | − | − | − | 12,441.4 |
| | | | | | − | (750.0) | (△ 750.0) | (0.0) |
| 2 | 1,382.0 | − | 1,382.0 | 8,254.7 | − | − | − | 12,441.4 |
| | | | | | (1,400.0) | − | (1,400.0) | (1,400.0) |
| 3 | − | 653.5 | △ 653.5 | 7,601.2 | − | − | − | 12,441.4 |
| | | | | | (300.0) | − | (300.0) | (1,700.0) |
| 4 | − | 676.3 | △ 676.3 | 6,924.8 | − | − | − | 12,441.4 |
| | | | | | − | (1,700.0) | (△ 1,700.0) | (0.0) |
| 5 | − | 831.2 | △ 831.2 | 6,093.6 | − | − | − | 12,441.4 |
| | | | | | − | − | − | − |
| 6/20 | − | 129.5 | △ 129.5 | 5,964.1 | − | 500.0 | △ 500.0 | 11,941.4 |
| | | | | | − | − | − | |

注) カッコ内はスワップ取引。
出所) 大蔵省資料。

　こうした状況のなかで，6月に入ると大蔵省の内部で，この徹底した売り介入を再検討すべきではないかという主張が登場した[15]。その直接的理由は，外為会計収支の逼迫にあった。すなわち，① 3月以降の巨額の対市場外貨売却により，外為会計保有の流動性外貨が大幅に減少して5月末には5億ドル台と

なり，今後も市場介入を続けるとすれば，日銀保有外貨の買戻しなどの新たな資金手当を必要とする，② 1 ドル 308 円で資産計上している外貨を 265 円で市場売却しており，この結果外為会計の売買損は，4 月 784 億円，5 月 820 億円の巨額にのぼり，このまま推移すれば同会計第 7 条により，74 年度予算編成において巨額の一般会計負担を生ぜしめる可能性がある，「このような情勢にありながら，なおかつドルの売介入を続けるのはなぜか，売介入をやめれば円の対ドルレートはより実勢に近くなり円安となるはずで，そうすれば売買損を減少できるはずではないか？」，「為替相場の乱高下は勿論防止しなければならないであろうが，現在のようなドルの需要が長期間強い際にドル安の相場を維持しなければならない理由はないのではなかろうか」，というのがその主張であった（表 3-21）。

これに対し，国際金融局は，①最近のドル売需要は，リーズの巻戻し(unwinding) などの特殊要因が働いており，実勢とはいいにくい，②したがって，為替市場の需給にまかせた場合，円相場が下がりすぎ，先行きの相場変動を不必要に大きくし，輸出入取引を混乱させるおそれがある，③売り介入により外為会計の揚げ超という形で当面の金融引締め政策を補強できる，などの点から，今後とも市場介入を続けるべきであると主張した[16]。結論的には，この国際金融局の主張が通り，6 月以降も市場介入は続けられることになった。ただし，国際金融局においても，それまでのような徹底した「介入ないしマーケット形成は好ましくない。介入を少し減らしていこう[17]」という方向への転換が，この時点でなされ，その結果外貨準備の減少額は，7 月 4,000万ドル，8 月 3,000 万ドル，9 月 3 億 3,000 万ドルへと，3-5 月に比べてはるかになだらかなものとなり，為替レートも直物レートは 9 月いっぱいはほぼ 265円前後で落ち着いた。しかし，10 月 6 日の第 4 次中東戦争の勃発により，こ

---

15) 大蔵省主計局大蔵第 2 係，同「最近の東京市場におけるドルの売介入について（48. 6. 5)」同上所収。
16) 大蔵省国際金融局短期資金課「外為特別会計日銀間の外貨売買について　決定版 (48. 6. 6)」同上所収。
17) 松川道哉「昭和 48～49 年の国際金融局行政」大蔵省資料 Z108-10-2。

表 3-21 外為会計対為銀取引の推移

(単位：百万ドル)

| 年 月 | 為替スワップ取引 | | | | 外貨預託 | | | |
|---|---|---|---|---|---|---|---|---|
| | スワップ売り | スワップ買い | 差 引 | 累 計 | 預 託 | 返 済 | 差 引 | 累 計 |
| 1972. 1 | 65.2 | 86.6 | △ 21.4 | 1,413.5 | 300.0 | 350.0 | △ 50.0 | 2,021.0 |
| 2 | 94.6 | 136.4 | △ 41.8 | 1,371.7 | 500.0 | 402.0 | 98.0 | 2,119.0 |
| 3 | 29.9 | 121.2 | △ 91.3 | 1,280.4 | 400.0 | 518.0 | △ 118.0 | 2,001.0 |
| 4 | 332.8 | 28.7 | 304.1 | 1,584.5 | 550.0 | 801.0 | △ 251.0 | 1,750.0 |
| 5 | 450.0 | 104.4 | 345.6 | 1,930.1 | 400.0 | 300.0 | 100.0 | 1,850.0 |
| 6 | 470.5 | 31.5 | 439.0 | 2,369.1 | 500.0 | 500.0 | 0.0 | 1,850.0 |
| 7 | 367.2 | 41.2 | 326.0 | 2,695.1 | 900.0 | 500.0 | 400.0 | 2,250.0 |
| 8 | 106.2 | 230.3 | △ 124.1 | 2,571.0 | 850.0 | 450.0 | 400.0 | 2,650.0 |
| 9 | 301.7 | 83.8 | 217.9 | 2,788.9 | 800.0 | 400.0 | 400.0 | 3,050.0 |
| 10 | 235.8 | 222.7 | 13.1 | 2,802.0 | 700.0 | 500.0 | 200.0 | 3,250.0 |
| 11 | 309.8 | 55.7 | 254.1 | 3,056.1 | 1,300.0 | 900.0 | 400.0 | 3,650.0 |
| 12 | 493.3 | 50.9 | 442.4 | 3,498.5 | 1,250.0 | 850.0 | 400.0 | 4,050.0 |
| 73. 1 | 281.7 | 127.4 | 154.3 | 3,652.8 | 1,200.0 | 800.0 | 400.0 | 4,450.0 |
| 2 | 403.2 | 155.6 | 247.6 | 3,900.4 | 1,000.0 | 700.0 | 300.0 | 4,750.0 |
| 3 | 721.1 | 488.3 | 232.8 | 4,133.2 | 2,486.0 | 1,300.0 | 1,186.0 | 5,936.0 |
| 4 | 731.7 | 45.3 | 686.4 | 4,819.6 | 246.0 | 200.0 | 46.0 | 5,982.0 |
| 5 | 626.6 | 270.5 | 356.1 | 5,175.7 | 2,256.0 | 2,250.0 | 6.0 | 5,988.0 |
| 6/20 | 165.8 | 25.4 | 140.4 | 5,316.1 | 19.0 | － | 19.0 | 6,007.0 |

注）外貨預託は，中小企業輸出預託も含む。
出所）大蔵省資料。

の局面は大きく転換する。

## 2．第1次石油危機の勃発と為替政策の転換

### 1）第1次石油危機の勃発と国際通貨面での対応

第1次石油危機は，1973（昭和48）年10月6日の第4次中東戦争勃発を契機として始まった。10月16日，OPEC（石油輸出国機構）加盟国のうちペルシャ湾岸6カ国は，原油公示価格を1バーレル3.01ドルから5.12ドルへ70％即刻引き上げる旨を通告し，翌17日OAPEC（アラブ石油輸出国機構）は，アメリカほかイスラエル支持国に対する供給制限を目的として，10月から毎月5％ずつ生産を削減することを決定した。

11月に入り，OAPECは生産削減措置をさらに強化したが，11日停戦協定が結ばれるにおよんで，中東の政治情勢はようやく小康を迎えた。これに伴いアラブ産油国は，原油戦略を生産削減・輸出禁止といったそれまでの直接的規制策から価格政策へと転換させ，湾岸6カ国は，12月23日原油公示価格の11.65ドルへの引上げを74年1月1日から実施すると発表した。こうして10月中旬から12月下旬までのわずか2カ月余りの間に，原油公示価格は3.87倍，72年末の2.48ドルと比べるとじつに4.7倍も値上げされた。

この原油価格の大幅値上げは，石油多消費の先進工業諸国に大きな打撃を与えた。原油大幅値上げにより，輸入依存度の高い石油消費国ではインフレが一段と高進するとともに，それら諸国の交易条件が一挙に悪化し，国際収支面での負担が急増したためである。この結果，石油消費国側では，国際収支の赤字増大をどのようにファイナンスするかが緊急の課題となり，国際金融市場で一挙に巨額化したオイル・マネーをどうリサイクルさせるかが重大な問題となったのである。

公式の第1回G5が開催されたのは，この只中，11月24日から26日にかけてのことであった。フランス（トゥールズ市郊外のシャトー・ダルティニー）で開かれたこの会議の出席者は，5カ国の大蔵大臣プラスワン（各国大蔵次官）とされ，日本からは愛知蔵相，稲村財務官が出席することになっていたが，前日愛知蔵相が急性肺炎により突然逝去したため，稲村財務官のみの出席となった[18]。

会議の中心議題は，元来は国際通貨制度改革の見解調整であったが，まず議題となったのは，当然のことながら石油危機対策であった[19]。5大国が共同してOPECにあたるべきであるという強い主張が，シュルツ財務長官よりなされたのである。シュルツ発言は，ニクソン大統領の指示の下になされていると考えられたため，各国はアメリカ提案を深刻に受けとめたが，オランダ以外の

---

18) 他の4カ国の出席者は次の通りであった。フランス＝ジスカールデスタン蔵相，ブロソレット次官，アメリカ＝シュルツ財務長官，バーンズFRB議長，ボルカー次官，イギリス＝バーバー蔵相，ミッチェル次官，西ドイツ＝シュミット蔵相，ペール次官。
19) 稲村前掲「昭和45～47年の国際金融局行政」。

EC 諸国と日本は，すでに 11 月中旬アラブ寄りの政策を公表していた。このため，この問題についての結論は，アメリカの強い要請にもかかわらずでなかった。2 日目からは，現在の為替市場・為替相場の評価，国際通貨制度改革の方向が議題となり，前者については，① 現状の水準が適正レベル (resting level) かどうか，② さらにドルが上昇することについての評価，③ ドルのオーバーハング問題との関連，④ アラブ・マネーのチャネルの仕方等が，後者については，① SDR の性格，位置づけ，② 石油問題と C20 作業の関連，③ 金問題，④ コンソリデーション等が，議論の対象となった。これらについても各国の利害は必ずしも一致しなかったが，今後の作業の進め方について，① 石油問題との関連で 7 月末までにきっちりした改革案を固めることは困難かもしれないが，IMF 機構の問題，SDR の規格等は固め，そこで新制度を一応発足させ，C20 は解散し，改めて担当機関を設置する方向を探る，② 次回 C20 の際に再度 G5 を開催する，という合意が確認されて 26 日 G5 は終了した。

翌 74 年 1 月 15 日，C20 ローマ会議に先立ってローマ郊外で開催された 2 回目の G5[20] でも，中心議題は石油問題となった[21]。前回と同様，アメリカ側より，「産油国がグループになっているのだから，消費国もグループとしてあたるべきで，手順としては (a) 消費国同士の話合い，(b) 消費国と産油国の話合いという順序で進めるべきである」，「アラブ側は自分達の石油値上げによって世界的に大きな financial problem をおこしていることに気がつかない。……そもそも今回の産油国の行動に対しては，その値上げを認めてそれに adjust する方法を考えるかあるいは値上げそのものにチャレンジするかである。我々としては史上前例のない激しい行為であるからこれに resist すべきである」という強い主張がなされた。議題としては，為替市場の動向，国際通貨制度改革の展望も取り上げられたが，このいずれについても焦点となったのは石油問題との関連であった。「石油の値上がりによってドルの相場が押し上げられ……EC

---

[20] 第 2 回の会議も当初は 5 カ国で開催する予定であったが，C20 開催地のイタリアに最終段階でもれ，イタリアの強い抗議によって 6 カ国会議として開催されることになった。

[21] 稲村前掲「昭和 45〜47 年の国際金融局行政」。

のスネークに大きな影響を与えている」(仏),「米国がマルクの買介入をすべきである」(独),「オイル・マネーの 400 億ドルがユーロに入ってきたらユーロ・マーケットは大混乱する」(仏,英) といった意見が相次いで出され,国際通貨制度改革についても,この当面緊急の問題との関連で「細かいつめをするのが困難」という認識が一般的となった。しかし,第 2 回の G5 では,具体的な対応策は何ら出ないまま散会となった。

この G5 で議題となった石油消費国会議については,アメリカはすでに 1 月 9 日,ニクソン大統領の招聘により 2 月 11 日からワシントン会議として開催することを表明していた。会議に招聘されたのは,EC,日本,カナダ,ノルウェーなど「OECD の High level グループ」であった。会議では,キッシンジャー／H. Kissinger 米国務長官より,① エネルギー保全,代替エネルギー,研究開発,緊急時融通,国際金融協力,開発途上国問題,消費国・産油国関係の 7 つの分野で検討を行う,② 会議のフォロー・アップのために調整グループを作る,③ 今後のステップとして,5 月 1 日までに開発途上国を含めた外相会議,次いで消費国・産油国会議を開催するという提案がなされた[22]。

これに対し,EC 側より今回の会議を常設会議にすべきではないという反対案が出されたが,結局 3 日間の会議の末,17 項目にわたるコミュニケが発表された。このうち国際通貨制度問題については,1 月の C20 ローマ会議で表明された,石油価格の大幅上昇による国際収支構造の急激な変化への懸念を前提としつつ,「現在のエネルギー情勢の経済上および国際金融に対する影響とくに国際収支不均衡問題の処理に関する IMF・世銀及び OECD が行っている作業を大いに促進する。石油価格の国際収支への影響に対処するに当り,競争的為替レートの切下げ及び貿易と支払制限の強化又は借入れに対する阻害的行動を回避すること。既存の公的及び私的信用制度を強化する短期的措置及び可能な長期的メカニズムについて作業を進める。現在のエネルギー・コスト水準の結果としての諸困難を軽減するための国内経済政策を追求する。二国間及び国際機関を通じて開発援助の流れを増大させるためのねばり強い努力を続ける」

---

22) 野崎正剛 [1974] pp. 22-3。

というのが，その内容であった。

74年1月のC20ローマ会議は，石油危機勃発という事態に直面しながらも，6月のC20大臣会議までに国際通貨制度改革の主要問題に関する作業を完了させることを合意した。2月のワシントン・エネルギー会議でも，オイル・マネーのリサイクルという根本問題をかかえながら，IMF・世銀・OECDの作業を大いに促進するという方針が確認された。これらを受けて，3月27-29日，5月7-9日，6月10,11日とC20代理会議が相次いで開催され，6月12,13日最後のC20大臣会議に「国際通貨改革概要」が提出された。

「概要」は，将来の通貨制度の大筋の方向を提示した「第Ⅰ部　新制度」と，直ちに実施すべき具体的措置を提案した「第Ⅱ部　当面の措置」の2つの部分より成っていたが，「インフレーション，エネルギー事情およびその他の未解決な問題に起因する流動的な現状にかんがみ，将来の国際通貨制度のすべての側面にわたり完全な詳細まで決定しようとすることは不適切であり，その諸点は将来の情勢に照らして決定した方がよいであろう」との限定付きのものとなった[23]。

「第Ⅰ部　新制度」では，1972年7月のC20設置以来の2年間にわたる議論の結果が記録されると同時に，①国際収支の調整，②交換性の回復，③為替相場制度の展望と介入制度，④主要準備資産，⑤開発途上国へのSDRの配分と開発援助とのリンク，⑥IMFの機構改革，の諸問題についてのC20の検討結果が提示された。「多くの重要な分野において国際的な監視と管理の範囲を拡大しIMFの役割を拡大すること，……準備指標や段階的強制措置を活用した総合判断によって，必要な場合には適切な措置をとりうることを保証するような調整の仕組みを設けること，交換性制度により国際流動性の管理が改良され準備通貨残高の無秩序な増加が回避されるべきこと，金と準備通貨の役割が縮小されSDRが主要な準備資産となるべきこと，開発途上国に対する実物資源の純流入の増加を促進するような取決めが作られるべきこと[24]」が想定さ

---

23)「総務会に対する20カ国委員会議長報告及び改革概要」大蔵省国際金融局［1975］pp. 61-93。
24) 同前, p. 62。

れていたが，多くの対立点はそのまま付属文書に譲られ，基本線は前年のナイロビ総会での第1次概要とほとんど変わりのないものとなった[25]。

また，「第II部 当面の措置」では，①国際通貨制度改革に関する経過期間の暫定協議委員会の設置とそれに続く執行委員会の設置，②調整過程について緊密な国際的協議と監視を行うためのIMFの手続きの強化，③フロート制の運営に関する適切なガイドラインの採用，④石油輸入価格上昇による打撃を緩和するためのIMFオイル・ファシリティの設立，⑤支払制限・貿易制限の回避のための各国の誓約，⑥国際流動性の管理に関する手続きの改善，⑦金の取扱いについての国際的検討，⑧SDRの価値および金利の決定，⑨開発途上国の国際収支困難に対処するための拡大信用IMF供与措置，⑩開発援助とSDR配分との間のリンク，⑪IMFと世銀との合同閣僚委員会の設立，が直ちに実施すべき具体的措置として提案された[26]。

こうしてIMFC20における2年がかりの通貨改革作業は一応終了した。しかし，国際通貨制度改革の焦点ともいうべき調整過程と交換性について，この「概要」はほとんど具体的な方向を打ち出せなかった。石油危機とその帰結としてのインフレ，国際収支構造の変動，オイル・マネー問題が収拾されない限り，調整過程や国際流動性を管理する包括的取決めを決定することは困難であり，ましてや安定的でしかし調整可能な平価制度への復帰や一般的交換性の回復は不可能であることは，誰の目にも明らかだったからである。

9月30日から10月4日の間ワシントンで開催されたIMF総会において，この「概要」は満場一致で採択された。だが，その第I部に盛られた通貨制度のグランド・デザインに言及するものは総会を通じて1人もいなかった。また，第II部で要請された暫定協議委員会は，総会で設立決議がなされ，ただちに第1回の会合が行われたが，そこで当面の最大重点にあげられたのは，オイル・マネーのリサイクリングであった。国際通貨制度改革問題は石油危機のなかで再び先延ばしにされたのであった。

---

25) 藤岡真佐夫［1974］pp. 6-9。
26) 同上。

## 2）石油危機前後の国内為替市場と介入方針

　石油危機の勃発は，国内為替市場の動きを激変させた。1973（昭和48）年の9月までは比較的安定した推移を示していた為替レートは，11月以降74年1月にかけて，2度にわたって急激かつ大幅な円安方向への水準訂正を示した。①石油価格の引上げによる輸入支払の増加および石油供給削減の次年度の輸出に対する影響が懸念され，引き続きの輸入高水準，輸出の伸び悩み，長期資本勘定の流出超なども加わって，国際収支の先行きについて弱気な見方が市場に広まったこと，②10月26日に発表された米国貿易収支が8.7億ドルの黒字と大幅な改善を見，さらに原油価格引上げの影響が米国より欧州諸国に大きく作用すると見られたことからドルの対欧州通貨相場が堅調に転じたこと[27]，が大量の円売りドル買いを引き起こす直接のきっかけとなったとされている。

　激しい円売りドル買いは，10月29日から始まった。政策当局は，3日間266円58銭から85銭の狭い範囲で売り介入を行ったが円売りの動きはおさまらず，とくに先物ドルについては一挙に280円を突破，先物出来高もそれまでの記録を更新して膨らんだ。このため，政策当局はそれまでの小幅介入の方針を転換，11月1日には270円，翌2日には275円，13日には280円と，売り介入点を短期間に大幅に引き上げていった。しかし，こうした介入点の引上げにもかかわらず，為替市場は安定しなかった。先物レートは直物の介入点が引き上げられるごとに高騰し，11月中，下旬には20％，12月下旬から1月初旬には30％を超えるほどのプレミアムがついたのである（表3-22）[28]。

　この売り介入によって，わが国の外貨準備高は，11月には8億5,300万ドル，12月には9億5,000万ドル減少して，年末には122億4,600万ドルとなった。しかし，実際の市場介入額は，11月24億4,000万ドル，12月14億5,000万ドル，計38億9,000万ドルと，この金額をはるかに凌駕していた。外貨預託の引き揚げ，外貨資産収益の回金，スワップ発動などによって調達された資金がドル売り介入に動員されたのであり，放置しておけば外貨準備は100億ド

---

27) 大蔵省国際金融局『第72国会　一般想定問答』昭和48年12月。
28) 小宮隆太郎・須田美矢子［1983］第3章　石油危機への対応，参照。

第5節　第1次石油危機と管理フロートへの移行

表 3-22　東京為替市場における為替レート（1973年10月24日-12月27日）

| 月 | 日 | 直物レート | 先物レート | 月 | 日 | 直物レート | 先物レート |
|---|---|---|---|---|---|---|---|
| 10. | 24 | 266.48 円 | 263.70 円 | 12. | 3 | 280.00 円 | 296.00 円 |
|  | 25 | 266.50 | 263.85 |  | 4 | 280.00 | 295.00 |
|  | 26 | 266.55 | 264.30 |  | 5 | 280.00 | 295.00 |
|  | 29 | 266.58 | 266.42 |  | 6 | 280.00 | 293.50 |
|  | 30 | 266.75 | 268.35 |  | 7 | 280.00 | 292.60 |
|  | 31 | 266.83 | 269.70 |  | 10 | 280.00 | 295.10 |
| 11. | 1 | 270.00 | 275.50 |  | 11 | 280.00 | 296.00 |
|  | 2 | 275.00 | 280.50 |  | 12 | 280.00 | 296.20 |
|  | 5 | 275.00 | 277.00 |  | 13 | 280.00 | 297.00 |
|  | 6 | 275.00 | 278.20 |  | 14 | 280.00 | 297.30 |
|  | 7 | 275.00 | 278.90 |  | 17 | 280.00 | 298.80 |
|  | 8 | 275.05 | - |  | 18 | 280.00 | 298.20 |
|  | 9 | 275.05 | 281.05 |  | 19 | 280.00 | 298.10 |
|  | 12 | 275.08 | 281.00 |  | 20 | 280.00 | 298.70 |
|  | 13 | 280.00 | 286.00 |  | 21 | 280.00 | 300.00 |
|  | 14 | 280.00 | 294.00 |  | 24 | 280.00 | 302.70 |
|  | 15 | 280.00 | 296.00 |  | 25 | 280.00 | 312.00 |
|  | 16 | 280.00 | 289.00 |  | 26 | 280.00 | 315.00 |
|  | 19 | 280.00 | 289.20 |  | 27 | 280.00 | 312.00 |
|  | 20 | 280.00 | 290.00 |  |  |  |  |
|  | 30 | 280.00 | 296.50 |  |  |  |  |

注）先物レートは6カ月物，終り値。
出所）大蔵省資料。

ルを割る，「100億ドルを割ると心理的に大変だから，割ってはいけないというので，非常なドレッシング[29]」が行われたのであった。

　この状況に対応して，73年11月政策当局は，これまで国際収支の黒字基調を与件として採用されてきた外貨流入抑制，流出促進の為替管理政策を180度転換するに至った。まず，11月1日，大蔵省は円建外債発行代り金の持ち出し強制を撤廃，5日には非居住者の本邦証券の取得制限を撤廃し，13日外為会計からの為銀への外貨預託（MOF外貨預託）の減額を決定，さらに15日には為銀や産業界がかねてより要望していた円建て輸出促進を裏打ちする輸出代金

---

29）松川前掲「昭和48～49年の国際金融局行政」。

関係,為替予約関係の規制を緩和した。また,日本銀行も 11 月 13 日,それまで外貨減らし対策の一環として実施してきた輸入資金貸付の増加抑制を決定し,12 月に入るとその残高を漸次減少させることにした[30]。そして,その後も翌年 2 月にかけて,外貨流入促進,流出抑制をはかる為替管理の手直し措置が次々に打ち出された。その概要を,部門ごとに見るとおおよそ次のようであった[31]。

1　銀行部門に対する規制関係
(1)　円転規制の緩和

昭和 48 年 11 月 15 日以降,円借款元利金および本邦からの設備等の輸出に係る円建輸出代金の支払のための自由円勘定への預入については,その期日前一定期間内のものであれば円転規制上別枠として認めることとされ,さらに 12 月 17 日,本支店自由円勘定を除き,一般の非居住者自由円勘定残高に対する円転規制は撤廃された。

(2)　非居住者自由円勘定残高に係る預金準備率の引下げ

非居住者自由円勘定残高に係る預金準備率については,47 年 7 月以降平残を超える部分に対し 50％ の準備率が適用されていたが,48 年 12 月 10 日以降,この準備率を 10％ に引き下げた。

(3)　中長期現地貸等に関する規制の緩和

本邦為銀の海外支店が本邦企業の海外支店・現地法人に対して行う貸付,現地保証に関して,従来,その期間が 1 年を超えるものについては大蔵大臣の個別許可を必要とし,わが国からの輸出に関するものに対してはこれを認めないこととしてきたが,11 月 15 日以降,輸出に伴う経費充当分についてはこれを認めることとし,さらに 12 月 17 日以降は輸出代金充当分についてもその禁止的運用を解除することとした。

---

30) 日本銀行 [1986] p. 435。
31) 長岡聰夫 [1974]『金融』第 321 号,昭和 48 年 12 月,pp. 72-3,同第 322 号,昭和 49 年 1 月,pp. 62-3。

2 企業等非銀行部門に対する規制関係
 (1) 輸出前受金の円転規制の緩和
　48年11月24日，輸出前受金の円転換について，その個別許可不要の限度額をそれまでの1件5,000ドルから1件1万ドルに，さらに49年1月7日には1件10万ドルに引き上げた。
 (2) 居住者外貨預金勘定の残高規制
　49年1月29日，居住者外貨預金勘定の残高について，同年2月26日以降はこの残高勘定は，48年10，11，12月の各月末における残高の合計額の3分の1を上回ってはならないという，勘定貸記に係る要件を定めた。
 (3) チャーター・バック規制の廃止
　48年11月24日，海外売船の再用船契約（チャーター・バック）の個別許可制が廃止された。
 (4) 外資導入規制の緩和
　48年12月17日以降，外債発行のうち外―外目的のものについては弾力的に認めることとした。さらに，49年1月5日，インパクトローン導入について，電力・ガス等緊急度の高い主要産業から，これを弾力的に認めることとした。
 (5) 居住者外貨貸し制度の手直し
　47年8月発足の外貨貸し制度のうち，48年12月17日以降不動産取得について制度適用対象から除外，さらに49年1月7日外貨融資比率を5割に引下げ，不動産業，サービス業等の業種を適用除外とした。
 (6) 海外渡航外貨についての制度の手直し
　47年11月に撤廃されていた海外渡航の為銀承認限度額規制を，48年12月17日復活し，3,000ドル以上を日銀許可制とした。
 (7) 小額送金限度額の引下げ
　48年12月17日，小額送金限度額を3,000ドルから1,000ドルに引き下げた。
 (8) 短期外貨証券の取得規制等
　48年11月13日以降，短期外貨証券のうち取得日から償還日までの期間が6カ月以内のものについてこれを個別許可制にして事実上の取得禁止とし，さらに49年1月短期外貨証券一般の取得を個別許可制にして規制措置を拡

大強化した。
　(9)　非居住者の円建債の発行等の抑制
　　48年12月，非居住者の本邦における円建債・外貨建証券の発行許可を抑制的に処理することとした。
　3　非居住者に対する規制関係
　　非居住者による円貨払証券取得の純増抑制措置のうち，48年11月6日株式等についての規制を撤廃，さらに12月1日公社債等についても規制を撤廃した。

　しかし，こうした相次ぐ為替管理の手直しにもかかわらず，12月22日，湾岸6カ国による原油公示価格の5.11ドルから11.65ドルへの引上げが発表されると国際収支不安が再燃，25日には先物レートは3カ月もので302円，6カ月もので308円と，一挙に300円を突破する大幅な円安となってしまった。このため，政策当局は280円の介入点を放棄せざるをえなくなり，年末大蔵大臣と日銀総裁の直接協議が行われ，年明け介入点を300円とするという方針が決定された[32]。

　この決定に基づいて，年明けの1月7日から介入点は300円に引き上げられ，また73年12月の規模を超える17億ドルの売り介入によって，その後直物レートは月末までこの水準にはりついた。しかし，300円レートに移行してからも，円の先安感は消えず，先物プレミアムは10%を超えていた。こうして政策当局が300円レート維持の売り介入を継続しているさなかの1月19日，フランスが共同フロートからの離脱を発表した。石油危機による貿易収支の大幅赤字が予想され外貨準備の防衛が緊急課題となったこと，73年12月下旬以降ECナロワー・バンドのなかでフランス・フランだけが下限にはりつき非常に危険な状態となったこと，が共同フロート離脱の理由であった[33]。これにより生ずる混乱を回避するため，西ドイツ，ベネルックス3国では21日，日本では21，22日の両日為替市場が閉鎖された。

　だが，1月23日再開された東京外国為替市場では，当局の介入点引上げを

---

32)　松川前掲「昭和48〜49年の国際金融局行政」。
33)　『金融』第324号，昭和49年3月，pp. 77-8。

見越したドル買いが殺到した。政策当局が300円レート維持を目的に必死に売り応じたため，この日の直物出来高は7億4,200万ドルに達し，ニクソン・ショック直後71年8月27日の12億5,000万ドルに次ぐ大規模なものとなった。当局は市場再開の前日22日，二水会を通じて投機的ドル買いの抑制を強く要請していた。にもかかわらず，こうした巨額のドル買いが発生したため，24日，当局はドル買いの多かった為銀3行（東京銀行，第一勧業銀行，住友銀行）に対し，ドル買いの実態について詳しく事情聴取するとともに，3行に対する日銀貸出金600億円を回収した。この措置は，為銀ポジションを悪化させることによって，為銀がドル買いの多かった企業に対する貸出金を回収せざるをえなくし，実質的にその企業に制裁を加えるためにとられたものとされている[34]。続く25日には，日銀が大手為銀に対し日銀貸出の純増を抑えるとともに，手持ちドルの放出を要請，29日には，大蔵省が居住者外貨預金勘定の残高規制を強化した。また，日銀の調査によりドル買いの多かったと見られる10大商社および東燃・松下電器に対する立入検査が，大蔵省の手により緊急に実施された[35]。

　政策当局が300円レート防衛の方針を堅持した背景には，日本が国際的な通貨切下げ競争の口火を切ったという海外からの批判を回避したいという思惑があった。

　これらの諸措置の結果，市場は漸次落着いていった。この間，海外でも1月29日アメリカが利子平衡税と対外投融資規制の撤廃を発表し，30日には西ドイツが資本流入規制の一部緩和措置をとったことなどから，ヨーロッパ市場でのドル高相場は反転し，ドルの騰勢は，ようやく終止符が打たれた。300円レートにはりついていた直物レートは，1月28日以降300円の天井を離れて徐々に円高の方向に動き始め，2月末には287円60銭，3月20日には280円30銭と，73年11月半ば頃の水準を回復したのである。

　こうして74年2月以降6月まで，東京為替市場は相対的に安定するととも

---

34) 同前，pp. 72-3。
35) 大蔵省為替検査官室「1月23日におけるドル買いに係る特別検査について」昭和49年6月30日。

に，直物レートは3月末から6月いっぱいは275-285円の水準に落ち着いた。しかし，この小康状態は数カ月で崩れ，7月に入ると直物レートは日を追って低下し，8月初めには再び300円台乗せとなり，同22日には303円40銭と73年2月のフロート以後の底値を記録した。円レートのこうした動きの背景には，一方におけるユーロの信用不安，他方国内における高価格原油の決済期限到来，という2つの問題があった[36]。

まず，前者のユーロ市場の問題については，石油危機勃発後，本邦為銀はユーロ資金の取入れ増加によって，輸入代金支払・海外中長期現地貸しの増大に対応した。政策当局が，73年11月の為替管理政策の手直し以降，「一部は民間の銀行が金をかりることによって，介入を通じて外貨をマーケットに供給するということ以外のルートを奨励した[37]」ことも，本邦為銀のユーロ市場での外貨調達を加速した。ユーロ市場の安定を支えたのは，いうまでもなくオイル・マネーの秩序ある還流であった。このオイル・マネーは，74年前半の実績では，OPECの石油代金手取りが166億ドルでそのうち100億ドルが民間市場に流れ出たといわれている[38]。イタリア，イギリス，フランスの政府または政府関係機関も，シンジケート・ローン，外債の形をとって，オイル・マネーの取入れを図っていた。ところが5月中旬，アメリカのフランクリン・ナショナル銀行が，2,500万ドルにのぼる為替損失を出して経営危機に陥り，さらに，6月下旬に西ドイツのヘルシュタット銀行が，同様の為替投機の失敗から5億マルクの損失を出して営業停止処分を受けるに及んで，オイル・マネーの順調な還流は断ち切られ，ユーロ市場の不安が一挙に表面化した。

このため7月に入ると，本邦為銀のユーロ・ダラーの取入れが次第に困難となり，いわゆる「ジャパン・レート」問題が登場した。例えば，7月12日の主要為銀の取入れ状況を見ると，第一勧銀，富士，住友，東銀などいずれも，14.5-15.5％と平均金利（prevailing rate）よりも1-2％高く，「出手に完全に足

---

[36] 藤岡真佐夫［1975］。小宮隆太郎・須田美矢子［1983］第4章 石油危機後の赤字克服，参照。
[37] 松川前掲「昭和48～49年の国際金融局行政」。
[38] 速水優［1982］pp. 128-31。

元をみられており，取り入れるのに非常に苦労[39]」する，あるいは「高いレートをオファーしてもほとんど出物がない[40]」という事態が発生していた。7月下旬にかけて事態はさらに深刻となり，「16％を越す金利による取入れは国際的にみても shame であり，論外との感は各行とも持っているが，……下旬に多額の due 到来をひかえ，邦銀各行の取入れから，Japan rate がさらにハネ上りかねない[41]」状況となった。これに加え，国内的には輸入ユーザンスの4カ月期限が到来して，74年2，3月に購入した高価格原油の支払のための直物ドル需要が急増してきた。74年夏の「外貨危機[42]」は，こうして発生した。

この事態への対策として，政策当局は，6月から8月にかけて為替管理のもう一段の手直しを実施した[43]。①まず6月為銀の中長期現地貸しの，次いで7月に入ると短期現地貸しの抑制を図り，8月5日には期間を問わず，現地貸し純増ゼロの規制を実施した。また，資金の受け入れ面では，②7月30日輸出前受金限度額の10万ドルから50万ドルへの引上げ，8月上旬，在日外銀の円転規制枠の約6億ドル拡大，インパクトローンの取入れ追加，8月26日，政府短期証券の非居住者による取得の自由化，自由円預金に対する準備率の撤廃，といった措置がとられた。その他，③従来行われてきた MOF 預託の回収，輸入資金貸しスワップの回収を中止し，MOF 預託については，7月借換時に約2億5,000万ドル，31日に約2億ドル，8月2日に約3億ドル，9日に約1億ドルの追加預託が行われた。また，この措置に対応して，本邦為銀に対して「ジャパン・レート」の自粛が強く要請された。さらに，④8月には政府自身の手によって，サウジアラビアより10億ドルの公的借入れの取り決めが行われた。「民間のユーロダラーの取入れが，ことにヘルシュタットの事件のあと不安定になってきたので，それをむしろ安定した資金に置き替えよう[44]」

---

39) 大蔵省国際金融局短資課「7月12日のユーロ・ダラー取入れ状況」昭和49年7月13日。
40) 日本銀行ロンドン駐在参事「本日のユーロ市場の状況について」昭和49年7月12日。
41) 大蔵省国際金融局短資金課「ユーロ取入れについて」昭和49年7月16日。
42) 藤岡真佐夫［1975］pp. 279-91。
43) 同上，第6章 石油危機とわが国の為替政策。『金融』第330号，昭和49年9月，pp. 42-3，『金融』第331号，昭和49年10月，p. 73。

というのがその趣旨で，9月と10月にそれぞれ5億ドルずつが借り入れられた。

### 3）石油危機からの脱出と円レートの安定

　以上のような措置もあって，1974（昭和49）年夏の外貨資金，為替両面での梗塞状態は，9月に入るとともにほぼ解消した。ユーロ市場での「ジャパン・レート」はプライム・レートに比べ0.25％高にまで縮小，取入れ金利も12％台にまで低下し，需要の9割から10割がとれるようになった。東京為替市場における直物レートも，いったん294円台に上昇した後，年末まで299-300円の水準に落ち着いた。外貨準備も，74年1月の115億6,600万ドルから8月には129億300万ドルに回復，その後年末にかけて130億ドル台を維持し，年末135億1,800万ドルで越年した。厳しい引締め政策などを通じて日本経済のマクロ的調整が進み，74年後半には経常収支がほぼ均衡するに至ったこと，とくに石油価格の大幅上昇にもかかわらず，国内景気の停滞と海外商品市況の落ち着きによって輸入額の増加が抑えられ，他方自動車，化学，鉄鋼，船舶の輸出が大幅に伸張したことによる貿易収支の急速な好転が，この安定を支えたのである[45]。

　国際的には，9月28，29日IMF総会直前に第5回のG5[46]が開催され，①オイル・マネーの還流問題，②金問題，③IMF総会関連事項，④国際収支の見通しが議論された[47]。総会は，前述のように「国際通貨改革概要」を採択したが，最重要の課題であるオイル・マネーの還流については，具体的方針を出せないままに終わっていた。この問題については，11月14日キッシンジャー米国務長官より，石油消費国間で相互扶助のための金融スキームをつくる，具体的には主要消費国の拠出あるいは保証により初年度250億ドルのセイ

---

44）藤岡真佐夫［1975］p. 285。
45）小宮隆太郎・須田美矢子［1983］pp. 126-9。
46）この間，第3回のG5は6月ワシントンDCで，第4回のG5は9月パリ郊外のシャンで開催された。
47）大蔵省国際金融局「最近の通貨関係会議（49.6〜）」。

フティ・ネットあるいは保険のための取り決めを行う、という提案がなされた。「産油国の勢力に影響されるようなオイルダラーの直接取入れを避け、主要消費国間で金融をつけよう[48]」というのがその狙いであった。また同時期、OECDのヴァン・レネップ事務総長より、OECD加盟国がその国力に見合う形で拠出をし、消費国の金融援助を行うという、キッシンジャー提案とほぼ同様の提案がなされた[49]。これらの提案は、11月19, 20日のOECD/WP 3, 20, 21日のG10 Dで、従来のIMFオイル・ファシリティ案、ヒーリー／D. Healey提案[50]とともに検討され、翌75年1月のG10で金融支援基金を作るという原則的合意がえられ、4月「OECD金融支援基金協定」が発足した。

こうして、国内的には74年の秋以降、国際的には翌75年の年初以降、ようやく危機からの脱出が一応実現された。第2次大戦後四半世紀にわたって存続したブレトン・ウッズ体制の崩壊、すなわちニクソン・ショックと石油危機の勃発による国際通貨体制の激震は一段落し、わが国における為替管理政策と対外金融政策、国際金融協調の模索は、これ以降新たな局面に移行したのである。

---

48) 藤岡真佐夫［1975］p. 299。
49) 大蔵省国際金融局前掲「最近の通貨関係会議（49.6〜）」。
50) ヒーリー案は、先のIMF総会で提案されたもので、先進国向けの250-300億ドル規模のオイル・ファシリティをIMFに設け、マーケット・レートで産油国より資金を調達して融資にあてようというものであった。

# 結　ブレトン・ウッズ体制とは何であったのか？

以上，戦後日本における 360 円固定レートの成立と終焉の過程を見てきた。戦後改革期に形成される戦後国際金融システムを，日本の通貨当局はどのように認識し，どのような形で参入しようとしたのか，参入後，実際に機能している国際金融システムのなかでいかなる位置を占めたのか，1960 年代後半からの国際金融システムの動揺とニクソン・ショック後の再編過程においてどのような立場をとったのか。本書の序章において設定したこれらの課題に対しては，本書全体で検討を加えてきたので，ここでは，戦後国際金融システムの側から，この問題を捉えなおすことで結びにかえたい。
　第 1 次大戦による国際金本位制の停止と 1920 年代の再建金本位制の時代，大恐慌以降の 2 国間主義／bilateralism が主流となるブロック経済期，第 2 次大戦後の調整可能な固定相場制としてのブレトン・ウッズ体制の時期，金ドル交換停止後，固定相場制から管理フロートへと移行するなかで主要国政府・中央銀行が市場に介入し続けた 70 年代，管理フロートからフリー・フロート／free float に移行し，多国籍銀行・機関投資家・投機家が主役を演じ，システムが「民営化」していった 80 年代。国際通貨体制は 20 世紀中に大きく転換を遂げた。ここから明らかなように，第 2 次大戦後のブレトン・ウッズ体制は，それ以前の時期と比較しても，それ以後の時期と比較しても，一定の歴史的条件の下でのひとつの歴史的制度にすぎないし，商品・資本・労働力の国境を超えた自由な移動こそが，世界貿易と世界経済の持続的・安定的成長をもたらすものであり，そうした「自由貿易と多角的決済」を金融的に保証するものが IMF である，という認識も，ひとつのフィクションないしイデオロギーにすぎなかった。
　金ドル交換停止によって調整可能な固定相場制としてのブレトン・ウッズ体制は終焉し，以後，国際通貨制度は管理フロートとフリー・フロートの間を行

き来しながら，不安定な変動相場制として運営されるようになった。為替相場の乱高下は世界規模に広がり，超短期の利得を求めて，投機的資金が世界を駆け巡るようにもなった。しかし，長期的には減価し続けているなかで，国際的なドル・バランスは逆に増大し続け，ドル・バランスの堆積は流動性リスクを，累積債務の増大は信用リスクを急増させた。さらに，異常に膨張した金融資産は，変動相場制の下でその保有リスクを激増させ，デリバティブに代表される新しいリスク・ヘッジ商品と，新たなリスク管理手法／portfolio risk management を生み出した。こうして国際金融市場をめぐる不安定性が増大し，これが金融システム全体の不安定性を増幅するなかで，82年の中南米金融危機，90年代初頭の北欧金融危機，94-95年のテキーラ危機，97年のアジア通貨金融危機と，連続的な国際金融危機が繰り返し勃発し，2008年9月にはついにリーマン・ショックという形でアメリカ本体を直撃するに至った。1970年代以降，現在に至るまで，安定的な国際金融システムは構築されていないのである。

　では，ひるがえって，戦後構築されたブレトン・ウッズ体制とはいったいどのようなものだったのか。当時，アメリカ経済は世界の製造業付加価値生産の53.4％，輸出の23.4％，金準備の80.2％を占めていた（48年）。これに対し，イギリスは，巨額の戦時債務が負債として残り，他通貨との交換性を停止された「封鎖ポンド」は45年末で37億ドルにも上っていた。こうした事態を前提に，戦前は基軸国の位置につくことを忌避したアメリカは，戦後は積極的にその役割を担おうという姿勢に転じた。アメリカ主導の自由貿易体制を樹立することが，世界的に優位に立つアメリカ経済を維持するために不可欠であり，冷戦が明確化してくるなかで社会主義圏に対して資本主義体制の優越を示すためにも必要であると判断したためであった。

　とはいえ，戦後初期のアメリカの国際通貨・金融政策は，通貨当局の理想主義的な多角的決済構想と，ニューヨーク金融界の「キー・カレンシー・アプローチ」との対立のなかにあった。ニューヨークの国際金融界は，ブレトン・ウッズ構想に反対の姿勢を打ち出しており，なによりも，基軸通貨としてのドルの確立，ドルとポンドの関係の安定化を望んでいた。この対立は，マーシャ

ル・プランの発動という形で，ニューヨーク金融界寄りに調整され，この結果，IMF はアメリカの戦後構想の枠外におかれ，ブレトン・ウッズ機構は，事実上の休眠状態に陥ったとされている。

　アメリカの主導により創りだされた国際貿易と国際金融に関するこの枠組みのもとで，ヨーロッパ諸国に対しては上述のように 47 年からマーシャル援助が，日本に対しては占領開始後ガリオアその他の援助が実行され，両地域の資本主義的再建が進められた。英米金融協定（45年12月）・仏米金融協定（46年6月）の締結，その他の国への「武器貸与」の清算と新たな借款の供与といった終戦直後の措置を，基軸通貨としてのドルの確立，ドルによる国際流動性の供給へと旋回させることが意図されたのであり，同時に，これはトルーマン・ドクトリンの路線と適合的であった。

　マーシャル援助は，OEEC（欧州経済協力機構）諸国を 52 年までに「自立」させることを目的とし，この実現のために，OEEC 諸国に対し，生産増強に努力し，外国貿易を促進し，対外通貨価値を安定させ，ヨーロッパ内部で経済協力を促進することを義務づけていた。復興＝生産増強と通貨価値安定＝インフレ抑制の同時達成を求めたのである。この 2 つの課題はしばしば矛盾する。冷戦体制を構築していくためには，復興による軍事力の再建は不可欠である。しかし，このための援助の継続は，被援助国経済にインフレ・バイアスを生ぜしめ，さらなる追加的援助を要請する。従って，アメリカ本国の側からは，援助は「冷戦の論理」と「納税者の論理」の交錯のなかで遂行されることになる。

　このためマーシャル援助において，アメリカ政府は援助供与の条件として経済安定化政策の実施，復興計画の立案などを求め，各国の経済政策に介入した。介入は主として財政金融面から行われ，為替レート変更にアメリカの承認条項を盛り込む 2 国間協定の締結，見返資金／Counterpart Fund 勘定の設置などが図られた。しかし，前者については援助受入国側が難色を示したため実現せず，後者が実効力のある唯一の介入手段となった。

　この制度は，援助受入国が援助物資を国内で売却した代金を各国通貨建で別勘定とするもので，この資金の利用についてはアメリカ政府の承認が必要とさ

れた。用途は，生産的投資か政府債務償還に限られ，非生産的な用途や財政赤字への補填は禁止された。48年から52年3月までの見返資金運用状況は，各国使用可能額96億6,800万ドル，引出額79億4,100万ドルで，生産増強目的が54.2%，政府債務償還目的が28.4%，住宅公共建設等その他目的が14.5%であった。各国別で見ても国内政策への介入を嫌ったイギリスを除いて，フランス，西ドイツ，イタリア，オーストリア等では80%前後が生産増強のために使われた。

　日本における占領政策の展開も同様であった。為替レートの問題は，直接には通貨の対外価値の問題として把握され，復興＝生産増強と通貨価値安定＝インフレ抑制のどちらを優先するのかが，一挙安定論と中間安定論の対抗として顕在化した。47年の秋から冬にかけて，経済安定本部の主導の下で，通貨措置と単一為替レート復帰による一挙安定計画が構想された。SCAPも，その内部に対立を含みながら，安定達成・早期講和実現・経済復興の観点から，この一挙安定計画を支持した。復金融資を通じて早期に生産復興を軌道に乗せ，その余力で通貨整理を中核とする緊急措置を講じて，不健全な購買力を封殺し，一挙安定を達成する，というのがこの構想の基本枠組みであった。一挙安定を先行させることによって日本経済を資本主義的蓄積軌道に乗せようというのがこの構想であったといえよう。

　しかし，48年に入って早期講和が遠のくことが明確となると，SCAPと経済安定本部はともに生産復興を優先する中間安定の方向に転じた。外資導入・経済援助を梃子に，賃金と物価の悪循環を断ち切って生産水準の引上げを図り，複数為替レートによって輸出の伸張と国内産業の保護育成を進め，しかる後に経済安定を実現する，という中間安定の方向が追求されるようになったのである。だが，逆説的に，この頃から，タックスペイヤーの論理から占領地経済の早期自立を主張する財務省・連銀，マッカーサーの政策遂行を基本的にサポートする陸軍省，両者の中間的立場に立つ国務省といったアメリカ本国における対立が顕在化し，この対立が対日政策に微妙な影を落とすようになった。48年6月のヤング・ミッションは財務省・連銀からの攻勢であり，マッカーサーはこれに露骨に不快の念を表明したが，この路線は10月の国家安全保障

委員会による対日政策転換（NSC-13/2）に反映し，「経済九原則」，ドッジ・ラインへとつながっていくことになる。前年夏以来，SCAP/ESS反カルテルトラスト課を中心に立案・志向されてきた銀行分割案が頓挫し，他方大蔵省から独立した金融「ボード」構想，日銀制度改革案が浮上するという金融制度改革をめぐる複雑な動きも，このアメリカ本国における対立を反映するものであった。

ドッジ・ラインは，「賃金安定三原則」と労働組合法改正による資本賃労働関係の安定化，財政均衡化を通じてのインフレ収束による対内安定化，1ドル360円単一為替レートの設定，民間自由貿易の再開による対外安定化，という3つの安定化をほぼ同時に実現することにより，この対立に決着をつけた。

49年4月の単一為替レートの設定後49年から50年にかけて，日本はSCAPの2国間決済を引き継いで，オープン勘定締結国と次々に双務決済協定を締結した。アメリカの意図は，被援助国にドルを節約させることにあり，この意味では，キー・カレンシー・アプローチが貫徹していると見ることができる。

ヨーロッパ諸国が通貨の交換性を回復する50年代後半に入ると，ブレトン・ウッズの機能，IMFの役割が改めて見直されるようになった。この直接のきっかけは，56年のスエズ危機の際に，IMFが巨額の融資を英仏両国に行ったことにあるとされている。IMFは，同年，E. ヤコブソン／E. Jacobssonが第3代の専務理事に就任し，それまでの完全雇用達成，国内均衡重視の姿勢から，国際均衡優先＝早期の為替自由化促進，固定レート堅持へと政策を転換させた。そうした転換を生み出したのは，50年代後半から早くも表面化してくるアメリカの国際収支赤字であり，61年にはR. トリフィン／R. Triffinの「流動性ジレンマ」論が提起されていた。

アメリカは，ドル防衛にのりだし，63年のIMF総会では，G10Dが国際通貨制度の見直しと国際流動性供給の見通しに関する検討に着手することを了承した。しかし，この時期の日本は，IMFのヤコブソン路線に抵抗し，貿易・為替の自由化の推進をできる限り遅らせる，厳格な外貨・為替管理を実施し，公的外貨準備を低位において効率的な外貨運用を行う，という措置を継続し，

高度成長に必要な成長通貨の供給を安定的に実施する条件の確保に努めていた。いいかえると，60年代に表面化し，次第に深化するドル危機の影響を間接化ないし遮断する枠組みが強固に機能していたのである。

67年11月のポンド14.3％切下げに始まる国際通貨危機の深化は，IMFに新たな対応を要請した。もともと，成立していたブレトン・ウッズは，アメリカの圧倒的な経済力と金保有高を前提とした非対称なシステムであった。アメリカが，金平価を維持しつつ国内均衡を追求し，それ以外の国が対ドル平価を維持しつつ対外均衡を追求するというものであって，「n-1」問題と呼ばれたものがこれである。すでに，50年代の末から，このシステムにはきしみが生じはじめていたのであるが，60年代前半までは，このきしみは，自由化促進による固定レート堅持というヤコブソン路線によって調整されていた。ところが，60年代後半に入ると，こうした路線の追求だけではきしみの調整が不可能となり，一方で，主要国の相場調整が始まるとともに，他方で，一般借入協定GABの締結，特別引出権SDRの創設，金プール制度の廃止と金二重価格制度の採用など，固定相場制の維持をめざした「ブレトン・ウッズのパッチワーク」が実施されざるをえなくなった。また，ユーロダラー市場の急成長は，こうした危機に対する市場の直接的反応であった。

このような危機の進展に対し，日本は相場調整には積極的ではなく，それは金ドル交換停止後73年2月のフロート移行まで続いた。しかし，70年代には，日本の国際経済に占める量的地位は，50年代，60年代とは比較にならないくらい大きくなっていた。このため，日本は，望むと望まざるとに関わらず，国際通貨調整の場に引き出され，国際収支の不均衡調整のためのコスト，国際金融システム再構築のためのコストを負担することを求められた。71年8月のニクソン・ショック以降の国際金融システムの大混乱のなかで，国際金融問題の調整の場は，IMFからG10，G10 D，OECD/WP3，EC蔵相会議，2国間協議に移り，そのいずれの場においても，日本はヨーロッパ諸国とりわけドイツやアメリカからの攻勢にさらされたのである。

金ドル交換停止は，ブレトン・ウッズのシステムを崩壊させたが，それにかわる国際流動性の供給や国際収支調整に際してのルールやメカニズムは構築さ

れなかった。70年代半ばには，いったんは管理フロートが共通の認識となったが，それは長く続かず，70年代後半，とくに第2次オイル・ショック以降は，レート形成を市場実勢にまかせるフリー・フロート論が有力となった。しかし，他方ヨーロッパ地域においては，現在のユーロにつながるEMSが79年からスタートし，フリー・フロートへの対応が強められた。

　もっとも，このフリー・フロート優位の流れは，レーガノミックス下の「双子の赤字」の膨張と第1次大戦後初めてというアメリカの債務国転落によって反転し，85年のプラザ合意，87年のルーブル合意では，再び，国際政策協調，市場介入による管理フロートが目指された。とくにルーブルでは，GNP成長率，インフレ率，金利，財政赤字，経常収支，貿易収支，為替レートなど多くの指標を取り上げて，それらの指標に基づいて政策協調を促進する多角的サーベイランスが合意された。また，82年の中南米金融危機に際しては，財政緊縮・インフレ抑制・賃金圧縮・国際収支改善などの「構造改革」を柱とするIMFコンディショナリティを債務国が受け入れることと引換に，IMFは他の国際機関とともに債務国に緊急救済融資を行い，民間銀行は融資のリスケジュールを受け入れるといういわゆるワシントン・コンセンサスが提示され，この方式は，以後，97年のアジア危機に至るまで，途上国危機に際しての債権国側の対応基準となった。

　このように国際通貨制度は，71年以降，管理フロートとフリー・フロートの間をスウィングしており，安定的なルールやメカニズムは今日に至るまで構築されていない。金ドル交換停止以降の時期が，端的に「ノンシステム」(Williamson [1976])の時代と呼ばれるのもこのゆえである。金融のグローバル化は1980年代以降著しく進展し，一国的にも国際的にも金融不安定性が大幅に高まった。この不安定性を低減し，ルールとメカニズムに基づいた新しい国際金融システムを再構築するためにも，かつて一定期間にわたって安定的なシステムとして存続していたブレトン・ウッズ体制の機能的検討と，その構成主体である各国国民経済における国際金融政策の比較研究が改めて要請されているといえよう。

## あとがき

　本書は，筆者が 1989 年に刊行した『日本の対外金融と金融政策——1914～1936』（名古屋大学出版会）の続編である。前著刊行からちょうど 20 年を経過しており，その歩みの遅さには，自分自身半ばあきれざるをえない。しかも，その後の研究も含め，かなりの組換えや加除修正を行ったとはいえ，本書は，伊藤正直［1990］，伊藤正直［1992］の 2 つの論稿をベースとしたものであるから，もっと早く取りまとめることも不可能ではなかった。

　取りまとめが遅れたのは，筆者の怠惰が主因であるが，それを逡巡する気持ちもなかったわけではない。ひとつは，この時期を対象とする内外の 1 次資料が，1990 年代に，ようやく徐々にアクセス可能ないしオープンになっていったことである。1990 年代初め，上記 2 つの論稿執筆時点では，事実や位置づけが不明な事柄が結構残っており，1 次資料へのアクセスによって，これらの問題が解明できるのではないか，と考えていた。下に述べるように，筆者は，この時期以降，経済安定本部資料を始めとする諸官庁文書や GHQ/ SCAP 文書や NA 所蔵文書，BOE 文書，FED 文書などの検討作業を進めることとなった。もっとも，当時不明であって，その後明らかにできた事実——もちろん本書のテーマに直接関連する事実に限ってである——は，残念ながら意外に少なかった。

　もうひとつは，1980 年代以降の世界のグローバル化の急速な進行である。この下で作り出された新しい金融の仕組みや金融商品，一連の国際金融危機の発生は，国際金融機構や国際金融システムについての従来の見方の根本的な再検討を要請した。再検討の視点や方法は，事態の推移を見極めるなかからしか見出せない，と考えていたのである。この点に関しては，筆者の視点や方法は，20 年前に比べて少しは広がっているのではないかと思う。筆者の現在の

考えについては，本書の「序」や「結」を見てほしい。

　遅れたとはいえ，本書を刊行することができたのは，学会や共同研究の場を通じて，多くの方々の指導や支援があってのことである。本書のテーマに直接関連する共同研究を記すことで，これらの方々への感謝にかえたい。筆者が関わった共同研究は，かなりの数にのぼるが，まず第1にあげなくてはならないのは，大蔵省『昭和財政史』である。筆者は，1987年から中村隆英氏を監修者，林健久，石弘光，香西泰3氏を編集委員とする，大蔵省『昭和財政史 昭和27～48年度』の編纂に，「国際金融・対外関係事項編」の執筆者として加わった。すでに，それ以前から，大蔵省財政史室編『終戦直後の財政・通貨・物価対策』（霞出版社，1985年）や同『資料・金融緊急措置』（同，1987年）の編纂の手伝いの形で財政史の仕事には関わっていたが，正規のメンバーとして参加することで，プロジェクトメンバーから種々の教示を受けることができ，また，膨大な1次資料にアクセスすることが可能となった。戦後復興期から高度成長期にかけての日本の対外金融に関する基本的認識は，このプロジェクトに参加することでえられた。

　また，ほぼ同時期に，三和良一氏の慫慂により，通商産業省『通商産業政策史』の第I期（戦後復興期）の編纂に，「為替管理」の執筆者として加わり，同じく三和良一氏のお誘いにより，1992年の文部省科学研究費重点領域研究「戦後日本形成の基礎的研究」にも「戦後経済改革と高度成長」班のメンバーとして参加した。この執筆の過程で，戦後復興期の為替政策に関する内外の一次資料を体系的に収集することができた。

　さらに，筆者は，林健久氏を代表者として1991年に始まったNIRA（総合研究開発機構）のプロジェクト「戦後経済政策史研究会」にも参加した。このプロジェクトは，当時，経済企画庁が保有していた経済安定本部資料の検討作業を行うことが課題であって，筆者は，直接には「経済計画」編を担当したが，それ以外の多くの領域の資料も閲覧，検討を行うことができた。「戦後経済政策史研究会」による経済企画庁保有資料の検討はその後も続き，筆者は編集委員として，1997年には『戦後経済計画資料』全5巻，1999-2002年には

『国民所得倍増計画資料』全91巻の編纂を行った。そのほか，1995年には，アメリカ合衆国において，DODGE 文書，FED 文書，ニューヨーク連銀文書，NA 所蔵文書などの調査を行い，1999年には，長期間にわたって BOE 文書の調査を行った。これらの1次資料により，本書の叙述は，多少なりとも厚みを増しているのではないかと思う。

　その後，筆者の関心は，1980年代，90年代日本の対外金融や金融政策へと進んだが，さらにそこにとどまらず，国際金融システムそのものや資本市場へと広がりつつある。これらの仕事も，できる限り早く取りまとめられるように努力したい。日暮れて道遠し，の感も否めないが，あせらずに進めたいと考えている。

　最後に，本書の刊行にあたっては，名古屋大学出版会の三木信吾氏に大変お世話になった。氏の緻密で丁寧な本作りに心より感謝したい。

2009年4月

伊　藤　正　直

# 参考文献

浅井良夫［1988］「津島財政期の財政金融政策——インフレ対策を中心とした考察」成城大学『経済研究』第102・103合併号

浅井良夫［1995］「『SCAP関係資料』解題」日本銀行『日本金融史資料 昭和続編』第24巻，大蔵省印刷局

浅井良夫［1998］「日本のIMF，世銀加盟について」『創価経営論集』第23巻第2号

浅井良夫［2001］『戦後改革と民主主義——経済復興から高度成長へ』吉川弘文館

浅井良夫［2005a］「高度成長期における為替管理と海外短資市場(1)(2)(3)」成城大学『成城大学経済学部紀要』第167, 168, 171号

浅井良夫［2005b，2007］『IMF8条国移行と貿易・為替自由化（上）（下）』成城大学経済研究所『研究報告』No.42, No.46

天野可人［1972］「IMF総会を顧みて」『ファイナンス』第84号

五十嵐武士［1979a］「対日占領政策の転換と冷戦」中村隆英編『占領期日本の経済と政治』東京大学出版会

五十嵐武士［1979b］「ジョージ・ケナンと対日占領政策の転換」中村隆英編『占領期日本の経済と政治』東京大学出版会

伊木誠［1973］「単一為替レート設定の影響分析——経済安定本部「K作業」を中心に」国学院大学『國學院経済学』第21巻第4号

一ノ瀬篤［1995］『固定相場制期の日本銀行金融政策——金融引締めと為替政策』御茶の水書房

一ノ瀬篤・角南英郎［1999］『激動期の日本銀行金融政策 1971-89年』大学教育出版

伊藤修［1995］『日本型金融の歴史的構造』東京大学出版会

伊藤正直［1990］「外貨・為替管理と単一為替レートの設定」通商産業省他編『通商産業政策史』第4巻，通商産業調査会

伊藤正直［1992］「成長軌道の修正と変動相場制への移行——昭和45〜49年」大蔵省財政史室編『昭和財政史 昭和27〜48年度』第12巻，東洋経済新報社

伊藤正直［1993］「フロート制移行期のわが国為替政策をめぐって」『経済研究所年報』第6号，成城大学

伊藤正直［1994］「財政・金融」大石嘉一郎編『日本帝国主義史 3 第二次大戦期』東京大学出版会

伊藤正直［1996］「ドッジ・ライン以後の「経済計画」と後期占領政策」東京大学『経済学論集』第62巻第2号

伊藤正直［1997］「世界秩序の再編成と現代資本主義」後藤道夫・伊藤正直『講座 現代日本 2 現代帝国主義と世界秩序の再編』大月書店

伊藤正直［1999］「戦後IMF体制の構造転換」『土地制度史学 別冊』土地制度史学会

伊藤正直・靎見誠良・浅井良夫［2000］『金融危機と革新——歴史から現代へ』日本経済評

論社
伊藤正直［2007］「変動相場制」上川孝夫・矢後和彦編『国際金融史 新国際金融テキスト 2』有斐閣
稲葉秀三［1955］「ドール調査団の日本産業調査」稲葉秀三監修『世界銀行の対日投資』黄土社
犬田章［2000］『わが国戦後の外国為替管理政策と長期・短期資本取引規制の緩和』中央公論事業出版
岩崎文哉［1972］「外貨貸し制度の発足」『ファイナンス』第83号
岩崎文哉［1973］「最近の国際収支の動向と国際収支対策」『ファイナンス』第93号
石見徹・伊藤元重［1989］『国際資本移動と累積債務』東京大学出版会
岩本武和［1999］『ケインズと世界経済』岩波書店
牛場信彦・原康［1979］『日本経済外交の系譜』朝日イブニングニュース社
NHK取材班［1996］『戦後50年 その時日本は』第6巻，日本放送出版協会
大蔵省［1972］『通貨調整に関する報告書』大蔵省
大蔵省国際金融局［1975］『国際通貨問題資料集』大蔵省
大蔵省財政史室編［1976a］『昭和財政史 終戦から講和まで』3巻，東洋経済新報社
大蔵省財政史室編［1976b］『昭和財政史 終戦から講和まで』12巻，東洋経済新報社
大蔵省財政史室編［1976c］『昭和財政史 終戦から講和まで』15巻，東洋経済新報社
大蔵省財政史室編［1980］『昭和財政史 終戦から講和まで』10巻，東洋経済新報社
大蔵省財政史室編［1982a］『昭和財政史 終戦から講和まで』17巻，東洋経済新報社
大蔵省財政史室編［1982b］『昭和財政史 終戦から講和まで』20巻，東洋経済新報社
大蔵省財政史室編［1983a］『昭和財政史 終戦から講和まで』13巻，東洋経済新報社
大蔵省財政史室編［1983b］『対占領軍交渉秘録 渡辺武日記』東洋経済新報社
大蔵省財政史室編［1985］『終戦直後の財政・通貨・物価対策 戦後通貨物価対策委員会の記録』霞出版社
大蔵省財政史室編［1987］『資料・金融緊急措置』霞出版社
大蔵省財政史室編［1992］『昭和財政史 昭和27～48年度』第12巻，東洋経済新報社
大蔵省財政史室編［1998］『昭和財政史 昭和27～48年度』第18巻，東洋経済新報社
大蔵省財政史室編［1999］『昭和財政史 昭和27～48年度』第11巻，東洋経済新報社
大蔵省大臣官房調査企画課［1973］『円の変動相場制移行について（資料）』大蔵省
大蔵省理財局見返資金課編［1952］『見返資金の記録』大蔵財務協会
大佐正之［1989］『産業・貿易振興と金融政策――日本銀行手形優遇制度の研究』東洋経済新報社
太田赳［1991］『国際金融――現場からの証言』中公新書1050
大月高・金融行政研究会監修［1985］『実録 戦後金融行政史』金融財政事情研究会
大場智満［1995］『二つの空洞化を超えて』日本放送出版協会
緒方四十郎［1996］『円と日銀――セントラル・バンカーの回想』中公新書1331
奥田宏司［1996］『ドル体制と国際通貨――ドルの交替とマルク，円』ミネルヴァ書房
奥田良彦［1972］「新しい為替相場制度――セントラル・レートとワイダー・マージン」『ファイナンス』第75号
外務省通産省管理貿易研究会編［1949］『戦後日本の貿易金融協定』実業之日本社

## 参考文献

外務省特別資料部編 [1949]『日本占領及び管理重要文書集』第 1 巻，第 2 巻，第 3 巻，第 4 巻，東洋経済新報社
柏木雄介 [1972]『激動期の通貨外交』金融財政事情研究会
加野忠 [2006]『ドル円相場の政治経済学——為替変動にみる日米関係』日本経済評論社
上川孝夫・矢後和彦編 [2007]『国際金融史 新国際金融テキスト 2』有斐閣
河合正弘 [1994]『国際金融論』東京大学出版会
黒田東彦 [1981]『財政・金融・為替の変動分析——相互波及のメカニズム』東洋経済新報社
黒田昌裕 [1993]「戦後インフレ期における物価・物資統制」香西泰・寺西重郎編『戦後日本の経済改革——市場と政府』東京大学出版会
経済企画庁編 [1988]『戦後経済復興と経済安定本部』大蔵省印刷局
経済同友会 [1948]『単一為替レート設定とその影響——特に輸出工業に及ぼす影響』経済同友会
香西泰 [1989]「高度成長期の経済政策」安場保吉・猪木武徳編『日本経済史 8 高度成長』岩波書店
香西泰・寺西重郎編 [1993]『戦後日本の経済改革——市場と政府』東京大学出版会
小島清・篠原三代平・建元正弘 [1959]『経済発展と貿易』日本関税協会
小宮隆太郎・須田美矢子 [1983]『現代国際金融論〔歴史・政策編〕』日本経済新聞社
佐々木隆雄 [1986]「戦後国際経済関係再編成の構想と原理」(2), 北海道大学『経済学研究』第 35 巻第 3 号
佐々木直 [1978]「激動期の日銀」志村嘉一監修・エコノミスト編集部編『戦後産業史への証言 四 金融の再編成』毎日新聞社
塩田潮 [1994]『大蔵省 VS アメリカ——仕組まれた円ドル戦争』講談社文庫
篠原三代平 [1973]「為替レートと戦後経済成長」経済展望談話会編『転機に立つ日本経済』経済展望談話会
島崎久弥 [1983]『金と国際通貨』外国為替貿易研究会
志村嘉一監修・エコノミスト編集部編 [1978]『戦後産業史への証言 四 金融の再編成』毎日新聞社
新城博 [1956]「スターリング諸国および国際通貨基金との関係」大蔵省銀行局・金融制度調査会『欧米諸国の金融制度』大蔵財務協会
鈴木武雄 [1952, 1956, 1960]『現代日本財政史』第 1 巻，第 2 巻，第 3 巻，東京大学出版会
滝口吉亮 [1951]「占領下における外貨資金の蓄積」『外国為替』第 60, 61, 62 号
田中生夫 [1980]『日本銀行金融政策史〔増補版〕』有斐閣
田中生夫 [1995]「日銀金融政策 (1953-1971) 再検討序説」『戦後日本金融政策史の再検討』甲南大学総合研究所叢書 38
田中素香 [1996]『EMS——欧州通貨制度』有斐閣
田中素香・藤田誠一 [2003]『ユーロと国際通貨システム』蒼天社出版
田辺博通 [1972]「対外経済政策の推進」『ファイナンス』第 85 号
玉井龍象 [1999]『ケインズ政策の史的展開』東洋経済新報社
通商産業省他編 [1990]『通商産業政策史』第 4 巻，通商産業調査会

通商産業省他編［1991］『通商産業政策史』第8巻，通商産業調査会
鷲見誠良［1988］『金融のグローバリゼーション』法政大学出版局
寺西重郎［1993］「安定化政策と生産拡大・成長」香西泰・寺西重郎編『戦後日本の経済改革——市場と政府』東京大学出版会
東京銀行［1982］『東京銀行五十年史』第四分冊
東京銀行調査部［1958］『わが国外貨予算制度解説』（東銀調査資料第16号）
東京銀行調査部［1960］『外貨予算制度の解説』（東銀調査資料号外）
長岡聰夫［1974］「最近の為替管理の手直しについて」『ファイナンス』第100号
中尾茂夫［1991］『ジャパンマネーの内幕』岩波書店
中川幸次［1981］『体験的金融政策論』日本経済新聞社
中田一男［1972］「対外経済緊急政策の推進」『ファイナンス』第80号
中村隆英・伊藤隆・原朗編［1971］『現代史を創る人びと』1，毎日新聞社
中村隆英［1979］「SCAPと日本——占領期の経済政策形成」中村隆英編『占領期日本の経済と政治』東京大学出版会
中村隆英［1982］「日米「経済協力」関係の形成」近代日本研究会編『太平洋戦争』山川出版社
日本関税協会［1962］『関税シリーズ1 IMFと日本』日本関税協会
日本銀行［1985］『日本銀行百年史』第5巻
日本銀行［1986］『日本銀行百年史』第6巻
野崎正剛［1974］「ワシントン・エネルギー会議に出席して」『ファイナンス』第101号
則武保夫［1990］「ケインズの国際通貨論」立正大学『経済学季報』第39巻第4号
林大造［1974］「"アルファー（円切上げ）作業"始末記」『金融財政事情』昭和49年6月24日号
林大造［1977］「「円切上げ作業」の挫折からフロートまで」『金融財政事情』昭和52年1/31号，2/7号，2/14号，2/21号，2/28号，3/7号
林健久編［1994］「総合解題「経済安定本部」について」NIRA・戦後経済政策資料研究会編『経済安定本部 戦後経済政策資料』第1巻，日本経済評論社
林雄二郎編［1997］『新版 日本の経済計画——戦後の歴史と問題点』日本経済評論社
速水優［1982］『変動相場制10年——海図なき航海』東洋経済新報社
原朗［1990］「解題」有沢広巳監修・中村隆英編集『資料・戦後日本の経済政策構想 第三巻 経済復興計画』東京大学出版会
原薫［1997］『戦後インフレーション』八朔社
平田善彦［1993］『現代国際金融の構図』法政大学出版局
樋渡由美［1990］『戦後政治と日米関係』東京大学出版会
藤岡真佐夫［1972］「円切上げ半年」『ファイナンス』第81号，昭和47年8月
藤岡真佐夫［1973］「国際通貨制度改革の動き」『ファイナンス』第94号，昭和48年9月
藤岡真佐夫［1974］「国際通貨改革作業を終了して」『ファイナンス』第105号，昭和49年8月
藤岡真佐夫［1975］『転換期の国際金融』金融財政事情研究会
藤田恒郎［1971］「最近におけるわが国の為替政策——短資流入対策を中心に」（上）（中）（下），『ファイナンス』第79号，第80号，第81号

藤野正三郎［1994］『日本のマネーサプライ』勁草書房
船橋洋一［1988］『通貨烈烈』朝日新聞社
細見卓［1982］『激動する国際通貨——スミソニアンから10年』時事通信社
細見卓［刊行年未詳］『還暦にあたって——ある財務官の覚え書』（私家版）
細見卓［1983］「円がフロートした日の舞台裏——『ある財務官の覚え書』から」『エコノミスト』1983年2月22日号
堀江薫雄［1962］『国際通貨基金の研究』岩波書店
堀江保蔵［1950］『外資輸入の回顧と展望』有斐閣
本田敬吉・秦忠夫［1998］『柏木雄介の証言——戦後日本の国際金融史』有斐閣
牧野裕［1999］『日米通貨外交の比較分析——ニクソン・ショックからスミソニアン合意まで』御茶の水書房
牧野裕［2007］「ブレトンウッズ体制」上川孝夫・矢後和彦編『国際金融史 新国際金融テキスト2』有斐閣
松川道哉［1973］「世銀IMF年次総会と日本」『ファイナンス』第96号
三浦道義［1950］『新為替管理法概論』港出版合作社
宮崎義一［1986］『世界経済をどう見るか』岩波新書
宮崎義一［1988］『ドルと円』岩波新書
三和良一［1982］「経済的非軍事化政策の形成と転換」近代日本研究会『近代日本研究 4 太平洋戦争』山川出版社
三和良一［1989］「戦後民主化と経済再建」中村隆英編『日本経済史 7「計画化」と「民主化」』岩波書店
三和良一［1991］「対日占領政策の推移」通商産業省・通商産業政策史編纂委員会『通商産業政策史』2，通商産業調査会
三和良一［2002］『日本占領の経済政策史的研究』日本経済評論社
毛利良一［1988］『国際債務危機の経済学』東洋経済新報社
山本栄治［1997］『国際通貨システム』岩波書店
吉野俊彦［1957］『歴代日本銀行総裁論』ダイヤモンド社
吉野俊彦［1972a］「「ヤング報告」の歴史的意義」『エコノミスト』昭和47年3月7日号
吉野俊彦［1972b］「ベールをぬいだ旧平価設定の事情」『銀行倶楽部』昭和47年7月号
吉野俊彦［1975］『戦後金融史の思い出』日本経済新聞社
吉野俊彦［1987］『NHK市民大学 円とドル』日本放送出版協会
米倉茂［2006］『落日の肖像——ケインズ』イプシロン出版企画
渡辺誠［1963］『為替管理回想』外国為替貿易研究会

Andrews, D. M. [2008], *Orderly Change : International Monetary Relations since Bretton Woods*, Cornell University Press.
Balogh, T. [1976], Keynes and the International Monetary Fund, in A. P. Thirlwall (ed.), *Keynes and Monetary Relations——the Second seminar held at the University of Kent at Canterbury*, Macmillan.
Borden, W. S. [1984], *The Pacific Alliance——United States Foreign Economic Policy and Japanese Trade, 1947-1955*, University of Wisconsin Press.

Bordo, M. D. and B. Eichengreen (eds.) [1993], *A Retrospective on the Bretton Woods System ――Lessons for International Monetary Reform*, The University of Chicago Press.

Boughton, J. M. and K. S. Lateef (eds.) [1995], *Fifty years after Bretton Woods――the future of the IMF and the World Bank*, IMF : WB Group.

Cohen, B. J. [1977], *Organizing the World's Money――The Political Economy of International Monetary Relations*, MacMillan Press.

Cohen, T. [1987], *Remaking Japan : The American Occupation As New Deal*, The Free Press. (大前正臣訳 [1983a, 1983b]『日本占領革命――GHQからの証言』上下, TBSブリタニカ)

Coombs, C. A. [1976], *The Arena of International Finance*, John Wiley. (荒木信義訳 [1977]『国際通貨外交の内幕』日本経済新聞社)

Cooper, R. N. [1987], *The International Monetary System : essays in world economics*, The MIT Press. (武藤恭彦訳 [1988]『国際金融システム』HBJ出版局)

Crafts, N. and G. Toniolo (eds.) [1995], *Economic growth in Europe since 1945*, Cambridge University Press.

Dam, K. W. [1982], *The Rules of the Game――Reform and Evolution in the International Monetary System*, The University of Chicago Press.

De Grauwe, P. [1989], *International Money――Postwar Trends and Theories*, Oxford University Press.

de Vries, M. G. [1987], *Balance of Payments Adjustment, 1945 to 86*, IMF

Dornbusch, R. [1986], *Dollars, Depts, and Deficits*, The MIT Press. (翁邦雄・奥村隆平・河合正弘訳 [1988]『現代国際金融――ドル危機・債務危機・財政赤字』HBJ出版局)

Eichengreen, B. [1996], *Globalizing Capital――A History of the International Monetary System*, Princeton University Press.

Endres, A. M. (ed.) [2005], *Great architects of international finance――the Bretton Woods era*, Routledge.

FRB of Boston [1984], *The International Monetary System――Forty Years After Bretton Woods*, FRB of Boston.

Gardner, R. N. [1956], *Sterling-Dollar Diplomacy――Anglo-American collaboration in the reconstruction of multilateral trade*, Clarendon Press. (村野孝・加瀬正一訳 [1973a, 1973b]『国際通貨体制成立史』上下, 東洋経済新報社)

Gilbert, M. [1980], *Quest for World Monetary Order : The Gold-Dollar System and its Aftermath*, John Wiley & Sons. (緒方四十郎・溝江義郎訳 [1982]『国際通貨体制の軌跡』東洋経済新報社)

Gilpin, Jr. R. G. [1987], *The Political Economy of International Relations*, Princeton University Press. (大蔵省世界システム研究会訳 [1990]『世界システムの政治経済学』東洋経済新報社)

Gowa, J. [1983], *Closing the Gold Window, Domestic Policies and the End of Bretton Woods*, Cornell University Press.

Harrod, R. F. [1951], *The Life of John Maynard Keynes*, Macmillan. (塩野谷九十九訳 [1967a, 1967b]『ケインズ伝』〔全2冊〕東洋経済新報社)

Haynes, J. E. and H. Klehr [1999], *Venona——decoding Soviet espionage in America*, Yale University Press.
Horsefield, J. K. [1969], *The International Monetary Fund 1945-1965*, IMF.
IMF [1984], The Exchange Rate System——Lessons of the Past and options for the Future, Occasional Paper 30.
IMF [1987], Strengthning the International Monetary System, Occasional Paper 50.
IMF [1992], Policy Issues in the Evolving International Monetary System, Occasional Paper 96.
James, H. [1996], *International Monetary Cooperation since Bretton Woods*, Oxford University Press.
Kahn, R. [1976], The Historical Origin of the International Monetary Fund, in Thirlwall (ed.), *Keynes and International Monetary Relations Work*, Macmillan.
Kindleberger, C. P. [1970], *International Money——A Collection of Essays*, George Allen & Unwin. (益戸欽也他訳 [1983]『インターナショナル・マネー』産業能率大学出版部)
McKinnon, R. I. [1974], A New Tripartite Monetary Agreement or a Limping Dollar Standard?, *Essays in International Finance*, No. 106, Princeton University.
Meltzer, A. H. [1991], *U. S. Policy in the Bretton Woods Era*, Federal Bank of St. Lois.
Mikesell, R. F. [1994], The Bretton Woods Debates——A Memoir, *in Essays in International Finance*, No. 192, Princeton University.
Moggridge, D. E. [1986], Keynes and the International Monetary System 1909-46, in Essays in Honour of Lorie Tarshis (ed.) by J. S. Cohen & G. C. Harcourt, *International Monetary Problem and Supply-Side Economics*, Macmillan.
Mundell, R. A. [1969], The Redundancy Problem and the World Price Level, in Robert A. Mundell and Alexander K. Swoboda (eds.,) *Monetary Problem of the International Economy*, University of Chicago Press.
Nanto, D. K. [1980], The Dodge Line——A Revaluation, in L. H. Redford (ed.,) *The Occupation of Japan : Economic Policy and Reform*, The MacArthur Memorial.
Odell, J. S. [1982], *U. S. International Monetary Policy——Markets, Power, and Ideas as Sources of Change*, Princeton University Press.
Oliver, R. W. [1975], *International Economic Co-operation and the World Bank*, Macmillan.
Peden, G. C. (ed.) [2005], *Keynes and His Critics : Treasury Responses to the Keynesians revolution, 1925-1946*, Records of Social and Economic History New Series 36, Oxford ; Published for the British Academy by Oxford University Press.
Scammel, W. M. [1987], *The Stability of the International Monetary System*, Macmillan Education.
Schonberger, H. B. [1989], *Aftermath of War——Americans and the Remarking of Japan, 1945-1952*, The Kent State University Press.
Stanley, W. B. [1991], *A Levite among the Priests——Edward Bernstein and the Origin of the Bretton Woods System*, Westview Press.
Strange, S. [1986], *Casino Capitalism*, Blackwell. (小林譲治訳 [1988]『カジノ資本主義——国際金融恐慌の政治経済学』岩波書店)

Solomon, R. [1977], *The International Monetary System, 1945-1976——an insider's view*, Harper & Row.
Tew, B. [1977], *The Evolution of the International Monetary System 1945-77*, Hutchinson & Co. (片山貞雄・木村滋訳 [1979]『新・国際金融入門』東洋経済新報社)
Triffin, R. [1960], *Gold and the Dollar Crisis——The Future of Convertibility*, Yale University Press (村野孝・小島清監訳 [1961]『金とドルの危機』勁草書房)
Tsutsui, W. M. [1988], *Banking Policy in Japan——American efforts at reform during the Occupation*, Routledge.
van Dormael, A. [1978], *Bretton Woods——Birth of a Monetary System*, Macmillan.
Volcker, P. and T. Gyoten [1992], *Changing Fortunes*, Times Books. (江沢雄一監訳 [1992]『富の興亡——円とドルの歴史』東洋経済新報社)
Wexler, I. [1983], *The Marshall Plan Revisited*, Greenwood Press.
Williamson, J. [1976], The Benefits and Costs of an International Monetary Nonsystem, in Edward M. Bernstein, et. al., Reflections on Jamaica, *Essays in International Finance*, No. 115, Princeton University Press.

# 図表一覧

| | | |
|---|---|---|
| 表 1-1 | 1946 年度貿易資金収支計算書（1947 年 3 月 31 日） | 21 |
| 表 1-2 | 日銀による為替相場の推計（1946 年 8 月 28 日） | 24 |
| 表 1-3 | 終戦後 1946 年 5 月までの輸出入実績概算 | 25 |
| 表 1-4 | 再開為替相場の推定 | 28 |
| 表 1-5 | 商品別価格比較による為替相場の推定 | 30 |
| 表 1-6 | 貿易資金現金収支表（1947 年 7 月末） | 37 |
| 表 1-7 | SCAP 勘定残高（1947 年 8 月末現在） | 41 |
| 表 1-8 | 輸出商品交換比率の分布 | 53 |
| 表 1-9 | 月別輸出入および円ドル換算 | 60 |
| 表 1-10 | 商品別円ドル換算表（1947 年 10 月） | 61 |
| 表 1-11 | 輸出品商品別円ドル換算表（1948 年 6 月） | 62 |
| 表 1-12 | PRS 商品とプライス・レイシオ（1948 年 5 月） | 63 |
| 表 1-13 | 1947 年度貿易資金貸借対照表 | 70 |
| 表 1-14 | 1947 年度貿易資金現金収支 | 71 |
| 表 1-15 | SCAP 勘定残高 | 73 |
| 表 1-16 | PCS 第 1 回決定分（1948 年 10 月 15 日） | 79 |
| 表 1-17 | R 作業推計表（1949 年 2 月 1 日） | 97 |
| 表 1-18 | 貿易資金収支（敗戦-1949 年 3 月） | 110 |
| 表 1-19 | 外国為替特別会計貸借対照表 | 111 |
| 表 1-20 | 外貨勘定の構成（1949 年 9 月 4 日 経済安定本部財政金融局調） | 112-5 |
| 表 1-21 | SCAP ドル・ポンド勘定残高（1949 年 1 月 31 日） | 117 |
| 表 2-1 | オープン勘定の形態 | 144-5 |
| 表 2-2 | 決済通貨別外国為替受払 | 150 |
| 表 2-3 | 決済通貨別輸出入 | 151 |
| 表 2-4 | 決済通貨別貿易外受払 | 152 |
| 表 2-5 | 外貨予算実施状況（1950 年 1 月-64 年 3 月） | 155 |
| 表 2-6 a | 品目別輸出（1953-63 年） | 162 |
| 表 2-6 b | 品目別輸入・差額（1953-63 年） | 163 |
| 表 2-7 | 地域別輸出入（1953-63 年） | 166-7 |
| 表 2-8 | 外貨準備高の推移（1958-69 年，月別） | 192 |
| 表 2-9 | 国際収支表（ドル建，1960-70 年） | 193 |
| 表 2-10 | 貿易外収支および移転収支 | 196-7 |
| 表 2-11 | 長期資本収支 | 201 |
| 表 2-12 a | 品目別輸出（1960-70 年） | 204 |
| 表 2-12 b | 品目別輸入（1960-70 年） | 205 |

| | | |
|---|---|---|
| 表 2-13 | 地域別輸出入 (1960-70 年) | 208-9 |
| 表 3-1 | わが国の国際収支の推移 | 222 |
| 表 3-2 | 外貨準備高の推移 (1968-75 年, 月別) | 223 |
| 表 3-3 | 輸入額と外貨準備高の国際比較 | 225 |
| 表 3-4 a | 外国為替資金貸し・輸出手形買取高の推移 | 228 |
| 表 3-4 b | 外国為替資金貸し・貸付利子歩合の変更 | 228 |
| 表 3-5 | 円シフト実績 | 231 |
| 表 3-6 | 円ドル・スワップ実績 | 233 |
| 表 3-7 a | 円転換額の推移 | 234 |
| 表 3-7 b | 直先総合為替持高限度額の推移 | 234 |
| 表 3-7 c | 海外短資収入規制（ガイドライン）の推移 | 234 |
| 表 3-8 a | 輸入資金貸付金残高推移 | 242 |
| 表 3-8 b | 新円ドル・スワップ実績（輸入資金貸し） | 242 |
| 表 3-9 | 外銀借入および海外短資取入れ・放出状況 | 267 |
| 表 3-10 a | 実勢ベース経常収支の 1970-1972 年実績と見通し | 283 |
| 表 3-10 b | アメリカの国際収支目標と他国の目標との関連 | 283 |
| 表 3-10 c | アメリカの国際収支調整と他国への影響 | 284 |
| 表 3-11 | 通貨調整幅の試算 | 290 |
| 表 3-12 | 外国為替資金特別会計・日本銀行の評価損 | 314 |
| 表 3-13 | 東京ドル・コール出来高 | 320 |
| 表 3-14 | わが国の対米国際収支の推移 | 337 |
| 表 3-15 | 主要先進国の経常収支 | 340 |
| 表 3-16 | 東京為替市場の動き | 350 |
| 表 3-17 | アメリカのドル切下げに対する主要国の対応 (1973 年 3 月) | 351 |
| 表 3-18 | 国際収支表（1972 年第 1 四半期-73 年第 2 四半期） | 364 |
| 表 3-19 | 外貨準備・保有外貨の推移 | 367 |
| 表 3-20 | 外為会計対市場・対日銀取引の推移 | 368 |
| 表 3-21 | 外為会計対為銀取引の推移 | 370 |
| 表 3-22 | 東京為替市場における為替レート (1973 年 10 月 24 日-12 月 27 日) | 377 |
| 図 2-1 | 外国為替受払通貨別差額（貿易・貿易外合計） | 150 |
| 図 2-2 | 外国為替受払通貨別差額（貿易） | 151 |
| 図 2-3 | 貿易外差額通貨別 | 152 |

ID

# 人名索引

## ア 行

アイケルバーガー　Eichelberger, R. L.　22
アイケングリーン　Eichengreen, B.　9-10
愛知揆一　253, 345-51, 358-9, 361, 365, 371
青木孝義　126
浅井良夫　8, 87, 123, 148, 158, 169
芦田均　54, 57
天野可人　334
アリソン　Allison, M. J.　107
アルバー　Alber, H. F.　42
アンドリュー　Andrews, D.　10
五十嵐武士　57
伊木誠　80
池田勇人　102, 119, 187
一万田尚登　89, 99
稲葉秀三　53
稲村光一　264, 332, 346-9, 363, 371-2
岩崎文哉　337, 365
インガソル　Ingersoll, R. S.　336, 347-8
ウイチン　Wichin, E. A.　107
ウィリアムソン　Williamson, J.　394
牛場信彦　212
エミンガー　Emminger, O.　260
エンドレス　Endres, A. M.　10
大来佐武郎　126
太田赳　11
緒方四十郎　11
岡野清豪　138
岡部邦生　53
奥田良彦　310
オッソラ　Ossola, R.　277
オデール　Odell, J. S.　10, 219, 221, 294
オリバー　Oliver, R. W.　6
オルリー　O'Leary, P. M.　87

## カ 行

ガードナー　Gardner, R. N.　5
柿坪正義　126
柏木雄介　11, 263-4, 278-80, 293, 309, 332

片山哲　53
カルリ　Carli, G.　352
キッシンジャー　Kissinger, H.　373, 385
行天豊雄　11
クーパー　Cooper, R. N.　10
クームズ　Coombs, C. A.　10, 216-7, 219
久保文蔵　23
クラー　Klehr, H.　6
倉石忠雄　253
クラフツ　Crafts, N.　10
栗山尚一　347
ケナン　Kennan, G. F.　57
ケネディ　Kennedy, J. F.　187
香西泰　191
コーエン　Cohen, B. J.　10
コーエン　Cohen, T.　4, 33, 36, 56, 59, 64, 67-8, 75-6, 84-9, 103
ゴーワ　Gowa, J.　10, 218, 221
小坂善太郎　180
小島清　8
コナリー　Connally, J.　221, 264, 277-9, 288, 293, 308-9, 334
小宮隆太郎　11, 264, 365, 376, 382, 384

## サ 行

ザイルストラ　Zijlstra, J.　293, 307
佐々木直　11, 256, 264
佐多忠隆　53
佐藤一郎　253
佐藤栄作　316
シーボルト　Seabold, W.　47
ジェノー　Janow, S. J.　39, 42, 48, 51, 53, 88
塩田潮　11
重光葵　23
ジスカールデスタン　Giscard d'Estang, V.　334, 363, 371
篠原三代平　8
シュテファン　Stephan, A.　87
シュバイツァー　Schweitzer, P.　264, 278-80

シュミット　Schmidt, H.　334, 349, 371
シュルツ　Shultz, G.　221, 334, 352-3, 363, 371
ジョンストン　Johnston, P. H.　57-8
シラー　Schiller, K.　309
鈴木源吾　171-2, 179
鈴木武雄　3, 36, 54, 87
須田美矢子　11, 264, 365, 376, 382, 384
スタンレー　Stanley, W. B.　6
周東英雄　89
ストライク　Strike, C. S.　54, 57
ストレンジ　Strange, S.　10
スナイダー　Snyder, J. W.　68
ソーレー　Thorley, G. C.　108
ソロモン　Solomon, R.　294

## タ行

ターネジ　Turnage, W. V.　46, 66
滝口吉亮　116
建元正弘　8
田中角栄　321, 335, 346
田辺博通　342
ダレス　Dulles, J. F.　132
都留重人　43-7, 49, 51, 53, 57
鶴見清彦　336
ディール　Diehl, W. W.　87
デグラウエ　De Grauwe, P.　10
デミング　Deming, F. L.　218
東畑精一　89
ドーンブッシュ　Dornbusch, R.　10
ドッジ　Dodge, J. M.　86-7, 91, 100-2, 119-22, 126, 129, 131, 136-7
トニオロ　Toniolo, G.　10
トリフィン　Triffin, R.　392
トルーマン　Truman, H. S.　84, 86
ドレーパー　Draper, W. H.　57-9, 61, 64, 84

## ナ行

長岡聰夫　378
中川幸次　11
中曽根康弘　335
中田一男　325
永野重雄　53
中山伊知郎　89-90
ニクソン　Nixon, R.　218, 309, 346, 349, 371, 373
野崎正剛　373
野田信夫　53

## ハ行

バーバー　Barber, A.　352, 371
バーンズ　Burns, A.　352, 371
萩原徹　189
秦忠夫　11
林大造　11, 256
林雄二郎　133, 138
速水優　11, 254, 260, 316, 382
原康　212
バロー　Balogh, T.　5
ハロッド　Harrod, R. F.　5
バンドミール　van Dormael, A.　5
ピーターソン　Peterson, P.　264
ビープラット　Beplat, T. E.　35, 42, 58
樋渡由美　212
ファイン　Fine, S. M.　36, 43, 46-7, 89-91, 119
福田赳夫　253
藤井裕久　322-3, 332
藤岡真佐夫　11, 316, 359, 361, 375, 382-5
藤田恒郎　227, 232, 244, 249
フリードマン　Friedman, J. S.　175, 182-3
フリール　Freile, O.　106
ブロソレット　Brossolette, C. P.　264, 371
ヘインズ　Haynes, J. E.　6
ヘール　Hale, R. W.　107
ペール　Pöhl, K. O.　349, 371
ペティ　Petty, J. R.　221, 308
ボーデン　Borden, W. S.　121
ボートン　Boughton, J. M.　10
ポール　Paul, N.　84, 180
細見卓　11, 264-5, 288, 290, 308, 332, 345-9, 360
保利茂　253
堀越禎三　53, 89
ボルカー　Volcker, P.　11, 218, 221, 260, 264, 340, 347-9, 352, 371
ボルド　Bordo, M. D.　9
本田敬吉　11
ポンピドー　Pompidou, G.　309

## マ行

マーカット　Marquat, W. F.　33, 35, 43, 47, 51, 53, 85, 88-91, 100, 104, 122, 134

人名索引　411

牧野裕　11
マクダイアミッド　McDiarmid, O. J.　76, 86, 89
マクラッケン　McCracken, P.　264
マッカーサー　MacArthur, D.　26, 47, 53, 64, 66-8, 76, 78, 84-6, 91, 122, 133, 391
松川道哉　363, 369, 377, 380, 382
マッコイ　McCoy, F. R.　54
ミクセル　Mikesell, R. F.　5
水田三喜男　89, 211, 256, 263, 279-80, 292
宮崎義一　11
宮沢喜一　253
三和良一　57, 87, 132-3
村井七郎　255
ムラデク　Mladek, J. V.　106-7
モース　Morse, J.　333, 363
モグリッジ　Moggridge, D. E.　5
モロー　Morrow, K. D.　122-3, 133-4

ヤ　行

ヤコブソン　Jacobsson, E.　392-3
山本高行　53, 391
ヤング　Young, R. A.　64, 86, 392
湯本武雄　172

吉田茂　86, 132-3
吉野俊彦　3, 64, 76
米倉茂　5

ラ　行

ライシャワー　Reischauer, E. O.　180
ライダー　Ryder, W. T.　46, 107-8
ライト　Wright, C.　42
ラティフ　Lateef, K. S.　10
リード　Reid, R. W. E.　87, 126, 131
リッチー　Ritchie, F.　42
ルカウント　LeCount, W. K.　103
レネップ　van Lennep E.　264, 385
ロイヤル　Royall, K. C.　68, 84, 86
ローゼンフェルト　Rosenfelt, M.　34, 42-6, 48-9, 51, 63
ローリー　Raleigh, R. F.　58
ロジャーズ　Rogers, W. P.　279
ロス　Ross, E.　33, 36

ワ　行

渡辺武　102
和田博雄　53
ワルダナ　Wardhana, Ali　333, 362-3

# 事項索引

## 欧文

AA　148-9, 159-60, 195, 198
AFA　148-9, 195, 198
B号軍票　22-3
BIS　315
Counterpart Fund　→見返資金
EC共同フロート　14, 261, 348, 352-3, 360
EC蔵相会議　322, 353, 393
EMA　186
EMS　394
EPU　186
FA　148, 160
FEC　36, 84
Foreign Exchange Control Board of the Japanese Government Account for the Account of SCAP〔略称 FECB a/c〕　→ SCAP外国為替委員会勘定
FRB　4, 59, 64, 68, 121, 139
G5　14, 363, 371-2, 384
G10　221, 275-6, 281, 292, 297, 305, 308, 332, 345, 353, 385, 393
　G10（ローマ）　276, 292, 301, 306, 308
　G10（ロンドン）　275, 277, 280
　G10（ワシントン）　275-6, 280, 306, 308-9
G10 D　275-6, 292, 308, 385, 392-3
　G10 D（パリ）　275-6, 280-1, 284, 287
　G10 D（ローマ）　276
　G10 D（ワシントン）　275-6, 280
GARIOA　38, 72
GATT　7, 143, 177, 213
GHQ/SCAP　→ SCAP
IMF　2, 68, 143, 147, 159, 198, 274-5, 315, 332-4, 363, 373-5, 385, 390-3
　C20　332-5, 341, 343, 354, 358-63, 372-5
　ゴールド・トランシェ　157
　コンサルテーション　8, 169
　コンディショナリティ　394
　14条国　169-70, 183
　14条国コンサルテーション　169-84
　スミス・ペーパー　274

8条国移行　7-8, 147-8, 169
8条国コンサルテーション　181, 184
　理事会　2, 170, 176, 180, 183, 255, 274, 333
NATO　293
OAPEC（アラブ石油輸出国機構）　370-1
OECD　185-9, 210-3, 284-7, 323, 373-4
　OECD/EPC　323, 343
　OECD/WP3　255, 278, 281-2, 284-6, 315, 322, 332, 339, 341, 343, 385, 393
　OECD金融支援基金協定　14, 385
　OECD対日勧告　212
　OECD貿易外取引委員会　211
　理事会　210, 323
OECD経済政策委員会　→ OECD/EPC
OECD経済政策委員会第3作業部会　→ OECD/WP3
OEEC　185-6, 390
OPEC　371, 382
SCAP　3-4, 6, 35-42, 110-3, 115-6, 118, 391
　参謀長（Chief of Staff）　31
SCAP Commercial Account　→ SCAP商業勘定
SCAP Cotton Textile Account　→ SCAP綿製品勘定
SCAP/ESS　6, 31, 67
　ESS円為替委員会　42-3, 47, 51-3
　ESS外国為替基金管理課　115-6
　ESS外国貿易課　34, 39, 63, 67, 107
　ESS為替レート特別委員会　86-8
　ESS局長　32
　ESS金融課　58, 75-6, 103
　ESS経済計画グループ　33-4
　ESS財政金融課　67
　ESS調査計画課　66-7
　ESS調査統計課　34, 46, 50, 63
　ESS反カルテルトラスト課　392
SCAP Government to Government Open Account　→ SCAP政府間交互計算勘定
SCAPIN〔番号順〕
　金銀有価証券および金融証書等の輸出入統制に関する覚書（SCAPIN-44）　16

事項索引　413

金融取引の統制に関する覚書（SCAPIN-45）　16
植民地および外地銀行ならびに戦時特別機関の閉鎖に関する覚書（SCAPIN-74）　17
外国為替資産および関係事項の報告に関する覚書（SCAPIN-96）　16
必需物資の輸入に関する覚書（SCAPIN-110）　18
金銀有価証券および金融上の諸証書の輸出入統制方に関する追加指令に関する覚書（SCAPIN-127）　17
貿易庁に関する覚書（SCAPIN-854）　18
民間貿易再開準備措置に関する覚書（SCAPIN-926）　75
解散団体所属財産の処分に関する件（SCAPIN-1868）　71
外国為替管理に関する件と題する覚書（SCAPIN-1968）　104
日本円に対する公式レートの樹立（SCAPIN-1997）　102
SCAP OJEIRF　→ SCAP占領地日本輸出入回転基金
SCAP Special Account Provisions Revolving Fund　→ SCAP貿易代表食糧回転基金
SCAP Trust Fund　→ SCAP信託基金
SCAP勘定　38-9, 41, 72, 74, 116
　外国為替委員会勘定　117
　商業勘定　39, 72-3, 116-7
　信託基金　38, 73
　政府間交互計算勘定　38, 72-3
　占領地日本輸出入回転基金　39-40, 43, 73-4
　占領地向米棉購入回転基金　73-4
　その他の外貨現金勘定計理　116
　貿易代表食糧回転基金　39, 41, 73-4
　綿製品勘定　73-4, 116-7
SCAP特殊勘定　117
SDR　217-8, 254, 315, 332-4, 358, 360-2, 372, 393
UNKRA（国連韓国復興機関）　153
WB　323, 373-4
Yen Exchange Committee　→ ESS円為替委員会

## ア　行

アジア通貨金融危機　389
アジアマーシャル計画　127-8
芦田内閣　54, 57
アメリカ政府
　NAC　59, 64, 67, 84, 100-2, 120-1, 139
　NACスタッフ委員会　67, 84, 100-1
　NSC　83-4, 121, 132, 135, 139, 392
　アメリカ貿易使節団　31-2, 106
　軍需局　132, 135
　国務省　4, 59, 67, 121, 123, 131, 391
　財務省　4, 58-9, 64, 68, 74, 121, 139, 391
　商務省　4, 59
　陸軍省　4, 19, 67-8, 84, 121-3, 131, 139, 391
　予算庁　121
アラブ石油輸出国機構　→ OAPEC
いざなぎ景気　199
一挙安定論　3, 391
一般借入協定GAB　393
岩戸景気　149, 194-5
隠匿物資等緊急措置令　23
インパクトローン　224, 321
英米金融協定　390
エオス作業　124, 127
円シフト・スワップ　271
円シフト弾力化　226, 230
円対策5項目　336, 342
円対策7項目　323, 341
円対策8項目　253-4, 323
円転規制　224, 226, 232-5, 251, 267-72, 295, 299, 301-2, 311, 317, 378
円ドルスワップ　226-7, 231, 233
大蔵省アルファ作業　13
オープン勘定　73, 116, 142-4, 157
オリンピック景気　195

## カ　行

海外短資取入れ規制　311
外貨貸し構想　321, 325
外貨貸し制度　14, 329, 337
外貨危機　149, 154, 156, 383
　1953年の外貨危機　153, 157-9
　1957年の外貨危機　153, 157-8, 190
外貨集中制度　146, 320
外貨準備高　222-3, 265, 376
外貨予算制度　176, 183, 196
外貨割当品目　→ FA
外国為替及び外国貿易管理法　108
外国為替管理委員会　6, 103-10, 114-6, 147

414

外国為替資金貸付制度　228
外国為替資金特別会計　111, 312-4
外国為替手形買取制度　228
外国為替等運用特別会計　→第二外為会計
外国為替統計　146-7
外国為替特別会計　111
外国為替特別会計法　108
外国為替予算制度　146-7
外国貿易円口座　71
外資預託制度　295
外為管理委員会　→外国為替管理委員会
外為規制　313
外為資金特別会計　232
外為市場操作　219
価格差補給金問題　88
価格算定制度　→PCS（Price Computing System）
価格比率制度　→PRS（Price Ratio System）
片山内閣　35, 53
ガリオア債務　365
為替交易調整特別会計　19
為替市場閉鎖　260, 262, 352
為替政策研究会　255
為替部会　44-5, 48
為替レート
　FPS　3, 77
　PCS　3, 78-9
　PRS　62-3, 66, 76-8
　為替要因　34, 43
　換算要因　34-5
　基準レート　52
　軍用レート　3, 22, 65
　公定為替相場　32
　商品別円ドル比率　61
　進駐軍レート　22
　単一為替レート　3-4, 7, 51, 65-6, 75, 78-9, 83, 89, 392
　複数為替換算率制度　50-1
　複数為替レート　3, 65, 75, 78, 80
　例外レート　52, 79
管理フロート　14, 358, 366, 388, 394
キー・カレンシー・アプローチ　389, 392
極東委員会　→FEC
居住者外貨貸し制度　379
居住者外貨預金勘定残高規制　379
緊急経済対策　36
金投機　216

金ドル交換停止　221, 393
金二重価格制　12, 216, 393
金プール協定　216
金プール制度　393
金本位制時代　10
金融緊急措置令　23
クレジット供与　27-8, 36
軍用換算率　→軍用レート
経済安定9原則　7, 84-5
経済安定10原則　85
経済安定本部　4, 6, 23, 34, 39, 43, 48
　国際通貨問題研究会　23-8
　総合調整委員会　43
経済危機緊急対策　23
経済復興計画委員会　78
経済復興計画審議会　124, 127
経団連為替管理研究会　298, 300
現地貸規制　302, 311
5ヵ国蔵相会議　→G5
国際金本位制　5, 388
国際収支改善緊急対策　159
国民所得倍増計画　194
国家安全保障会議　→NSC（National Security Council）
国家諮問委員会　→NAC（National Advisory Council on International Monetary and Financial Problems）

サ　行

再建金本位制　388
債務残高規制　302
先物為替市場の育成強化　320
先物ディスカウント　253
三省調整委員会 SWNCC　36
　三省調整委員会極東小委員会（SFE）　36
自動承認品目　→AA
自動割当品目　→AFA
資本自由化　13, 210
　第1次自由化　212
　第4次自由化　213
資本流入規制　381
ジャパン・レート　383
自由円規制　270, 272, 295, 302, 311
自由円預金金利　251
10ヵ国蔵相会議　→G10
10ヵ国蔵相代理会議　→G10 D
小額送金限度額　379

事項索引　415

証券特別勘定残高規制　311
商工省　98
食糧管理法施行令改正ノ件　23
食糧緊急措置令　23
自立経済審議会　130
司令部代理委員会勘定　111
新円ドルスワップ　226-7, 235, 238
スエズ危機　392
ストライク報告　54
スミソニアン合意　12-3, 265, 275, 294, 306, 310, 315-6, 351, 357
スワップ・インベストメント　249-50
制限付民間貿易　6, 29, 31, 36-7, 42, 61
政府間貿易　19, 23
世界銀行　→ WB
石油消費国会議　14, 373
戦後通貨物価対策委員会　17
占領地救済政府勘定　→ GARIOA
早期講和　6, 26, 29, 391

**タ 行**

対外経済関係調整特別措置法　324
対外債務残高規制　270, 272, 295, 311
第二外為会計　14, 321, 325-9
対日貿易16原則（FEC-032/26）　36, 39
対日理事会　47
多角的サーベイランス　394
為銀海外業務円滑化　241
単一為替設定対策審議会　89, 92-5
単一レート　→ 単一為替レート
単一為替レート設定作業　80-3, 92-100
　K作業　80, 96
　R作業　80, 96-7
　X作業　80
　Z作業　80
中間安定　3, 7, 54-6, 391
中南米金融危機　389
通貨切り上げ・切り下げ
　イギリス・ポンド切下げ　12, 216, 393
　イギリス・ポンドフロート移行　14, 330-1
　イタリア・二重相場制導入　14, 344
　イタリア・リラフロート移行　261
　オランダ・ギルダーフロート移行　12, 261
　スイス・フラン，オーストリアシリング切上げ　12, 221
　スイス・フランフロート移行　14, 261, 344
　西ドイツ・マルク切上げ　12, 216, 345
　西ドイツ・マルクフロート移行　13, 261
　フランス・フラン切下げ　12, 216
　フランス・二重相場制導入　261
　ベルギー・二重相場制　261-2
都留グループ　6
テキーラ危機　389
土管のなかのヘビ　310
特需　131, 138
ドッジ改革　→ ドッジ・ライン
ドッジ・ライン　2, 129, 131, 134, 137-9
トルーマン・ドクトリン　390
ドル勘定　142
ドル・コール市場　319
ドル・シフト　229, 243-9
ドレーパー＝ジョンストン使節団　57-8, 61

**ナ 行**

ナロワー・バンド　310, 330-1, 380
ニクソン・ショック　2, 12, 259-65, 310-1, 313, 315, 385, 388
2国間主義　388
二重為替相場制　14, 261-2
20カ国委員会　→ IMFC20
二水会　297, 304, 381
日英スワップ協定　157
日銀内SCAP管理口座　71
日銀貿易手形制度　23
日銀ユーザンス　111
日銀輸出金融制度　243
日米経済協力　133-5, 137
日米合同委員会　→ 日米貿易経済合同委員会
日米首脳会談　336
日米通商会談　308
日米通商協議　335
日米貿易経済合同委員会　213, 280
　第3回合同委員会　213
　第4回合同委員会　211-2, 214
　第5回合同委員会　212, 214
　第6回合同委員会　214
　第7回合同委員会　220
　第8回合同委員会　279
日本銀行券預入令　23
日本の民間貿易再開に関する米国の政策決定
　（SFE194/2）　36
日本輸出入銀行　324
ニューヨーク連銀　219
ネガティブ・リスト方式　148

ノンシステム　394

## ハ 行

非ドルクオーター制　159
複数為替換算率制度　50
複数為替相場　→複数為替レート
仏米金融協定　390
プラザ合意　394
フリー・フロート　388, 394
フリール勧告　107
ブレトン・ウッズ体制　2, 9, 388-9, 392-4
フロート移行　12-4, 265
ブロック経済　388
ブンデスバンク　220-1
貿易外資委員会　56
貿易・為替自由化計画大綱　195
貿易公団　19, 28, 37
貿易資金　18-23, 37, 69-71
貿易資金特別会計　19-20, 65, 71, 109
貿易資金特別勘定　19
貿易商社会　318
貿易庁　4, 18-20, 24, 34
貿易庁特別会計　19
貿易等臨時措置令　19
貿易特別会計　110
北欧金融危機　389
ポジティブ・リスト方式　148
保有外貨資産　313
ボルカー・グループ　218
ポンド勘定　142

## マ 行

マーカット声明　135-6
マーシャル援助　390
マーシャル・プラン　123
マッコイ声明　54
マネジド・フロート　→管理フロート

見返資金　123, 390-1
ミュンヘン国際通貨会議　253-4
棉花借款　74

## ヤ 行

ヤング使節団　3, 59, 64, 67, 76, 391
ヤング・ミッション　→ヤング使節団
ユーロ資金　241, 243, 382
ユーロダラー市場　393
輸出入回転基金　→占領地日本輸出入回転基金
輸出入回転基金利用対策委員会　56
輸出入回転基金利用対策委員会為替部会　43
輸出前受金　273, 311, 316-7, 379
輸出ユーザンス　228
輸入補助金問題　88
輸入ユーザンス　224, 236-7, 239, 247, 298
予算庁　121
吉田内閣　35
余剰農産物債務　365
余剰物資払下勘定　38

## ラ 行

リーズ・アンド・ラグズ　252, 266, 305
留保状況対日審査（コンフローテーション）　211
臨時財産調査令　23
ルーブル合意　394
連合国軍総司令部　→SCAP
ロイヤル声明　54
ローガン構想　107
ローザ・ボンド　217, 219

## ワ 行

ワイダー・バンド　316-7
ワイダー・マージン　309
ワシントン・コンセンサス　394

《著者略歴》

伊藤 正直（いとう まさなお）

1948年　愛知県に生まれる
1976年　東京大学大学院経済学研究科博士課程単位取得退学
　　　　東京大学社会科学研究所助手，立命館大学経済学部助教授，名古屋大学経済学部教授などを経て，
現　在　東京大学大学院経済学研究科教授（経済学博士）
編著書　『日本の対外金融と金融政策――1914～1936』（名古屋大学出版会，1989年，エコノミスト賞）
　　　　『金融危機と革新――歴史から現代へ』（共編，日本経済評論社，2000年）
　　　　『昭和財政史 昭和49～63年度 7 国際金融・対外関係事項・関税行政』（共編，東洋経済新報社，2004年）
　　　　*An Introductory Bibliography for Japanese Studies*, Vol. XV, Part 1, Social Sciences 2002-03, (Editor, The Japan Foundation, 2006) 他

---

戦後日本の対外金融

2009年6月20日　初版第1刷発行

定価はカバーに表示しています

著　者　伊　藤　正　直
発行者　石　井　三　記

発行所　財団法人　名古屋大学出版会
〒464-0814　名古屋市千種区不老町1 名古屋大学構内
電話(052)781-5027／FAX(052)781-0697

ⓒ Masanao Ito, 2009　　　　　　　Printed in Japan
印刷・製本 ㈱クイックス　　　ISBN978-4-8158-0615-6
乱丁・落丁はお取替えいたします。

R〈日本複写権センター委託出版物〉
本書の全部または一部を無断で複写複製（コピー）することは，著作権法上の例外を除き，禁じられています。本書からの複写を希望される場合は，必ず事前に日本複写権センター（03-3401-2382）の許諾を受けてください。

伊藤正直著
日本の対外金融と金融政策
―1914～1936―
A5・372頁
本体6,000円

金井雄一著
ポンドの苦闘
―金本位制とは何だったのか―
A5・232頁
本体4,800円

須藤功著
戦後アメリカ通貨金融政策の形成
―ニューディールから「アコード」へ―
菊版・358頁
本体5,700円

須藤功著
アメリカ巨大企業体制の成立と銀行
―連邦準備制度の成立と展開―
A5・360頁
本体6,000円

石井寛治／中西聡編
産業化と商家経営
―米穀肥料商廣海家の近世・近代―
A5・528頁
本体6,600円

橘川武郎著
日本電力業発展のダイナミズム
A5・612頁
本体5,800円

粕谷誠著
豪商の明治
―三井家の家業再編過程の分析―
A5・304頁
本体5,500円